D1986785

Hannes Finkbeiner

Kochimpuls

30 Köche | 40 Sterne | 150 Rezepte

Matthaes Verlag GmbH

„Rezepte kochen keinen Reis."

Chinesisches Sprichwort

Inhalt

Making-of

Windböen trugen einen Wolkenbruch an meiner Fensterfront vorüber, als sich das Telefon mit der üblichen Aufdringlichkeit bemerkbar machte. Am Apparat war Bruni Thiemeyer, die Leiterin des Matthaes Buchverlags – eine Frau mit stürmischem Gemüt, mit der man sich gerne in Grundsatzdiskussionen verstrickt! „Lieber Herr Finkbeiner", begann sie das Gespräch, „störe ich Sie gerade?" – „Guten Morgen Frau Thiemeyer", antwortete ich, „es regnet waagrecht." Und nach einem kurzen Austausch über die meteorlogischen Differenzen von Stuttgart und Hannover, drängte sie mit einer ungewohnten Härte zum Grund ihres Anrufs: „Herr Finkbeiner, ich glaube wir sollten am Ende Ihres Buchs eine Doppelseite mit einem *Making-of* einplanen."

Schrecksekunde.

Es ist schon erstaunlich, wie viele Gedankenfragmente in einem einzigen Gefühl Platz haben. In diesem Fall: Unbehaglichkeit. Für mich enthielt dieser Satz nicht weniger als drei Subinformationen. Frau Thiemeyer sprach nicht mehr von *unserem* sondern von *meinem* Buch, was zwar meinen egomanischen Bauch pinselte, aber gleichzeitig meinem gastronomischen Teamgeist widersprach! Zudem spürte ich einen Hauch, ja, ich glaube, es war Verantwortung. Weiterhin vermied Frau Thiemeyer tunlichst den Begriff *Vorwort* und umging auch die Grundprinzipien dieser Stilform. Warum? Weil sie wusste, dass ich Vorworte nicht ausstehen kann! Warum? Weil es drei Varianten von Autorenvorworten gibt:

Der *Typus 1* ist relativ ungefährlich, da er sich nach einigen Absätzen als eine Danksagung entpuppt. Gelesen wird er ausschließlich von den Bedankten, die meist das ganze Buch schon kennen – nur eben nicht das Vorwort.

In diesem Fall müsste ich zuerst den Hauptprotagonisten danken, denn *Kochimpuls* konnte nur so gut werden, wie die Köche, die darin mitwirken. Ohne ihre unterschiedlichen Stile von asiatisch inspirierter Küche über katalanische Wurzeln bis hin zu klassisch französischer Küche; von grundsoliden Techniken bis zu modernen Verarbeitungsverfahren; von Purismus bis Üppigkeit; von der individuellen Kreativität der Köche, die sich manchmal der naheliegendsten Harmonie in einem Gericht widmete oder sich der Freiheit und Unbedarftheit des kulinarischen Kompositums hingab: Ohne diese großartigen Fachleute wäre das Buch eine Einschlafhilfe geworden!

Dann darf der Fotograf Jasper Ehrich nicht vergessen werden, der die 14.000 Kilometer lange Tour durch Deutschland, Österreich und die Schweiz begleitete, die Launen eines launenhaften Autors ertrug und getreu dem Bildkonzept seine Momentaufnahmen mit gastronomischer Dynamik festhielt. Natürlich auch Sara Wolff, die Agrarwissenschaftlerin, die die Sinnlichkeit der Gerichte und Bilder mit fundiertem Fachwissen zu den Produkten unterfütterte!

„Frau Thiemeyer, wenn ich das Privileg in Anspruch nehme, am Ende des Buchs ein vorwortlautes *Making-of* zu schreiben, dann rücke ich als Person in den Fokus und der Gemeinschaftssinn des Projekts geht verloren! Der Bildband ist eine Teamleistung!"

„Wer soll es denn sonst schreiben, Herr Finkbeiner?"

„Weiß nicht."

Typus 2 gibt dem Buch seine Existenzberechtigung, beschäftigt sich deswegen eingehend mit der Grundphilosophie des geschaffenen Werks, um es danach in einen gesellschaftskritischen Kontext einzuordnen. Nicht selten beginnt der Autor seine Ausführungen in der griechischen Antike, arbeitet sich über Hobbes, Kant und Foucault weiter in Richtung Gegenwart, um am Ende in einer imaginären Podiumsdiskussion mit Jürgen Habermas zu enden. Diese Variante ist gefährlich – insbesondere für den Autor: Meistens strapaziert er seinen Intellekt unnatürlich stark; wringt seinen kompletten Wissensstand aus, um am Ende dieses Denkprozesses zu erkennen, dass sich alles auch einfach formulieren ließe. Aber wer will schon trivial erscheinen, wenn er seine komplette Geistesverfassung vor der Leserschaft entblößt! Deswegen kleidet er seine Aussage in eine Aneinanderreihung von Fremdworten, die nur noch mittels eines Dudens und strapaziöser Konzentration übersetzt werden kann. Manchmal hat man das Gefühl, dass der Autor sich damit selbst danken möchte.

Wenn man davon ausgeht, dass auch *das Nichts* Interpretationsfläche bietet, könnte sicherlich auch auf ein Kochbuch einige Grundphilosophien gedichtet werden! Sieht man von den 30 Lieblingsgerichten der Köche ab, wurden in *Kochimpuls* 120 Kreationen auf 120 einfache Produkte aufgebaut. Die Köche haben alte Gerichte neu interpretiert, haben neue Kreationen auf Basis dieser Viktualien entwickelt. Im Lichte des individuellen Küchenstils ist jedes dieser Gerichte zu einem Standpunkt das jeweilige Produkt betreffend geworden, zu einer Sichtweise. Alles ist richtig, nichts ist falsch – ob sie das Produkt nun kochen oder dekonstruieren. Aber man kann ja bekanntlich auch überinterpretieren.

Zudem ändert sich mit diesem Konzept die Denkrichtung, mit der eine Kreation betrachtet wird. Es geht plötzlich um das scheinbare Nebenthema: die Mispel steht vor der Gänseleber, die Walnuss vor dem Kalbsbries, die Birne vor der Auster. Zugegeben, ein schönes Konzept, weswegen sich viele Köche überhaupt zur Mitwirkung bereit erklärten! Aber ehrlich gesagt, entstand die Grundidee absolut rational, basierte auf der Logik, bei 150 Gerichten möglichst viel Abwechslung einzubringen. Dass dieses Konzept Interpretationsspielraum beinhaltet, merkte ich erst später. Also nichts, womit ich jetzt glaubwürdig philosophieren könnte. Oder mir selber danken. Man hat ja auch seine hellen Momente.

„Herr Finkbeiner, in *Kochimpuls* gibt es Porträts, Bilder, Gerichte, Produktinfos. Sie waren drei Monate unterwegs. Sie haben jeden Koch persönlich ausgesucht und aufgesucht. Das Konzept ist so vielschichtig, dass es eine Erklärung benötigt!"

„Aber was ist denn das für ein Konzept, wenn es nicht selbsterklärend ist!", rief ich und spürte im selben Augenblick meine gastronomische Vergangenheit: Man legt den Gästen schließlich vor – auch wenn sie sich selbst bedienen können. Das gehört sich so.

Die Autoren von Vorworten des *Typus 3* sind sich der Kritikpunkte von *Typus 1* und *2* vollauf bewusst, was dazu führt, dass eine legere Mischform entsteht: Eine Danksagung mit Volksnähe, die aber keiner zu Ende liest.

Zugegeben, vielleicht wäre dies die beste Lösung, denn ich wusste bereits während des Telefonats, dass bei dieser Herausforderung die Buchstaben quer in der Tastatur sitzen würden: Wie angenehm wäre die Gewissheit, dass das *Making-of* gar nicht gelesen wird! Ich könnte schreiben, dass das Konzept auf einer Postkarte entstand; dass die beiden geplanten Köchinnen kurzfristig absagten; dass ich Schweißausbrüche bekam, als ich bemerkte, dass ich zwar Köche gefunden hatte, die sich gut ergänzen, aber von der nördlichsten Ecke Deutschlands bis ins österreichische Burgenland angesiedelt waren! Ich könnte auch schreiben, dass ich so manches Mal fluchte, als das lustige „Produkttauschen" begann! Ich könnte schreiben, dass ich meine Stachelbeere nicht an den Fachmann brachte – es war verhext! Ich konnte die Minuten zählen, bis die Frucht zurück in meinen Postkasten polterte! – Kann mir mal jemand sagen, was das Problem mit Stachelbeeren ist? – Ja, ja, dass alles könnte ich gewissenhaft schreiben: denn ein Vorwort vom *Typus 3* liest ja niemand! Vor allem dann nicht, wenn es am Ende des Buchs gedruckt wird!

„Frau Thiemeyer", sagte ich zögerlich, „vielleicht sollte das *Making-of* an den Anfang."

„Sie meinen ein Vorwort", antwortete sie.

Stille an beiden Enden der Leitung.

Jean-Claude Bourgueil

„Kaffee?" – „Gern."
„Milch und Zucker?" – „Ja, bitte."
Zwanzig Kilometer entfernt von Jean-Claude Bourgueils Geburtsort Sainte-Maure de Touraine in Frankreich fiel ein ganzes Dorf den Nazis zum Opfer. Im ersten Weltkrieg kämpfte sein Großvater, im zweiten Weltkrieg sein Vater. „Beide sprachen ständig von den Deutschen. Als Kind fragt man sich: Was sind das für Leute? Ich wollte die Deutschen kennenlernen", erzählt der Sternekoch. Als 23-Jähriger zieht er zur Eröffnung des *Hilton* nach Düsseldorf. Er spricht damals kein Wort Deutsch – sein Vermieter fertigt den Mietvertrag in dreifacher Ausführung an. Bourgueil verbringt die erste Woche auf Ämtern: „Da habe ich Panik bekommen und gleichzeitig das Land kapiert: ein totaler Systemstaat!"
In Deutschland ist er trotzdem geblieben. Seit 1970. Und in diesem Zeitraum sind ihm an den hiesigen Landsleuten so einige Macken aufgefallen: „Luxus halten die Deutschen für normal. Deswegen sind sie häufig frustriert, weil sie nicht schätzen, was sie haben. Außerdem leben die Deutschen zu unkultiviert, zu oberflächlich: Man muss sich doch mit seiner Umgebung beschäftigen! Literatur, Musik, Malerei, Kochkunst – all das ist Kulturgut. Man kann doch nicht wie ein Esel leben!" Wir als Besitzer dieser Staatsangehörigkeit fühlen uns deswegen keineswegs persönlich angegriffen, was dann gleich der nächste Kritikpunkt ist: „Kein Nationalstolz vorhanden!"
„Aber dafür können wir doch nichts, Herr Bourgueil, das liegt bekanntlich an unserer Geschichte! Während sich Frankreich schon als Nation verstand, wurden um die deutschen Herzogtümer noch die Zäune geflickt. Wir haben jedoch Dichter und Denker beheimatet, den universellen Weltschmerz erfunden und eine primär regional geprägte Küche beibehalten! Ist das nichts?" – „Non, non, non! Düsseldorf hat 600.000 Einwohner, 500 italienische Restaurants, aber keine wirklich deutsche Küche. Das war früher noch schlimmer", protestiert der gelernte Koch und kurz kreist eine seiner kräftigen Hände in der Luft.
Aber an ihrer Küche arbeiten die Deutschen akribisch und mit wachsendem Erfolg. Selbst Jean-Claude Bourgueil führt neben seinem französischen Gourmetrestaurant ein weiteres Etablissement, wo auch deutsche Gerichte offeriert werden. Er verfasste sogar ein Kochbuch, worin er die landestypische Küche neu interpretierte. Es geht also stetig aufwärts! Und genau genommen haben die Franzosen ihren kulinarischen Anstoß – oder nennen wir es einen beherzten Tritt ins Gesäß – aus Italien bekommen: Als Katharina von Medici an den französischen Hof heiratete! „Das ist richtig, aber das hören die Franzosen nicht gern. Der Franzose denkt immer, er sei der Schönste auf der Welt. Das ist ein angeborener Nachteil", sagt der Sternekoch amüsiert.
Da Jean-Claude Bourgueil nun auch noch mit der französischen Bourgeoisie ins Gericht zieht, fragen wir rasch, als was er sich denn heute fühlt: mehr als Franzose oder als Deutscher? – „Ich bin Europäer. Innerhalb dieser Grenzen fühle ich mich nirgends fremd. Aber ich bin stolz, Franzose zu sein. Und das, obwohl ich über Frankreich noch mehr zu meckern habe als über Deutschland!" – „Sie meckern übrigens ganz schön viel!" – „Das ist ein Leiden und eine Last! Ich möchte eigentlich nicht meckern! Aber ich erkenne Sachen, nicht nur beruflich, sondern auch aus der ganzen Umgebung und muss dann kritisieren, schrecklich! Möchten sie noch einen Kaffee?" – „Gerne."

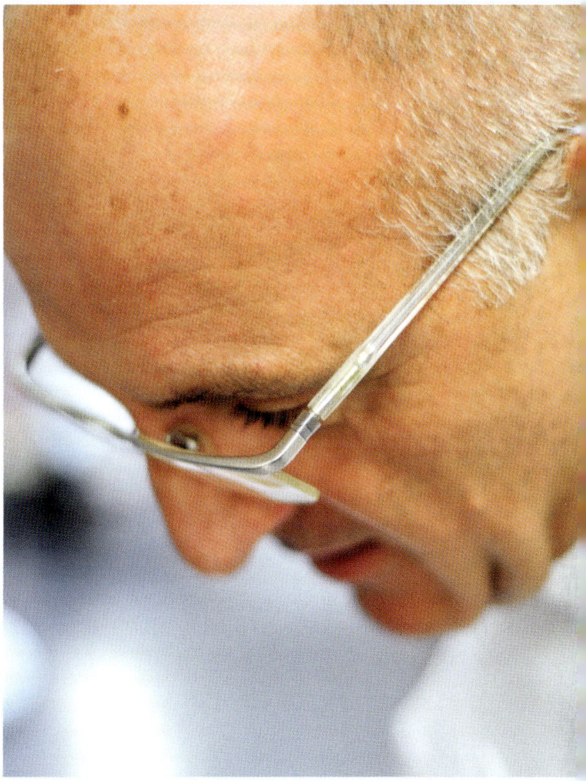

Zur Person

Jean-Claude Bourgueil, Jahrgang 1947, wurde in Sainte-Maure de Touraine in Frankreich geboren, wo er von 1960 bis 1963 auch seine Kochausbildung absolvierte. Es folgten unterschiedliche Stationen in Frankreich, bevor er nach seinem 18-monatigen Militärdienst nach Madrid zog und zwei Jahre im Restaurant *Horcher* verbrachte. Im Jahr 1970 wurde er zur Eröffnung des Düsseldorfer *Hilton* als Chef de Partie engagiert. Von 1972 bis 1975 arbeitete Bourgueil als Sous-Chef der *Walliser Stuben*, 1976 wechselte er ins Restaurant *Frickhöfer*. Seit 1977 betreibt er in Düsseldorf das Restaurant *Im Schiffchen*, welches mit zwei Sternen im Guide Michelin, mit 18 Punkten im Gault Millau und mit 4 Feinschmecker-Punkten ausgezeichnet ist. Im selben Gebäude befindet sich das mit einem Stern im Guide Michelin dekorierte Restaurant *Jean-Claude's*.

„Kochen ist eine unendliche Geschichte. Ich stehe am Herd, seit ich 17 Jahre alt bin. Und jedes Mal, wenn ich denke, dass ich am Ende angelangt bin, dann geht es wieder los. Vielleicht darf es auch nicht gleichmäßig verlaufen, sonst hat man keine Leidenschaft. Es braucht Höhen und Tiefen, geht immer weiter. Wenn einem das weggenommen wird, hat das Leben keinen Sinn mehr. Aber so ist das mit jeder wirklichen Leidenschaft: Sie endet erst mit dem Tod."

Jean-Claude Bourgueil

Beuchelle vom jungen Kaninchen in Zimtduft

Kaninchenbrühe Knochen und Parüren in Butterschmalz gleichmäßig goldbraun rösten – am besten im Ofen bei 180 °C unter gelegentlichem Umwenden. Dann das Fett abgießen, den Ansatz mit Sojasauce ablöschen und mit Weißwein angießen. Kurz kochen lassen. Alles zusammen in einen Topf geben, mit 2 Litern kaltem Wasser auffüllen und aufkochen lassen. Danach die Brühe abschäumen und entfetten. Grob geschnittenes Gemüse und Gewürze dazugeben, mit wenig Salz abschmecken und 2 Stunden bei niedriger Temperatur weiterköcheln lassen. Zum Schluss die Brühe durch ein feines Sieb oder ein Passiertuch gießen.

Kaninchen Nieren, Leber und Filets auslösen. Ebenso Keulen und Läufe, diese können für ein anderes Gericht verwendet werden. Kopf und Hals mit einem Küchenbeil abtrennen. Der Kopf kann nicht weiterverwendet werden. Das Brustbein von der Bauchseite zum Halsansatz mit einer guten Küchenschere aufschneiden. Die Rippenbögen parallel zum Rücken kappen. An der letzten Rippe den Kaninchenrücken einschneiden und an dieser Stelle mit dem Küchenbeil abtrennen. Rückenteil ohne Rippen auslösen und die Bauchlappen vom Rückenfilet lösen. Dann das Rückenteil mit Rippen – das Karree – von Rücken her bis auf den Knochen einschneiden und mit einer Schere so abtrennen, dass die Rippenbögen am Rückenfilet anhängen. Die Rippenbögen mit einem kleinen Messer sauber putzen, noch anhängendes Fleisch würde sonst beim Anbraten verbrennen. Rückenfilets, Karrees, Bauchlappen sowie Innereien und Filets von Fett und Sehnen befreien. Die Kaninchen-Fleischteile erst kurz vor dem Anrichten mit Salz und Pfeffer würzen und in Butterschmalz anbraten. Die Bauchlappen von beiden Seiten anrösten. Den Rücken und das Karree von beiden Seiten 1 ½ Minuten anbraten und kurz ziehen lassen. Filets und Leber ganz kurz von beiden Seiten scharf anbraten und herausnehmen. Die Nieren von beiden Seiten 1 Minute anbraten und kurz ziehen lassen.

Gemüse Möhre schälen und tournieren. Die Kaiserschoten an den Spitzen brechen und die Fäden herausziehen. Kaiserschoten in Salzwasser blanchieren, in Eiswasser abkühlen und in einem Sieb abtropfen lassen. Vor dem Anrichten das Gemüse in Butter erhitzen und mit Salz, Pfeffer und etwas Zucker würzen.

Schalotten-Pilz-Chutney Die geschälten Schalotten in Butterschmalz anbraten und mit Salz und Pfeffer würzen. Sobald die Schalotten gar sind, mit 50 g Zucker bestreuen und leicht karamellisieren lassen, anschließend mit Himbeeressig ablöschen. Shiitakepilze putzen, die Stiele abschneiden und mit Butterschmalz in der heißen Pfanne anbraten. Mit Salz und Pfeffer würzen und, kurz bevor die Pilze aus der Pfanne kommen, noch ein Stück Butter dazugeben. Pilze und Schalotten auf einem Sieb abtropfen lassen, dann grob hacken und warm stellen.

Zimtschaum Die Kaninchenbrühe aufkochen, die Zimtstangen darin abgedeckt eine 1/2 Stunde ziehen lassen. Danach passieren, die kalte Butter in den Fond einmontieren und mit Salz und Pfeffer abschmecken. Kurz vor dem Anrichten die geschlagene Sahne unterrühren.

Anrichten Das Schalotten-Pilz-Chutney in der Mitte des Tellers anrichten, die Karreestücke darauf stellen. Den Rücken darunter fächern, das Gemüse mit den übrigen Kaninchenstücken außen herum arrangieren und mit dem Zimtschaum nappieren. Zum Schluss jeden Teller mit Zimtpulver bestreuen, mit 1 Zimtstange und etwas Blattpetersilie dekorieren.

Kaninchenbrühe

	kleingehackte Knochen und Parüren von 2 Kaninchen
100 g	*Butterschmalz*
100 ml	*Sojasauce*
200 ml	*Weißwein*
1	*Möhre*
1/2	*Stange Lauch*
1	*Stange Sellerie*
1	*Zwiebel*
2	*Zweige Thymian*
2	*Lorbeerblätter*
3	*Nelken*
10	*Pfefferkörner*
4	*geschälte Knoblauchzehen*

Kaninchen

2	*Kaninchen*
	Butterschmalz

Gemüse

1	*Möhre*
100 g	*Kaiserschoten*

Schalotten-Pilz-Chutney

200 g	*kleine Schalotten*
	Butterschmalz
50 g	*Zucker*
50 ml	*Himbeeressig*
200 g	*Shiitakepilze*

Zimtschaum

200 ml	*Kaninchenbrühe*
2	*Zimtstangen*
200 g	*kalte Butter*
2 EL	*geschlagene Sahne*

Anrichten

	gemahlener Zimt
4	*Zimtstangen*
	Blattpetersilie

Ganze Kohlrabi mit Herbstgemüse

Geflügelconsommé Die Geflügelkarkassen in 3 Liter kaltem Wasser ansetzen und aufkochen lassen. Den aufsteigenden Schaum abschöpfen und noch 1 Liter kaltes Wasser aufgießen, erneut aufkochen und abschäumen. Etwas Salz, das geschälte und grob zerkleinerte Gemüse, Kräuter und Gewürze dazugeben. Die Zwiebel in einer Pfanne auf Alufolie bräunen und ebenfalls in die Brühe geben. Bei mäßiger Hitze 2 1/2 Stunden köcheln lassen, dabei immer wieder abschäumen und entfetten. Die fertige Brühe vorsichtig durch ein Haarsieb oder ein Passiertuch gießen.
Das Eiweiß mit den Steinpilzen und 200 ml Wasser in einer Schüssel aufschlagen. Die passierte Geflügelbrühe aufkochen und dann langsam unter ständigem Rühren in die Schüssel mit dem Eiweiß laufen lassen, alles in den Topf zurückgeben und erneut aufkochen. Das Eiweiß gerinnt beim Kochen, bindet alle Trübstoffe, klärt die Brühe und steigt als Klärkuchen an die Oberfläche. Consommé 20 Minuten bei schwacher Hitze weiterköcheln, anschließend 10 Minuten ziehen lassen und zum Schluss vorsichtig passieren.

Gänseleber-Butter Parüren und Reste, die beim Verarbeiten der Gänseleber übrig bleiben, sind ideal, um sie zu Gänseleber-Butter zu verarbeiten. Man kann sich die Arbeit etwas leichter machen, indem man die Reste vorab durch ein feines Rahmensieb dreht. Danach die Gänseleber mit der Butter zusammen nur ganz kurz und grob in der Küchenmaschine verrühren und kalt stellen. Die Masse sollte keinesfalls lange gerührt werden, da sie sonst einen seifigen Geschmack bekommt und die Sauce später hell färbt! Die fertige Gänseleber-Butter kann portionsweise eingefroren werden.

■ Kohlrabi

Das Stängel- oder Stielgemüse wird bevorzugt in deutschsprachigen Ländern verzehrt und gilt als typisch deutsches Gemüse, obwohl der Kreuzblütler auch in Spanien, Frankreich, Italien, Rumänien, Polen oder in den Niederlanden kultiviert wird. Zum essbaren Teil von Kohlrabi gehören die zarten Herzblätter, die als Suppeneinlage Verwendung finden und als Salat oder wie Spinat zubereitet werden können. Zudem haben die Blätter eine größere Vitamin- und Mineralstoffkonzentration als die Sprossknolle. Die Schalenfarbe der Kohlrabiknollen ist grünweiß oder rot-blau, das Fruchtfleisch ist weiß. Die Anbaumethode ist entscheidend für den Geschmack, so sind die größeren Freilandkohlrabis wesentlich würziger. Zudem sind diese länger lagerfähig, aber oftmals verholzt. Im Gegensatz dazu bestechen die kleineren Knollen aus dem Gewächshaus durch einen zarteren und milderen Geschmack. „Früher bekam man Kohlrabi, die waren nur halb so groß, aber von der Haptik her wie Butter, und die besaßen einen sensationellen Geschmack. Heute geht es um Massenproduktion. Je größer, desto besser. Damit kann man Geld verdienen, aber mehr auch nicht", sagt Jean-Claude Bourgueil.
Beim Einkauf von Kohlrabi ist darauf zu achten, dass die Blätter knackig sind und eine kräftige, leuchtend grüne Färbung aufweisen. Die Knolle sollte gleichmäßig gefärbt sein. Wenn man die Blätter entfernt, sind Kohlrabis im Gemüsefach bis zu einer Woche haltbar. Zusätzlich in ein feuchtes Tuch gewickelt, bis zu einem Monat. Gekochte Kohlrabi sollten wegen des Nitratgehalts nicht mehrmals aufgewärmt werden.

Geflügelconsommé

3 kg	Geflügelkarkassen
200 g	Möhren
200 g	Lauch
150 g	Staudensellerie
3	geschälte Knoblauchzehen
4	Zweige Thymian
3	Lorbeerblätter
15	Pfefferkörner
4	Nelken
1	große Zwiebel
150 ml	Eiweiß
30 g	getrocknete Steinpilze, fein gehackt

Gänseleber-Butter

150 g	rohe Gänseleber, passiert
300 g	weiche Butter

Champignon-Duxelles

1	große Zwiebel, fein gehackt
60 g	Butter
6	große Champignons, fein geschnitten
1	Prise Ascorbinsäure
2 EL	Gänseleber-Butter

Kohlrabi

4	Kohlrabi
200 g	Champignon-Duxelles
4	Steinpilze
200 g	Pfifferlinge
60 ml	Geflügelconsommé
1 EL	Crème fraîche

Anrichten

4	Zweige Thymian
4	grüne Spargelspitzen, blanchiert und halbiert
8	kleine Shiitakepilze, gebraten
2	Cherrytomaten, entkernt und geviertelt
4	Kaiserschoten, blanchiert und halbiert

Champignon-Duxelles Die gehackte Zwiebel in flüssiger Butter glasig dünsten. Champignons dazugeben, mit Salz, Pfeffer und einer Prise Ascorbinsäure abschmecken. Die Masse ab und zu umrühren, damit nichts anbrennt. Bei niedriger Temperatur weitergaren, bis die gesamte Flüssigkeit verdunstet ist. Vom Herd nehmen und die Gänseleber-Butter unterrühren. Abkühlen lassen.

Kohlrabi Kohlrabi schälen, die Deckel abschneiden und mit Hilfe eines Ausstechers aushöhlen. Danach blanchieren, abtrocknen und mit je 50 Gramm Champignon-Duxelles füllen. Das ausgestochene Kohlrabifleisch klein schneiden, in etwas Butter weichdünsten und beiseite stellen. Die Steinpilze klein schneiden und mit den Pfifferlingen in einer Pfanne mit etwas Butter ansautieren. Pilze dann auf eine passende kleine Tonplatte geben und auch die gefüllten Kohlrabi dazulegen. Im Ofen bei 180 °C etwa 6 Minuten backen. Aus dem Ofen nehmen. Für die Sauce die Geflügelconsommé reduzieren und mit der Crème fraîche mischen.

Anrichten Gedünstete Kohlrabistücke auf die Teller verteilen. Je 1 gefüllten Kohlrabi obenaufsetzen. Den Deckel anlegen. Je 1 Thymianzweig, 2 Spargelhälften, 2 Shiitakepilze, 2 Tomatenviertel und 2 Kaiserschotenhälften und die sautierten Pilze dekorativ verteilen. Abschließend das Ganze mit der aufgeschäumten Sauce nappieren.

Kleiner bretonischer Hummer auf Spitzkohl mit Kamillensauce

Court-Bouillon Alle Zutaten in einem Topf aufkochen, bis die Gemüse gar sind und ihr volles Aroma abgegeben haben. Dann die Bouillon passieren und die Gewürze entfernen.

Fumet de poisson Die Möhren, Lauch und den Staudensellerie in feine Scheiben schneiden, die Zwiebeln halbieren und in feine Streifen schneiden. Das Gemüse zusammen mit Thymian, Knoblauch, Lorbeerblättern, Pfefferkörnern und Nelken in der Butter anschwitzen, möglichst ohne es Farbe nehmen zu lassen. Karkassen und Fischköpfe unter kaltem Wasser abspülen und dazugeben, mit Weißwein ablöschen und alles einmal aufkochen lassen. Mit kaltem Wasser auffüllen, aufkochen, abschäumen, entfetten und noch 1 Stunde leicht köcheln lassen, je nach Intensität mit Meersalz abschmecken. Die Ingwerscheibe dazugeben, sie verleiht der Fischbrühe eine angenehme Frische. Kurz vor dem Passieren die frischen Kräuterstiele einlegen und den Fumet zum Schluss vorsichtig durch ein feines Sieb oder Passiertuch streichen.

Spitzkohl Die Butter in einem breiten Topf schmelzen lassen, Fumet angießen und mit Salz und Pfeffer würzen. Spitzkohl hinzugeben, alles gleichmäßig vermischen und dünsten. Das Gemüse sollte noch Biss haben.

Kamillensauce Für die Sauce lässt man den Fumet de poisson einmal aufkochen, gibt die Kamillenblüten dazu und lässt diesen Ansatz 4 Minuten abgedeckt ziehen. Die Zeit sollte zwingend beachtet werden, da die Sauce sonst unangenehm bitter wird. Danach den Ansatz passieren und die kalte Butter mit dem Mixer oder dem Schneebesen einmontieren, den Kapernessig dazugeben, mit Salz und Pfeffer abschmecken und die geschlagene Sahne unterrühren.

Kamille

Zum essbaren Teil der einjährigen Gewürz- und Heilpflanze zählen vorwiegend die Blütenköpfe, deren Qualität vom Boden und der Umgebung, aber vor allem durch die sachgerechte Verarbeitung bestimmt wird. Als bester Erntezeitpunkt gelten die Tage direkt nach der Blüte, an denen die Wirk- und Aromastoffe die höchsten Gehalte aufweisen. Die folgende Trocknung sollte luftig und bei nicht zu hohen Temperaturen erfolgen.

Zu den Hauptanbaugebieten zählen Argentinien, Ägypten, Bulgarien, Ungarn und in geringem Umfang auch Spanien, Tschechien oder Deutschland. Kamillenblüten werden bevorzugt zur Gewinnung von ätherischem Öl oder zur Produktion von Tee genutzt. Die Wirkstoffe besitzen drei heilende Haupteigenschaften: Sie sind entzündungshemmend, krampfstillend und entblähend. Kamillenblüten sollten kühl, trocken und nicht länger als ein Jahr gelagert werden, da sich danach die ätherischen Öle verflüchtigen.

Hinweis Wird Kamillentee über einen längeren Zeitraum getrunken, kann das zu Schwindel, Bindehautentzündungen und Nervosität führen.

Hummer Die Hummer mit dem Kopf zuerst in die kochende Court-bouillon geben und 4 Minuten kochen. Idealerweise jeweils nur 2 Hummer auf einmal in den Topf geben, da das Wasser so schneller wieder zum Kochen kommt. Die Scheren abbrechen und noch 1 Minute nachkochen. Die Hummer ausbrechen und die Schwanzstücke der Länge nach in Scheiben schneiden und in der Court-bouillon bis zum Anrichten heiß halten. Für die Dekoration jeweils 6 Hummerbeine, die Schwanzkarkassen sowie den Hummerkopf mit einer Schere zurechtschneiden und waschen.

Anrichten Spitzkohl in die Mitte der Teller geben, darauf die Hummerscheiben setzen und oberhalb die beiden Scheren platzieren. Jeden Teller mit den Hummerkarkassen so dekorieren, dass die ursprüngliche Form des Hummers erkennbar wird. Mit der Kamillensauce nappieren und mit den Dillzweigen abschließen.

Court-bouillon

500 ml *Weißwein*
500 ml *Wasser*
1 l *Essig*
½ *Stange Lauch (nur das Weiße)*
1 *mittelgroße Möhre*
1 *Stange Sellerie*
½ *Zwiebel*
6 *Nelken*
1 EL *schwarze Pfefferkörner*
1 *Zweig Thymian*
1 *Lorbeerblatt*
Meersalz

Fumet de poisson

100 g *Möhren*
200 g *Lauch (nur das Weiße)*
100 g *Staudensellerie*
200 g *Zwiebeln*
4 *Zweige Thymian*
5 *zerdrückte Knoblauchzehen*
3 *Lorbeerblätter*
10 *Pfefferkörner*
2 *Nelken*
200 g *Butter*
3 kg *Karkassen und Köpfe von Meeresfischen*
500 ml *Weißwein*
Meersalz
1 *Scheibe Ingwer*
Kräuterstiele (Petersilie, Kerbel und Dill)

Spitzkohl

100 g *Butter*
50 ml *Fumet de poisson*
300 g *Spitzkohl*

Kamillensauce

200 ml *Fumet de poisson*
15 *Kamillenblüten*
450 g *kalte Butter*
90 ml *Kapernessig (Fond, in dem Kapern eingelegt waren)*
3 EL *geschlagene Sahne*

Hummer

4 *bretonische Hummer (à 500 bis 600 g)*
5 l *Court-bouillon*

Anrichten

4 *Zweige Dill*

Kapern

Kapern sind die Blütenknospen des Echten Kapernstrauchs, der ursprünglich aus dem Mittelmeerraum stammt und heutzutage vorwiegend in Frankreich, Marokko, Spanien und Griechenland angebaut wird. Die Ernte der unreifen Blütenknospen erfolgt in mühevoller Handarbeit. Da sie roh ungenießbar sind, werden sie danach getrocknet und in Öl, Salzwasser oder Essig eingelegt. Erst durch den Konservierungsprozess entwickeln Kapern Caprinsäure und Senfölglykoside, welche für den typischen Geschmack verantwortlich sind.
Als ein Qualitätskriterium gilt die Größe der Knospen. „Die kleinen Kapern sind geschmacklich am besten. Nur hat keiner Lust die Dinger zu pflücken. Zu aufwändig", erklärt Jean-Claude Bourgueil. Grundsätzlich wird bei Kapern zwischen vier Handelsgrößen unterschieden: Die größte Variante sind die sogenannten „Capottes", große Knospen werden als „Capucines" bezeichnet, mittelgroße Kapern heißen „Surfines" und die kleinste Sorte wird als „Nonpareilles" deklariert. Als zusätzliches Qualitätsmerkmal gilt die geschlossene Knospe und die oliv- bis blaugrüne Färbung. In der Küche sollten Kapern erst am Ende des Garprozesses zugefügt werden, da sie durch Hitzeeinfluss schnell an Würzkraft verlieren und zudem weich und matschig werden.

Tipp Auch gesalzene Kapern entwickeln ein unverfälschtes Aroma, sie sollten aber vor der Verarbeitung kurz gewässert werden.

Rotbarbe auf Auberginen-Kaviar, Kräutersalat mit Kaperntapenade

Auberginen-Kaviar Auberginen abwaschen, abtrocknen und bei 220 °C im Backofen backen, bis sie sehr weich sind. Abkühlen lassen. Die Auberginen aufschlitzen und mit einem Esslöffel das Fruchtfleisch vorsichtig herausholen. Etwa 20 Minuten auf ein Sieb legen, damit der Saft völlig abtropft. Dann die Auberginen grob hacken und mit der gehackten Zwiebel und dem Zitronensaft in eine Schüssel geben. Mit Salz und Pfeffer würzen und mit Olivenöl wie eine Mayonnaise aufmontieren.

Rotbarbe Eine Teflonpfanne leicht mit Olivenöl bepinseln und die fein gemahlenen Fenchelsamen einstreuen. Die Pfanne aufheizen und die Rotbarbenfilets mit der Hautseite nach unten hineinlegen; nach 2 Minuten umdrehen und durchziehen lassen. Kurz vor dem Anrichten die Filets schräg in Scheiben schneiden (pro Teller werden 3 Scheiben gebraucht).

Anrichten Je 3 Nocken Auberginen-Kaviar auf die Teller geben. Je 3 Scheiben Rotbarbenfilet darauf anrichten. Mit wilden Kräutern, Salatblättchen und gerösteten Weißbrotscheiben dekorieren. Das Ganze mit den Kapern, Meersalz, Zitrone und Olivenöl nach Belieben würzen.

AUBERGINEN-KAVIAR

3	mittelgroße Auberginen
1	weiße Zwiebel, fein gehackt
	Saft von 1 Zitrone
100 ml	fruchtiges, feines Olivenöl

ROTBARBE

	Olivenöl
1 TL	italienischer Fenchelsamen, fein zerstoßen
8	Rotbarben, filetiert und entgrätet

ANRICHTEN

	gemischte Kräuterblättchen (z.B. Minze, Basilikum, Kerbel, Thymian)
	feine Salatblättchen (z.B. Radicchio, Frisée)
12	dünne Weißbrotscheiben, in Olivenöl geröstet
25 g	Kapern („Surfines")
	Meersalz
	Zitronensaft
	Olivenöl

Kiwi (Chinesische Stachelbeere)

Die Beerenfrüchte des Kletterstrauchs stammen ursprünglich aus China und werden heutzutage in Neuseeland, Japan, Chile, Kalifornien, Italien, Griechenland und Frankreich kultiviert. Kiwis werden das ganze Jahr über angeboten. Sie sind reich an Ballast- und Mineralstoffen sowie an Vitaminen – insbesondere der Vitamin-C-Gehalt ist hier etwa doppelt so hoch wie bei einer Orange. Trotz verschiedener Sorten wie „Bruno", „Abbott", „Allison" oder „Monty" macht die Sorte „Hayward" 95 Prozent der Weltproduktion aus: Sie fällt etwas größer aus, ist lange haltbar und verfügt über ein gutes Geschmacksprofil. Die Beeren reifen nach der Ernte noch nach und sind essbar, sobald die hellbraune Schale mit kurzen Borsten auf Druck leicht nachgibt. Unreife Früchte können einigen Wochen im Kuhlschrank nachreifen.

TIPP Rohe Kiwis enthalten das eiweißspaltende Enzym Actinidin, das Milchprodukte bitter werden lässt. Eine Möglichkeit zur Abhilfe ist kurzes Blanchieren oder die Verwendung der gelbfleischigen Sorte „Kiwi Gold", welche das Enzym nur in geringen Mengen enthält.

Karamellisierte Kiwi-Tarte auf Quarkschaum und Himbeersauce

Orangentuiles Von den Orangen vorsichtig die Schale abreiben und mit dem Zucker zusammen etwa 10 Minuten in einer Küchenmaschine mit dem Schneebesen zermahlen. Den Mandelgrieß mit dem Mehl vermischen und mit dem Ansatz aus Orangenschalen und Zucker verrühren. Anschließend den Orangensaft und die flüssige Butter langsam einlaufen lassen und das Ganze zu einem glatten Teig rühren. Auf einem Blech 8 Teigkreise von 12 Zentimeter Durchmesser formen und bei 200 °C etwa 8 Minuten goldgelb backen.

Quarkschaum Die Kuvertüre im Wasserbad auflösen. Die Gelatine in kaltem Wasser einweichen und auflösen. Den Quark mit dem Kirschwasser und dem Limettensaft verrühren. Das Eigelb mit den Eiern und dem Zucker schaumig schlagen, die Kuvertüre einrühren und die aufgelöste Gelatine sowie den Quark untermischen. Anschließend die geschlagene Sahne vorsichtig unterheben. Vor dem weiteren Gebrauch sollte der Quarkschaum drei Stunden gekühlt werden.

Himbeersauce Die gefrorenen Himbeeren mit dem Zucker bestreuen, gut abdecken und über Nacht ziehen lassen. Am nächsten Tag mit dem Mixer zerkleinern, durch ein feines Sieb passieren, anschließend Himbeergeist und Zitronensaft unterrühren.

Kiwi-Tartes Pro Tarte 2 Orangentuiles verwenden. Eine davon mit dem Quarkschaum bestreichen, die andere Tuile oben auflegen und mit Kiwischeiben belegen. Mit grobem braunen Zucker bestreuen und unter dem Salamander kurz karamellisieren.

Anrichten Auf jeden Teller einen Spiegel aus Himbeersauce gießen, je 1 Kiwi-Tarte daraufsetzen und servieren.

Orangentuiles

24	*Orangen*
240 g	*Zucker*
90 g	*Mandelgrieß*
90 g	*Mehl*
20 ml	*frisch gepresster Orangensaft*
90 g	*flüssige Butter*

Quarkschaum

400 g	*weiße Kuvertüre (Callebaut)*
4	*Blatt Gelatine*
250 g	*Magerquark*
50 ml	*Kirschwasser*
	Saft von 3 Limetten
3	*Eidotter*
3	*Eier*
100 g	*Zucker*
800 ml	*geschlagene Sahne*

Himbeersauce

250 g	*TK-Himbeeren*
125 g	*Zucker*
50 ml	*Himbeergeist*
	Saft von 1 Zitrone

Kiwi-Tartes

8	*runde Orangentuiles (12 cm Ø)*
	Quarkschaum
4	*Kiwis, geschält und in 2 cm dicke Scheiben geschnitten*
	brauner Zucker

la vie

Thomas Bühner

Kurz vor dem Abendservice ist alles anders: Abrupt endet das Telefongebimmel und das Restaurant *la vie* in Osnabrück steht nach einem zweitägigen Boxenstopp wieder auf der Rennstrecke. Die Komponenten der Speisekarte liegen vorbereitet in der Kühlung, in Töpfen, im Ofen. Rotkohl darf endlich wieder für den Gast über den Trüffelhobel gerieben werden und nicht mehr nur pro forma für den Fotografen. Der Küchenchef ist sichtlich gelöst. Die Anspannung des Vorbereitungstages fällt von Thomas Bühner ab. Er tuschelt kurz mit seiner Liebsten, unterhält sich kameradschaftlich mit seiner Mannschaft oder fotografiert spaßeshalber mit einer Einwegkamera den Fotografen.

Zugegeben, schön zu lesen, wenn dieser Formel-1-Vergleich nicht eine kreuzquere Bremsspur durch den ersten Absatz ziehen würde. Dabei sollte er ein Wegbereiter für den Patron sein, der metaphorisch den immensen Druck in einer Küche relativiert: „Für mich wäre es Stress, mit 300 km/h den Bremspunkt in einer Kurve zu erwischen. Rennfahrer quatschen nebenher mit ihren Technikern. Es kommt immer drauf an, wie perfekt sie etwas machen, wie routiniert sie sind. Die Jungs haben mehr Schwierigkeiten langsam zu fahren als schnell." – Verstanden! Einverstanden! Aber Kerosinabgase mit Champagnerluft zu assoziieren fällt uns trotzdem schwer! – „Ich hätte auch etwas über Fußball erzählen können", erwidert der Sportfan lachend. Was er schließlich doch noch tut...

Auch wenn Thomas Bühner das Jahr nicht gerne hört, weil er sich dann alt vorkommt: 1979 begann er seine Kochausbildung. Zu einer Zeit, in der noch landläufig die Meinung kursierte, ein Koch müsse nicht viel können, habe aber immer etwas zum Essen. Eine Zeit, in der Gastronomie ein Solobühnenstück darstellte, in der die Küchenbrigade die Rolle der Statisten übernahm. Thomas Bühner war anderer Meinung. Er wollte von Anfang an ein guter Koch werden – nicht nur vor, sondern auch hinter den Kulissen: „Eine Küche funktioniert wie eine Fußballmannschaft. Jeder hat seine Position, und jede davon ist wichtig. Man gewinnt gemeinsam und verliert gemeinsam." – Und jetzt aber genug der Sportvergleiche!

Thomas Bühner schätzt Perfektion. Sei es in der Präzisionslenkung eines Boliden, im Zusammenspiel des Mannschaftssports oder eben in der komplexen Welt der Aromenkomposition. Insbesondere die Küchenkultur der Japaner beeindruckt den Sternekoch: Ihr fundiertes Produktwissen dahingehend, nicht nur die Saison von Spargel zu kennen, sondern auch die genauen Tage, wann die Sprossen am besten schmecken. Und ihre Detailbesessenheit, sich bereits im Vorfeld zu überlegen, wie sie das Messer am Fisch ansetzen, um den höchstmöglichen Glanz an der Schnittstelle zu erreichen, oder einfach nur, um den „perfekten" Schnitt zu machen.

Aber Thomas Bühner ist nicht nur von der japanischen Spitzenküche fasziniert. „Ich gehe gerne in Gourmetrestaurants jeglicher Art. Je toller, desto lieber", erzählt der gebürtige Steinfurter. Wobei er dort nicht zwingend Kaviar bestellt, sondern ... nein, nein, nein ... wir müssen an dieser Stelle leider abrechen! – Thomas Bühner hält sich nämlich nicht an die obligatorische Antwort von Sterneköchen auf eine Routinefrage von Journalisten! Die Schreiber schreiben es gerne; die Leser lesen es gerne; und die Köche essen es ab und an auch gerne: Ihr Lieblingsgericht, Herr Bühner, das immer bescheiden sein muss! Bodenständig! Was denken sonst die Leute! – „Ach so", erwidert der Sternekoch lachend, „dann sage ich jetzt: Alles, was mit Liebe gekocht ist!"

Zur Person

Thomas Bühner, geboren im Jahr 1962 in Riesenbeck im Kreis Steinfurt, absolvierte seine Kochausbildung im *Schweizer Haus* in Paderborn. Zu seinen weiteren Stationen zählen unter anderem das *Hilton* in Düsseldorf oder das Restaurant *Jörg Müller* auf Sylt. In Hamburg arbeitete Thomas Bühner im *Landhaus Scherrer*, im *Ramada Hotel* und im Restaurant *Il Ristorante*. Als besonders prägend empfindet er seine Zeit bei Johannes Meyer im Restaurant *Grand Cru* in Lippstadt und bei Harald Wohlfahrt im Restaurant *Schwarzwaldstube*. Nach der Weiterbildung zum Küchenmeister auf der Hotelfachschule Heidelberg wird er ab 1991 Küchenchef im Restaurant *La Table* im *Casino Hohensyburg* in Dortmund. Seit 2006 ist Thomas Bühner Patron im Restaurant *la vie* in Osnabrück, das er mit seiner Lebensgefährtin Thayarni Kanagaratnam führt. Das *la vie* ist mit zwei Sternen im Guide Michelin, 19 Punkten im Gault Millau und mit 4,5 Feinschmecker-Punkten ausgezeichnet.

„Regional zu kochen heißt, mich zu beschränken. Das bedeutet nicht, dass wir Mineralwasser um den ganzen Globus fliegen. Aber soll ich zu einem Gast sagen, der die Fleischqualität reklamiert: Entschuldigen Sie, ich weiß, dass das Fleisch nicht gut ist, aber es ist das absolut Beste, das wir in dieser Region haben?“

Thomas Bühner

Rentierfilet im Sud exotischer Aromen mit geräuchertem Apfelpüree und glasierten Maronen in Szechuan-Pfefferjus

Gewürzsud Alle Zutaten für den Gewürzsud zusammen mit einem halben Liter Wasser aufkochen, dann auf 70 °C abkühlen. Der Sud kann mehrmals verwendet werden. Er eignet sich auch hervorragend für anderes Wild, Wildgeflügel sowie Rindfleisch.

Rentierrücken Die Rentierrückenfilets im 70 °C heißen Gewürzsud 10 bis 12 Minuten pochieren. Bei einer Kerntemperatur von 53,7 °C sind die Filets medium.

Apfelpüree Die Äpfel vierteln und entkernen. Den Zucker in einen Topf geben und leicht karamellisieren. Die Apfelviertel dazugeben und weich schmoren. Anschließend pürieren. Das Apfelpüree im Räucherofen 4 bis 6 Minuten räuchern, bis es einen leichten Rauchgeschmack annimmt.

Gedünsteter Rettich Die Rettiche putzen und in einem Topf mit der Butter und dem Gemüsefond in etwa 6 Minuten weich schmoren. Mit Salz würzen.

Glasierte Maronen Den Zucker in einem Topf karamellisieren und mit Orangensaft ablöschen. Flüssigkeit auf 200 Milliliter reduzieren. Die Butter und das Kirschwasser dazugeben, mit Salz abschmecken. Die Maronen im Sud glasieren.

Anrichten 1 Rentierfilet auf jeden Teller legen. 1 gedünsteten Rettich und die glasierten Maronen dazu anrichten. Als Sauce etwas von dem Sud zugeben, in dem das Filet geschmort wurde. Einen Esslöffel Apfelpüree auf den Teller geben.

Gewürzsud

- 1/2 EL *Fünf-Gewürze-Pulver*
- 4 *Sternanis*
- 2 EL *Szechuan-Pfefferkörner*
- 3 *kleine Zimtstangen*
- 50 g *Zucker*
- 200 ml *dunkle Sojasauce (Ketjap Manis)*
- 20 ml *Reisessig*
- 100 ml *helle Sojasauce*

Rentierrücken

- 6 *Rentierrückenfilets (à 150 g)*

Apfelpüree

- 8 *Äpfel (Berlepsch)*
- 40 g *Zucker*
- 3 EL *Räuchermehl*

Gedünsteter Rettich

- 4 *Rettiche (Eiszapfen)*
- 20 g *Butter*
- 40 ml *Gemüsefond*

Glasierte Maronen

- 30 g *Zucker*
- 500 ml *Orangensaft*
- 100 g *Butter*
- 20 ml *Kirschwasser*
- 20 *Maronen*

Pekannuss

Neben der Macadamianuss zählt die Pekannuss mit ihren sehr hohen Gehalten (bis zu 70 %) an Öl- und Linolsäure zu den fettreichsten Nüssen. Die einsamige Steinfrucht wird in Mexiko, Australien, Israel, Südafrika und in ihrer Ursprungsregion in den Südstaaten der USA kultiviert. Der Pekannussbaum gehört zur Familie der Walnussgewächse, was sich weniger am Aussehen der glatten, dünnen, hellbraunen Schale der Früchte erkennen lässt, als im Geschmack der hellfleischigen Samen. „Pekannüsse sind dicht am Geschmack von Walnüssen. Aber viel milder, feiner und süßer im Aroma", erklärt Thomas Bühner. Pekannüsse in der Schale sind, trocken und kühl aufbewahrt, bis zu einem Jahr haltbar.

Gemüsemüsli mit Pekannüssen und Petersilienwurzelmilch

Gemüseflocken

200 g	*kleine Kartoffeln*
200 g	*Petersilienwurzel*
200 g	*Möhren*
150 g	*Fenchel*
100 g	*Sellerie*
40 g	*Petersilienblättchen*
je 5 g	*gefriergetrocknete Erbsen, Broccoli und Mais*

Petersilienwurzelmilch

1 kg	*Petersilienwurzeln*
1,5 l	*Vollmilch*

Garnitur

10 g	*grob gehackte Pekannüsse*

Gemüseflocken Kartoffeln, Petersilienwurzel und Möhren schälen. Die Gemüse getrennt auf einer Reibe in dünne Scheiben schneiden und beiseite stellen. Den Fenchel und den Sellerie putzen, ebenfalls in dünne Scheiben schneiden, auf leicht geöltem Backpapier verteilen und im 80 °C heißen Backofen 60 Minuten trocknen. Die Backofentür sollte dabei einen Spalt geöffnet bleiben. Petersilienblättchen und gefriergetrocknete Gemüse in der Fritteuse ausbacken und auf Küchenkrepp abtropfen lassen. Alle Gemüse leicht salzen.

Petersilienwurzelmilch Die Petersilienwurzeln schälen und in walnussgroße Stücke schneiden. Mit der Milch ein einen Topf geben, leicht salzen und einmal aufkochen lassen. Dann einen halben Tag ohne Flamme ziehen lassen. Durch ein feines Sieb passieren, mit Salz sowie Zucker abschmecken und sehr kalt stellen.

Anrichten Die eiskalte Petersilienwurzelmilch in eine Müslischale geben. Die Gemüseflocken und die gehackten Pekannüsse mischen und getrennt dazu reichen.

Karamellisierter Cannellono vom Taschenkrebs mit Passionsfrucht und Zitronenmarinade

Zitrone

Die Zitrone stammt ursprünglich aus Südostasien. Heute wird sie in den Mittelmeerländern, China, Indien, Südamerika, USA (Kalifornien) und Australien angebaut, wo die Beeren des immergrünen Zitronenbaumes bis zu dreimal jährlich geerntet werden. Im reifen Zustand sollten Zitronen eine gelb leuchtende Farbe und eine fein- bis grobporige Schale haben. 30 Prozent des Ertrags werden zu Saft und Konzentrat verarbeitet oder als Zusatzprodukt eingesetzt. Der größte Teil wird als rohe Frucht (gewachst und ungewachst) exportiert.

Zitrusfrüchte haben einen sehr hohen Gehalt an Vitamin C, welcher in der Schale am höchsten ist und zum Fruchtinneren hin abnimmt. Um die Inhaltstoffe zu schützen, werden Zitronen direkt nach der Ernte gewaschen, gewachst und mit Konservierungsmitteln behandelt. Die Schale wird dadurch ungenießbar, weshalb oft der Kauf unbehandelter Ware aus ökologischem Anbau empfohlen wird. „Man muss nicht zwingend unbehandelte Zitronen kaufen, wenn man die Schale verarbeiten möchte. Die Wachsschicht kann man runterschrubben", erklärt Thomas Bühner.

Tipp Die Säure im Zitronensaft schützt Obst und Gemüse vor Oxidation. In Marinaden verarbeitet bleiben Fleisch und Fisch zarter und saftiger.

TASCHENKREBS Die Gewürze und Kräuter mit 5 Liter Wasser in einen Topf geben. Alles zusammen aufkochen. Den Taschenkrebs in das kochende Wasser geben, Flamme ausschalten und 6 Minuten in dem heißen Sud ziehen lassen. Den Krebs in Eiswasser abschrecken und das Fleisch ausbrechen.

PASSIONSFRUCHTGELEE Passionsfruchtmark, Orangensaft, Gellan und Citras zusammen aufkochen, in eine flache Form (30 x 20 cm) füllen und kühl stellen. Vor dem Anrichten in Würfel von 4 Millimeter Seitenlänge schneiden.

INGWERMARINADE Alles zusammen aufkochen und zum Abkühlen beiseite stellen. Vor dem Gebrauch abseihen und salzen.

ZITRONENMARINADE Das Zitronenöl mit Fischfond mischen, den Zitronensaft zugeben und zur Seite stellen.

MILCHHAUT Für jede Milchhaut ½ Liter Milch in eine Pfanne geben und so lange erhitzen, bis sich eine Haut bildet. Danach die Hitze reduzieren, damit die Milch nicht kocht. Wenn die Haut dick genug ist, aus der Pfanne nehmen und auf eine mit Sahne bestrichene Folie legen. Die obere Seite der Milchhaut ebenfalls mit Sahne bepinseln und bis zum Anrichten mit Frischhaltefolie abdecken.

CANNELLONO Die Brunoise kurz anschwitzen und mit Weißwein ablöschen. Mit Salz und Zucker abschmecken. Das Taschenkrebsfleisch mit ein paar Würfeln Passionsfruchtgelee, 1 Esslöffel Brunoise, Salz und Zitronenmarinade abschmecken und auf 4 Portionen aufteilen. Die Frischhaltefolie von der Milchhaut nehmen, eine längliche Portion Füllung auf jede Haut setzen und mit Milchhaut umhüllen, sodass ein Cannellono entsteht.

ANRICHTEN 1 Löffel von der Ingwermarinade auf jeden Teller geben, je 1 Cannellono darauf setzen. Die Cannelloni mit einem Brenner außen abflämmen. Den Passionsfruchtsaft punktförmig auf die Ingwermarinade geben. Die gefriergetrockneten Himbeeren mit den Fingern zerkrümeln und zu den Punkten streuen. Mit frischen Kräutern und Zitronenfilets garnieren. Je 1 Hummercroustillant neben den Cannellono legen.

TASCHENKREBS

58 g	*Meersalz*
40 g	*fein gewürfelte Schalotten*
70 g	*weiße Lauchstreifen*
50 g	*Staudensellerie, in Ringe geschnitten*
10 g	*Zitronenzeste*
2	*Lorbeerblätter*
10	*Pimentkörner*
10	*schwarze Pfefferkörner*
1 TL	*Korianderkörner*
2	*Kardamomkapseln*
15 g	*gehackter, frischer Ingwer*
1	*Taschenkrebs (etwa 1 kg)*

PASSIONSFRUCHTGELEE

50 g	*Passionsfruchtmark*
50 g	*frisch gepresster Orangensaft*
0,7 g	*Gellan*
1 g	*Citras (Natriumzitrat)*

INGWERMARINADE

1	*Orangenzeste*
1	*Zitronenzeste*
2	*Limonenzesten*
	Saft von 1 Limone
10 g	*Ingweröl*
10 g	*Traubenöl*
10 g	*Olivenöl*
10 ml	*Gemüsebrühe*
5 g	*Salz*

ZITRONENMARINADE

100 g	*Zitronenöl*
30 g	*Fischfond*
20 ml	*Zitronensaft*

MILCHHAUT

2 l	*Vollmilch*
	Sahne

CANNELLONO

1 EL	*gemischte Brunoise (Möhren, Sellerie, Lauch)*
	Weißwein

GARNITUR

	Passionsfruchtsaft
4	*gefriergetrocknete Himbeeren*
	Blattpetersilie
	Dill
	Basilikum
	Zitronenfilets
4	*Hummercroustillants*

Coquilles St. Jacques in der Salzkruste mit Viererlei vom Kürbis

Jakobsmuscheln Die Muscheln mit dem Salz in Förmchen schichten: 1 Schicht Salz, 1 Muschel, 1 Schicht Salz, 1 Muschel, 1 Schicht Salz. Anschließend bei 100 °C im Ofen 6 Minuten garen. Die Muscheln müssen dann sofort serviert werden.

Kürbispüree Den Kürbis schälen und in traubengroße Würfel schneiden. Die Würfel mit der Butter, der Ingwernuss und etwas Fleur de Sel in einen Vakuumbeutel geben, vakuumieren und 2 Stunden bei 99 °C im Wasserbad garen. Die Kürbiswürfel ohne Sud aus dem Beutel nehmen und sehr fein pürieren. Vor dem Anrichten noch einmal erwärmen.

Kürbissud Fischfond und 100 Gramm Kürbispüree mischen und vor dem Servieren leicht erwärmen.

Kürbis

Die größte Beere der Welt erlebte in den letzten Jahren eine Renaissance. Sie hat ihre Hauptsaison von Juli bis Januar und wird mittlerweile weltweit in wärmeren Gebieten kultiviert, vorwiegend in Südamerika, Afrika und Südostasien. Die als Nahrungspflanzen wichtigsten Kürbissorten werden in drei verschiedene Gattungen eingeteilt: Speise- oder Riesenkürbisse, wie der Hokkaidokürbis – der im Gegensatz zu den meisten anderen Kürbisarten über eine dünne, genießbare Schale verfügt; Gartenkürbisse, wie der Steirische Ölkürbis oder die Zucchini, und Moschuskürbisse, wie der Muskat- oder Butternusskürbis, den Thomas Bühner wegen seiner weichen Konsistenz und dem nussigen Aroma bevorzugt.
Kürbisse sind im Rohzustand oft nicht sonderlich schmackhaft. Je nach Sorte variieren Größe, Farbe, Form und Geschmack der Panzerbeeren, die trocken, kühl und dunkel gelagert bis zu drei Monate lang haltbar sind. Die Samen verschiedener Kürbisarten werden getrocknet gehandelt oder zur Herstellung von Öl genutzt, welches über einen besonders nussigen Geschmack verfügt. Ein weiterer essbarer Teil des Beerenobstes sind die Blüten.

Hinweis Kürbisse enthalten bis zu 95 Prozent Wasser. Sie sind sehr reich an Kohlenhydraten, Eiweiß, Mineralien und Vitaminen (A, C, E, B) und lösen keinerlei Allergien aus, was das Fruchtgemüse zu einer perfekten Säuglingskost macht.

Jakobsmuscheln

8	*Jakobsmuscheln, ausgelöst und geputzt*
200 g	*sehr grobes Meersalz*

Kürbispüree

1	*Butternusskürbis (600 bis 800 g)*
50 g	*Butter*
1	*kandierte Ingwernuss*
	Fleur de Sel

Kürbissud

200 ml	*Fischfond*
	Kürbiskernöl

Kürbiszuckerwatte

100 g	*Isomalt*
100 g	*Glukose*
1,5 g	*Sucro (Zuckerester)*
1 EL	*Kürbiskernöl*
1,5 g	*Gluco (Kalziumlaktatglukonat)*

Karamellisierte Kürbiskerne

Kürbiskerne (etwa 30 Stück)

Kürbiszuckerwatte Isomalt, Glukose und Sucro auf 160 °C erhitzen, dann das Kürbisöl mit dem Gluco unterrühren. Die Masse auf eine Silikonmatte streichen und abkühlen lassen. In den Thermomix geben, fein mixen und durch ein Sieb passieren. Den Kürbiszucker esslöffelweise in eine vorgeheizte Zuckerwattemaschine geben und feine Zuckerfäden spinnen. Mit einer Pinzette oder einem Holzstäbchen aufwickeln. Luftdicht und trocken aufbewahren.

Karamellisierte Kürbiskerne Kürbiskerne in der Pfanne anrösten, mit Zucker bestreuen und kurz karamellisieren.

Anrichten Die Jakobsmuscheln und den Kürbissud in Schalen getrennt servieren. Den Sud mit einigen Tropfen Kürbiskernöl beträufeln. Das Kürbispüree in einem tiefen Teller anrichten. Kürbiszuckerwatte und karamellisierte Kürbiskerne dazulegen. Der Gast nimmt eine Muschel aus dem Salz, spült sie leicht in dem Sud ab und isst sie mit dem Püree, den Kürbiskernen und dem Zucker. Den Sud trinkt er vorsichtig dazu, bis dieser zu salzig wird.

Kardamom

Kardamom zählt zu den ältesten und – neben Vanille und Safran – zu den wertvollsten Gewürzen der Welt. Ursprünglich stammt das Ingwergewächs aus den tropischen Regenwäldern Südindiens und Sri Lankas, wird heutzutage aber auch in Thailand, Tansania, Guatemala oder Honduras kultiviert. Der essbare Teil der Pflanze sind die Samen, die in einer Samenkapsel an einer schilfartigen Staude heranwachsen und grundsätzlich unreif geerntet werden. Durch den anschließenden Trocknungsprozess entfaltet sich das leicht bittere bis blumig-süßliche, je nach Sorte auch würzig-feurige, Aroma.
Erhältlich ist das Gewürz als Pulver, Samen oder als ganze Kapseln, die 12 bis 20 Samen enthalten. Kardamomkapseln büßen bei der Lagerung am wenigsten Aroma ein, müssen allerdings vor der Verarbeitung zerquetscht werden. Kardamompulver sollte wegen der raschen Verflüchtigung der Geschmacksstoffe schnell verarbeitet werden. Kardamomsamen sollten beim Einkauf eine sattgrüne Farbe (nicht weißlich-gelb oder blassgrün) aufweisen und sind in einem geschlossenen Gefäß bis zu einem Jahr haltbar.

Tipp Indische Kardamomsamen sind kleiner, gelten jedoch als wesentlich aromatischer.

In Gewürzöl gegartes Rotbarbenfilet mit Ingwertomaten und geschmortem Gemüse

Gewürzöl
1 l Sonnenblumenöl
5 EL Szechuanpfeffer
1 EL Kümmel
4 Sternanis
1 Bund frischer Koriander
3 grob zerdrückte Zimtstangen
Abrieb von 1 Orange
2 Knoblauchzehen
50 g fein geschnittener Ingwer
2 fein geschnittene Zitronengrashalme
2 EL Kardamomsamen
1 g Safranfäden

Rotbarbe
4 Rotbarbenfilets (à 120 g)

Ingwertomaten
200 ml Sojasauce
100 ml dunkle Sojasauce (Ketjap Manis)
100 g geriebener Ingwer
Kirschtomaten

Geschmortes Gemüse
1 Zucchini
4 Stangen grüner Spargel
1 Chicorée
4 Teltower Rübchen
4 Poweraden
30 g Butter
60 ml Gemüsefond

Gewürzöl Das Sonnenblumenöl auf 80 °C erwärmen. Alle Zutaten, außer dem Safran, in das warme Öl geben und 20 Minuten ziehen lassen. Das fertige Gewürzöl durch ein Sieb gießen und die Safranfäden zugeben. Warm halten.

Rotbarbe Rotbarbenfilets salzen und pfeffern. 4 bis 5 Minuten im 70 °C bis 80 °C heißen Fett frittieren.

Ingwertomaten Alle Zutaten außer den Tomaten mischen, aufkochen und abkühlen lassen. Die Kirschtomaten kurz in heißem Wasser blanchieren, in Eiswasser abschrecken und die Haut abziehen. Die gehäuteten Tomaten 24 Stunden in den kalten Fond legen.

Geschmortes Gemüse Zucchini, Spargel, Chicorée, Rübchen und Poweraden putzen und tournieren. Alle Gemüse in einem Topf mit Butter und dem Gemüsefond etwa 6 Minuten weich schmoren. Mit Salz würzen.

Anrichten Die Ingwertomaten und das geschmorte Gemüse auf den Tellern arrangieren, die Rotbarbenfilets daraufsetzen, mit 2 Kardamomsamen aus dem Gewürzöl garnieren und etwas Gewürzöl angießen.

Lothar Eiermann

Lothar Eiermann hatte eine herrliche Kindheit. Seine Eltern waren wohlhabend, besaßen einen Kolonialwarenladen und ein Modegeschäft. Er wuchs in einem schönen Patrizierhaus auf, bis es eines Tages von Baggern abgerissen wurde: Auf einen Schlag war die Familie bankrott! Lothar Eiermann wollte eigentlich studieren – Chirurg war sein Traumberuf. Aber dann beginnt er, Radios auseinander zu bauen und wieder zusammen zu schrauben. Er bewirbt sich bei Grundig, doch als Ingenieurslehrling würde er nur 50 Mark verdienen, sein Zimmer würde aber 55 Mark kosten. Widerwillig lernt er Koch, denn nur in der gastronomischen Ausbildung gab es Essen, Trinken, Unterkunft und obendrein 20 Mark im Monat. „Mit der Hälfte des Geldes habe ich Lotto gespielt und zum Herrgott gebetet, dass er mich wieder auf die Schule schickt", erzählt er.

Gott investiert in den Fünfzigern aber vorwiegend in die Industrie, nicht in die Bildung. Die ersten Opfer des Wirtschaftswunders bekocht Lothar Eiermann in seinem Lehrbetrieb, einem Sanatorium. Die meisten Gäste sind nicht krank, sondern abgearbeitet. Es gibt abwechslungsreiche Menüs, die Personenzahl ist festgelegt. „Ich habe alles gelernt, bloß nicht, mit Druck umzugehen. Das kam mir später teuer zu stehen. Der Patron hatte noch ein Haus am Bodensee. Dort wurde ich hingeschickt. Und dann ist der Küchenchef abgehauen. Ich war die ganze Saison mit vier Lehrlingen allein. Das war unmöglich. Ein Verbrechen. Danach war ich nervlich fix und fertig. Das Schlimme daran ist: Wenn man dauernd am Limit arbeitet, muss man ungenau werden, um es durchzustehen", sagt Lothar Eiermann und seine Konturen wirken dabei wie aus Stein gemeißelt.

Trotzdem beginnt ihn der Beruf mehr und mehr zu begeistern: Wenn er Lauchsuppe ansetzte, die Butter im Topf schmolz, Zwiebeln und Lauchzwiebeln zugab und wenn ihm dann dieser Duft entgegenkam, dann fühlte Lothar Eiermann sich wohl: „Dieser sinnliche Moment hat mich gefangen. Das war wunderschön." Obwohl er dafür belächelt wird, bewirbt er sich anschließend im Zürcher Prestigehotel *Baur au lac* und er wird zur Verwunderung seiner Kollegen engagiert. Doch plötzlich, als er mit seinem Koffer vor dem Domizil steht, die ganzen Rolls-Royce sieht und den Prunk der Fassade erblickt, bekommt er Panik und geht zurück zum Bahnhof. „Es gab damals niemanden, der zu mir sagte: Du kannst alles, was du willst." – Er fasst Mut und marschiert zurück. Eine harte Zeit steht im bevor.

Nach zwei weiteren einprägsamen Stationen in der Schweiz, kehrt Lothar Eiermann zurück nach Deutschland. Im *Erbprinz* in Ettlingen lernt er seine Frau kennen. Er heiratet, besucht die Hotelfachschule in Heidelberg und geht dann für ein Management-Trainee nach Großbritanien. Danach wird Lothar Eiermann die Führung des *Wald & Schlosshotels Friedrichsruhe* angeboten. Als er das Haus zum ersten Mal betritt, quellen die Aschenbecher über. Anwesend sind vor allem Kellner im Frack – keine Gäste: „Das Haus wirkte wie eine Kulisse aus Thomas Manns Roman ‚Der Tod in Venedig'. Meine Frau hat sich geweigert! Aber das war auch bei Großbritanien so. Ich wusste, wenn ich es mache, zieht sie mit. Wir hatten beide Angst, aber ich war sicher, das geht gut." Zusammen erneuern sie den Betrieb von Grund auf. Lothar Eiermann erkocht sich zwei Sterne im Guide Michelin, verliert sie, bekommt sie wieder, verliert sie. Er brennt aus, rappelt sich auf, brennt aus, rappelt sich auf. Er wird Vater von zwei Töchtern. Beide gehen auf die Waldorfschule, machen Abitur, studieren. „Eine meiner Töchter ist jetzt Ärztin – und heiratet einen Koch! Das muss man sich mal vorstellen", ruft er und schlägt die Hände über dem Kopf zusammen.

Zur Person

Lothar Eiermann wurde 1945 in Stühlingen, Baden-Württemberg, geboren. Seine Kochausbildung absolvierte er von 1959 bis 1962 im *Höhensanatorium Höchenschwand* im Schwarzwald, wo er ein weiteres Jahr als Commis anschloss. In der Schweiz arbeitete Lothar Eiermann unter anderem im Hotel *Baur au Lac* in Zürich, im Restaurant *La Grappe d'Or* in Lausanne und im Hotel *Victoria* in Glion. In den Jahren 1968 bis 1970 folgte eine weitere Station im Hotel *Erbprinz* in Ettlingen. Von 1970 bis 1972 schloss er das Studium der Betriebswirtschaftslehre an der Hotelfachschule in Heidelberg an. Nach einem Management-Trainee in Schottland übernahm Lothar Eiermann von 1973 bis 2008 die Direktion und Küchenleitung des *Wald & Schlosshotels Friedrichsruhe*, darunter das Gourmetrestaurant, das zuletzt mit einem Stern im Guide Michelin und 16 Punkten im Gault Millau ausgezeichnet war.

„Ich habe es aufgegeben, radikal anders sein zu wollen! Manche Dinge, die überall gemacht werden, machen einfach Sinn. Außer vielleicht die schrecklichen Balsamico-Punkte oder früher das Kerbelblatt. Fürchterlich!"

Lothar Eiermann

Felchenfilets

4 *Felchenfilets*

geklärte Butter

Sauerrahmsauce

60 ml *Weißwein*

1/8 l *Sauerrahm*

kalte Butter

Schnittlauch

Anrichten

gemischter Kräuter- und Blattsalat mit essbaren Blüten

Paprikalack

Schnittlauchhalme

Felchenfilet in Sauerrahmsauce

Felchenfilets Die Felchenfilets auf der Haut in eine, mit geklärter Butter ausgepinselte, kalte Pfanne legen, Oberseite der Filets ganz leicht salzen und pfeffern. Im vorgeheizten Backofen bei mindestens 250 °C (besser noch 270 °C) 3 bis 4 Minuten garen. Fischfilets aus der Pfanne nehmen und Pfanne für die Zubereitung der Sauce weiterverwenden.

Sauerrahmsauce Den Bratensatz der Felchenfilets mit Weißwein ablöschen, Sauerrahm zugeben und aufkochen. Die Sauce mit kalten Butterstückchen abbinden. Frisch geschnittenen Schnittlauch unterziehen.

Anrichten Die Sauerrahmsauce auf die Teller verteilen, ein Häufchen vom Salat dazu setzen, eine Linie aus Paprikalack ziehen. Zum Schluss die Felchenfilets in die Sauce legen und mit je 2 Schnittlauchhalmen garnieren.

Traube

Die Weinrebe stammt ursprünglich aus der Region des südlichen Kaspischen Meeres, sie wird heute weltweit in warmen und gemäßigten Gebieten kultiviert. Neben zahlreichen Rebsorten unterscheidet man beim Beerenobst zwischen Trauben mit und ohne Kernen. Die Farbvarianz reicht von Grün, Gelb, über Bernsteinfarben, Rosa, Rot, Braun und Blau oder Schwarzblau. Tafeltrauben sind etwas größer als Keltertrauben und meistens kernarm oder kernlos. Blaue Trauben enthalten mehr Gerbstoffe und Fruchtsäure als helle. Der süßlich-aromatische Geschmack ist je nach Sorte und Reifegrad unterschiedlich ausgeprägt. In Deutschland erntet man Trauben zwischen August und Oktober, das Lesegut geht zu 80 Prozent in die Weinherstellung. Keltertauben sind säurehaltiger und dickschaliger und eignen sich nicht zum Frischverzehr. Aus Traubenkernen wird Traubenkernöl gewonnen. Da Trauben nach der Ernte nicht nachreifen, sollten sie rasch verbraucht werden. Beim Einkauf sollte man reife Früchte auswählen, die noch nicht überlagert sind. Pralle, glänzende Trauben mit einem abwaschbaren, wachsigen Schutzfilm und saftigen, grünen Rispen kennzeichnen qualitativ hochwertige Ware.

Parfait von Gänseleber und Weintrauben mit Holunderblütengelee

Gänseleberterrine Die kalte Gänsestopfleber enthäuten, in grobe Stücke brechen und von Adern befreien. Leber mit schwarzem Pfeffer, Pastetengewürz und Pökelsalz würzen, dann mit Cognac, Portwein, Sherry, Madeira und Sauternes marinieren. Mit warmen Händen zu einer cremigen Masse kneten, abdecken und für etwa 8 Stunden kalt stellen. Die Gänseleber in eine Form oder ein Glas pressen, verschließen und im Wasserbad bei 50 °C etwa 40 Minuten garen. Wenn klares Fett sichtbar wird, ist der Garvorgang abgeschlossen. Die Gänseleberterrine in der Form mindestens einen Tag, besser noch 3 bis 4 Tage, kalt stellen.

Holunderblütengelee 5 Liter Wasser mit dem Zucker aufkochen, abkühlen und bei 30 °C die Ascorbinsäure einrühren, dann die gewaschenen Holunderblüten sowie die Zitronenspalten dazugeben, mit einem Tuch abdecken und für mindestens 10 Tage kalt stehen lassen. Holunderblütensaft durch ein Tuch passieren und abmessen. Pro Liter Saft 10 Blatt Gelatine in kaltem Wasser einweichen. Holunderblütensaft auf 30 °C erwärmen und die ausgedrückte Gelatine einrühren. Gelee in einer Schüssel zur späteren Weiterverarbeitung fest werden lassen.

Gänselebertörtchen 320 g der Gänseleberterrine durch ein Sieb streichen. Die Gelatine in kaltem Wasser einweichen. 100 g Holunderblütengelee bei niedriger Temperatur auflösen und mit dem Schneebesen glatt rühren. Die Gelatine im Holunderblütenfond schmelzen, ein paar Löffel Lebermasse unterrühren, um die Temperatur anzugleichen, dann alles zur Leber geben. Masse leicht aufschlagen und mit Salz und Pfeffer abschmecken, in eine rechteckige Form geben und glatt streichen. Mit Alufolie abdecken und kalt stellen. Weintrauben schälen, in Scheibchen schneiden und in leichtem Zitronenwasser schwenken. Die Gänseleber mit den Traubenscheiben belegen, Trauben mit einem Teelöffel leicht andrücken, mit Holunderblütengelee gleichmäßig anfüllen und erkalten lassen. Diesen Vorgang wiederholen, bis die Trauben gut eingebettet sind und die Oberfläche gleichmäßig glatt ist. Die Form für einige Stunden kalt stellen, kurz vor dem Anrichten in 4 rechteckige Riegel schneiden.

Anrichten Die Weintrauben enthäuten, halbieren und in etwas Holunderblütengelee glasieren. Je ein Gänselebertörtchen auf einen Teller setzen. Mit dem Spritzbeutel eine Linie Holunderblütengelee daneben spritzen. Aus je 6 halben, glasierten Trauben eine weitere Linie legen. Nach Belieben Brioche zum Gericht reichen.

Gänseleberterrine
(ergibt eine größere Menge, als hier benötigt wird)

1 kg	*frische Gänsestopfleber*
	schwarzer Pfeffer aus der Mühle
	Pastetengewürz
	Pökelsalz
20 ml	*Cognac*
10 ml	*weißer Portwein*
10 ml	*trockener Sherry*
10 ml	*Madeira*
40 ml	*Sauternes*

Holunderblütengelee
(ergibt eine größere Menge, als hier benötigt wird)

2,5 kg	*Zucker*
90 g	*Ascorbinsäurepulver*
100	*Holunderblüten*
3	*unbehandelte Zitronen, in Spalten geschnitten*
10	*Blatt Gelatine pro 1 Liter Holunderblütensaft*

Gänselebertörtchen

320 g	*Gänseleberterrine*
1	*Blatt Gelatine*
100 g	*Holunderblütengelee*
50	*kernlose Weintrauben*
	Zitronenwasser

Anrichten

12	*kernlose Weintrauben*
	Holunderblütengelee

Etouffée-Taubenbrust mit weißem Speckschaum und Dreierlei von Rote Bete

Rote-Bete-Chips Die Rote-Bete-Knolle schälen, sehr dünn aufschneiden, 8 gleichmäßige Scheiben auswählen und beidseitig mit dem Puderzucker bestäuben. Auf einer Silikonbackmatte im vorgewärmten Ofen bei 90 °C etwa 45 Minuten trocknen lassen.

Rote-Bete-Gelee Die Rote-Bete-Knollen in Salzwasser etwa 40 Minuten garen, dann schälen. 100 Milliliter Wasser mit Champagneressig, Zucker, Nelke und Lorbeerblättern aufkochen. Sud abkühlen lassen. Die gegarten, geschälten Rote-Bete-Knollen einlegen und 2 bis 3 Tage ziehen lassen. Die Rote-Bete-Knollen herausnehmen, den Fond und eine Knolle beiseite stellen.
Die restlichen Rote-Bete-Knollen mit etwas Fond im Mixer pürieren, durch ein feines Sieb streichen und mit Salz sowie Muskatnuss abschmecken. Rote-Bete-Püree mit Agar-Agar aufkochen, in eine flache Form gießen und 40 Minuten gelieren lassen. In Würfel mit 1,5 Zentimeter Seitenlänge schneiden.

Rote-Bete-Chutney Die beiseite gelegte Rote-Bete-Knolle in kleine Würfelchen schneiden und mit etwas Fond einkochen, bis eine leichte Bindung entsteht.

Rote Bete

Rote Bete ist eine Gemüsepflanze, deren Knolle und Blätter verzehrt werden können. Das Gänsefußgewächs stammt ursprünglich aus dem Mittelmeerraum und ist das ganze Jahr über erhältlich. Die in Deutschland kultivierten Knollen haben von Mai bis Juli Saison. Das Fruchtfleisch ist je nach Sorte purpurrot, farblos oder hellgelb. Aufgrund des hohen Anteils an Vitaminen und Mineralstoffen ist das Gemüse sehr gesund.
Beim Einkauf sollte Rote Bete keine Schadstellen oder schwarze Flecken aufweisen und knackig- grüne Blätter haben. Je kleiner, fester und praller die Knolle, desto zarter und knackiger ist das Fruchtfleisch. Rote Bete kann roh oder gekocht verzehrt werden, die Blätter lassen sich wie Spinat zubereiten. Entfernt man die Blätter, ist Rote Bete im Kühlschrank bis zu zwei Wochen lang haltbar.
Fügt man nach der Zubereitung etwas Essig oder Zitronensäure hinzu, wirkt dies geschmacksauffrischend und die charakteristischen Aromen sowie der erdige Geschmack entfalten sich optimal. Knollen mit unversehrter Schale können in Alufolie gewickelt im Ofen gegart werden, was das sogenannte „Ausbluten“ verhindert und die Nähr- sowie Aromastoffe schützt.

Hinweis Rote Bete enthalten Nitrit, das sich durch mehrmaliges Erhitzen in das gesundheitsschädigende Nitrosamin wandelt. Beträufelt man das Gemüse mit Zitronensaft, unterbindet das Vitamin C die Umwandlung.

SPECKSCHAUM Die Zwiebel- und Speckwürfel in einer beschichteten Pfanne anschwitzen. Im Mixer zu einer feinen Paste verarbeiten und kühl stellen. Die Geflügelbrühe zur Hälfte reduzieren, mit der Speckpaste mischen und mit einem Stabmixer aufschäumen. Sofort servieren.

ETOUFFÉE-TAUBENBRUST Die Etouffée-Tauben auslösen. Die Brüste mit Flügelknochen präparieren, Knochen auslösen. Keulen und Karkassen zerkleinern, mit dem Wurzelgemüse in Erdnussöl scharf anbraten. Wenn alles gleichmäßig Farbe bekommen hat, das Tomatenmark zugeben und abrösten. Mit dem Madeira ablöschen. Nachdem der Madeira vollständig reduziert ist, mit Geflügelfond aufgießen und leicht köcheln lassen. Nach 2 bis 3 Stunden vorsichtig abpassieren und die Jus auf die gewünschte Konsistenz einkochen. Vor dem Anrichten mit kalter Butter binden. Die Taubenbrust mit Salz und Pfeffer würzen, auf der Haut kräftig anbraten, umdrehen und langsam im Ofen bei 160 °C rosa garen.

ANRICHTEN Auf jeden Teller 4 Nocken Rote-Bete-Chutney setzen, je 1 Taubenbrust auf 2 Nocken anrichten. Je 2 Geleewürfel auflegen und je 1 Rote-Bete-Chip in das Gelee stecken. Kerbelblättchen garnieren. Die Taubenjus vor die Taubenbrüste geben und den frisch aufgeschäumten Speckschaum darübergießen. Rosa Pfeffer aufstreuen.

ROTE-BETE-CHIPS

1	*mittelgroße Rote-Bete-Knolle*
	Puderzucker

ROTE-BETE-GELEE

3	*mittelgroße Rote-Bete-Knollen*
100 ml	*Champagneressig*
100 g	*Zucker*
1	*Nelke*
2	*Lorbeerblätter*
	Muskatnuss
3 g	*Agar-Agar*

SPECKSCHAUM

1	*kleine weiße Zwiebel, fein gewürfelt*
250 g	*geräucherter weißer Speck, fein gewürfelt*
1 l	*kräftige Geflügelbrühe*

ETOUFFÉE-TAUBENBRUST

4	*Etouffée-Tauben*
150 g	*Wurzelgemüse, fein gewürfelt*
3 EL	*Erdnussöl*
1EL	*Tomatenmark*
350 ml	*Madeira*
500 ml	*Geflügelfond*
50 g	*kalte Butter, in Würfeln*

ANRICHTEN

8	*Kerbelblättchen*
	rosa Pfefferkörner, gestoßen

Pochierte Birnen mit Mohneis

Mohn

Mohngewächse stammen ursprünglich aus Kleinasien und werden heute in Asien, in der Türkei, im Balkan- und Mittelmeerraum sowie in Polen und Russland kultiviert. In Deutschland sind nur zwei verschiedene Mohnsorten zugelassen. Der Mohnanbau ist genehmigungspflichtig, da die Samen aufgrund ihres Gehaltes an Morphin unter das Betäubungsmittelgesetz fallen. Die reifen, walnussgroßen Kapselfrüchte enthalten blaugraue Samen mit einem Ölgehalt von bis zu 50 Prozent. In den unreifen Kapseln ist ein weiß-gelblicher, mit giftigen Alkaloiden versehener Milchsaft vorhanden, aus dem Opium gewonnen wird. Die frischen, geschmacksneutralen Mohnsamen entfalten erst nach der Röstung ihr begehrtes Aroma. Graumohn besticht durch ein zartes, mildes Aroma, Blaumohn schmeckt kraftvoll-würzig und Weißmohn entfaltet einen eher nussigen Geschmack. Das Aroma lässt sich bei der Verarbeitung nochmals entscheidend beeinflussen. „Wenn man beispielsweise Eis macht, sollte man den Mohn früh genug in den warmen Ansatz rühren, damit sich das Aroma gut entfalten kann", erklärt Lothar Eiermann.

Die im Handel angebotenen Mohnsamen sind trocken und vakuumverpackt bis zu einem Jahr lang haltbar und eignen sich bevorzugt zum Würzen von Desserts und Soßen. Die gemahlenen, ausgepressten Samen werden hauptsächlich zu Öl verarbeitet.

Hinweis Entgegen weit verbreiteter Meinung enthält handelsüblicher Mohnsamen keine giftigen Stoffe und ist beim Einsatz in der Küche für Kinder unbedenklich.

Pochierte Birnen 50 Milliliter Wasser mit dem Zucker und der längs aufgeschnittenen Vanilleschote aufkochen. Birnen schälen, halbieren, Kerngehäuse entfernen, in den Sud legen und weich kochen. Vor dem Anrichten in dünne Scheiben schneiden.

Birnengelee Gelatine in kaltem Wasser einweichen. Pürierte Birnen mit Zucker aufkochen. Gelatine darin auflösen und den Birnenbrand zugeben. Eine Form mit Klarsichtfolie auslegen, das Gelee 1 Zentimeter hoch einfüllen und kalt stellen. Vor dem Anrichten in Quadrate mit 5 Zentimeter Seitenlänge schneiden.

Zimtschaum Milch mit Zucker aufkochen, Zimt und Lezithin unterrühren, kalt stellen. Zum Anrichten schaumig aufmixen.

Mohneis Den Mohn trocken rösten, Portwein und Läuterzucker angießen und reduzieren, bis der Mohn fast wieder trocken ist. Aus den restlichen Zutaten eine Eisgrundmasse herstellen, den Mohn zugeben und in der Eismaschine frieren.

Schokoladenquadrate Schokolade temperieren und dünn auf eine feste Folie streichen. Etwas auskühlen lassen und in Quadrate mit 6 Zentimeter Seitenlänge schneiden.

Anrichten Je 1 Birnengeleequadrat zwischen 2 Schokoladenquadrate legen, in die Mitte von jedem Teller setzen. Je 1 Schokoladenstick hineinstecken, den Zimtschaum angießen. Die pochierten Birnenscheiben dekorativ auf den Tellern anrichten. Mit dem Spritzbeutel eine Linie Mohneis ziehen.

Pochierte Birnen

150 g	*Zucker*
1	*Vanilleschote*
4	*Birnen*

Birnengelee

3 1/2	*Blatt Gelatine*
250 g	*pürierte Birnen*
15 g	*Zucker*
15 ml	*Birnenbrand (Williams Christ)*

Zimtschaum

1/4 l	*Milch*
30 g	*Zucker*
6 g	*gemahlener Zimt*
1 g	*Lezithin*

Mohneis

100 g	*leicht geschroteter Mohn*
	weißer Portwein
	Läuterzucker
1 l	*Milch*
200 ml	*Sahne*
250 g	*Zucker*
16	*Eigelb*

Schokoladenquadrate

250 g	*dunkle Schokolade*

Anrichten

4	*Schokoladensticks*

Klaus Erfort

Es geht nicht mit rechten Dingen zu im *Gästehaus Klaus Erfort* in Saarbrücken. Ohne nennbaren Grund schießen die Newsletter-Abonnenten auf dem Internetauftritt des Hauses in die Höhe. Als schließlich das Telefon klingelt, steht der Chefkoch gerade auf der Treppe: „Fünf Minuten nach dem Anruf brach hier der Sturm los. Wir haben Telefonakkus im Akkord gewechselt. Sogar aus China und Japan kamen Glückwünsche. Innerhalb weniger Tage war das komplette Restaurant über Wochen ausgebucht. Was in diesem Herbst los war, können Sie sich nicht vorstellen. Irgendwann mussten wir uns die Beine mit Franzbranntwein einreiben!" Was der ominöse Anrufer denn nun mitzuteilen hatte? Ja, was wohl? – Herzlichen Glückwunsch! Sie haben den dritten Stern erhalten! – Hab ich? – Haben Sie!

Wie ein Mille-feuille stapeln sich die Unterlagen und Aktenordner auf Klaus Erforts Schreibtisch. Kochbücher liegen quer im Regal, auf dem Parkettboden liegt der heutige Posteingang säuberlich aufgereiht. Und wenn der Sternekoch erzählt – die Arme mal oben, mal unten, mal vorm Oberkörper verschränkt; die Hände mal grüblerisch unters Kinn gelegt, dann wieder ordentlich auf die Tischplatte sortiert, – dann wird deutlich, dass der Mann von den Erlebnissen des letzten Jahres noch hin- und hergerissen wird. Die Informationen kommen sprunghaft, immer wieder taucht eine Anekdote auf. Und immer wieder und wieder kommt die Sprache auf sein Team zurück, das im besagten Herbst so gebuckelt hat, dass es Klaus Erfort beschämt. Seine Stimme wird plötzlich merklich gedämpfter: „Ich bin nicht stolz darauf, dass meine Mitarbeiter soviel leisten müssen."

Obwohl sein Team nicht den Anschein erweckt, dass es den Druck nicht professionell verarbeiten könnten. Im Grunde strahlen sie das gleiche Selbstbewusstsein aus wie ihr Chef. Sie wirken auch nicht verloren oder gar unsicher – zumal Klaus Erfort ihnen jederzeit zur Seite steht. Eine Einstellung, die er bei Harald Wohlfahrt lernte: „Es geht nicht nur ums Kochen. Die Komponenten zuzubereiten, dass kann mein Team, aber jemand muss es koordinieren, muss unterstützen. Es ist für mich ganz normal, dass ich immer in der Küche bin und dann alles mache." Da ist es auch nicht ungewöhnlich, dass Klaus Erfort des Öfteren am Telefon anzutreffen ist. Läuft der Service, dann nimmt er auch durchaus Reservierungen an. Das sei ja auch logisch, denn er könne sich am ehesten aus dem Betriebsablauf ausklinken. Das ist schon logisch, Herr Erfort, aber so eine gesunde Einstellung ist nicht gewöhnlich!

Apropos gewöhnlich: Wenn man im Alter von 21 Jahren den ersten Stern erhält und mit 36 Jahren den dritten Stern, dann ist man entweder ein Genie oder hat früh angefangen! Klaus Erfort lacht! Und ohne auch nur einen Moment Ersteres in Erwägung zu ziehen, erzählt er, dass zuhause immer mit dem Vater gekocht wurde, was Spaß machte! Und was ebenfalls Spaß machte, war ein Schulpraktikum in einer Küche und die darauffolgende Kochausbildung – die immer noch nicht abgeschlossen sei. Er lerne kontinuierlich, entwickle sich fort, auch mit oder gerade wegen der höchsten kulinarischen Auszeichnung. „Es gibt Köche, die arbeiten auf den dritten Stern hin und würden dafür auch kaputtgehen. Bei uns war es anders: der Stern kam einfach. Ich musste nur lernen, mit meinem Respekt vor dieser Auszeichnung umzugehen. Und trotzdem bin ich getrieben von einer inneren Unruhe. Aber ehrlich gesagt, kann ich es mir ja aussuchen und muss nicht den Rest meines Lebens auf diesem Niveau kochen. Bislang macht es Spaß, und das ist wichtig."

Zur Person

Klaus Erfort, Jahrgang 1972, wurde in Saarbrücken geboren, wo er von 1987 bis 1989 seine Ausbildung zum Koch in einem nahe gelegenen Vorort absolvierte (Restaurant *Thiel*, Dudweiler). Es folgten Stationen unter anderem bei Claus-Peter Lumpp (Restaurant *Bareiss*, Hotel *Bareiss*) oder Harald Wohlfahrt (Restaurant *Schwarzwaldstube*, Hotel *Traube Tonbach*). Mit 21 Jahren übernahm er die Leitung des Restaurants *Orangerie* im *Parkhotel Gengenbach* im Saarland, wofür er einen Stern im Guide Michelin erhielt. Danach arbeitete er drei Jahre als Küchenchef des Restaurants *Imperial* im Schlosshotel *Bühlerhöhe* bei Bühl. Seit dem Jahr 2002 betreibt Klaus Erfort das *Gästehaus Klaus Erfort*. Sein Restaurant wurde mit 19 Punkten im Gault Millau, 5 Feinschmecker-Punkten und drei Sternen im Guide Michelin ausgezeichnet.

Kalbsherzbries mit konfierter Salzzitrone, Zwiebelcreme und Mandelmilch

„Gelegentlich besuchen uns Gäste, die erwarten, dass alles senkrecht auf dem Teller steht. Diesem Anspruch gerecht zu werden, ist unheimlich schwer."

Klaus Erfort

Zwiebelcreme Die Zwiebelwürfel in Olivenöl anschwitzen, mit Salz und weißem Pfeffer würzen und abgedeckt etwa 40 Minuten im auf 170 °C vorgeheizten Backofen garen. Die Crème fraîche in einem Topf leicht einkochen, die geschmorten Zwiebeln und den Bauchspeck dazugeben und mit Schnittlauch abschmecken.

Strudelhülsen Ein Filoteigblatt mit flüssiger Butter bepinseln und leicht mit Puderzucker bestäuben. Mit dem zweiten Filoteigblatt abdecken und in 4 Zentimeter breite Streifen schneiden. Die Filoteigstreifen um eine eingefettete Metallröhre (oder z. B. den Griff vom Schneebesen) wickeln und im auf 180 °C vorgeheizten Backofen etwa 4 Minuten backen. Die Hülsen vorsichtig von den Röhren lösen und warm aufbewahren. Vor dem Anrichten den Blattspinat in wenig brauner Butter anschwitzen und mit Salz und Pfeffer abschmecken, in die Strudelhülsen füllen.

Mandelmilch Frisch geröstete Mandeln mit der Vollmilch aufkochen. Einige Tropfen Mandelaroma zugeben, etwa 30 Minuten ziehen lassen und passieren. Vor dem Anrichten auf 50 °C temperieren und mit einem Stabmixer aufschäumen.

Zitronengelee Konfierte Salzzitronen dünn abschälen und die gelbe Schale (ohne weiße Innenschale) in feine Würfel schneiden. Rinderbrühe mit dem Saft der Salzzitrone und dem Yuzu-Saft mischen, mit Zucker abschmecken und mit dem Agar-Agar aufkochen. Etwa 5 Millimeter hoch in einen Teller gießen und fest werden lassen. Anschließend in kleine Würfel von 5 Millimeter Seitenlänge schneiden.

Kalbsherzbries Das Kalbsherzbries in 4 gleich große Teile schneiden und mit Salz und Pfeffer würzen. In einer Teflonpfanne von beiden Seiten leicht anbraten und etwa 3 bis 4 Minuten im vorgeheizten Backofen bei 180 °C mit einigen Flocken Butter und dem Thymian garen.

Anrichten Je 1 Stück Kalbsherzbries auf vier vorgewärmten Tellern anrichten. 2 Nocken von der Zwiebelcreme und 3 Würfel vom Zitronengelee danebenlegen. Die mit Blattspinat gefüllte Strudelhülse dazusetzen und 1 Esslöffel Mandelmilchschaum auf den Spinat geben. Zum Abschluss etwas Kalbsjus dekorativ auf die Teller träufeln.

Zwiebelcreme

2 *Gemüsezwiebeln, fein gewürfelt*
Olivenöl
100 g *Crème fraîche*
50 g *Bauchspeck, geröstet*
Schnittlauch

Strudelhülsen

2 *Blätter Filoteig*
flüssige Butter
Puderzucker
400 g *Blattspinat, geputzt*
braune Butter

Mandelmilch

100 g *geröstete Mandeln*
150 ml *Vollmilch*
Mandelaroma

Zitronengelee

2 *eingelegte Salzzitronen*
150 ml *Rinderbrühe*
Saft von 1 Yuzu-Zitrone
1 g *Agar-Agar*

Kalbsherzbries

600 g *Kalbsherzbries, pariert und enthäutet*
1 *Zweig Thymian*

Anrichten

150 ml *Kalbsjus*

Roh marinierte Langostinos mit milder Zitronenmarmelade, Salicorne-Algen und Soja

Zitronenmarmelade Die Zitronen dünn schälen (ohne weiße Innenschale) und die Zitronenschale in leicht gesalzenem Wasser weich kochen. Zusammen mit wenig Kochfond und Xanthan zu einer homogenen Masse mixen. Mit Salz und Zucker abschmecken.

Avocadopüree Avocadofleisch aus der Schale lösen, zerkleinern und zusammen mit Naturjoghurt und einem Spritzer Limonensaft zu einem glatten Püree mixen und mit Salz und Pfeffer abschmecken.

Algen

Im fernen Osten sind Algen nicht nur Bestandteil der traditionellen Heilkunde, sie zählen in der asiatischen Alltagsküche ganz selbsverständlich zu den Grundnahrungsmitteln, was bereits in Überlieferungen aus der Zeit 2500 v. Chr. erwähnt wurde. Zum Verzehr werden vor allem Grün-, Braun- und Rotalgen kommerziell angebaut, welche in der Küche ganz unterschiedliche Einsatzmöglichkeiten erfahren: Die zu den Rotalgen gehörenden „Dulse", die wie Spinat zubereitet werden, oder „Nori", die frisch oder getrocknet als Würzmittel dienen und die außerdem als wichtigste Algensorte Japans gelten, denn sie werden unter anderem als Sushihülle verarbeitet. Zu den Braunalgen gehören „Kombu" (Seekohl), „Wakame" oder „Meeresbohnen", die als Suppeneinlage, Würzmittel oder Rohkost verwendet werden. „Meersalat" ist eine grüne Meeresalge, die frisch an würzigen Blattsalat erinnert und getrocknet Ähnlichkeiten mit Spinat aufweist.

Neben einem hohen Wassergehalt (80 bis 90 %) enthalten sie unterschiedlich viel Eiweiß, Kohlenhydrate, Mineralstoffe und Spurenelemente. Oftmals weist die kalorienarme Meerespflanze einen sehr hohen Jodgehalt auf, weswegen zu einem maßvollen Verzehr geraten wird und manche jodreiche Algensorten wie „Kombu" nicht nach Deutschland importiert werden dürfen. Der Geschmack von Algen reicht von „süßlich" bis „würzig-salzig". „Für mich ist der spezielle Duft und Geschmack nach Meerwasser interessant, welche man nur bei frischen Algen findet. Manche Köche bereiten aus Dosenalgen auch einen Sud zu. Das habe ich aber noch nie ausprobiert", sagt Klaus Erfort.

ZITRONENMARMELADE

3	*Zitronen*
3 g	*Xanthan*

AVOCADOPÜREE

1	*Avocado*
50 g	*Naturjoghurt*
1	*Spritzer Limonensaft*

SOJASCHAUM Sojasauce, Limettensaft, 50 Milliliter Wasser und Limonensaft mischen und mit Salz und Zucker abschmecken. Lezithin zugeben und zu einem leichten Schaum aufmixen.

LANGOSTINOS Langostinos aus der Schale ausbrechen und den Darm entfernen. Die Langostinoschwänze in dünne Scheiben schneiden und mithilfe eines Rings auf 4 Tellern arrangieren. Limonenöl mit ein wenig Zitronenmarmelade, fein geschnittenem Koriander und Splittern der fein zerstoßenen rosa Pfefferbeeren anrühren. Die Langostinoscheiben mit der Zitronenmarmeladenmischung marinieren und mit Fleur de Sel würzen.

ALGEN Die eine Hälfte der Salicornespitzen in Tempurateig ausbacken. Die andere Hälfte mit Nussöl marinieren.

ANRICHTEN Das Avocadopüree und die Zitronenmarmelade zweireihig in Punkten rundherum auf die Teller mit den marinierten Langostinos spritzen und mit Tupfen des Langostinofonds ergänzen. Je 1 Esslöffel Sojaschaum in die Mitte der Langostinos geben. Die ausgebackenen und die marinierten Algen abwechselnd rund um den Schaum anordnen.

SOJASCHAUM

50 ml	*Sojasauce*
100 ml	*Limettensaft*
50 ml	*Limonensaft*
4 g	*Lezithin*

LANGOSTINOS

8	*Langostinos*
	Limonenöl
	Zitronenmarmelade
	Koriandergrün, fein geschnitten
40 g	*rosa Pfefferbeeren*
	Fleur de Sel

ALGEN

20	*Salicornespitzen*
	Tempurateig
50 ml	*Haselnussöl*

ANRICHTEN

100 ml	*reduzierter Langostinofond*

Petersilie

Zum essbaren Teil der Gewürz- und Gemüsepflanze – die ursprünglich aus dem südöstlichen Mittelmeergebiet stammt – zählen die Blätter und Wurzeln. Die Stiele werden gerne für Saucen- und Suppenansätze verwendet, weisen allerdings häufig einen hohen Nitratgehalt auf, weswegen sie entsorgt werden sollten. Die fleischig, gelblich-weißen Wurzeln der Petersilie schmecken leicht süßlich, verfügen über einen hohen Mineralstoff- und Vitamin-C-Gehalt und können wie Gemüse zubereitet werden. Blattpetersilie gibt es als feinaromatische glattblättrige Petersilie und als krausblättrige Petersilie, die frisch oder gefroren erhältlich sind. Vom Bezug der getrockneten Variante wird abgeraten, da der charakteristische Geruch und süßlich-würzige Geschmack bei dem Konservierungsprozess verloren geht. Im Kühlschrank, in angefeuchtetes Zeitungspapier gewickelt oder in Wasser gestellt, ist der Doldenblüter mehrere Tage lang haltbar. Auch tiefgefroren behält er weitestgehend sein Aroma. Nur gegen Hitze ist das Kraut nicht gefeit und sollte darum erst nach dem Kochen zugegeben werden.

Tipp Wenn man Petersilie kurz vor der Verarbeitung in lauwarmem Wasser wäscht, wird das Aroma intensiviert.

Medaillon vom Steinbutt mit Petersilieninfusion und glasierten Morcheln

Steinbutt Glatte Petersilie in kochendem Salzwasser blanchieren und in Eiswasser abkühlen und ausdrücken. Zusammen mit dem Limonenöl zu einer feinen Paste pürieren. Die Steinbuttmedaillons mit der Petersilienpaste einreiben und in einen Vakuumbeutel einschweißen. Im Wasserbad bei 68 °C etwa 4 bis 5 Minuten garen. Aus der Folie nehmen und mit grobem Meersalz würzen. Das Petersilienöl zum Anrichten aufheben.

Petersilienwurzelpüree Petersilienwurzeln schälen und im Dampf weich garen. Überschüssige Flüssigkeit abgießen und zusammen mit der Butter und Sahne zu einem feinen Püree mixen. Mit Salz, Muskatnuss und weißem Pfeffer abschmecken.

Auberginenpüree Auberginen zusammen mit Olivenöl und Knoblauch im auf 160 °C vorgeheizten Backofen etwa 45 Minuten gar schmoren. Mit Salz, Pfeffer und Balsamessig abschmecken.

Morcheln Die Morcheln in aufgeschäumter Butter anschwitzen und mit Salz und Pfeffer würzen. Mit den beiden Sherrys ablöschen und mit dem Geflügelfond auffüllen. Einmal aufkochen. Die Morcheln aus dem Sud entnehmen und diesen leicht einreduzieren. Vor dem Anrichten mit etwas Sahne aufmixen und die Morcheln in ein wenig Butter glasieren.

Anrichten Je 1 Steinbuttmedaillon auf die Teller setzen. Das Auberginen- und das Petersilienwurzelpüree dekorativ dazu anrichten. Mit etwas Petersilienöl begießen. Die glasierten Morcheln dazulegen. Mit etwas Petersilie garnieren. Zum Schluss je 1 Esslöffel Morchelschaum auf die Fischmedaillons geben.

Steinbutt

1 *Bund glatte Petersilie*
100 ml *Limonenöl*
4 *Medaillons vom Steinbutt (á 80 g)*

Petersilienwurzelpüree

300 g *Petersilienwurzeln*
80 g *Butter*
80 ml *geschlagene Sahne*
Muskatnuss

Auberginenpüree

2 *Auberginen*
50 ml *Olivenöl*
1 *Knoblauchzehe*
Balsamessig

Morcheln

200 g *kleine Morcheln*
30 g *Butter*
40 ml *trockener Sherry (Tio Pepe)*
40 ml *süßer Sherry*
120 ml *Geflügelfond*
50 ml *geschlagene Sahne*

Anrichten

Blattpetersilie

Salbei (Echter Salbei)

Die verschiedenen Salbeiarten wie Ananassalbei, Zitronensalbei, Purpursalbei, Wiesensalbei – oder der zur edelsten Sorte zählende Dalmatinische Salbei – variieren in Geschmack, Aussehen und Farbe. Die größte kulinarische Bedeutung hat der Echte Salbei, der ursprünglich aus dem Mittelmeerraum und Kleinasien stammt.

Das intensivste Aroma weist die frische Gewürzpflanze kurz vor der Blüte auf, wenn die Blätter süßlich, angenehm bitter und leicht kampferartig schmecken. Getrockneter Salbei hat harzige, adstringierende Nuancen und verliert schnell seinen charakteristischen Geschmack. Da der eisenhaltige Lippenblüter ein dominantes und kräftiges Gewürz ist, verwendet man am besten die jungen, frischen Blätter, die ohne großen Aromaverlust eingefroren werden können. Im Gegensatz zu vielen anderen Küchenkräutern verträgt Salbei eine robuste Behandlung wie Braten und Backen und übersteht auch längere Garzeiten.

Tipp Salbei entfaltet seine geschmacksgebenden Inhaltsstoffe erst durch Hitzeeinwirkung. Das beste Aroma wird durch kurzes Sautieren in Butter oder Öl erzielt.

Lammrücken aus dem Bliesgau mit gebackenem Salbei und milden Knoblauchbröseln

Knoblauchbrösel Das Weißbrot mit Knoblauch zu feinen Bröseln mixen. Die Butter in einer beschichteten Pfanne aufschäumen, die Brösel dazugeben und leicht anrösten.

Lammjus Die Lammjus mit Rosmarin und Thymian auf die Hälfte einkochen, passieren und mit Limonenabrieb abschmecken.

Geschmorte Tomaten Die konfierten Tomaten mit etwas Olivenöl erhitzen und mit Salz, Pfeffer und Basilikum herzhaft abschmecken.

Gebackener Salbei Die Salbeiblätter durch den Tempurateig ziehen und im heißen Fettbad ausbacken.

Bohnen Keniabohnen mit feinen Schalottenwürfeln in Butter anschwitzen, mit Salz und Pfeffer abschmecken.

Lammrücken Die Lammrückenfilets mit Salz und Pfeffer würzen und in einer Pfanne in heißem Olivenöl anbraten. Rosmarin und Thymian dazugeben und im Backofen bei 190 °C etwa 5 Minuten garen. Das Lammfilet warm halten und ruhen lassen. Zum Anrichten in 4 gleichmäßige Riegel schneiden. Geröstete Knoblauchbrösel in einer Linie mittig daraufgeben.

Anrichten Die Bohnen in einem Rechteck nebeneinander auf den vorgewärmten Tellern anrichten. Je 1 Riegel des Lammrückens auf die Bohnen legen. 2 kleine Nocken von den geschmorten Tomaten dazugeben. Mit je 3 der gebackenen Salbeiblätter garnieren. Parallel zum Lammrücken-Riegel 1 Linie aus den Knoblauchbröseln ziehen und mit der Jus angießen.

Knoblauchbrösel

150 g	*Weißbrot*
	Knoblauch
50 g	*Butter*

Lammjus

250 ml	*Lammjus*
	Rosmarin
	Thymian
	Abrieb von 1 Limone

Geschmorte Tomaten

20	*zum Confit geschmorte Tomaten*
	Olivenöl
	Basilikum

Gebackener Salbei

12	*Salbeiblätter*
80 g	*Tempurateig*
	Ausbackfett

Bohnen

200 g	*blanchierte Keniabohnen*
	Schalottenwürfel

Lammrücken

400 g	*Lammrückenfilet*
	Olivenöl
	Rosmarin
	Thymian

Walter Eselböck

Nach einer Exkursion durch das kleine Luxushotel *Taubenkobel* im österreichischen Burgenland reibt man sich verdutzt die Augen: Man hat einen verrosteten Vogelkäfig gesehen, einen Lampenschirm aus Vorlegebesteck, ein altes Holzfass. Schwere Steintröge zwischen Efeu, Palmen und Buchsbäumen. Korbmobiliar, Bambustüren, dunkle Holztische. Blaue Fensterläden, weißer Rauputz. Man versucht den Stil einzuordnen, zu „schubladisieren", wie der Hausherr sagen würde. Und hat damit einen grundlegenden Fehler begangen, denn hier folgt nichts einer Regel, hier regiert nur die Individualität des Betreiberehepaars: *Der Taubenkobel ist Eselböck. Und Eselböck ist der Taubenkobel.* Ein multikulturelles Mosaik in einem dörflichen Kopfsteinpflaster.
Oft wird versucht, den ungezwungenen Küchenstil von Walter Eselböck in ein säuberliches Fach einzusortieren. Die Gäste fragen ihn, welche glorreichen Lehrmeister in seinem Lebenslauf verzeichnet sind. Seine knappe Antwort ist gut zu merken: „Keine." – Er ist Autodidakt. „Alles ist erlernbar und eine Sache des Willens. Man muss sich Ziele setzen. Der Mensch unterschätzt sich manchmal", sagt der Sternekoch, der bis ins Jahr 1990 hauptsächlich im Vordergrund seines Hotels agierte. Erst nach einem faszinierenden Besuch in Eckart Witzigmanns *Aubergine* in München packt den Österreicher der Ehrgeiz: Er will nicht nur das Kochhandwerk lernen, nein, er will der beste Koch der Welt werden! Oder zumindest unter den 50 Besten landen.
Walter Eselböck macht Kochkurse bei Dieter Müller, Alfons Schuhbeck und Hans Haas. Anfang der Neunziger Jahre schleust er sich als Hobbykoch bei Avantgardist Ferran Adrià ein: „Ich fand es immer toll, was er macht. Die meisten, die es kopiert haben, wurden auch erfolgreich. Aber es war nicht meine Geschichte." Also lässt er die Molekularküche sein. Im Jahr 1995 wird er „Koch des Jahres" im Gault Millau, avanciert schnell zu einem der besten Köche Österreichs. Eine schwere Zeit für seine Familie, denn der Patron hat nur noch Kochen im Sinn: „Ich war jahrelang nicht ansprechbar. Aber Erfolg kann nur Erfolg sein, wenn das Drumherum passt. Ich bin seit 32 Jahren verheiratet, habe vier Enkelkinder. Erfolg kann niemals Erfolg sein, wenn ich der Größte und Tollste bin und hinter mir Scherben liegen."
Walter Eselböck lernt zu delegieren. Auch weil er mit seiner Frau viel unterwegs ist – denn wer nicht unaufhörlich in die Rolle des Gastes schlüpfe, sei ein schlechter Gastronom. Außerdem sammeln sie auf ihren Reisen nicht nur Inspiration, sondern auch Accessoires für ihr bewohnbares Gesamtkunstwerk. Was nicht heißt, dass sich der Mann mittlerweile auf seinen Lorbeeren ausruht! Da er in Österreich alles erreicht habe, sei die logische Konsequenz die internationale Anerkennung. Obwohl die regionale Mentalität dann doch ihren Tribut fordert: „Wir Österreicher sind anders als die Deutschen. Wir sind nicht so akribisch, so ‚straight' und so besessen. Wenn sich ein Tester zu erkennen gibt, dann fange ich immer das Diskutieren an und sage, wir sind eine Mischung aus Italien und Österreich: Wir können, wenn wir wollen. Wir wollen aber nicht immer."
Trotzdem gibt Walter Eselböck jeden Tag 100 Prozent, an jedem Tisch, zu jeder Minute – irgendwie habe er doch etwas von der deutschen Pedanterie! Bitte nicht wundern, der Mann neigt gelegentlich zu einer individuellen Sprunghaftigkeit zwischen seinen widersprüchlichen Statements. Mal so. Mal so. „Das ist keine Absicht! Ich bin wirklich so", sagt der Koch amüsiert. Aber eine unverwechselbare Küchenhandschrift sei sein absolutes Ziel! Andererseits, vielleicht sei er in fünf Jahren ja auch gar kein Koch mehr. Wer wisse das alles schon so genau.

Zur Person

Walter Eselböck wurde 1957 in Wien geboren. Er arbeitete unter anderem als Diskjockey und Barkeeper, bis er 1981 einen „Heurigen" in Rust eröffnete. Drei Jahre später folgte die Eröffnung des Hotels *Taubenkobel* in Schützen am Gebirge mit Weinhandlung und Restaurant, das er seither mit seiner Frau betreibt. Das Kochhandwerk brachte sich Walter Eselböck ab dem Jahr 1990 autodidaktisch bei. Er absolvierte Kochkurse bei Ferran Adrià, Dieter Müller und Hans Haas. 1995 wurde er vom Gault Millau zum „Koch des Jahres" gewählt. Sein Restaurant ist mit zwei Sternen im Guide Michelin, mit 4 Feinschmecker-Punkten und 19 Punkten im Gault Millau ausgezeichnet.

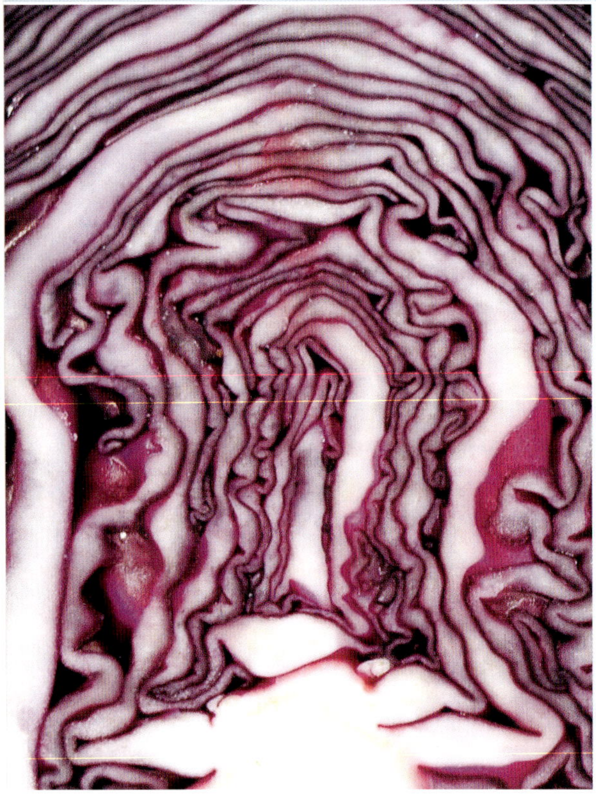

Rotkohl

Der zur Familie der Kreuzblütler gehörende Kopfkohl besitzt hohe Anteile an Vitamin C und an den Vitaminen B_1 und B_2 und er hat einen milden, feinen bis süßlichen Geschmack. Die Blattfarbe ist vom pH-Wert des jeweiligen Bodens abhängig: Eine rötliche Färbung lässt auf eher saure, eine bläuliche Färbung auf eher alkalische Böden schließen. Zu den Hauptanbaugebieten für Rotkohl zählen Deutschland, die Niederlande, Russland, Frankreich, Polen und Dänemark.

Kräftige, feste, matt glänzende und rotgrüne Außenblätter sowie glatte rote Innenblätter weisen auf den Frischezustand des Kohls hin. Je kleiner, fester und geschlossener der Kopf, desto besser ist der Geschmack und umso höher der Nährstoffgehalt. Rotkohl besitzt gute Lagereigenschaften. Er kann bis zu 14 Tage lang im Gemüsefach des Kühlschranks aufbewahrt werden, die Schnittflächen sollte man mit Frischhaltefolie umwickeln. Rotkohl ist ethylenempfindlich und sollte deswegen nicht direkt neben Tomaten oder Obst gelagert werden.

Tipp Wenn dem Rotkraut bei der Zubereitung säurehaltige Äpfel oder Essig hinzugefügt werden, lassen sich Rotfärbung und Aroma intensivieren.

Rotkraut-Tee mit zweierlei Rüben

Rübengelee Die Hälfte des Geflügelfonds mit 3 Gramm Agar-Agar aufkochen und mit Salz, Zucker und Cayennepfeffer würzen. Den frisch gepressten Rote-Bete-Saft einrühren, zum Gelieren in eine Form gießen und kalt stellen. Den gesamten Vorgang mit dem Bierrettichsaft wiederholen. Kurz vor dem Anrichten je 12 Geleekreise (1 Zentimeter Durchmesser) aus den beiden Gelees ausstechen.

Gänseleber Die Gänseleber putzen und mit Sherry, Martini, Cognac, Salz und Pfeffer 2 Stunden marinieren. Die marinierte Gänseleber im Thermomix 2 Minuten auf Stufe 6 mixen. Die Masse in einen Spritzbeutel geben und in eine Kugelsilikonmatte füllen (1 Zentimeter Durchmesser), glatt streichen und kalt stellen. Die Halbkugeln erst kurz vor dem Anrichten aus der Silikonmatte lösen.

Rotkraut-Tee Das Rotkraut in feine Streifen schneiden und mit dem Fenchel, dem Alkohol und den Gewürzen in einen Topf geben. Den Rehfond dazugießen und alles aufkochen. Den Sud etwa 2 Stunden ziehen lassen. Den Rotkraut-Tee abseihen und zum Schluss noch einmal mit Salz und Sherry abschmecken.

Anrichten Je 3 Scheiben Rote-Bete-Gelee und 3 Scheiben Bierrettichgelee in einen tiefen Teller setzen, je 2 Gänseleberhalbkugeln dazulegen. Das Rote Bete Gelee mit den Thymianspitzen, das Bierrettichgelee mit Kresseblättern garnieren. Zum Schluss den Rotkraut-Tee eingießen.

Rübengelee

1/2 l	*Geflügelfond*
6 g	*Agar-Agar*
	Cayennepfeffer
1/4 l	*Rote-Bete-Saft, frisch gepresst*
1/4 l	*Bierrettichsaft, frisch gepresst*

Gänseleber

100 g	*Gänseleber*
5 ml	*Sherry*
5 ml	*Martini*
5 ml	*Cognac*

Rotkraut-Tee

1	*Kopf Rotkraut*
1	*Fenchelknolle*
	Wacholder
	Sherry
	weißer Portwein
1 l	*Rehfond*

Anrichten

12	*Zitronenthymianspitzen*
12	*rote Kresseblätter*

Kerbel-Anis-Creme mit Schnecken und Ravioli

Kerbel-Anis-Creme Die Butter in einem Topf zerlassen und Zwiebel, Lauch und Knoblauch darin glasig andünsten. Die Anissamen zugeben, mit Hühnerfond auffüllen und aufkochen. Mit Salz, Pfeffer und Cayennepfeffer mixen und passieren. Die Suppe aufkochen und mit Sahne und Martini abschmecken. Erst kurz vor dem Anrichten den Kerbel in die Suppe mixen.

Anis

Anis gehört zur Familie der Doldenblütler und wird heute überwiegend in Spanien, Italien sowie in kleinerem Umfang auch in Frankreich, Deutschland, Bulgarien, in England und Schottland, in der Türkei, in Russland, in Indien, in Mittel- und Südamerika und in Nordafrika angebaut. Die ursprünglich aus dem östlichen Mittelmeerraum stammende Gewürz- und Heilpflanze besitzt einen würzig-süßlichen Duft und Geschmack. Bei der in Frankreich kultivierten Sorte „Touraini" überwiegen die süßlichen Aromen deutlich. Wegen seines intensiven Geschmacks sollte Anis sparsam verwendet werden. „Wir verstärken mit Anis den Geschmack von Kerbel, man muss das aber wohl dosieren", erklärt Walter Eselböck. In der Küche wird Anis gerne als Beigabe in Würzmischungen und für Gebäck, Tees, Liköre und Schnäpse verwendet. Eine Überdosierung kann zu Vergiftungserscheinungen mit Muskellähmung bis zur Bewusstlosigkeit oder auch zu Allergien führen – Kinder sollten Anis erst ab dem sechsten Lebensjahr genießen.

Tipp Die im Handel erhältlichen Anissamen entfalten ihr flüchtiges Aroma durch kurzes Anrösten oder frisch gemahlen am besten. Anis lagert idealerweise licht- und luftgeschützt.

Kerbel-Anis-Creme

100 g	*Butter*
160 g	*Zwiebel*
140 g	*weißer Lauch*
10 g	*Knoblauch*
15	*Anissamen*
800 ml	*Hühnerfond*
	Cayennepfeffer
1/8 l	*Sahne*
80 ml	*Martini, extra dry*
50 g	*Kerbelblättchen*

Schneckenravioli

1/2	*Möhre*
1/2	*gelbe Rübe*
1/4	*Sellerie*
200 g	*Weinbergschnecken*
1	*Knoblauchzehe, gehackt*
3 EL	*glatte Petersilie, gehackt*
1 EL	*Kerbel, gehackt*
2 EL	*Olivenöl*
2 EL	*Geflügelfarce*
1 TL	*Zitronensaft*
1	*Spritzer Balsamessig*
1	*Spritzer Sojasauce*
100 g	*Nudelteig*
20 g	*Thymianbutter*

Weinbergschnecken

50 g	*Petersilienpaste*
1 EL	*Thymian, gehackt*
1 EL	*Rosmarin, gehackt*
3–4	*Knoblauchzehen, fein gewürfelt*
	Worcestersauce
	Zitronensaft
	Cognac
200 g	*Butter, schaumig geschlagen*
4	*Weinbergschnecken mit Haus*

Anrichten

12	*Kerbelblättchen*

Schneckenravioli Brunoise vom Wurzelgemüse schneiden und blanchieren. Die Weinbergschnecken waschen und in Würfel schneiden. Mit Knoblauch, gehackter Petersilie und gehacktem Kerbel kurz in Olivenöl sautieren, salzen, pfeffern und abkühlen lassen. Das blanchierte Wurzelgemüse dazu geben, mit der Geflügelfarce abbinden und mit Zitronensaft, Balsamessig und Sojasauce abschmecken. Die Füllung auf den Nudelteig geben und 12 kleine Ravioli formen. 4 Minuten in Salzwasser kochen und in etwas Thymianbutter schwenken.

Weinbergschnecken Alle Kräuter und Gewürze sowie Salz mit der schaumigen Butter vermengen und 2 Stunden nicht gekühlt ziehen lassen. Die leeren Schneckenhäuser mit etwas Butter füllen, je 1 Schnecke hineindrücken und wieder etwas Butter einfüllen. Die Schnecken in Schneckenschälchen setzen und im Ofen 5 Minuten bei 200 °C überbacken.

Anrichten Die Kerbel-Anis-Creme auf 4 tiefe Teller verteilen. In jeden Teller 3 Schneckenravioli geben, mit je 1 Kerbelblättchen garnieren. Die Weinbergschnecke extra servieren.

Quitte

„Jedes Gericht lebt von einem Spiel der Kontraste. Quitte, Aal und Entenleber ist so ein Beispiel, wenn auch ein extremes", erklärt Walter Eselböck. Die klassische Küche dagegen kombiniert die Frucht gern mit Wildgerichten. Gegart erinnert der Geschmack von Quitten an Äpfel oder Birnen. Charakteristisch ist der feine, intensive und raumfüllende Geruch der reifen, rohen Früchte. Wegen ihres hohen Pektingehalts eignen sich Quitten sehr gut für Konfitüren, Gelees und Kompott. Sie können mit oder ohne Schale verwendet werden. Das zur Familie der Rosengewächse gehörende Kernobst kommt ursprünglich aus dem Südkaukasus und wird heute hauptsächlich in Südwestasien, Südostarabien, Süd- und Mitteleuropa angebaut. Wegen des harten Fruchtfleisches und der bitteren Gerbstoffe sind Quitten nicht zum Rohverzehr geeignet. Eine Ausnahme bildet die türkische Sorte „Shirin" mit ihrem saftigen und weichen Fruchtfleisch.
Die rundlichen Apfel- oder länglichen Birnenquitten besitzen im Stadium der Vollreife eine zitronengelbe Farbe und reifen nach der Ernte (September bis November) nach. In kühlen, luftigen und trockenen Räumen ist die Scheinfrucht bis zu zwei Monate lang lagerfähig, sollte aber nicht mit anderen Obstsorten zusammen aufbewahrt werden, da deren charakteristisches Aroma sonst durch den starken Quittengeruch beeinflusst wird. Trotz des harten Fruchtfleisches sind Quitten sehr druckempfindlich. Der feine Flaum auf der Quittenschale enthält Bitterstoffe und sollte vor der Verarbeitung gründlich abgebürstet werden.

Rauchaalknödel, glasierte Quitten und Entenleber

Rauchaalknödel

500 g	*Kartoffeln*
60 g	*Mehl*
60 g	*Maisstärke*
1	*Handvoll geriebener Parmesan*
3	*Eigelb*
2 EL	*braune Butter*
	Muskatnuss
5	*Räucheraale*
6	*Schalotten*
	Olivenöl
	Weißwein
½ l	*Aalsud*

Kartoffelkrusteln

1	*große Kartoffel*

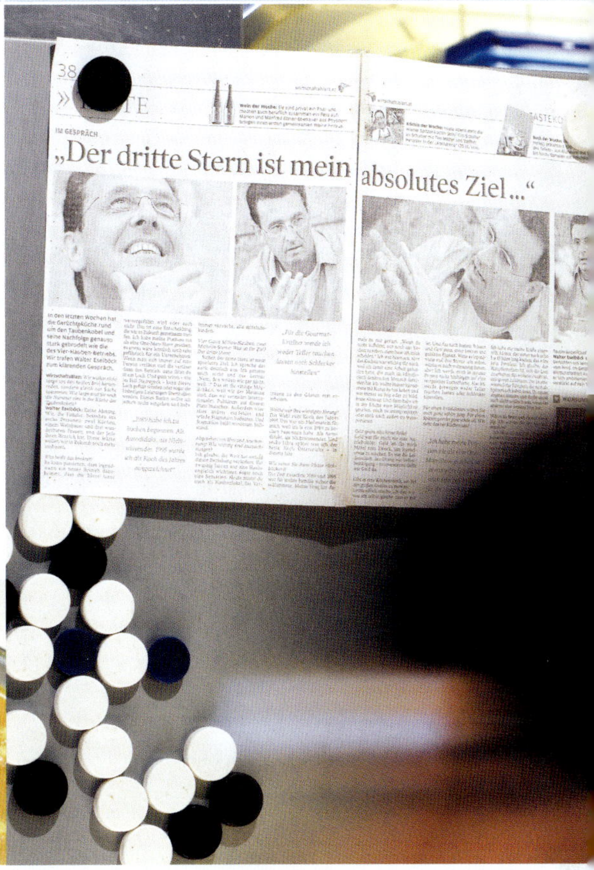

Rauchaalknödel Für den Kartoffelteig die Kartoffeln auf ein Blech mit Salz legen und bei 200 °C etwa 1 1/2 Stunden im Ofen garen. Die gegarten Kartoffeln schälen und durchpassieren. Mehl, Maisstärke, Parmesan, Eigelb, Butter, Salz, Pfeffer und Muskatnuss dazugeben und zu einem glatten Teig verarbeiten. Beiseite stellen. Für die Füllung den Räucheraal in kleine Würfel, die Schalotten in feine Brunoise schneiden. Schalotten in Olivenöl ansautieren, danach den Räucheraal dazugeben und kurz anschwenken. Mit Weißwein ablöschen und mit Aalsud aufgießen, abschmecken, aufkochen und kurz ziehen lassen. In Silikonmatten füllen und einfrieren. Für die Knödel je 17 Gramm Kartoffelteig nehmen, etwas Aalfüllung in die Mitte geben und zu einer kompakten Kugel formen. In leicht köchelndem Wasser etwa 10 Minuten ziehen lassen. Die fertigen Knödel in Kartoffelkrusteln wenden.

Kartoffelkrusteln Kartoffeln schälen, in feine Scheiben schneiden und mit viel Wasser mixen, bis sie feinkörnig sind. In ein Tuch schütten und auspressen. Die rohen Krusteln im Öl bei 180 °C backen, bis sie goldgelb sind. Dabei immer mit dem Schneebesen umrühren. Auf ein Tuch geben, abtupfen und salzen.

Quittengelee Zucker karamellisieren. Mit der Butter das Karamell lösen, Quittensaft und Zitronensaft hinzufügen und aufkochen. Die Quittenwürfel in den Sud geben und weich kochen. Die Quittenwürfel abseihen und in eine flache Form geben. Den Sud mit Agar-Agar aufkochen, über die Quitten gießen (etwa 4 mm hoch) und kaltstellen. Kurz vor dem Anrichten mit dem Ausstecher kleine Kreise ausstechen.

Glasierte Quitten Den Zucker karamellisieren, mit der Butter den Karamell lösen, die Quittenspalten hinzufügen. Mit Quittensaft und Zitronensaft ablöschen. Kurz im Sud ziehen lassen, bis die Quitten weich sind.

Konfierte Schalotten Die Schalotten schälen, mit Öl bedecken, langsam erhitzen und garen, bis sie weich sind. Danach in kleine Würfel schneiden, mit Salz und Pfeffer abschmecken.

Entenleber Die Entenleber in Stücke schneiden, pfeffern und mehlieren. In Butterschmalz beidseitig anbraten. Vor dem Anrichten mit Maldon-Salz würzen.

Anrichten Auf jeden Teller in der Mitte 1 Esslöffel konfierte Schalottenwürfel verteilen. 1 Scheibe Entenleber darauflegen, 1 runde Scheibe Quittengelee daraufsetzen und 1 Rauchaalknödel obenauf geben. Jeweils 1 glasierte Quittenspalte dazulegen und den Tellerrand mit Zitronenthymianblättchen garnieren. Etwas Quittensud angießen.

Quittengelee

40 g *Zucker*
25 g *Butter*
200 ml *Quittensaft*
Zitronensaft
1 *Quitte, in Würfel geschnitten*
1,2 g *Agar-Agar*

Glasierte Quitten

30 g *Zucker*
15 g *Butter*
1 *Quitte, in Spalten geschnitten*
100 ml *Quittensaft*
Zitronensaft

Konfierte Schalotten

10 *Schalotten*

Entenleber

1 *Entenleber*
Mehl
Butterschmalz
Maldon-Salz

Anrichten

Zitronenthymianblättchen

Falkenroth

Bastian Falkenroth

Keine voreiligen Schlüsse: Bastian Falkenroth ist jung. Er trägt einen Kinnbart, hat Tätowierungen auf dem Arm und das Ziffernblatt seiner Uhr baumelt auf der Innenseite seines Handgelenks. Dazu kommt sein Faible für die Molekularküche: Im Champagner treibt ein purpurnes Ding, von der Vorspeise steigt Rauch auf und was bitteschön soll Meerwasser-Espuma sein? Außerdem sieht der braun gebrannte Koch viel zu smart aus für die tagtägliche Küchenmaloche! Gut, Letzteres könnte auch an dem vierwöchigen Urlaub mit seiner Ehefrau liegen: Surfbrett in den Bulli. Frankreich, Spanien, Portugal, Freiheit.

Aber bleiben wir beim Fragezeichen: Meerwasser-Espuma ist kein sprachlicher Schnickschnack und vor allem keine geschmacksentleerte Effekthascherei: Bastian Falkenroth kocht Algen in Wasser aus und gibt ein hochwertiges Salz dazu, bevor er die Flüssigkeit aufschäumt – schlicht und köstlich in Kombination mit der Rotbarbe! Auch der verkapselte Cassislikör im Champagner hat einen feinen Effekt. Und der Rosmarinrauch akzentuiert hervorragend die Süße des Süßkartoffelpürees, aber auch das Kalbsbries und das Zitronenkonfit.

„Bei Molekularküche kommen die Gäste mit der Erwartung, dass es knallt, qualmt und pufft", erzählt der Koch, der zwar stark mit den modernen Techniken arbeitet, aber auf Showeffekte im Frontbereich weitestgehend verzichtet. Er zählt nicht zu den Köchen, die sich freuen, dass flüssiger Stickstoff so schön blubbert und dampft, während ihm alle Gäste bei der Verarbeitung zusehen – ganz egal, ob das schockgefrostete Produkt auf dem Teller überhaupt Sinn macht! Man flambiert ja auch keine Forelle blau am Tisch, nur damit irgendetwas flambiert wird!

Vor einigen Jahren kochte Bastian Falkenroth noch Pasta. Zum Essen ging er mit seinen Eltern meist zum Griechen um die Ecke. Sie wünschten sich, dass ihr Sohn nicht weit vom Stamm fällt und irgendwann studiert. Vorsichtshalber wird er in Richtung Abitur geschubst. Bastian Falkenroth ist unmotiviert, bricht nach einem Jahr ab: „Ich war der Erste in unserer Familie, der gegen den Strom geschwommen ist. Am Anfang mussten meine Eltern schlucken, aber dann standen sie hinter mir."

Der gebürtige Aachener nimmt sich einen Düsseldorfer Restaurantführer zur Hand, kennt damals keinen Eckart Witzigmann oder den Guide Michelin – er weiß nur, dass ihm ein vergangenes Kochpraktikum Freude bereitet hat! Und mehr Voraussetzung braucht es schließlich nicht! Im Sterne-Restaurant *Berens am Kai* macht er eine Kochausbildung, lernt die klassische französische Küche kennen. Er verbringt Zeit am Herd von Eric Menchon oder Thomas Bühner, bevor er die Möglichkeit bekommt, als Küchenchef in der Hamburger *K&K Kochbar* zu beginnen. Er zweifelt, ob er mit seinen 25 Jahren schon so weit ist, doch er möchte sich die Chance nicht entgehen lassen. Er beginnt, frei von der Seele zu kochen. „Modern, international, klassisch, molekular, puristisch oder gutbürgerlich – ich koche, was mir schmeckt. Und wenn ich es mag, dann muss es doch auch viele andere Menschen geben, die es mögen", sagt der Koch.

Da hat er übrigens Recht! Den Testern des Guide Michelin hat es beispielsweise gemundet – so gut, dass das Restaurant für einen Stern nominiert wurde. Bastian Falkenroth ist dem Gourmetführer allerdings entwischt. Derzeit besucht er eine Sushi-Akademie in Los Angeles. Bei der Gelegenheit studiert er die amerikanischen Gastro-Konzepte. Er möchte sich nämlich selbstständig machen. Demnächst. Oder auf jeden Fall irgendwann. In Düsseldorf oder Köln. Keine voreiligen Entscheidungen.

Zur Person

Bastian Falkenroth wurde 1982 in Aachen geboren. Seine Kochausbildung absolvierte er im Düsseldorfer Restaurant *Berens am Kai*. Weitere Stationen folgen: das Kölner Restaurant *Le Moissonnier* (Eric Menchon), das *la vie* (Thomas Bühner) in Osnabrück oder das Restaurant *Silk* (Mario Lohninger) in Frankfurt. Im Jahr 2007 ist Bastian Falkenroth Küchenchef der *K&K Kochbar* in Hamburg, die mit 14 Punkten im Gault Millau ausgezeichnet wird. Seit Mai 2009 Jahres besucht er eine Sushi-Akademie in Los Angeles. Er möchte sich zukünftig in Köln oder Düsseldorf selbstständig machen.

„Wenn man modern kochen will, sollten dezente Akzente der Molekularküche in den Küchenstil einfließen.
Das gilt auch für das Niedriggarverfahren, das ich in der gehobenen Gastronomie für absolut notwendig halte."

Bastian Falkenroth

Sous-vide-gegarter Heilbutt auf Fregola und Nizza-Oliven

HEILBUTT Das Heilbuttfilet in 4 gleiche Stücke portionieren, einzeln in einen Vakuumbeutel stecken, das Rapsöl auf die Beutel verteilen und alles vakuumieren. Die Beutel mit dem Fischfilet kurz vor dem Anrichten im Wasserbad 10 Minuten bei 57 °C garen.

FREGOLA Die Butter in einem Topf auflösen und die Schalottenbrunoise darin farblos anschwitzen, Fregola zugeben und ebenfalls anschwitzen. Nach und nach, wie bei einem Risotto, mit dem Tomatenwasser angießen und al dente garen. Zwischendurch etwas salzen. Vor dem Anrichten den Parmesan und die Oliven zugeben, noch einmal mit Salz abschmecken.

SAUCE Die Butter in einem Topf auflösen und die Schalotten und den Knoblauch farblos anschwitzen, mit dem Tomatenwasser und der Kokosnussmilch ablöschen und alles langsam zum Kochen bringen. Die fertige Sauce durch ein feines Sieb passieren und mit Salz und Zucker abschmecken. Vor dem Anrichten die heiße Sauce mit einem Zauberstab aufschäumen.

TOMATENGELEE Das Tomatenwasser zusammen mit der Gelatine aufkochen, hauchdünn auf ein Blech schütten und kalt stellen.

OLIVENVERKAPSELUNG Die Oliven in einem Mixer pürieren und durch ein Sieb drücken. Den so entstandenen Olivensaft mit dem Calcic und Xanthan aufmixen. Das Alginat mit 1 Liter Wasser ebenfalls aufmixen. Die Olivenmasse mit einem Teelöffel vorsichtig in die Alginatlösung gleiten lassen, sodass sich eine kleine Kugel bildet. Die Kugel vorsichtig aus der Lösung nehmen und mit Wasser abwaschen.

ANRICHTEN Etwas Fregola in die Mitte der Teller geben, die Heilbuttfilets darauflegen, je 1 Sardellenfilet obenauf platzieren, mit Tomatengelee bedecken. Rechts und links eine Kugel von der Olivenverkapselung anlegen. Zum Schluss die aufgeschäumte Sauce angießen.

HEILBUTT

1	*ganzes Heilbuttfilet*
100 ml	*Rapsöl mit Butteraroma*

FREGOLA

50 g	*Butter*
2	*Schalotten, in Brunoise geschnitten*
200 g	*Fregola*
	Tomatenwasser
	geriebener Parmesan
50 g	*Nizza-Oliven, geviertelt*

SAUCE

50 g	*Butter*
4	*Schalotten, geviertelt*
2	*Knoblauchzehen*
100 ml	*Tomatenwasser*
100 ml	*Kokosnussmilch*
	Zucker

TOMATENGELEE

200 ml	*Tomatenwasser*
25 g	*pflanzliche Gelatine*

OLIVENVERKAPSELUNG

300 g	*grüne Oliven*
2,5 g	*Calcic (Kalziumchlorid)*
1,5 g	*Xanthan*
6 g	*Alginat*

ANRICHTEN

4	*Sardellenfilets in Öl*

Süßkartoffel

Die Süßkartoffel mit ihrem süßlichen, leicht kastanienartigen Geschmack findet auch in unseren Breitengraden immer mehr Anhänger. Aus botanischer Sicht ist sie weder mit der Kartoffel noch mit Topinambur verwandt. Ursprünglich stammt die unterirdisch wachsende Wurzelknolle aus Süd- und Mittelamerika und wird heute in tropischen und subtropischen Gebieten Amerikas, Afrikas und Asiens angebaut. Die verschiedenen Sorten unterscheiden sich nicht nur in der Farbe ihres Fleisches (rot, braun, gelb, weiß) und in der Farbe der Schale (purpurrot, braun, gelb, weiß), sondern auch in Form (länglich, rund, walzen- oder spindelförmig) und Größe. Ihr unterschiedlicher Zucker- und Stärkegehalt wird von den klimatischen Verhältnissen der verschiedenen Anbaugebiete bestimmt.

Auch kühl, trocken und dunkel lassen sich Süßkartoffeln – aufgrund ihres hohen Wassergehalts – nur begrenzt lagern. Auch die grünen Blätter und Sprossen der Wurzelknolle sind essbar. Beim Kauf sollte darauf geachtet werden, dass die Süßkartoffel fest und gleichmäßig geformt ist. Zu große Exemplare sind oft faserig. Feuchte Stellen oder Keimansätze deuten auf eine bereits welke Knolle hin. Das beste Aroma wird den rotfleischigen Süßkartoffel-Sorten zugesprochen, die zudem gute Kocheigenschaften besitzen.

Sautiertes Kalbsbries, Süßkartoffel, Zitrone und Rosmarinrauch

KALBSBRIES Das Kalbsbries in einer tiefen Form mit der Milch begießen. Mit kaltem Wasser auffüllen, bis es ganz von Flüssigkeit bedeckt ist. Über Nacht in den Kühlschank stellen. Sellerie, Möhren, Zwiebel und Knoblauch in einem großen Topf mit etwas Öl anbraten, das Kalbsbries aus der Milch nehmen und vorsichtig auf das Gemüse legen. Mit Weißwein ablöschen und mit Wasser auffüllen. Den Fond leicht salzen und einmal kurz aufkochen lassen. Dann von der Kochplatte nehmen, Rosmarin und Lorbeer dazugeben und langsam auskühlen lassen. Wenn der Fond abgekühlt ist, das Kalbsbries herausnehmen und alle Häute und Sehnen entfernen. Vor dem Anrichten das Kalbsbries scharf anbraten und mit der Kalbsjus glasieren.

SÜSSKARTOFFELPÜREE Die Süßkartoffeln schälen und in Würfel schneiden. Die Schalotten in kleine Würfel schneiden und in der Butter farblos anschwitzen, die Süßkartoffeln dazugeben und leicht salzen. Mit etwas Wasser angießen und langsam weich dünsten. Die warme Masse pürieren.

ANRICHTEN Die Zitrone filetieren, in kleine Stücke schneiden. Das Süßkartoffelpüree auf 4 kleine Weckgläser verteilen und mit dem glasierten Kalbsbries belegen. Die Zitronenstückchen obenauf legen. Den Rosmarin in eine Räucherpfeife geben. Die Deckel auf die Weckgläser setzen und durch einen kleinen Schlitz den Rosmarinrauch mit der Räucherpfeife hineinpusten. Sofort servieren.

KALBSBRIES

500 g	*Kalbsbries*
1 l	*Milch*
½	*Knolle Sellerie*
2	*Möhren*
1	*kleine Zwiebel*
2	*Knoblauchzehen*
½ l	*Weißwein*
1	*Zweig Rosmarin*
1	*Lorbeerblatt*
	Kalbsjus

SÜSSKARTOFFELPÜREE

500 g	*Süßkartoffeln*
2	*Schalotten*
100 g	*Butter*

ANRICHTEN

1	*Zitrone*
	getrockneter Rosmarin

Curry

In Indien steht der Begriff „Curry" für eine bestimmte Art der Sauce und ihrer Zubereitung, für die jeweils eine – von Familie zu Familie unterschiedliche – Gewürzmischung („Masala") passend zum Gericht zusammengestellt und sofort verbraucht wird. Erst in der Kolonialzeit sind für die heimkehrenden Engländer die vorgefertigten Pasten und Pulver „erfunden" worden. Der Begriff „Curry" kam dann zusammen mit ihnen nach Europa. In unserem Küchenverständnis ist Curry also eine Mischung verschiedenster exotischer Gewürze – Bockshornklee, Cayennepfeffer, Fenchel, Galgant, Gewürznelken, Ingwer, Kardamom, Koriander, Kreuzkümmel, Kurkuma, Muskatblüte, Muskatnuss, Paprika, Pfeffer, Piment, Senfkörner und Zimt. Dabei variiert der Charakter einer Currymischung je nach Menge und Zusammenstellung der einzelnen Komponenten. „Ich benutze drei verschiedene Currymischungen: Jaipur-Curry ist schärfer, Kaschmir-Curry ist etwas milder und der Purple-Curry hat eine leichte Säure, weil Hibiskusblüten drin sind", erklärt Bastian Falkenroth.

Curry sollte in Pulverform nur in geringen Mengen und in gut verschlossenen Behältnissen gelagert werden, weil sich Aroma und Farbe schnell verlieren. Noch besser ist es, die Gewürze als Ganzes vorrätig zu halten, erst kurz vor dem Gebrauch die Mischung zusammenzustellen und die Bestandteile dann zu mörsern oder zu mahlen.

Currypulver entfaltet erst durch Rösten oder Andünsten sein charakteristisches Aroma. „Man sollte Curry aber nicht zu scharf anbraten, sonst verbrennen die ätherischen Öle und das Gewürz wird bitter", warnt Bastian Falkenroth.

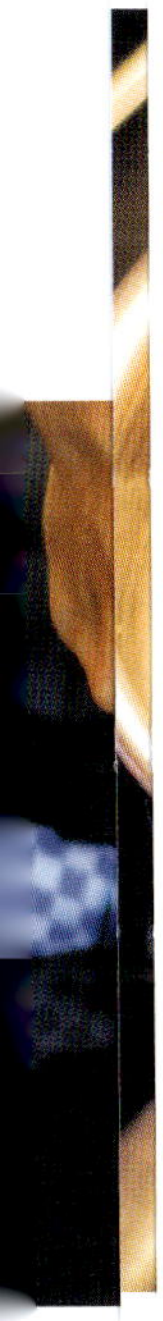

Filet von der Rotbarbe auf Curry-Bouillabaisse-Püree und Meerwasser-Espuma

Rotbarbenfilet Die Gräten vom Fisch entfernen und die Filets in eine rechteckige Form schneiden und halbieren. Curry und Reismehl im Verhältnis 1 : 1 mischen und die Hautseite der Rotbarbenfilets damit bestäuben. Kurz vor dem Anrichten die Filets auf der Hautseite etwa 3 Minuten in Öl braten, wenden und auf der anderen Seite 1 weitere Minute garen.

Curry-Bouillabaisse-Püree Die Knurrhähne grob zerteilen, in einem großen Topf in Olivenöl anbraten. Schalotten, Knoblauch, Sellerie, Fenchel, Möhre und Tomaten in Würfel schneiden und dazugeben. Mit Weißwein und Pernod aufgießen, aufkochen und etwa 2 Stunden leicht köcheln lassen. Dann in einen Mixer gießen, pürieren und durch ein feines Sieb drücken. Kartoffeln waschen, schälen und in Salzwasser weich kochen. Weiche Kartoffeln zerstampfen und mit der Fischsuppe zu einem homogenen Püree verarbeiten. Vor dem Anrichten noch ein bis zwei Flocken Butter zugeben und mit Salz und Kaschmir-Curry abschmecken.

Meerwasser-Espuma 1 Liter Wasser zusammen mit dem Salz aufkochen. Die Algen hineingeben, etwa 15 Minuten ziehen lassen, passieren und kalt stellen. Kurz vor dem Anrichten das Pro-Espuma dazugeben und alles mit 2 Sahnekapseln in eine Espumaflasche füllen.

Rotbarbenfilet

4 *Rotbarbenfilets*
Purple-Curry
Reismehl

Curry-Bouillabaisse-Püree

2 *Knurrhähne*
Olivenöl
5 *Schalotten*
3 *Knoblauchzehen*
½ *Sellerieknolle*
1 *Fenchel*
1 *Möhre*
10 *Tomaten*
300 ml *Weißwein*
50 ml *Pernod*
500 g *Kartoffeln*
Kaschmir-Curry

Meerwasser-Espuma

30 g *Fleur de Sel*
15 g *Dashi-Kombu-Algen*
1 EL *Pro-Espuma*

Currychips Das Öl auf 60 °C erwärmen und den Curry zugeben, 15 Minuten ziehen lassen und anschließend passieren. Das Dinkelbaguette in sehr dünne Scheiben schneiden und in dem Curryöl bei 160 °C ausbacken

Anrichten Auf jeden Teller etwas Curry-Bouillabaisse-Püree geben, 2 Stücke vom Rotbarbenfilet darauf platzieren. Je 4 Currychips anlegen und vorsichtig den Meerwasser-Espuma zwischen den Filets dazuspritzen, mit ein paar Safranfäden garnieren.

Currychips

100 ml *Traubenkernöl*
20 g *Kaschmir-Curry*
1 *Dinkelbaguette*

Anrichten

Safranfäden

Rolf Fliegauf

Im Restaurant *Ecco* in Ascona schickt Rolf Fliegauf Aromen auf Kollisionskurs: Curry-Eis prallt auf Cashewnuss-Nougat, Entenleber-Eis wird mit Explosionspulver bestreut und eine Seezunge mit Irokesenschnitt befindet sich im gustatorischen Disput mit Schweineöhrchen, Erbsen und Grapefruit. – Klingt komisch? – Schmeckt aber nicht so! Der junge Sternekoch setzt die kontrastreichen Komponenten durch die richtige Menge und durchdachte Verarbeitung in ein harmonisches Verhältnis zueinander. Dazu bedient er sich einer ungezwungenen Bandbreite an Produkten und Techniken, die er teilweise schon in seiner Jugend erlernt hat. Er ist nämlich ein gebürtiges Gastrokind – und das spürt man:

Rolf Fliegauf bewegt sich leichtfüßig über das gastronomische Parkett. So, wie man sich bewegt, wenn man sicheres Terrain unter den Füßen hat. Auch seine aufgeschlossene und freundliche Art hat nichts Affektiertes, nichts, was er mühsam erlernen musste, sondern etwas, das er von klein auf vorgelebt bekam. So gebietet ihm seine Aufmerksamkeit, abends nicht verschwitzt durch das Restaurant zu marschieren, wenn er den Gästen seine Aufwartung macht – wobei Gastgeberschaft wiederum sein muss, und das Argument einer miefenden Kochjacke zählt natürlich nicht! Deswegen serviert er seinen Gästen vorab eine kleine kulinarische Begrüßung – eben ein Sternekoch mit allem, was dazugehört.

„Die Faszination für den Beruf war einfach da. Es gab für mich auch keine Alternative. Der Umgang mit tollen Produkten, die Kreativität, das Familiäre, das in der Gastronomie existiert – ich glaube, es bilden sich andere Freundschaften, als wenn man sieben Stunden in einem Büro sitzt", sagt der gelernte Koch, dessen Eltern ein kleines Restaurant besaßen. Die Übernahme des Familienbetriebs wäre allerdings keine Option für ihn gewesen. Er wollte auch Freizeit haben, was in der Selbstständigkeit einfach nicht möglich sei. Obwohl auch jetzt als Küchenchef Zeit für ihn der größte Luxus bleibt. Zeit für Dinge, die man eben so tut, wenn man mal Zeit dafür hat: ein bisschen Sport, ein bisschen faulenzen, ein bisschen feiern gehen – und bloß das Werkzeug im Messerkoffer lassen! Döner, Pizza , Pasta!

Als Rolf Fliegauf mit der Konzeption für das Restaurant *Ecco* im Hotel *Giardino* in Ascona betraut wird, ist er 24 Jahre alt. Das Ziel: ein „molekulares Restaurant". Er beginnt zu büffeln, besucht Messen, macht Praktika bei Juan Amador oder Heston Blumenthal. Er baut seinen neuen Küchenstil auf den modernen Techniken auf, geht aber bald wieder mit der Abrissbirne zu Werke. „Eine Küche basiert immer auf einer klassischen Kochausbildung. Die Molekularküche bringt viele neue Möglichkeiten, um das zu ergänzen. Mehr auch nicht", berichtet er ernüchtert.

Ein Jahr nach der Restauranteröffnung erhält er den ersten Stern im Guide Michelin. Rolf Fliegauf ist überwältigt, weil er nicht so schnell damit gerechnet hatte. Aber die renommierte Auszeichnung ist durchaus noch steigerungsfähig: „Ich will mir den zweiten und danach den dritten Stern erarbeiten. Das ist mein Ziel. Ich weiß nicht, ob es realisierbar ist. Aber ich gebe mein Bestes", erklärt der Koch, ohne einen Hauch naiver Überheblichkeit – eher mit einem bodennahen Selbstbewusstsein. Wobei wir in diesem Moment sein Ziel, zwar etwas verdutzt und holprig, aber dennoch, ja, als schönes Ziel phrasieren. „Das finde ich auch", erwidert Rolf Fliegauf und lächelt.

Zur Person

Rolf Fliegauf, Jahrgang 1980, ist in Nördlingen/Ries geboren. Seine Kochausbildung absolvierte er 1997 bis 2000 im *Dehner Blumenhotel* in Rain am Lech. Danach kochte er zwei Jahre lang im Hotel *Traube Tonbach* in Baiersbronn. Als weitere Stationen folgen das Hotel *Windrose* und das Restaurant *Gogärtchen* auf Sylt, sowie das Schweizer Hotel *Lenkerhof* in Lenk, in dem er als stellvertretender Küchenchef agierte. Praktika bei Juan Amador (Restaurant *Amador*), Jonnie Boer (Restaurant *De Libijre*) oder Heston Blumenthal (Restaurant *Fat Duck*) folgen. Seit dem Jahr 2006 leitet Rolf Fliegauf die Küche des Restaurants *Ecco* im Hotel *Giardino* in Ascona/Schweiz, welches mit einem Stern im Guide Michelin und mit 15 Punkten im Gault Millau ausgezeichnet ist.

„Ich versuche jeden Geschmack gezielt und extrem einzusetzen, um eine kleine Explosion am Gaumen auszulösen."

Rolf Fliegauf

Marinierte Entenleber, Apfel, Nougat, Ingwer

Entenleber-Nougat-Terrine 200 Gramm von der Entenleberterrine in etwa 2 Zentimeter große Würfel schneiden, mit der Mole-Gewürzmischung bestreuen und kühl stellen. Nougat und Bitterschokolade in der Milch auflösen, flüssige Kakaobutter zugeben und die restliche Entenleberterrine einrühren, mit Maldon-Salz abschmecken. Entenleberwürfel unter die Nougatmasse geben und alles in eine Terrinenform pressen. Kurz vor dem Anrichten in Scheiben schneiden.

Apfelessiggelee Gelatine in etwas Wasser einweichen. Apfelsaft erwärmen, ausgedrückte Gelatine darin auflösen, Apfelessig zugeben, abfüllen und kalt stellen.

Apfel-Ingwer-Kompott Äpfel schälen und die Kerngehäuse entfernen. Das Fruchtfleisch klein schneiden und in wenig Butter anschwitzen. Mit Weißwein und Apfelsaft ablöschen und den ganzen Ingwer zugeben. Die Äpfel langsam weichdünsten und zum Schluss durch ein Sieb streichen.

Entenleber-Eis Portwein auf 100 Milliliter einkochen. Sauternes, Zucker und Glukose zugeben und alles zusammen aufkochen. Mit den Eigelben zur Rose abziehen. Die Entenleberterrine klein schneiden und in die heiße Masse einmixen, mit Maldon-Salz abschmecken und das Entenleber-Eis in der Eismaschine frieren.

Ingwerschaum Alle Zutaten bis auf das Lezithin pürieren und durch ein Tuch passieren. Zum Schluss das Lezithin zugeben und mit dem Pürierstab aufmixen.

Anrichten Je 1 Scheibe von der Entenleber-Nougat-Terrine pro Person auf etwas Apfel-Ingwer-Kompott anrichten. Ingwerschaum dazugeben. Die Terrine mit 1 Gewürzbrotchip und Affilla Cress garnieren. Je 1 Würfel Apfelessiggelee mit Atsina Cress dazusetzen. Je 1 Nocke Entenleber-Eis auf einen Teller geben und mit 1 Gewürzbrotchip und etwas Peta Zeta garnieren. Getrennt reichen. Eine Linie aus Portweinreduktion ziehen.

Entenleber-Nougat-Terrine

250 g *Entenleberterrine*
Mole-Gewürzmischung
50 g *dunkler Nougat*
20 g *Bitterschokolade*
20 ml *Milch*
10 g *Kakaobutter*
Maldon-Salz

Apfelessiggelee

3½ *Blatt Gelatine*
150 ml *Apfelsaft*
80 ml *Apfelessig (Gölles)*

Apfel-Ingwer-Kompott

4 *Äpfel (Granny Smith)*
50 ml *Weißwein*
100 ml *Apfelsaft*
20 g *eingelegter Ingwer, fein geschnitten*
5 g *frischer Ingwer, fein geschnitten*

Entenleber-Eis

200 ml *weißer Portwein*
80 ml *Sauternes*
20 g *Zucker*
1 EL *Glukose*
60 g *Eigelb*
200 g *Entenleberterrine*
Maldon-Salz

Ingwerschaum

100 ml *Geflügelfond*
20 g *eingelegter Ingwer*
50 ml *Ingwersaft*
20 g *frischer Ingwer*
1 *Limone*
2 g *Lezithin*

Anrichten

8 *Gewürzbrotchips*
Affilla Cress
Atsina Cress
Peta Zeta
Portweinreduktion

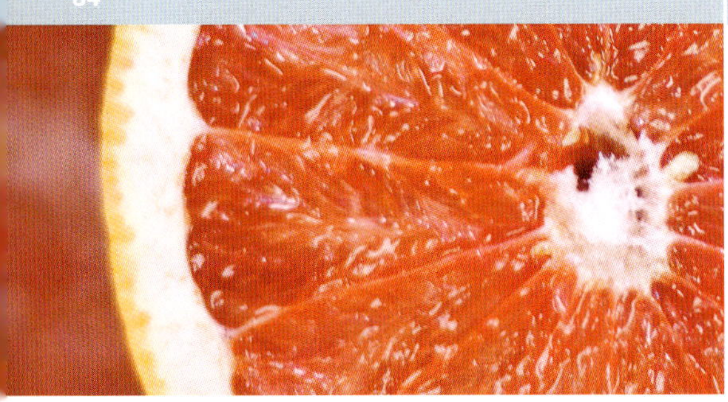

Seezunge und Langustine, Erbse, Grapefruit, Schweineohr

Erbsenpüree Erbsen blanchieren und mit den restlichen Zutaten zu einem Püree verarbeiten. Durch ein Sieb streichen und mit Cayennepfeffer und Salz abschmecken.

Langustinengelee Langustinenfond mit dem Agar-Agar mischen und unter ständigem Rühren zum Kochen bringen, eingeweichte Gelatine darin auflösen. In eine Form füllen und kalt stellen. Kurz vor dem Anrichten in kleine Würfel schneiden.

Schweineohrkompott Schweineohren wässern und dann in dem Fond kochen, bis das Fleisch weich ist. Vom Knorpel lösen und klein schneiden. Die Schalotten in feine Brunoise schneiden und mit dem Portwein einkochen. Jus und Schweineohr zugeben und alles zusammen auf Kompottkonsistenz einkochen. Mit Salz und Pfeffer abschmecken.

Seezunge Die Seezunge von einer Seite filetieren. Die ausgelöste Rückengräte in kochendes Wasser tauchen und säubern. Die Seezunge in 4 Teile schneiden. In einer Pfanne etwas Sonnenblumenöl erwärmen, die präparierten Seezungenteile einlegen und von jeder Seite etwa 2 Minuten leicht anbraten. Aus der Pfanne nehmen, mit etwas Butter bepinseln und im Salamander glasig garen. Mit Maldon-Salz und etwas Pfeffer würzen.

Grapefruit

Die zur Familie der Rautengewächse gehörende Grapefruit ist im 18. Jahrhundert auf Barbados wohl als natürliche Hybride zwischen Orange und Pampelmuse entstanden. Sie zählt aus botanischer Sicht zu den Beerenfrüchten. Grapefruits werden heute in den USA, in Israel, Zypern, Spanien sowie in Marokko angebaut. Sie gelten aufgrund ihrer hohen Gehalte an Vitamin C, an Kalium und an Ballaststoffen als wahre „Vitaminbomben".

Man unterscheidet zwei Hauptsorten: nicht pigmentierte Früchte mit gelbem und pigmentierte Grapefruits mit rosafarbenem Fruchtfleisch. Die Schalen sind gelb bis leicht rötlich gefärbt und auch beim Fruchtfleisch reicht die Farbpalette je nach Sorte von Weiß, Rosa über Orange bis Tiefrot. Grapefruits besitzen einen typischen säuerlich bis leicht herben Geschmack – dabei gilt: je höher der Vitamin-C-Gehalt desto bitterer sind die Früchte. Im Vergleich zu allen übrigen Sorten schmecken die orange-roten Varianten eher mild.

Grapefruits lassen sich in dunkler Umgebung bei einer Temperatur von 10 bis 15 °C bis zu drei Monate lang aufbewahren. Dabei reifen die Früchte nach und entfalten mehr Aroma, sie werden milder und süßer und sie lassen sich besser schälen. „Ich finde, der Geschmack von Grapefruits hat etwas Elegantes. Besonders gern setze ich die Säure zu Fisch und Krustentieren ein", erklärt Rolf Fliegauf.

Grapefruits sollten erst kurz vor dem Verzehr verarbeitet und nicht zu hohen Temperaturen ausgesetzt werden, da ihre wichtigsten Inhaltsstoffe sehr licht- und hitzeempfindlich sind.

LANGUSTINE Den Langustinenschwanz schälen, entdarmen und in Olivenöl von beiden Seiten kurz anbraten. Eine Butterflocke zugeben und die Langustine darin schwenken. Herausnehmen, in feine Scheiben schneiden und mit Maldon-Salz würzen.

ERBSEN Erbsen schälen, mit einer kleinen Flocke Butter und etwas Geflügelfond glasieren, mit Salz und etwas Muskatnuss abschmecken und die fein geschnittenen Minzblätter dazugeben.

PFIFFERLINGE Pfifferlinge putzen und in einer Pfanne mit Erdnussöl scharf anbraten. Mit Salz und Pfeffer würzen, eine Flocke Butter sowie die Schalottenbrunoise und den fein geschnittenen Schnittlauch dazugeben.

ANRICHTEN Pro Teller je 1 Seezungenfilet senkrecht auf etwas Erbsenpüree stellen. Je 4 Langustinenscheiben auf etwas Schweineohrkompott geben, mit Borage Cress und Affilla Cress garnieren. Je 3 Pfifferlinge mit 3 Würfeln Langustinengelee und einigen Erbsen in eine Linie legen. Die Teller mit je 1 gebratenen Grapefruitfilet, etwas Kreuzkümmeljus und einzelnen Grapefruitsegmenten dekorieren.

ERBSENPÜREE

300 g *Erbsen*
50 ml *Milch*
50 ml *Sahne*
4 *Minzblätter*
Cayennepfeffer

LANGUSTINENGELEE

200 ml *kräftiger Langustinenfond*
1,5 g *Agar-Agar*
1/2 *Blatt Gelatine*

SCHWEINEOHRKOMPOTT

8 *Schweineohren*
Fond mit Wurzelgemüse und Gewürzen (nach Geschmack)
2 *Schalotten*
100 ml *roter Portwein*
100 ml *Kalbsjus*

SEEZUNGE

1 *Seezunge*
Sonnenblumenöl
flüssige Butter
Maldon-Salz

LANGUSTINE

1 *Langustinenschwanz*
Olivenöl
Maldon-Salz

ERBSEN

100 g *Erbsen*
Geflügelfond
Muskatnuss
Minzblätter, in feine Streifen geschnitten

PFIFFERLINGE

12 *Pfifferlinge*
Erdnussöl
1 TL *Schalotten, in feine Würfel geschnitten*
1 TL *Schnittlauch, fein geschnitten*

ANRICHTEN

Borage Cress
Affilla Cress
4 *gebratene Grapefruitfilets*
Kreuzkümmeljus
einzelne Segmente von der roten Grapefruit

Atlantik-Steinbutt und Auster, Meerrettich, Rote-Bete-Kaviar, Hahnenkamm

MEERRETTICH-LIMOMEN-PÜREE Sellerie schälen, klein schneiden und in der Milch kochen, bis er weich ist. Die Milch abschütten, Sellerie pürieren. Passieren, Saft und Schale der Limonen zugeben, mit Salz, Pfeffer und Muskatnuss abschmecken. Frischen Meerrettich nach Geschmack fein reiben und untermengen.

AUSTERNGELEE Austernwasser mit Agar-Agar aufkochen, vom Herd nehmen, den Champagner unterrühren, flach ausgießen und kühlen.

MEERRETTICH-LIMONEN-SCHAUM Geflügelfond mit Weißwein aufkochen, Saft und Schale der Limonen zugeben, frischen Meerrettich nach Geschmack hineinraspeln und ziehen lassen. Vor dem Anrichten durchpassieren und mit dem Lezithin aufschäumen.

ROTE-BETE-KAVIAR Rote-Bete-Saft mit Kümmel und Alginat aufkochen, 12 Stunden ziehen lassen und durchpassieren. Calcic in 100 Milliliter Wasser auflösen. Den durchpassierten Rote-Bete-Saft in eine Spritze aufziehen und tröpfchenweise in die Kalziumlake geben, 20 Sekunden warten, bis sich kleine Perlen gebildet haben. Den Rote-Bete-Kaviar herausnehmen und in kaltem Wasser abspülen.

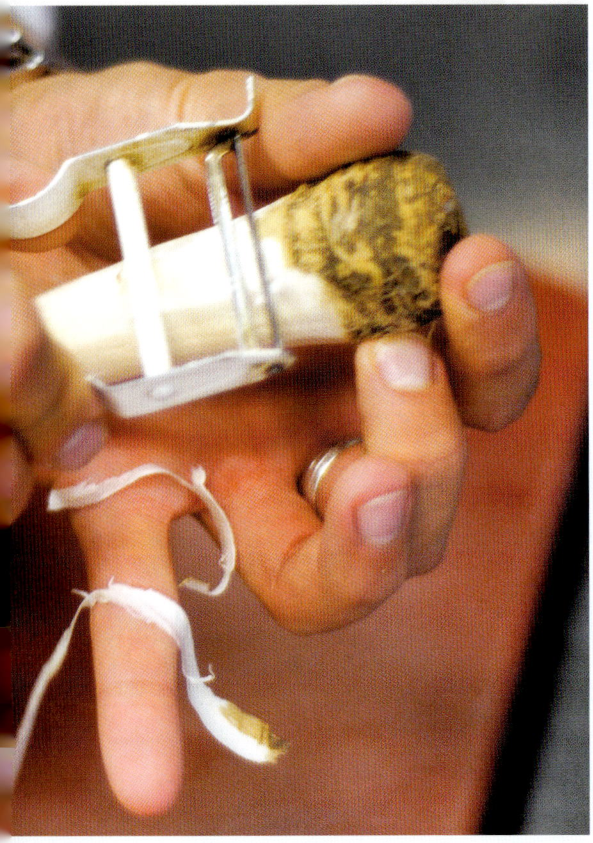

Meerrettich

In Deutschland zählen Lübbenau (Spreewald), Forchheim (Nürnberg) und die Ortenau zu den Hauptanbaugebieten des sehr Vitamin-C-reichen Meerrettichs, der von Oktober bis April geerntet wird. Die 30 bis 60 Zentimeter lange Wurzel gehört zum essbaren Teil dieser ursprünglich aus Osteuropa stammenden Heil-, Gewürz- und Gemüsepflanze. Im unzerkleinerten Zustand ist Meerrettich geruchlos und entfaltet erst geschnitten oder gerieben seinen charakteristischen stechenden Geruch sowie sein nussiges Aroma. „Meerrettich muss vor der Verarbeitung immer frisch gerieben werden. Er oxidiert schnell an der Luft, wird trocken und verliert an Aroma", erklärt Rolf Fliegauf.

Beim Würzen von Saucen sollte Meerrettich immer erst zum Schluss zugegeben werden, weil er sonst seine Schärfe und den Vitamingehalt verliert und einen eher bitteren Geschmack entwickelt. Durch Beigabe von Sahne oder Butter kann die Schärfe des Meerrettichs reduziert werden. Als Gemüse zubereitet, verliert der Kreuzblütler seine Schärfe und bekommt einen kohlrabiähnlichen Geschmack. Nicht zu verwechseln ist Meerrettich mit dem Japanischen Meerrettich („Wasabi"), der eine grünliche Färbung hat und viel schärfer ist.

Beim Einkauf erkennt man einwandfreie Meerrettichwurzeln daran, dass sie gerade gewachsen sind, glatt und pfahlartig aussehen sowie eine braune Haut und ein festes weißes Fruchtfleisch besitzen. Eine schrumpelige Schale und graue Streifen sind ein Zeichen, dass die Wurzel bereits verholzt und somit ungenießbar ist. Wird Meerrettich optimal aufbewahrt (dunkel und kühl, ungewaschen im Kühlschrank oder in Sand bzw. Erde im Keller), kann er bis zu zwölf Monate lang ohne Qualitätsverlust gelagert werden.

HAHNENKAMM Die Hahnenkämme etwa 1 Stunde in kaltes Wasser legen, danach gut abspülen. In Salzwasser etwa 3 Stunden köcheln lassen, bis die Hahnenkämme weich sind. Etwas abkühlen lassen. Die äußere Haut mit Hilfe eines Messers abschaben, salzen, pfeffern, mehlieren, in Ei und Panade wenden und in tiefem Fett ausbacken.

KRÄUTERSALAT Verschiedene Kräuter und Kressen mit etwas Olivenöl, weißem Balsamessig, Limonensaft und -abrieb anmachen.

STEINBUTT Olivenöl in einer Pfanne erwärmen, Steinbuttmedaillons einlegen und etwa 1 Minute von jeder Seite bei milder Hitze braten, bis der Steinbutt glasig gegart ist. Aus der Pfanne nehmen, mit Maldon-Salz und Pfeffer würzen.

ANRICHTEN Die Austern auslösen und mit 1 Scheibe Austerngelee umhüllen. Je 1 Steinbuttmedaillon auf einen Teller legen, 1 umhüllte Auster daraufsetzen. Etwas Kräutersalat dazugeben. Etwas Meerrettich-Limonen-Püree neben den Steinbutt löffeln, je 1 Hahnenkamm hineinsetzen. Je 1 Häufchen Rote-Bete-Kaviar dazusetzen, mit Borage Cress und Meerrettich garnieren. Zum Schluss etwas Meerrettich-Limonen-Schaum dazugeben und eine Linie aus Geflügeljus ziehen.

MEERRETTICH-LIMONEN-PÜREE

1 *Knolle Sellerie*
100 ml *Milch*
2 *Limonen*
Muskatnuss
frischer Meerrettich

AUSTERNGELEE

60 ml *Austernwassser*
1 g *Agar-Agar*
20 ml *Champagner*

MEERRETTICH-LIMONEN-SCHAUM

200 ml *Geflügelfond*
50 ml *Weißwein*
3 *Limonen*
frischer Meerrettich
3 g *Lezithin*

ROTE-BETE-KAVIAR

100 ml *Rote-Bete-Saft*
3 g *Kümmel*
0,5 g *Alginat*
2 g *Calcic (Kalziumchlorid)*

HAHNENKAMM

4 *Hahnenkämme*
Mehl
Ei
Panade
Fett zum Ausbacken

KRÄUTERSALAT

1 *Handvoll gemischte Kräuter (Dill, Kerbel, Kresse)*
Olivenöl
weißer Balsamessig
Saft und Abrieb von 1/2 Limone

STEINBUTT

Olivenöl
4 *Steinbuttmedaillons (á 60 g)*
Maldon-Salz

ANRICHTEN

4 *frische Austern*
Borage Cress
frisch geriebener Meerrettich
Geflügeljus

Morchel

„Man sollte solche Produkte einsetzen, wenn die Natur sie hergibt", sagt Rolf Fliegauf über die Morcheln, die im Frühling gesammelt werden. Speise- und Spitzmorcheln, mit kurzem Stiel und dunkler Kappe, sind qualitativ hochwertig und zählen neben Steinpilzen und Trüffeln zu den edelsten Speisepilzen. Sie können allerdings im Vergleich zu diesen nur gekocht verzehrt werden, da sie Schadstoffe enthalten, die erst beim Garen vollständig zerstört werden. Unterschieden werden hauptsächlich zwei Arten: Die ockerfarbene, eierförmige Speisemorchel und die dunklere, kegelförmige Spitzmorchel. Eine chinesische Morchelsorte sind die sogenannten Mu-Err-Pilze.

Frische Morcheln lassen sich für kurze Zeit im Kühlschrank aufbewahren, sollten aber aufgrund ihrer schnellen Verderblichkeit rasch verarbeitet werden. Getrocknete Morcheln sind in einem verschlossenen Gefäß in dunkler, trockener und kühler Umgebung lange haltbar und werden vor der Zubereitung 20 bis 30 Minuten in lauwarmes Wasser gelegt. „Getrocknete Morcheln würde ich nur für Suppen, Essenzen oder Saucen verwenden", sagt Rolf Fliegauf.

Hinweis Frische Morcheln sollten nicht in einem Wasserbad geputzt, sondern nur abgespült werden, weil sie sehr leicht ihr charakteristisches Aroma verlieren.

Bresse-Taube mit Morchel, Artischocke, Mandel

Taubenbrust Die Taubenbrüste einzeln vakuumieren. Im Wasserbad bei 55 °C 30 Minuten garen. Aus den Beuteln nehmen, mit dem Bunsenbrenner abflämmen, mit Maldon-Salz und Pfeffer würzen. Kurz vor dem Anrichten aufschneiden.

Mandelpüree 50 Gramm der Mandeln rösten und mit den restlichen Mandeln sowie der Milch fein mixen. Alles durch ein Sieb streichen, mit Maldon-Salz und Cayennepfeffer abschmecken.

Morchelgelee Die Gelatine in etwas Wasser einweichen. Morchelessenz mit Agar-Agar vermischen und unter ständigem Rühren aufkochen. Die eingeweichte Gelatine darin auflösen und alles kühlen. Vor dem Anrichten in kleine Würfel mit 1 Zentimeter Seitenlänge schneiden.

Gebackene Taubenkeulen Die Taubenkeulen im Olivenöl mit Rosmarin, Thymian und Knoblauch schmoren, bis sie weich sind. Die Haut von den Keulen abnehmen und das Fleisch vom Knochen lösen, klein schneiden. Taubenfleisch zur Jus geben und alles etwas einkochen. Gehackte Petersilie und etwas Kakaopulver zugeben, mit Salz und Pfeffer abschmecken. Aus der Masse 4 kleine Dreiecke formen, einzeln in Brikteig einschlagen und in der Pfanne knusprig braten.

Mole-Jus Die Jus aufkochen, die Bitterschokolade einrühren und alles mit Mole-Gewürz abschmecken.

Artischocken Artischocken putzen, in Olivenöl scharf anbraten, mit Weißwein und Noilly Prat ablöschen und mit Geflügelfond auffüllen. Rosmarin, Thymian und Knoblauch zugeben und Artischocken abgedeckt weich schmoren. Die Artischocken vierteln, mit etwas Schmorfond und der Jus glasieren, die Petersilie zugeben und mit Salz und Pfeffer abschmecken.

Anrichten Mandelpüree auf den Teller löffeln, je 2 Scheiben Taubenbrust und 1 gebackenes Taubenkeulen-Dreieck auf das Püree setzen. Je 5 sautierte Morcheln, 1 geviertelte Mandel und 3 Artischockenstücke, gefüllt mit dem Morchelgeleewürfelchen, dazulegen. Mit Affilla und Shiso Cress garnieren. Zum Schluss Mole-Jus auf die Teller träufeln.

Taubenbrust

4	*Bresse-Taubenbrüste, ohne Haut*
	Maldon-Salz

Mandelpüree

200 g	*Mandeln*
	Milch
	Maldon-Salz
	Cayennepfeffer

Morchelgelee

1/2	*Blatt Gelatine*
100 ml	*kräftige Morchelessenz*
0,6 g	*Agar-Agar*

Gebackene Taubenkeulen

12	*Bresse-Taubenkeulen*
	Olivenöl
3	*Zweige Rosmarin*
3	*Zweige Thymian*
2	*Knoblauchzehen*
50 ml	*Tauben-Jus*
	Petersilie, gehackt
	Kakaopulver
4	*Blatt Brikteig*

Mole-Jus

100 ml	*kräftige Taubenjus*
15 g	*Bitterschokolade*
1 TL	*Mole-Gewürz*

Artischocken

10	*kleine Artischocken*
	Olivenöl
50 ml	*Weißwein*
20 ml	*Noilly Prat*
100 ml	*Geflügelfond*
1	*Zweig Rosmarin*
1	*Zweig Thymian*
1	*Knoblauchzehe*
2 EL	*Jus*
	Petersilie, fein geschnitten

Anrichten

20	*sautierte Morcheln*
4	*geröstete, geviertelte Mandeln*
	Affilla Cress
	Shiso Cress

Heinz Hanner

Die Worte über Heinz Hanner möchte man mit einem Politurtuch wienern, damit sie so strahlen wie der Sternekoch an diesem Tag. Nicht einmal dadurch, dass ihm kontinuierlich der Saucenstrich auf seiner Taube misslingt, lässt sich der Patron des Hotels *Hanner* nahe der österreichischen Hauptstadt die Laune vermiesen. Ganz im Gegenteil: Er findet es sogar amüsant! „Man kann über sich lachen, ohne lächerlich zu sein. Ich versuche jeden Tag aufs Neue, loszulassen, alles nicht so ernst zu nehmen. Das klappt zwar nicht immer, aber versuchen kann man es trotzdem", sagt Heinz Hanner lächelnd, die Brille auf der Nasenspitze und darüber sein linkes Auge, das er kurz zukneift.
Eine Gestik, die wir an diesem Tag öfters erhaschen. Meistens nutzt er sie als Abschluss seiner Pointen. Etwa wenn er berichtet, dass er als Chef versuche, kein „Problemmacher" sondern ein „Problemsucher" zu sein. Oder wenn er sich lästerlich über das Wort „diskutieren" auslässt, welches für ihn kein „Miteinander" sondern ein „Gegeneinander" transportiert. Auch das Wort „müssen" kann Heinz Hanner nicht ausstehen. Er versucht stets, es durch „dürfen" und „wollen" zu ersetzen. Ja, ja, mit dem Sinn der Worte hat es der Mann. Und er kann sie gekonnt aneinanderreihen, wodurch meistens humorvolle Sätze entstehen!
Kurz ist man geneigt, dem Koch die genetisch veranlagte Gelassenheit der Wiener anzudichten. Ein großer Fehler! Denn in Heinz Hanners Gelassenheit steckt einfach zu viel Heinz Hanner! Dazu gehört auch sein unbändiger Drang nach Freiheit: Seit über zwanzig Jahren sind er und seine Frau glücklich liiert, sie haben einen Sohn – nur vor dem Altar sah man die beiden noch nicht. Denn das letzte Quäntchen Freiheit, das er glaubt zu besitzen, sei dieses Ja-Wörtchen. Und auch sein Küchenstil basiert auf dieser Charaktereigenschaft: „Immer das Gleiche zu tun ist für mich ein Freiheitsverlust. Das wäre mir zu monoton. Es gibt nichts Konstantes auf dieser Welt, außer dass sich alles verändert. Mich reizt das Neue!"
Folgerichtig findet man in seiner Küche einen Destillierapparat, Alginate und Stickstoff. In den Kühlschubladen liegen Taubenhaxen, Saiblingsflossen oder Entenzungen. Auf dem Menü werden Gänge wie „Sauvignon Blanc" oder eine „Geschmacksraumeinigung" offeriert. Hanners kulinarische Kreativität ist ein Teil seiner Selbstbestimmung – obwohl er seine anfängliche Servicetätigkeit mehr schätzte, als das darauffolgende Kochhandwerk. „Man konnte sich in die Finger schneiden, die Hände verbrennen und die Haare wurden fettig. Man musste zum Ausnehmen in grauslige Viecher greifen. Man wurde schmutzig, es war schleimig und stank", erzählt er lachend.
Heinz Hanner beschäftigte sich mit Buddhismus und Philosophie. Und obwohl er lieber an sich selbst glaubt, verehrt er trotzdem die katholische Kirche – früher wollte er sogar Priester werden! Aber ein Leben, so ganz ohne Frauen: nein, nein. – Apropos, man verzeihe uns die vehementen Gedankensprünge! – Also: In jungen Jahren führte er eine Angebetete in ein Wiener Gourmetrestaurant aus. Seine Euphorie wurde dort aber von der üppigen Weinauswahl gedämpft: Heinz Hanner kannte nämlich nur die Rothschild's, Margeaux's und Lafitte's! Ein monetäres Desaster folgte und der Entschluss, dass ihm so etwas nie wieder passieren sollte. Ab da schläft er nicht mehr mit der Bibel, sondern mit dem großen Johnson – auch ein Bestseller. Und überhaupt: Eigentlich wollte er nur Priester werden, weil er anderen Menschen eine Freude machen wollte. Womit wir schließlich wieder im Hotel *Hanner* angelangt wären.

Zur Person

Heinz Hanner wurde 1963 in Wien geboren. Er besuchte die Tourismusschule in St. Pölten, an die er im Jahr 1983 die Konzessionsprüfung für das Hotel- und Gastgewerbe anschloss. Im Jahr 1984 half er bei Planung und Umbau des elterlichen Hotelbetriebs, bevor er als stellvertretender Sommelier im Hotel *Imperial* in Wien engagiert wurde. Zurück im Familienbetrieb arbeitete Heinz Hanner noch vorwiegend im Service. Erst nach seiner Konzeption des hauseigenen Gourmetrestaurants, für das er keinen Koch fand, der seinen Vorstellungen gerecht wurde, stellte er sich selbst an den Herd. 1990 kaufte Heinz Hanner seinen Eltern die Liegenschaft ab. Seither betreibt er mit seiner Frau das Hotel *Hanner* in Mayerling, darunter das gleichnamige Gourmetrestaurant, welches mit zwei Sternen im Guide Michelin, mit 4 Feinschmecker-Punkten und 18 Punkten im Gault Millau ausgezeichnet ist.

„Perfekt gibt es nur in der Technik, wo eine messbare Übereinkunft der Menschen existiert. Man kann deswegen kein perfektes Gericht kochen. Es gibt keinen Nenner. Wie auch?"

Heinz Hanner

Variation vom Sauvignon Blanc

Sauvignon-Blanc-Gelee Ein Blech mit Folie auslegen. Alle Zutaten und 150 Milliliter Wasser miteinander aufkochen. Abkühlen lassen und durch ein Sieb auf das Blech gießen. Stocken lassen und in die Kühlung stellen. In Würfel von 1/2 Zentimeter Seitenlänge schneiden

Brennnesselchips Etwas Wasser mit der Maisstärke anmischen. 100 Milliliter Wasser mit Glukosepulver aufkochen. Mit der angerührten Maisstärke binden. Mit Brennnesselmark färben. Durch ein Sieb streichen. In Tropfenform etwa 5 Zentimeter lang aufstreichen und im Dehydrator 4 Stunden trocknen.

Hollerschnitte Gelatine einweichen. Hollersirup und 1/2 Liter Wasser mischen. Gelatine erwärmen und in die Hollermischung geben. In der Küchenmaschine rühren und Stickstoff dazugeben, bis es zu einer luftigen Masse wird. In eine Form fühlen und im Tiefkühler zwischenkühlen. Vor dem Anrichten Schnitten schneiden und im Tiefkühler lagern.

Passionsfrucht-Kaviar Passionsfruchtmark und 100 Milliliter Wasser mit Zucker aufkochen. Algin und Citras einmixen. Auskühlen lassen und mit 20 Milliliter Wasser auf Kaviarkonsistenz bringen. 1 1/2 Liter Wasser mit dem Kalzium mischen. In diese Flüssigkeit den Kaviar hineintropfen. Die Perlen in kaltem Wasser abspülen.

Kandierter Paprika Paprika in feine Würfel schneiden. Aus 500 Gramm Zucker und 1/2 Liter Wasser einen kalten Sud bereiten, die Paprikawürfel hineinlegen und alles aufkochen. Vom Herd nehmen. Ziehen lassen, bis der Sud erkaltet ist. Dann 125 Gramm Zucker dazugeben und erneut aufkochen. Abkühlen lassen. Noch einmal 125 Gramm Zucker zugeben, aufkochen und abkühlen lassen. Es sollten sich Zuckerkristalle gebildet haben.

Cassis-Schaum Cassissaft und Lezithin mischen und in ein großes Gefäß geben. Stabmixer herrichten und das Gefäß mit Folie halb abdecken, dann die Flüssigkeit aufschäumen. 1 bis 2 Minuten stehen lassen. Den Schaum abheben, der sich oben gesammelt hat.

Éclair 190 Milliliter Wasser mit Butter und Salz in einem Topf aufkochen. Das Mehl dazugeben und unter ständigem Rühren abrösten, bis sich der Teig vom Kochlöffel löst. Mit der Rührmaschine die Eier einarbeiten. Mit einer Sterntülle Stangen zu je 3 Zentimeter Länge auf ein Blech spritzen. Bei 210 °C im vorgeheizten Ofen 5 Minuten anbacken und bei 180 °C 20 Minuten fertig backen.

Passionsfrucht-Mousse Fruchtmark mit Zucker aufkochen. Vom Herd nehmen. Xanthan einrühren und weiterrühren, bis sich viele kleine Luftblasen in der Masse gebildet haben.

Stachelbeer-Eis Die Stachelbeeren entsaften. Mit Puderzucker mischen. In Pacojet-Becher füllen und tiefkühlen.

Anrichten Das Schwarze-Johannisbeer-Pulver oben und unten auf den Teller streuen. Die Éclairs aufschneiden, mit Passionsfrucht-Mousse füllen. Je 1 Hollerschnitte in die Tellermitte legen. Je 1 Éclair in die Mitte der Schnitte setzen, Passionsfrucht-Kaviar hinzufügen. Etwas Sauvignon-Blanc-Gelee links vom Éclair anrichten und ebenso 1 Brennnesselchip. Den kandierten Paprika abtropfen lassen und etwas davon rechts an die Schnitte setzen. Je 1 Nocke Stachelbeer-Sorbet links neben den Paprika setzen. Mit Cassis-Schaum garnieren.

Sauvignon-Blanc-Gelee

60 g	*Zucker*
750 ml	*Weißwein*
100 ml	*Hollersirup*
1	*Vanilleschote*
7 g	*Agar-Agar*

Brennnesselchips

5 g	*Maisstärke*
50 g	*Glukose*
15 g	*Brennnesselmark*

Hollerschnitte

12	*Blatt Gelatine*
500 ml	*Hollersirup*
1/4 l	*Stickstoff*

Passionsfrucht-Kaviar

150 g	*Passionsfruchtmark*
30 g	*Zucker*
3 g	*Algin*
3 g	*Citras (Natriumzitrat)*
16 g	*Kalzium*

Kandierter Paprika

1	*Paprika*
750 g	*Zucker*

Cassis-Schaum

1 l	*Cassissaft*
12 g	*Lezithin*

Éclair

70 g	*Butter*
5 g	*Salz*
140 g	*Mehl*
4	*Eier*

Passionsfrucht-Mousse

300 g	*Passionsfruchtmark*
30 g	*Zucker*
5 g	*Xanthan*

Stachelbeer-Eis

1,8 kg	*Stachelbeeren*
300 g	*Puderzucker*

Anrichten

1 TL	*getrocknete schwarze Johannisbeeren, pulverisiert*

Estragon

Estragon zählt zu den feinsten Küchenkräutern; er stammt ursprünglich aus Zentralasien und wird bevorzugt in zwei Sorten gehandelt: dem Deutschen (Französischen) und dem Russischen Estragon. Ersterer weist ein wesentlich feineres Aroma auf als der Russische, der nur einen geringen Gehalt an ätherischen Ölen beinhaltet, also über kaum Aroma verfügt, und Gerichten zudem eine unangenehm bittere Note verleiht. Wie viele Gewürzpflanzen entfaltet Estragon erst kurz vor der Blüte sein volles Aroma, welches in der Küche durch Erhitzen am besten zur Geltung kommt. Allerdings sollten Blätter oder Zweigspitzen des Korblütlers erst am Ende der Garzeit des jeweiligen Gerichts hinzugefügt werden. „Die Aromen verflüchtigen sich schnell", erklärt Heinz Hanner. Zudem verfügt Estragon über eine hohe Würzkraft, weswegen sparsam dosiert werden sollte. Nach Möglichkeit sollte ausschließlich frischer Estragon verarbeitet werden, da die getrocknete Variante ihre Geschmacks- und Wirkstoffe weitestgehend verliert. Ältere Blätter weisen oft einen unangenehm bitteren Geschmack auf.

Tipp Das feine Aroma von frischem Estragon kann am besten konserviert werden, indem man das „königliche Würzkraut" in Essig oder Öl einlegt.

Atterseesaibling, Estragonmousseline und Steinpilzravioli

ATTERSEESAIBLING Die Saiblinge filetieren, Schwanzenden mit Flosse abschneiden und beiseitelegen. Die Filets von den Gräten befreien. Salzen, pfeffern und dünn mit Transglutaminase bestreuen. Je 2 Filets aufeinanderlegen und mithilfe einer Folie einrollen. Die Sahne mit dem Gellan kurz aufkochen und darin die eingewickelten Saiblingsfilets einlegen, bei 65 °C etwa 30 Minuten zugedeckt im Ofen garen. Die Saiblingsflossen goldbraun in Öl ausbacken. Die Filetröllchen erst beim Anrichten aus der Folie wickeln.

ESTRAGONMOUSSELINE Estragonblättchen abstreifen und fein hacken. In einer Schlagschüssel Eigelb, Weißwein, Estragonessig, Estragon, Salz und Pfeffer über Wasserdampf warm aufschlagen, vorsichtig die lauwarme Butter einrühren. In eine iSi-Flasche füllen und kurz vor dem Anrichten mit einer Kapsel aufschäumen.

ATTERSEESAIBLING

- 4 *Atterseesaiblinge*
- 10 g *Transglutaminase*
- 1/4 l *Sahne*
- 5 g *Gellan*

ESTRAGONMOUSSELINE

- 5 *Zweige Estragon*
- 7 *Eigelb*
- 1/8 l *Weißwein*
- 60 ml *Estragonessig*
- 200 g *lauwarme Butter*

STEINPILZRAVIOLI 100 Milliliter Wasser mit dem Metil aufmixen, bei 4 °C 12 Stunden ruhen lassen. Pilze reinigen, Köpfe und Stiele trennen. Aus den Stielen 24 hauchdünne Scheiben schneiden. Für die Füllung den Rest der Pilze fein hacken. Mit Schalotten, Salz und Pfeffer in Butter anschwitzen und die feingehackte Petersilie dazugeben. Je 3 Steinpilzscheiben überlappend mit dem Metil verkleben. Mit einem Ausstecher ausstechen, sodass 8 Steinpilzkreise entstehen. Auf 4 der Kreise je 1 Teelöffel der Füllung geben. Die Pilzkreise am Rand mit dem Metil bestreichen und je 1 Pilzkreis mit Füllung und 1 ohne zu einem Raviolo verschließen. Zwischen Trennpapier kühl lagern. Vor dem Anrichten die Ravioli samt Papier für 15 Sekunden in heißes Wasser tauchen, dann das Papier abziehen.

FROSCHSCHENKEL-TEMPURA Für den Tempurateig Reismehl, Natron, etwas Wasser und Estragon mixen. Die Froschschenkel in den Teig tauchen und im heißen Fett goldgelb ausbacken.

ANRICHTEN Je 1 Saiblingsröllchen auf jedem Teller anrichten. Die kross gebackenen Flossen paarweise auf einen Haselzweig spießen und in ein Röllchen stecken. Je 1 Steinpilzraviolo auf jeden Teller geben, mit Estragonmousseline und 1 frittierten Estragonzweig dekorieren. Je 1 Froschschenkel in Tempurateig ebenfalls auf Estragonmousseline anrichten.

STEINPILZRAVIOLI

- 3 g *Metil (Methylzellulose)*
- 3 *Steinpilze*
- 1 *Schalotte, fein gewürfelt*
- *Butter*
- 50 g *gehackte Petersilie*

FROSCHSCHENKEL-TEMPURA

- 100 g *Reismehl*
- 2 g *Natron*
- 10 g *Estragon*
- 4 *Froschschenkel*
- *Ausbackfett*

ANRICHTEN

- 4 *Haselzweiglein mit Blatt als Spieß*
- 4 *Zweige Estragon, frittiert*

Scharfe Entenzunge und Flusskrebse, Holunderkoch im Teerauch

Holunder

Das Geißblattgewächs wuchs ursprünglich an Flussufern und in den Auenwäldern Mitteleuropas, bevor es sich in ganz Europa und Teilen Asiens verbreitete. Von den weißen, roten und schwarzen Steinfrüchten ist der Schwarze Holunder am weitesten verbreitet und wird im Wesentlichen als Wildfrucht geerntet. Die feinen Blüten werden in den Monaten Juni und Juli gesammelt und zur Aromatisierung von Säften und Erfrischungsgetränken verwendet sowie in Konfitüre, Gelee oder in Teigwaren verarbeitet. Die Beeren sind in den Monaten September und November voll ausgereift und werden für die Herstellung von Saft, Kompott, Konfitüre, Gelee, Fruchtwein, Fruchtbränden und Likören genutzt.

Durch das blausäureabspaltende Sambunigrin sind Holunderbeeren roh ungenießbar und führen zu Übelkeit und Erbrechen. Erst durch Erhitzen zerfällt der giftige Inhaltsstoff und die Beeren mit ihrem hohen Vitamin-, Ballaststoff- und Mineralstoffgehalt werden gut verträglich. Holunderbeeren sollten rasch verarbeitet werden, da sich sonst leicht Schimmel bildet.

Tipp „Wenn man Holunderzweige kurz tiefkühlt, lassen sich die Beeren besser vom Stiel lösen", empfiehlt Heinz Hanner.

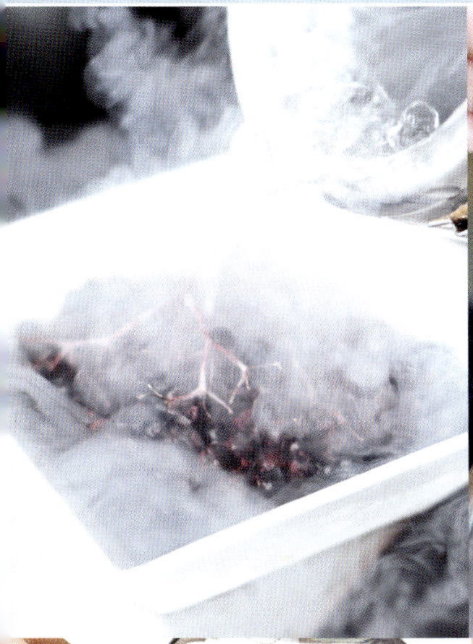

ENTENSAUCE Die Karkassen in einen Bräter mit Entenfett legen und im Backrohr bei 180 °C goldgelb rösten. Herausnehmen und auf den Herd stellen. Tomatenmark untermischen und kurz durchrösten. Mit Rotwein aufgießen und langsam einreduzieren. Dann mit ½ Liter Wasser auffüllen und die Wacholderbeeren zugeben. Aufkochen und etwa 2 Stunden lang köcheln lassen. Um ein Drittel einkochen und abseihen.

ENTENZUNGEN Die Entenzungen mit der Entensauce marinieren und vakuumieren, bei 65 °C 5 Stunden im Wasserbad garen. Danach die Zungen vom Mittelknorpel befreien.

ENTENZUNGENSAUCE 250 Milliliter Entensauce auf 100 Milliliter reduzieren. Mit der Char-siu-Sauce, der Sweet-Chili-Sauce und dem Tabasco würzig abschmecken. Kurz vor dem Anrichten die Entenzungen in dieser Sauce erhitzen.

HOLUNDERKOCH 100 Gramm von den Holunderbeeren mixen und mit dem Balsamessig und dem Chinagewürz abschmecken. Die restlichen Beeren dazugeben und alles etwas einkochen lassen.

ANRICHTEN Den Holunderkoch auf 4 Teller verteilen. Je 3 Entenzungen mit Sauce auf einer Seite anlegen. Je 1 Flusskrebsschwanz und je 1 Schere auf die andere Seite setzen. Den Holunderkoch mit Bohnenkresse und je 4 Holunderblüten garnieren. Alles mit einer Cloche bedecken. Mittels der Elektropipe mit dem Kirschtee beräuchern. Die Cloche erst vor dem Gast heben.

ENTENSAUCE

500 g	*Entenkarkassen*
	Entenfett
1 EL	*Tomatenmark*
⅛ l	*Rotwein*
4	*Wacholderbeeren*

ENTENZUNGEN

12	*Entenzungen*
50 ml	*Entensauce*

ENTENZUNGENSAUCE

250 ml	*Entensauce*
125 ml	*Char-siu-Sauce*
5 EL	*Sweet-Chili-Sauce*
	Tabasco

HOLUNDERKOCH

250 g	*Holunderbeeren*
2 EL	*Balsamessig*
5 g	*chinesische 5-Gewürze-Mischung*

ANRICHTEN

4	*ausgebrochene Flusskrebsschwänze*
4	*ausgebrochene Flusskrebsscheren*
10 g	*Bohnenkresse*
16	*Holunderblüten*
	Kirschtee zum Räuchern

Seezunge mit Pastinaken, Ochsenmark und Trüffel

Seezunge

2	*Seezungen*
	Saft und Schale von 1/2 Zitrone
3 EL	*Olivenöl*
20 g	*Butter*
1	*Zweig Thymian*

Seezunge Die Haut der Seezungen mithilfe eines Küchentuchs abziehen und die Fische filetieren. Die Innereien entfernen und die Karkassen gut wässern und für die Sauce beiseite legen. Die Seezungenfilets salzen, pfeffern und mit etwas Zitronensaft beträufeln. In der Pfanne Olivenöl und Butter erhitzen, Zitronenschalen und Thymian einlegen. Die Seezungenfilets dazugeben und bei mittlerer Hitze braten. Dabei immer wieder mit dem Löffel die Olivenöl-Butter-Mischung über den Fisch gießen.

Pastinake

Die Hammel- oder Hirschmöhre stammt ursprünglich aus Europa und dem nördlichen Asien und zählte bis in die Mitte des 18. Jahrhunderts zu einem der wichtigsten deutschen Grundnahrungsmittel, bis sie schließlich von der Kartoffel und der Möhre verdrängt wurde. Zum essbaren Teil des Doldenblütlers zählen die weiß- bis cremefarbenen Wurzeln und die Blätter, die bevorzugt als Würzkraut eingesetzt werden.

Die Wurzeln des typischen Wintergemüses besitzen neben einem hohen Stärkegehalt auch einen hohen Anteil an Vitaminen und Mineralstoffen und werden in unseren Breiten bevorzugt in den Monaten September bis März geerntet. Wenn Pastinaken erst nach dem ersten Frost ausgegraben werden, haben sich durch die Kälte die Kohlenhydrate in Zucker umgewandelt und das Wurzelgemüse ist wesentlich aromatischer und süßlicher im Geschmack. Größere Pastinaken sind oftmals holzig und finden deswegen am besten als Würz- und Suppengemüse oder als Gemüsebeilage Verwendung. Die kleineren Wurzeln sind wesentlich zarter und können problemlos im Rohzustand verzehrt werden. Die Schale kann mitgegessen werden. Ungewaschen und im Keller oder in Kühlräumen (bei ungefähr 1 °C) aufbewahrt sind Pastinaken gut lagerfähig – im Kühlschrank in Küchenkrepp gewickelt zwischen zwei und vier Wochen lang.

Seezungensauce

60 ml	Olivenöl
	Seezungenkarkassen
2	Schalotten, in dünnen Scheiben
150 g	Röstgemüse (Möhre, Sellerie, Lauch), fein gewürfelt
1 TL	Tomatenmark
40 ml	Madeira
1	Zweig Rosmarin
3	Zweige Thymian
1	Lorbeerblatt
20 g	Périgord-Trüffel
1/8 l	Trüffelfond
50 g	kalte Butter, in Würfeln

Pastinakenpüree

250 g	Pastinaken
20 g	Butter
100 ml	Sahne
100 ml	Geflügelfond
	geriebene Muskatnuss

Anrichten

	Winterportulak
10 g	Ochsenmark, in Scheiben
	Trüffeljus
	Trüffelscheiben

Seezungensauce Olivenöl in einem Topf erhitzen und die Karkassen darin anrösten. Wenn sie etwas Farbe angenommen haben, die Schalotten und das Röstgemüse zugeben. Kurz durchrösten und das Tomatenmark untermischen. Mit Madeira ablöschen und mit 1 Liter Wasser auffüllen. Rosmarin, Thymian und Lorbeerblatt einlegen und die Sauce auf die Hälfte reduzieren. Dann durch ein Sieb passieren, mit Salz und Pfeffer würzen. 10 Gramm von den Trüffeln in dünne Scheiben schneiden, beiseite stellen. Die restlichen Trüffel hacken und mit dem Trüffelfond in die Sauce geben. Zum Schluss mit den Butterwürfeln binden.

Pastinakenpüree Pastinaken waschen, schälen und in Würfel schneiden. In einer Kasserolle Butter erhitzen, Pastinaken darin anschwitzen. Sahne und Geflügelfond zugießen, aufkochen und die Pastinaken weich kochen. Vom Herd nehmen, im Mixer pürieren und durch ein feines Sieb drücken. Mit Salz, Pfeffer und Muskatnuss abschmecken.

Anrichten Den Großteil des Pastinakenpürees und des Portulaks in Quadraten eng nebeneinander auf allen 4 Tellern anrichten und je 1 Seezungenfilet darauflegen. Etwas Pastinakenpüree aus dem Spritzbeutel in einer Linie auf den Fisch spritzen und mit Portulak, Ochsenmark- und Trüffelscheiben garnieren. Linie(n) aus Trüffeljus ziehen.

Stefan Hartmann

Stefan Hartmanns bevorzugter Platz ist die vorderste Front. Nicht im militärischen Sinne. Salutieren und strammstehen, Brei aus Einwegdosen löffeln – nein, nein, nein, das würde keineswegs zu diesem Mann passen: groß, schlank, unbefangen. Klare, blaue Augen. Blonde Haare, Bart. Ein Lachen, das unwillkürlich ansteckt. Gemeint ist natürlich die Küchenfront! Dort wird zwar auch gekämpft, aber wenigstens nur mit Messern, Pfannen und Kellen gegen die abendliche Bon-Flut. „Ich bin kein Typ, der sich sechs Stunden in die Ecke stellt und Bohnen putzt. Das war ich noch nie. Es ist der Service, der mich reizt. Der Stress. Das Essen in die Pfanne hauen", sagt der Koch, während er nebenbei Knochen, Tomatenmark und Wurzelgemüse für eine Jus anschwitzt.

Im Berliner Stadtviertel Kreuzberg hat der gebürtige Uelzener im Jahr 2007 das Restaurant *Hartmanns* eröffnet und ehrlich gesagt: das wurde auch höchste Zeit! Erstens war die Selbstständigkeit seit jeher sein Wunsch und zweitens verdient sein puristischer Küchenstil eigene Teller in eigenen vier Wänden. Eine kulinarische Handschrift, die er bereits nach seiner Zeit im Hamburger *Le Canard* verinnerlicht hatte. „Josef Viehauser hat mir gezeigt, wie man arbeiten sollte. Wie ich mit Grundprodukten umzugehen habe. Alles, was ich danach gesehen habe, war gut – aber die Küche im *Le Canard* war für mich einleuchtend. Ich habe die Philosophie verstanden", sagt Stefan Hartmann.

Aber wenn das alles so einfach wäre, und man einen Koch auf seine gute Ausbildung, tolle Stationen und seine Küchenphilosophie reduzieren könnte. Stefan Hartmann hat eine Leidenschaft für seine Profession, die im wahrsten Sinne des Wortes mitreißt: Man wird nämlich unversehens ins Kühlhaus gezogen, wo er stolz die marinierten Kaninchenkeulen präsentiert, die er am nächsten Tag mit einem Kalbskopfpüree zu Kaninchenschinken verarbeitet, er lässt uns von seinem selbst angesetzten Fichtenhonig probieren. Und wenn er über den in Lorbeermilch pochierten Petersfisch erzählt, dann strahlt er, freut sich über das tolle Gericht, aber oder vor allem: Er protzt nicht. Zu keiner Zeit.

Grund dazu hätte er genug: Kurz nach Eröffnung des *Hartmanns* wurden seine Gerichte als „weiterentwickelte Feinschmeckerküche" tituliert und er als ein „Koch mit Visionen", der aber nicht den Boden unter den Füßen verloren habe. Stefan Hartmanns Anspruch an die Produktqualität sei unbarmherzig; die Gerichte gradlinig, schmucklos, klar, modern. Der Laudator: Wolfram Siebeck. Rezensionen, auf die im Jahr 2008 prompt die Wahl zum „Berliner Meisterkoch" folgte.

Eine weitere repräsentative Auszeichnung in naher Zukunft? – Freuen würde es ihn schon! – Das stressige Frontcooking aus alleinigem Verlangen nach Sternen, Punkten, Löffeln und was da sonst noch an epiphanischer Druckerschwärze existiert? – „Um Auszeichnungen bittet man nicht. Außerdem sollte man nie zu weit in die Zukunft planen. Das geht meist in die Hose. Da konzentriert man sich nicht mehr auf das, was ist. Mein Ziel ist es, gut zu kochen. Das muss ich jetzt machen", sagt Stefan Hartmann. Ein paar Stunden später hält die Servicebrigade stolz die Teller über den Küchenpass. So blank, als ob sie nicht vom Gast, sondern aus der Spüle kommen. Stefan Hartmann lächelt verschmitzt, während er die Jus passiert.

Zur Person

Stefan Hartmann, Jahrgang 1976, absolvierte seine Ausbildung zum Koch im *Steigenberger Hotel Conti-Hansa* in Kiel. Er arbeitete danach unter anderem im Restaurant *Le Canard* in Hamburg, im Restaurant *Patina* in Los Angeles, USA, und im *Maximin* in Vence, Frankreich. Vor seiner vierjährigen Tätigkeit als Küchenchef im Restaurant *Jolesch* in Berlin stand er Kolja Kleeberg im Restaurant *VAU* als Sous-Chef zur Seite. Im Jahr 2007 hat der gebürtige Uelzener sein Restaurant *Hartmanns* im Berliner Stadtteil Kreuzberg eröffnet, welches mit 13 Punkten im Gault Millau ausgezeichnet ist.

„Ich mag nicht das verspielte Kochen: Wenn ich mir ein Gericht ansehe und keinen Sinn darin finde. Wenn man so viele Komponenten auf dem Teller hat, weil der Koch nicht wusste, was er machen sollte."

Stefan Hartmann

In Lorbeermilch pochierter St. Pierre mit Bohnenpüree, karamellisierten Oliven und Chicorée

Für 6 Personen

PETERSFISCH Den St. Pierre in 6 gleich große Stücke schneiden. Leicht salzen und mit dem Saft der Zitrone beträufeln. 5 Minuten liegen lassen. Die Milch mit den Lorbeerblättern und etwas Salz aufkochen und dann abkühlen lassen. Die Filets in der Milch etwa 6 Minuten pochieren. Dann abtropfen.

BOHNENPÜREE Die Bohnen über Nacht einweichen. Am nächsten Tag in klarem Wasser kochen, bis sie weich sind. Dann abtropfen lassen. Mit den restlichen Zutaten mixen, gegebenenfalls durch ein Sieb passieren und salzen.

OLIVEN Die Oliven trocken tupfen, mit dem Zucker etwa 5 bis 6 Stunden bei 80 °C im Ofen karamellisieren.

CHICORÉE Den Chicorée in Blätter zerteilen, die Strünke entfernen. Die Butter aufschäumen und etwas Zucker in die Pfanne geben. Den Chicorée darin schwenken und mit dem Portwein und dem Orangensaft ablöschen. Die Flüssigkeit einkochen. Mit jeweils 1 Prise Salz und Pfeffer abschmecken. Die Oliven dazugeben und etwas ziehen lassen.

ANRICHTEN Pro Teller 1 Fischfilet auf Bohnenpüree anrichten, die Chicoréeblätter auffächern und mit den Oliven garnieren.

	PETERSFISCH
600 g	*St.-Pierre-Filet*
10 g	*Meersalz*
	Saft von 1 Zitrone
200 ml	*Milch*
4	*Lorbeerblätter*
	BOHNENPÜREE
100 g	*getrocknete weiße Bohnen*
	Cayennepfeffer
20 g	*Crème fraîche*
40 g	*Nussbutter*
	Saft von 1 Zitrone
	Olivenöl
10 g	*Salz*
	OLIVEN
30 g	*schwarze Oliven, entsteint*
10 g	*brauner Zucker*
	CHICORÉE
2	*Stauden Chicorée*
50 g	*Butter*
	Saft von 1 Orange
	weißer Portwein

Buchweizen

Buchweizenfrüchte sind dreikantige Nüsschen, die den Bucheckern ähneln. Der zur Familie der Knöterichgewächse gehörende Buchweizen besitzt einen nussähnlichen Geschmack und einen hohen Gehalt an essentiellen Aminosäuren. Vor der Verarbeitung muss die derbe Schale des Buchweizens entfernt werden. Ohne Schale gelten die Nüsschen als glutenfreier Getreideersatz, weil sie kein Klebereiweiß besitzen. Deshalb kann Buchweizen nicht als Brotmehl verwendet werden und muss für die Brotherstellung vorher mit anderen glutenhaltigen Mehlen gemischt werden. Buchweizen ist als Grütze, Flocken, Schrot und Mehl im Handel erhältlich. Aus den Blüten des Buchweizens wird Buchweizenhonig hergestellt. Ursprünglich stammt Buchweizen aus Zentralasien. Er wird heute in China, Russland, in der Ukraine und in Mitteleuropa angebaut.

Buchweizentagliatelle mit Salsiccia

Für 6 Personen

BUCHWEIZENTAGLIATELLE

160 g	*Buchweizenmehl, frisch gemahlen*
300 g	*Hartweizengrieß*
160 g	*Ei*
1	*Schuss Essig*
200 ml	*Geflügelfond*
80 g	*Butter*
1 EL	*Zitronensaft*
150 g	*Salsiccia, dünn geschnitten*

ANRICHTEN

1	*Bund Petersilie, gehackt*

BUCHWEIZENTAGLIATELLE Aus Mehl, Grieß, Ei, Essig, Wasser und Salz einen Nudelteig zusammenkneten und mit der Nudelmaschine Tagliatelle herstellen. Die fertigen Tagliatelle in Salzwasser 1 1/2 Minuten köcheln lassen und anschließend kaltarbeiten.
Für die Sauce den Geflügelfond reduzieren und mit Butter montieren. Mit Salz, Pfeffer und Zitronensaft würzen. Anschließend die geschnittene Salsiccia zufügen und kurz ziehen lassen. Direkt vor dem Anrichten die Tagliatelle dazugeben und alles gut vermengen.

ANRICHTEN Die Tagliatelle mit der Sauce auf Tellern anrichten und mit gehackter Petersilie bestreuen.

Sellerie

Knollensellerie gilt als obligatorischer Bestandteil jedes „Suppengrüns" und jeder Gemüsebrühe, wird aber ebenso zu Rohkost oder Gemüse verarbeitet. „Bei Sellerie finde ich es besonders wichtig, ihm wegen des erdigen Geschmacks eine gewisse Süße zu verleihen", so Stefan Hartmann. Von dem Gemüse lassen sich Blätter, Stängel und Knolle verwerten; die aromatisch-würzigen Blätter werden als Gewürz eingesetzt und sind Bestandteil von Selleriesalz. Im getrockneten Zustand behält der sogenannte Schnittsellerie sein arteigenes Aroma. Als Suppeneinlage, Bestandteil von Pastasaucen oder für den klassischen Longdrink „Bloody Mary" werden die langen und fleischigen Blattstiele (Staudensellerie) verwendet.

„Wilder" Sellerie hat unterschiedliche Ursprungsgebiete: Europa, Asien, Südafrika, Südamerika und die afrikanische Mittelmeerküste. Mittlerweile wird das Gemüse, das zur Familie der Doldenblütler zählt, auf der ganzen Welt kultiviert. Beim Einkauf sollten sich die Stangen nicht biegen lassen, sondern brechen. Um die Braunfärbung an den Schnittstellen zu vermeiden, hilft das Bepinseln mit Zitronensaft und das möglichst faltenfreie Einwickeln in Klarsichtfolie. Weniger bekannt ist, dass Sellerie zu jenen Pflanzen zählt, die häufig Lebensmittelallergien auslösen. Das Sellerieprotein kann allergische Reaktionen bis hin zu einem anaphylaktischen Schock hervorrufen. Das allergene Potenzial wird beim Erhitzen allerdings deutlich reduziert.

Apfel-Sellerie-Süppchen mit gebratener Jakobsmuschel und Röstzwiebelpesto

Für 6 Personen

APFEL-SELLERIE-SÜPPCHEN Die Schalotten mit dem Sellerie (Staude und Knolle) in Butter anschwitzen. Das Lorbeerblatt und den Thymianzweig hinzufügen und salzen. Das Gemüse mit dem Apfelsaft ablöschen. Anschließend den Geflügelfond hinzufügen und das Gemüse in etwa 10 Minuten weich kochen. Die Sahne hinzugeben und nochmals 3 bis 4 Minuten köcheln lassen. Anschließend die Crème fraîche hinzugeben und die Suppe fein mixen. Durch ein Sieb streichen. Beiseite stellen. Die Äpfel schälen, entsaften und mit dem Zitronensaft vermengen. Den Apfel-Zitronen-Saft in einem Weckglas aufbewahren und kühl stellen. Die Suppe direkt vor dem Anrichten erwärmen, mit dem Apfel-Zitronensaft aufmixen und danach nicht mehr kochen lassen.

RÖSTZWIEBELPESTO Die Schalotten mit etwas Mehl bestäuben und im Olivenöl kross frittieren. Im Teller-Rechaud auf Papier 2 Stunden trocknen. Nach der Trockenzeit mit Salz, Pinienkernen und Balsamessig fein mixen.

ANRICHTEN Die Jakobsmuscheln in der Butter braten und mit 1 Prise Salz würzen. Die Muscheln in tiefen Tellern anrichten und die Suppe dazugeben. Zum Schluss etwas vom Röstzwiebelpesto spiralig darüberträufeln.

APFEL-SELLERIE-SÜPPCHEN

3	*Schalotten, fein geschnitten*
1	*Stange Staudensellerie, fein geschnitten*
1/2	*Knolle Sellerie, geschält und gewürfelt*
20 g	*Butter*
1	*Lorbeerblatt*
1	*Zweig Thymian*
50 ml	*Apfelsaft*
1/2 l	*Geflügelfond*
100 ml	*Sahne*
1 EL	*Crème fraîche*
	Saft von 1 Zitrone
2	*Äpfel (Granny Smith)*

RÖSTZWIEBELPESTO

4	*Schalotten, hauchdünn gehobelt*
	Mehl
100 ml	*Olivenöl*
1 EL	*geröstete Pinienkerne*
	weißer Balsamessig

ANRICHTEN

6	*Jakobsmuscheln*
20 g	*Butter*

Gebratenes Kalbsbries mit Walnussstrudel, Roter Bete und Kahlúajus

Für 6 Personen

Walnuss

Die ursprünglich aus Vorderasien stammenden Walnussgewächse tragen erst nach 10 bis 20 Jahren Früchte und gehören aus botanischer Sicht zu den „Schließfrüchten". Walnüsse werden heute in der Türkei, USA, China, Italien und in der ehemaligen Sowjetunion angebaut. Sie zeichnen sich aus durch den hohen Fettgehalt (bis zu 60 %), einen überdurchschnittlich hoher Anteil an Omega-3-Fettsäuren sowie hohe Eiweiß- und Mineralstoffgehalte. Die Nüsse können frisch oder getrocknet zubereitet werden.

„Ich weise Walnüsse immer auf der Menükarte aus. Nicht nur wegen Allergikern. Für mich sind Walnüsse fast ein Gewürz – sie haben eine gewisse Schärfe, sind geschmacksintensiv und stehen deswegen meist mit im Vordergrund eines Gerichts", erklärt Stefan Hartmann. Walnüsse lassen sich luftig und trocken mehrere Monate lagern. Eine ungenügende Trocknung führt schnell zum Befall durch Schimmelpilze. Halbreife, noch grüne Walnüsse eignen sich als Einmachobst und weisen einen hohen Vitamin-C-Gehalt auf. Das Walnussöl besitzt ein angenehmes und nussiges Aroma und sollte nicht erhitzt werden, da es dann rasch seinen typischen Geschmack verliert und essentielle Nährstoffe zerstört werden. Die kräftig, herb schmeckenden Blätter des Walnussgewächses eigenen sich zur Herstellung von Tee.

Tipp Länger gelagerte Früchte können über Nacht in Milch eingelegt werden, wodurch sich ihr Aroma teilweise wieder regeneriert.

Kalbsbries Das Kalbsbries in 6 gleich große Stücke portionieren und in einer gusseisernen Pfanne scharf anbraten. Anschließend für 4 bis 5 Minuten bei 180 °C im Ofen garen. Das Kalbsbries herausnehmen, wenden und auf dem Herd noch einmal scharf braten. Das Kalbsbries herausnehmen und die Pfanne mit dem Banjuls-Essig ablöschen, etwas Geflügelfond hinzugeben, den Kahlúa zugeben und die Jus leicht einkochen. Mit Butter binden, salzen und beiseite stellen.

Walnussstrudel Die Strudelteigblätter auslegen und mit der geklärten Butter einstreichen. Dann eine zweite Lage Strudelteig obenauf legen. Mit der Kalbsfarce einstreichen und die gehackten Walnüsse darauf verteilen. Die Masse mit Thymian bestreuen und dann die Strudelblätter zusammenrollen. Den Strudel im Ofen bei 180 °C etwa 12 Minuten backen. Vor dem Anrichten in 6 gleich große Stücke schneiden.

Rote Bete Die Rote Bete mit den Gewürzen und etwas Salz 20 Minuten im Rotweinessig kochen. Im Fond abkühlen lassen. Anschließend schälen und eventuell halbieren.

Anrichten Das in der Jus erwärmte Bries auf einem Teller zusammen mit 1 Scheibe Strudel, den Roten Beten und Walnüssen anrichten. Mit der Jus beträufeln. Mit frittierter Petersilie garnieren.

Kalbsbries

400 g *Kalbsbries (Herzstück), enthäutet*
Banjuls-Essig
Geflügelfond
50 ml *Kahlúa*
20 g *Butter*

Walnussstrudel

Strudelteig
50 g *geklärte Butter*
100 g *Kalbsfarce*
100 g *geröstete Walnüsse, grob gehackt*
2 g *Thymianblättchen, gehackt*

Rote Bete

1 *Bund Mini-Rote-Bete*
Kümmel
Lorbeerblatt
Rotweinessig

Anrichten

gehackte Walnüsse
frittierte Petersilie

Feige

Der zur Familie der Maulbeergewächse gehörende Feigenbaum stammt wahrscheinlich aus Südwestasien und wird heute in tropischen und subtropischen Gebieten, zum Teil auch schon in gemäßigten Klimazonen, kultiviert. Der Mittelmeerraum gilt mit rund 90 Prozent der Weltproduktion als größtes Feigenanbaugebiet. Die Scheinfrüchte schmecken süß und zart-aromatisch und können frisch oder getrocknet verzehrt werden. Als Frischobst werden Feigen noch vor der Vollreife geerntet und besitzen nach dem Transport ihren optimalen Reifezustand. Der größte Teil der Feigenernte gelangt als Trockenware in den Export. In diesem Fall werden die Feigen im vollreifen Zustand – mit einen Zuckergehalt von etwa 60 Prozent – geerntet. Dunkelschalige Früchte besitzen eine noch intensivere Süße wie die grünschaligen Feigensorten. Letztere weisen einen säuerlichen Geschmack auf. Zum Frischverzehr eignen sich solche Feigenfrüchte, deren Fruchtfleisch weich und dunkelrot gereift ist. Überreife Früchte sind an der fleckigen, schrumpeligen Schale erkennbar.

„Ich lösche Feigen immer klassisch mit etwas Madeira oder Portwein ab, weil das ihren Geschmack wesentlich intensiviert, ohne ihn zu verfälschen", empfiehlt Stefan Hartmann.

Geschmortes und Gebratenes vom Reh mit Pálffy-Knödel, Portweinfeige und Fourme d'Ambert

Für 6 Personen

Geschmortes Reh

1	*Rehschulter*
200 g	*Mirepoix*
100 ml	*roter Portwein*
200 ml	*Rotwein*
½ l	*Wildfond*
	Nelke
	Lorbeer
	Piment

Rehrücken

1	*Rehrückenstrang (etwa 500 g)*
100 g	*Butter*
	Rosmarin
	Thymian
1	*zerdrückte Wacholderbeere*

Pálffy-Knödel

150 ml	*Milch*
	Muskatnuss
500 g	*Brioche, in kleine Würfel geschnitten und getrocknet*
5	*Eier*
1	*Schalotte, fein geschnitten*
1 EL	*Petersilie, gehackt*
50 g	*Paniermehl*
50 g	*Butter*

Feigen

6	*frische Feigen*
100 ml	*roter Portwein*
1	*Zweig Rosmarin*

Anrichten

6	*Stücke Fourme d'Ambert (à 15 g)*

Geschmortes Reh Die Rehschulter in einem Topf anbraten. Herausnehmen. Mirepoix anrösten und mit Portwein ablöschen. Das Portweingemüse reduzieren, den Rotwein dazu geben und wieder reduzieren. Alles mit Wildfond auffüllen und schließlich die Gewürze hinzugeben, salzen und pfeffern. Die Rehschulter in den Fond einlegen. Mit geschlossenem Deckel etwa 2 Stunden leicht schmoren lassen. Die Rehschulter ist fertig, wenn der Schaufelknochen leicht zu lösen ist. Den Fond passieren und bis zur gewünschten Konsistenz reduzieren. In den Saucenfond die portionierten Fleischstücke einlegen. Beiseite stellen.

Rehrücken Den Rücken nicht zu früh vor dem Servieren braten, um zu vermeiden, dass der Rehrücken trocken wird. In 6 gleich große Stücke portionieren, salzen. Die Butter bräunen und Gewürze und Kräuter zugeben. Die Rehrückenstücke in die Pfanne legen und langsam von allen Seiten braten. Anschließend das Fleisch für knapp 2 Minuten bei 150 °C in den Ofen schieben. Die Rehrückenstücke herausnehmen und auf einen Teller legen. Kurz vor dem Anrichten nochmals für 1½ Minuten in den Ofen schieben.

Pálffy-Knödel Die Milch mit dem Muskat aufkochen und über die Briochestücke gießen. 3 Eier hinzufügen und alles vermengen. Die Masse leicht salzen und abgedeckt ruhen lassen. Aus der Schalotte, der Petersilie, 2 Eiern und etwas Salz ein weiches Rührei herstellen. Dieses nur leicht stocken lassen. Das Rührei zur Briochemasse geben. Wenn die Masse zu feucht ist, etwas Paniermehl untermischen. Die Kloßmasse abschmecken, anschließend Klöße formen. Die Klöße in Salzwasser etwa 12 Minuten ziehen lassen. Vor dem Anrichten aus Paniermehl und Butter Brösel bereiten und die Klöße in der Bröselbutter wenden.

Feigen Die Feigen waschen und anschließend mit Portwein und Rosmarin in einer Cocotte etwa 15 Minuten bei 160 °C im Ofen backen.

Anrichten Die heißen Feigen neben dem Käse auf den Tellern anrichten, mit dem Fond beträufeln. Je 1 Pálffy-Knödel, 1 Scheibe Rehrücken und 1 Stück geschmortes Reh dazusetzen.

Nils Henkel

Küchenszene: Ein Mitarbeiter reicht dem Chefkoch einen Unterteller mit Sauce. Nils Henkel verkostet. Wartet und wartet. – Eine Pause entsteht, in der drei Biolek'sche Geschmacksurteile zeitlichen Spielraum fänden. „Etwas mehr Säure. Apfelessig", sagt der Küchenchef schließlich mit einer bemerkenswerten Ruhe und Konzentration. Eine Charaktermischung, die übrigens bei jeder seiner Tätigkeiten zu beobachten ist: Wenn er tournierte Miniaturzucchini auf seinem Lieblingsgericht arrangiert, Carabineros brät oder schlicht und einfach Konversation betreibt – apropos: Man sollte wach sein, wenn man sich mit dem Mann unterhält! Nils Henkel hört zu und nimmt auf, was man von sich zu geben weiß.

Währenddessen ertönt im Hintergrund die altbekannte Großküchenkakofonie: Klacken auf Schneidebrettern, Blubbern aus Töpfen, Zischen aus Pfannen. Spülstraßengebrumme, Telefongebimmel und das gelegentliche Piepen einer Zeitschaltuhr. Und trotzdem ist es eine fast besinnliche Atmosphäre, die sich zwischen der Cromargan-Einrichtung konzentriert. „Ich bin sehr geräuschempfindlich. Unnötigen Lärm, der mich aus der Ruhe bringt, kann ich nicht ausstehen. Das stresst mich und das sage ich in solchen Momenten auch", erzählt der Küchenchef, womit er nicht meint, dass Lachen und Tratschen nur im Tiefkühlhaus erlaubt ist. Es geht ihm um ein angemessenes Verhältnis.

Für Nils Henkel ist es wichtig, dass seine Mitarbeiter, trotz der vielen Arbeit, den Spaß an der Sache behalten. Dass sie glücklich nach Hause gehen, sich ihrer überdurchschnittlichen Leistung bewusst sind und dass sie am nächsten Morgen wieder motiviert in die Küche zurückkehren. Ihn freut es, im Team und unter seiner Leitung erfolgreich zu sein. „Wenn Mitarbeiter drei, vier Jahre oder länger bei mir bleiben, dann macht mich das sehr, sehr stolz. Das ist ein gutes Zeichen und nicht selbstverständlich", sagt der Koch, für den es wiederum ganz selbstverständlich ist, seine Mitarbeiter respektvoll und achtsam zu behandeln. Eine gewisse Kausalität zwischen dem Führungsstil des Chefs und der Mitarbeitermentalität kann man also keineswegs abstreiten.

Den Zugang zur Gastronomie fand Nils Henkel relativ spät. Sein erster Wunsch war, Schreiner zu werden und danach Architektur zu studieren. Er absolviert ein Praktikum als Tischler, schraubt zwei Wochen Kunststofffenster zusammen: „Zu unkreativ, zu eintönig, zu grobmotorisch." Dass er bereits in der Schule Talent fürs Kochen besaß – dass er seine Mitschüler auf dem jeweiligen Viererposten einteilte und die nötigen Handgriffe für die Zensurgerichte organisierte – darüber machte er sich keinerlei Gedanken. Wer möchte denn schon als junger Bursche im Hauswirtschaftsunterricht brillieren!

Erst als ein Freund eine Kochausbildung beginnt, lässt Nils Henkel sich zu einem Praktikum anregen. Der Beruf macht ihm Freude. Er beginnt eine Kochausbildung, absolviert danach verschiedene Stationen, sucht beharrlich seinen Weg in die Spitzengastronomie. Im Jahr 1997 wird er schließlich im *Schlosshotel Lerbach* engagiert. Schon bald kristallisiert sich heraus, dass Dieter Müller ihn als seinen Nachfolger sieht. Eine sanfte Stabübergabe beginnt. Nils Henkel bringt mehr und mehr seine eigenen Ideen ein, bis sich sein langjähriger Mentor im Jahr 2008 von der Küchenfront zurückzieht: „Jetzt habe ich die Möglichkeit, meinen Stil noch weiter auszubauen. Aber ich würde nie verleugnen, was wir in den letzten Jahren gemacht haben. Die Küche bleibt weiterhin sehr harmonisch, mit ein bisschen mehr Ecken und Kanten. Ein bisschen mehr Nils Henkel."

Zur Person

Nils Henkel wurde im Jahr 1969 in Kiel geboren. Seine Kochausbildung absolvierte er in von 1986 bis 1989 im Hotel *Voss-Haus* in Eutin, woran sich mehrere Stationen in Hamburg anschlossen: das Restaurant *Le Jardin* im Hotel *St. Raphael*, das *Landhaus Scherrer* und bereits als Sous-Chef das *Il Ristorante*. Anschließend folgten in gleicher Position das Restaurant *Valkenhof* in Coesfeld und *Averbeck's Giebelhof* in Senden-Ottmarsbochholt. Im Jahr 1997 wurde Nils Henkel als stellvertretender Küchenchef im Gourmetrestaurant *Dieter Müller* im *Schlosshotel Lerbach* engagiert, das er seit 2008 als alleinverantwortlicher Küchenchef leitet. Das Restaurant ist mit drei Sternen im Guide Michelin, 5 Feinschmecker-Punkten und mit 19 Punkten im Gault Millau ausgezeichnet.

„Es gibt Muster, die man immer wieder in der Küche anwendet – Kreationen, die man gern hat und die man immer wieder mit neuen Komponenten inszeniert. Aber grundsätzlich sind wir darauf bedacht, immer neue Gerichte zu entwerfen. Das ist es ja letztlich auch, was Freude macht.“

Nils Henkel

Gedämpftes Filet vom Kabeljau mit Caldeirada-Muschelsud, Fenchel-Brandade, Kabeljaukutteln

Kabeljaufilet

500 g	*Kabeljaufilet*
	Olivenöl

Kabeljaukutteln

1	*Kabeljauschwimmblase (etwa 100 g)*
1	*Knoblauchzehe*
1	*Zweig Thymian*
100 ml	*Olivenöl (Arbequina), geräuchert*

Fenchel-Brandade

120 g	*Kabeljaufilet*
20 g	*Schalotten, gewürfelt*
20 ml	*Olivenöl*
1/2	*Knoblauchzehe*
20 ml	*Noilly Prat*
40 g	*Crème fraîche*
	Zitronensaft
	Tabasco
	Meersalz
1/2	*Fenchelknolle*
	Fenchelgrün, fein gehackt

Muscheln

1 kg	*Herzmuscheln*
500 g	*Schwertmuscheln*
1	*rote Paprika*
1	*grüne Paprika*
1	*gelbe Zucchini*
1	*grüne Zucchini*
	Olivenöl

Caldeirada-Sud

120 g	*weiße Zwiebeln*
500 g	*Tomaten*
1	*Paprika, rot*
1	*Paprika, gelb*
10 g	*Koriander*
1	*Knoblauchzehe*
300 g	*geschälte Tomaten, in Stückchen*
400 ml	*Geflügelfond*
400 ml	*Fischfond*
10 g	*Meersalz*
	Muschelfond
1 Msp.	*Xanthan*

Anrichten

4	*Bouchotmuscheln*
20	*Fenchelgnocchi*
4	*Scheiben Lardo*
	frischer Koriander, gehackt

Kabeljaufilet Das Kabeljaufilet mit Salz und Pfeffer würzen und mit Olivenöl in Frischhaltefolie straff eindrehen. Etwa 24 Stunden kalt stellen, es erhält durch das Salz eine festere Textur. Vor dem Anrichten das Kabeljaufilet mit der Folie in vier Scheiben schneiden und diese bei 85 °C im Dampf 5 Minuten garen.

Kabeljaukutteln Die Kabeljauschwimmblase säubern, etwa eine Stunde wässern, dann mit Küchenkrepp trocknen. Mit Salz und Pfeffer leicht würzen und mit Knoblauch, Thymian und geräuchertem Olivenöl vakuumieren. Die Schwimmblase im Vakuumbeutel bei 65 °C im Wasserbad 75 Minuten garen, dann kalt stellen.

Fenchel-Brandade Das Kabeljaufilet von Gräten und Hautresten befreien und in Würfel schneiden. Die Schalottenwürfel in Olivenöl ohne Farbe anschwitzen. Den Kabeljau und die halbe Knoblauchzehe zufügen, ebenfalls ohne Farbe mit anschwitzen. Mit Noilly Prat ablöschen und diesen unter Rühren einreduzieren. Die Crème fraîche zufügen und mit dem Fisch unter Rühren etwa 10 Minuten köcheln, bis er zerfällt. Dann alles im Mixer fein pürieren und mit Zitronensaft, Tabasco und Meersalz würzig abschmecken. Den Fenchel putzen und in gleichmäßige Würfel schneiden, dann in Olivenöl mit leichtem Biss sautieren. Vor dem Anrichten die Brandade zusammen mit den Fenchelwürfeln erwärmen und zum Schluss das fein gehackte Fenchelgrün unterheben.

Muscheln Die Herzmuscheln und die Schwertmuscheln etwa 3 Minuten bei 85 °C dämpfen, bis die Muscheln sich öffnen. Den Fond auffangen, zum Abschmecken der Sauce verwenden. Die Muscheln aus der Schale lösen und putzen. Die Schwertmuscheln in gleich große Stücke schneiden. Die Paprika schälen und in kleine Rauten schneiden. Von den Zucchini mit einem Perlausstecher kleine Kugeln abstechen. Paprika und Zucchini vor dem Servieren in Olivenöl mit leichtem Biss dünsten.

Caldeirada-Sud Die Zwiebeln, die Tomaten und den Paprika in Streifen schneiden und nacheinander in einen Topf schichten. Koriander, Knoblauch und Tomatenstückchen zufügen und mit Geflügel- und Fischfond bedecken. Alles aufkochen und dann bei geringer Hitze etwa 80 Minuten leicht köcheln lassen. Den Fond mit dem zerfallenen Gemüse durch ein feines Sieb drücken und nach Geschmack einkochen. Mit Meersalz und Muschelfond abschmecken und mit Xanthan leicht binden.

Anrichten Die Brandade in einem Ring in tiefen Tellern anrichten. Die erwärmten Fenchelgnocchi, die Muscheln und das Gemüse um die Brandade herum verteilen. Je 1 Kabeljauscheibe mit grobem Meersalz würzen, 1 Bouchotmuschel auflegen und 1 Lardoscheibe darüber hüllen, dann auf der Brandade platzieren. Den Caldeirada-Sud mit etwas gehacktem Koriander vollenden, dann angießen. Die aufgewärmten Kabeljaukutteln separat servieren.

Papaya (Baummelone)

Das Melonenbaumgewächs stammt ursprünglich aus Mittelamerika, ist heutzutage aber auch in Teilen Südamerikas, Asiens und Afrikas beheimatet. Zum essbaren Teil des Melonenbaums gehören die ovalen bis länglichen Beeren, die trotz des irreführenden Namens nicht mit der Melone verwandt sind. Unter der dünnen Schale der Papayas befindet sich das gelbe bis lachsrote Fruchtfleisch, das einen hohen Gehalt an Vitaminen und Mineralstoffen aufweist, insbesondere Vitamin C, Magnesium, Kalium und Beta-Carotin. Zudem besitzen Papayas einen geringen Säure- und Kaloriengehalt und schmecken im voll ausgereiften Zustand sehr süß. Beim Einkauf ist darauf zu achten, dass die grüne Schale über gelbliche Streifen oder Flecken verfügt, denn nur dann ist eine vollständige Nachreifung möglich. Zudem sollten Papayas auf Druck leicht nachgeben. „Ich beziehe immer die größeren Papayas. Die sind geschmacklich identisch, aber lassen sich besser schneiden. Vor allem, wenn man mehr davon benötigt", erklärt Nils Henkel. Die unreifen Früchte besitzen ein grünes Fruchtfleisch, das wie Gemüse zubereitet werden kann. Die schwarzen, scharfen Kerne sind essbar und erinnern geschmacklich an Kapuzinerkresse. Alle Pflanzenteile des Melonenbaums enthalten das Enzym Papain, das Fleisch mürbe und zart werden lässt.

Tipp Umwickeln mit Zeitungspapier beschleunigt die Nachreife von Papayas.

Cannellono vom Taschenkrebs mit Papaya-Relish, gegrillte Jakobsmuschel, Teil 1

Papaya-Relish Die Schalotte würfeln und das Zitronengras fein schneiden, dann in etwas Pinienkernöl anschwitzen. Koriander und Chilischote zufügen und mit Geflügelfond, Mirin und Passionsfruchtsaft einmal aufkochen. Etwa 10 Minuten ziehen lassen und durch ein feines Sieb passieren. Mit dem Xanthan mixen, bis sich eine sämige Bindung einstellt. Die Senfkörner mit Wasser abspülen und in Salzwasser mit einem Schuss Essig aufkochen, dann etwa 10 Minuten köcheln lassen, sodass sie noch leichten Biss haben. Die Papaya schälen, entkernen und das Fleisch in feine Würfel schneiden. Unter die Marinade heben, die abgetropften Senfkörner und das restliche Pinienkernöl zufügen. Mit Salz und Pfeffer abschmecken. Das Relish kühl stellen. Kurz vor dem Servieren den fein gehackten Koriander untermischen.

Orangen-Koriander-Sauce Den Orangensaft und den Krustentierfond auf ein Drittel einkochen lassen, dann auf Eis abkühlen. Die Kräuter zusammen mit der Orangensaftreduktion, dem Xanthan und einer Prise Salz im Thermomix fein pürieren und dann mit dem Olivenöl auf cremige Konsistenz mixen. Die Sauce durch ein feines Sieb streichen, auf Eis kalt rühren.

Papaya-Relish

1	*Schalotte*
2	*Zitronengrasstängel*
50 ml	*Pinienkernöl*
3	*Zweige Koriander*
1	*Chilischote*
100 ml	*Geflügelfond*
50 ml	*Mirin*
20 ml	*Passionsfruchtsaft*
1 Msp.	*Xanthan*
1 EL	*Senfkörner*
1	*Schuss Essig*
1	*reife, feste Papaya*
1 EL	*Koriander, gehackt*

Orangen-Koriander-Sauce

200 g	*Orangensaft*
100 g	*Krustentierfond*
20 g	*Petersilienblätter*
20 g	*Korianderblätter*
1 Msp.	*Xanthan*
75 g	*Olivenöl (Arbequina)*

Cannellono vom Taschenkrebs mit Papaya-Relish, gegrillte Jakobsmuschel, Teil 2

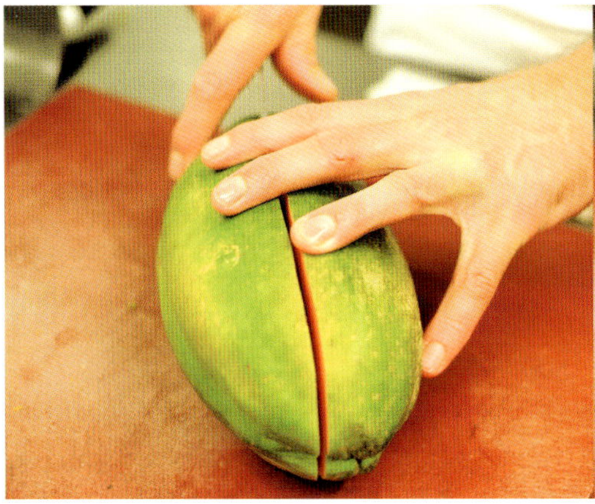

Krustentiergelee

5 *Blatt Gelatine*
100 ml *Krustentierfond, kräftig und rot*
100 ml *Krustentierfond, hell und klar*

Taschenkrebs-Cannellono

1 *Taschenkrebs (etwa 800 g)*
2 EL *Avocadopüree*
1 EL *Felchenkaviar*
1 TL *Limonen-Olivenöl*
10 *gehackte Korianderblättchen*

Krustentiergelee Die Gelatine einweichen. Den roten Krustentierfond erwärmen und die Hälfte der Gelatine darin auflösen. Das Gelee etwa 1 Millimeter dick auf ein Kunststofftablett gießen, dann erkalten lassen und in gleichmäßige Streifen schneiden. Den hellen Krustentierfond erwärmen und die restliche Gelatine darin auflösen. Die Streifen vom roten Krustentierfond im Abstand der Streifenbreite auf ein Tablett legen und mit dem lauwarmen, hellen Gelee aufgießen, sodass sich die Zwischenräume schließen. Das kalte Streifengelee in vier Rechtecke mit einer Seitenlänge von 10 x 5 Zentimeter schneiden. Einzeln auf ein Stück Frischhaltefolie platzieren.

Taschenkrebs-Cannellono Den Taschenkrebs in kochendes Salzwasser geben, die Hitze reduzieren und 10 Minuten in dem siedenden Wasser ziehen lassen. Die Scheren und Beine abtrennen und den Körper nochmals 10 Minuten ziehen lassen. Dann die Scheren und die Beine ausbrechen, den Körper ebenfalls ausbrechen und alles an verwertbarem Fleisch zur Seite stellen. Die Scheren in vier Stücke teilen, das Fleisch aus den Beinen ebenfalls in vier Portionen teilen. Das restliche Fleisch in kleine Stücke zupfen und darauf achten, dass keine Stücke vom Panzer enthalten sind. Das gezupfte Fleisch mit dem Avocadopüree und dem Felchenkaviar vermengen und mit Limonen-Olivenöl, gehacktem Koriander, Salz und Pfeffer abschmecken. Die Taschenkrebsmousse mit einer Spritztülle (Ø 15 mm) auf die 4 Geleestreifen spritzen. Eine Rolle formen und mit der Folie wie einen Bonbon einwickeln. Mindestens 10 Minuten kalt stellen.

Jakobsmuscheln Die Jakobsmuscheln aus der Schale brechen, putzen und unter fließendem Wasser säubern. Den Rogen der Jakobsmuscheln aufbewahren. 6 Jakobsmuscheln in Scheiben schneiden, mit Salz und Pfeffer würzen, dann kurz und glasig in Öl ansautieren, danach den Rogen ebenfalls ansautieren. Einen Rahmen von 10 x 20 Zentimeter mit den Muschelscheiben auslegen. Den Krustentierfond erhitzen und die eingeweichte Gelatine darin auflösen, dann mit dem Jakobsmuschelrogen fein mixen und durch ein Mikrosieb passieren. Den Fond auf Eis abkühlen, bis er zu gelieren beginnt, dann die geschlagene Sahne unterheben und mit Salz, Pfeffer, Zitronensaft und etwas gehacktem Koriander abschmecken. Die Mousse auf den Muscheln in dem Rahmen verteilen und abkühlen lassen. Kurz vor dem Anrichten in 4 Streifen schneiden. Die restlichen 4 Jakobsmuscheln in 8 Scheiben schneiden, davon die Hälfte zu einem Tatar schneiden, mit Salz, Pfeffer und etwas Limonen-Olivenöl abschmecken und rund formen. Die 4 verbleibenden Scheiben in einer Grillpfanne anbraten, mit Salz und Pfeffer würzen.

Anrichten Je 1 Jakobsmuschelstreifen auf die Teller legen, mit einem knusprigen Filoteigblatt bedecken und darauf den Taschenkrebs-Cannellono platzieren. Einen dünnen Streifen Imperialkaviar als Abschluss auftragen. Mit einem Spritzbeutel das Papaya-Relish auf der einen Seite des Tellers anrichten, je 1 Streifen Orangen-Koriander-Sauce auf die andere Seite auftragen. Je 1 Scheibe Jakobsmuschel und 1 Nocke Tatar auflegen, darauf je eine Portion vom erwärmten Taschenkrebs platzieren, mit etwas Krustentierschaum bedecken und servieren.

Jakobsmuscheln

10	*Jakobsmuscheln*
100 ml	*Krustentierfond*
4	*Blatt Gelatine*
50 ml	*Sahne, geschlagen*
	Zitronensaft
10	*Korianderblättchen, gehackt*
	Limonen-Olivenöl

Anrichten

4	*Filoteigrechtecke (6 x 11 cm), knusprig gebacken*
12 g	*Kaviar Imperial*
4 EL	*Krustentierschaum*

Bulgur

Im Nahen und Mittleren Osten zählt Bulgur zu den Hauptnahrungsmitteln und wird zu einer Vielzahl von salzigen wie süßen Gerichten verarbeitet. Hergestellt wird das Getreideerzeugnis aus Hartweizen, der auch zur Produktion von Grieß und Teigwaren verwendet wird. Im Falle von Bulgur wird die besonders kleberreiche Weizenart geschält, vorgekocht und wieder getrocknet. Danach wird der Bulgur fein oder grob zerkleinert und teilweise mit Natronlauge gebleicht. Aufgrund der Vorbehandlung ist das Getreideerzeugnis bis zu sechs Monate lang ohne Qualitätseinbußen lagerfähig. Es sollte allerdings trocken, dunkel und nicht zu warm aufbewahrt werden. Wegen seines günstigen Preises und feinen Geschmacks stellt Bulgur eine gute Alternative zu Reis dar. Kultiviert wird das Süßgras vorwiegend im Mittelmeerraum, in den USA und in Kanada – mittlerweile sogar schon in den wärmeren Regionen Süddeutschlands.

Gebratener Carabiniero mit Peperonivinaigrette, Bulgursalat mit Apfel, Koriander und Minze

CARABINIEROS Die Carabinieros aus der Schale brechen und die Därme sorgfältig entfernen. Kurz vor dem Anrichten die Carabinieros in Erdnussöl saftig braten.

PEPERONIVINAIGRETTE Die Krustentierkarkassen und die Carabinieroschalen mit 50 Gramm von den Schalotten, Ingwer, Zitronengras und Staudensellerie in Öl anschwitzen. Den Krustentierfond zufügen und 30 Minuten leicht köcheln lassen. 2 Esslöffel Korianderblättchen abzupfen, hacken und für die Garnitur beiseite stellen. Restlichen Koriander in den Fond geben. Nach 10 Minuten Fond durch ein Tuch passieren und auf etwa 400 Milliliter Flüssigkeit reduzieren. Den Apfel und die Peperoni in feine Würfel schneiden. Die restlichen Schalottenwürfel kurz blanchieren und danach gut ausdrücken. Den reduzierten, lauwarmen Fond mit Salz und Pfeffer abschmecken und mit Xanthan leicht binden. Dann die geschnittenen Äpfel, Schalotten und Peperoniwürfel, Limonen-Olivenöl und Limonensaft dazugeben. Kurz vor dem Anrichten die gehackten Korianderblättchen zufügen.

BULGUR Den Geflügelfond mit Limonenblatt, Weißwein und klein geschnittenem Zitronengras in einem Topf aufkochen. Den Bulgur in eine flache Schüssel geben und darauf den kochenden Fond durch ein Sieb gießen. Die Schüssel mit einem Deckel verschließen und etwa 15 Minuten ziehen lassen, bis der Bulgur den Fond aufgenommen hat. Die Zuckerschoten in Olivenöl anschwitzen und mit den Ofentomatenwürfeln und den Kräutern unter den Bulgur mischen, mit Ras el Hanout, Salz, Pfeffer und einigen Tropfen Arganöl abschmecken.

ANRICHTEN Den Bulgur mit einem Ring in der Tellermitte anrichten und die Peperonivinaigrette angießen. Je 1 Carabiniero auf dem Bulgur platzieren, mit je 1 Basilikumblatt garnieren. Als Garnitur passen je 2 Krustentiergrissini, zubereitet aus Brandteig und Krustentierreduktion.

CARABINIEROS

4	*Carabinieros (rote Riesengarnelen)*
	Erdnussöl

PEPERONIVINAIGRETTE

500 g	*Krustentierkarkassen*
100 g	*Schalotten, fein geschnitten*
20 g	*Ingwer, fein geschnitten*
5	*Zitronengrasstängel, fein geschnitten*
2	*Stangen Staudensellerie, fein geschnitten*
50 ml	*Krustentierfond*
1/2	*Bund Koriander*
50 g	*rote, milde Peperoni*
1	*Apfel (Granny Smith)*
1 Msp.	*Xanthan*
20 ml	*Limonen-Olivenöl*
20 ml	*Limonensaft*

BULGUR

125 ml	*Geflügelfond*
1	*Limonenblatt*
1/2	*Zitronengrasstängel*
100 g	*Bulgur, mittelgrob*
1	*Spritzer Weißwein*
1 TL	*Zuckerschotenwürfel*
1 EL	*Olivenöl*
1 TL	*Ofentomatenwürfel*
1 EL	*Kräuter, gehackt (Petersilie, Minze und Koriander)*
1/4 TL	*Ras el Hanout*
	Arganöl

ANRICHTEN

4	*getrocknete Basilikumblätter*
8	*dünne Krustentiergrissini*

Pochiertes Landei mit grünem Spargel, Albatrüffel, Sot-l'y-laisse und knuspriger Hühnerhaut

Grüner Spargel

Aus botanischer Sicht existiert kein Unterschied zwischen dem grünen und dem weißen Spargel. Der wesentliche Unterschied liegt im Anbauverfahren des Liliengewächses. Während weißer Spargel unter der Erde heranwächst, gedeiht der grüne Spargel oberirdisch.

Die grüne Farbe ist ausschließlich auf die Lichteinwirkung zurückzuführen, durch welche die mehrjährige Staude – die 10 bis 15 Jahre beerntet wird – zudem mehr Vitamine, Mineralstoffe und einen intensiveren Geschmack entwickelt. Eine Tatsache, die sich auch in der Küche niederschlägt. „Grüner und weißer Spargel sind zwei vollkommen verschiedene Paar Schuhe. An ein Gericht mit grünem Spargel gehe ich konzeptionell anders heran", erklärt Nils Henkel. Ein weiterer Unterschied zeigt sich in der Beschaffenheit des Grünspargels, der wesentlich zarter ist und deswegen nur im unteren Drittel geschält wird.

Wegen seines weniger pflege- und arbeitsintensiven Anbaus ist grüner Spargel wesentlich günstiger als der weiße, der in Deutschland und Belgien den Markt dominiert. Grüner Spargel wird bevorzugt in Italien, Spanien, Frankreich und Großbritannien verzehrt.

Spargel Die Spargelstangen putzen und in Salzwasser blanchieren. Dann abschrecken, trocknen und auf 8 Zentimeter Länge zuschneiden. Vor dem Anrichten in Butter sautieren.

Geflügeljus Die Geflügelknochen klein hacken und in dem erhitzten Öl rundherum kräftig anbraten. Das geputzte, zerkleinerte Gemüse zufügen, kurz mitrösten, das Tomatenmark unterrühren. Mehrmals mit etwas Geflügelfond angießen und glasieren. Mit dem Geflügelfond bedecken, aufkochen lassen und abschäumen. Lorbeer und Thymian zufügen und bei geringer Hitze im offenen Topf etwa 60 Minuten köcheln. Durch ein Tuch passieren und mit Küchenkrepp entfetten, dann langsam auf gewünschte Konsistenz und Geschmack einköcheln. Die Jus sollte einen kraftvollen Geflügelgeschmack aufweisen, aber nicht salzig sein. Kurz vor dem Anrichten einen Teil der Trüffel in die Sauce reiben und untermixen, mit etwas Pfeffer und nach Bedarf mit Salz würzen.

Pochierte Eier Die Eier können auf zweierlei Art pochiert werden. Erstens: Die Eier aus der Schale in vier kalte Tassen schlagen. Einen Topf mit Wasser und einem Spritzer Essig siedend erhitzen, mit einem Schneebesen im Kreis kräftig rühren, sodass ein Wirbel entsteht, jetzt schnell die Eier nacheinander hineingeben, so bekommt das Ei wieder die Eiform. Nach knapp 4 Minuten die Eier vorsichtig aus dem Wasser nehmen. Die zweite Möglichkeit ist, die Eier bei 65 °C etwa 50 Minuten in der Schale im Wasserbad zu pochieren. Dann vorsichtig aufschlagen und die gegarten Eier mit warmem Wasser abspülen. Durch diese Garung erhalten die Eier eine besondere Konsistenz und einen sehr cremigen Dotter.

Sot-l'y-laisse Kurz vor dem Anrichten die Sot-l'y-laisse mit Salz und Pfeffer würzen und in etwas Butter saftig braten.

Geflügelhautchips Die Geflügelhaut in gesalzenem Wasser weich kochen und mit etwas Kochfond zu einer glatten Masse mixen. Nach Belieben abschmecken, auf eine Silikonmatte streichen und bei 180 °C hellbraun backen.

Anrichten Die Spargelstangen als Rechteck in der Tellermitte anrichten. Je 1 Sot-l'y-laisse links und rechts vom Spargel platzieren. Je 1 pochiertes Ei mit Salz und Pfeffer aus der Mühle würzen und auf den Spargel setzen. Geflügeljus angießen und die Eier mit knuspriger Geflügelhaut und Geflügelchips bestreuen, dann die restlichen Trüffel über das Gericht hobeln und sofort servieren.

Spargel

40 *dünne Stangen grüner Spargel*
Butter

Geflügeljus

2 kg *Geflügelknochen*
2 EL *Öl*
50 g *Zwiebeln*
50 g *Porree*
40 g *Staudensellerie*
40 g *Tomatenmark*
2 l *Geflügelfond*
1/2 *Lorbeerblatt*
1 *Zweig Thymian*
20 g *Albatrüffel*

Pochierte Eier

4 *Landeier aus Freilandhaltung*

Sot-l'y-laisse

8 *Sot-l'y-laisse von der Poularde*
Butter

Geflügelhautchips

Geflügelhaut

Anrichten

2 EL *Geflügelhaut, knusprig gebacken, karamellisiert und gehackt*

André Jaeger

Ohne die euroasiatischen Gerichte André Jaegers mit politischer Metaphorik zu verunsinnlichen: Aber um den Konsens bei Hummer, Tandoori, Rote Bete, Erbsen und Wasabi zu finden, ist schon eine ordentliche Portion diplomatischer Fertigkeiten nötig! Kulturelles Verständnis beispielsweise. Respekt, Einfühlungsvermögen und Fachwissen. Und die besitzt der Sternekoch, allen voran die innere Ruhe und Geduld, um auch in hitzigen Situationen zwischen den esskulturellen Diskrepanzen zu vermitteln. Fast meditativ arrangiert André Jaeger seine Gerichte: behutsam, bedächtig, so, als ob alle Ingredienzien eine höhere Bestimmung auf dem Teller haben – obwohl dieser Vergleich natürlich ein maßlos übertriebener Kokolores ist. „Wenn ich die Ruhe nicht bewahren würde, dann wäre der Stress noch viel größer und das Resultat schlechter", sagt er. So einfach ist das.

Im Jahr 1970 landet der damals 23-Jährige nach einem stundenlangen Flug in Asien, Zwischenstopps in Genf, Karatschi, Bombay, Bangkok – Reiseziel: Hongkong. Der gelernte Koch steigt mit einem Koffer voller Flanellhosen und Blazer aus dem Flugzeug. 30 Grad Außentemperatur, 95 Prozent Luftfeuchtigkeit. – Willkommen in China! – André Jaeger kauft sich adäquate Kleidung und checkt als neuer Food & Beverage Manager im *Peninsula Hotel* ein. Er führt 560 Mitarbeiter, verliebt sich auf Anhieb in die chinesische Küche und bald darauf in seine erste Frau. Nach fünf Jahren kommt der gebürtige Schweizer zurück in die Heimat, um in den elterlichen Betrieb einzusteigen. Neben den schönen Erinnerungen führt er auch eine gewisse Überheblichkeit im Schlepptau: „Ich dachte, so ein Wirtshäuschen am Rhein, das schaffe ich mit links. Da habe ich mich aber gewaltig getäuscht!"

Mittlerweile war in Europa die Novelle Cuisine in aller Munde. André Jaeger versucht auf diesen Trend einzuschwenken – ohne Erfolg. Mit der Verzweiflung und dem finanziellen Druck wächst seine Sehnsucht nach Asien: Er macht aus der Not eine Tugend, verbringt seinen Urlaub an chinesischen Herden und kommt mit Koffern voller Lebensmittel zurück. André Jaeger beginnt zu einer Zeit mit der asiatischen Küche zu experimentieren, als diese Esskultur in Europa ungefähr so wenig bekannt ist wie Fernand Point die heutigen Niedriggarverfahren. Im besten Falle ahnte man Großes!

Im Jahr 1978 wird das erste asiatisch inspirierte Menü in seiner *Fischerzunft* serviert. Der Erfolg ist hinlänglich bekannt: „Ich habe von Anfang an versucht, eine leichte, bekömmliche und aromatische Küche zu servieren. Ich sehe meine Gäste auch am nächsten Tag, und erst wenn sie sich morgens wohl fühlen, weiß ich, dass ich meine Arbeit gut gemacht habe." So umsichtig verhält sich André Jaeger übrigens auch hinter den Kulissen. Seine Köche dürfen sich ausprobieren, er schätzt gewagte Kombinationen. Neue Menüs werden mit der gesam ten Küchenbrigade entworfen und diskutiert – so wie tags zuvor das Maracuja-Soufflé, das übrigens nicht die Eitelkeit besitzt, für die Kamera lange stehen zu bleiben! Ein Versuch jagt den nächsten. Der Patissier ist sichtlich aufgelöst. Der Mittagsservice hat bereits begonnen, als André Jaeger dazukommt. „Macht in Ruhe euer Dessert," sagt der Sternekoch schmunzelnd und klopft seinem Mitarbeiter auf die Schulter, „ich kümmere mich um den Service."

Zur Person

André Jaeger wurde am 12. Februar 1947 in Rümikon im Kanton Aargau geboren. Seine Kochausbildung absolvierte er im *Beau-Rivage Palace* in Lausanne, wo er auch die Hotelfachschule besuchte. Weitere Erfahrungen im Service sammelte der gebürtige Schweizer im Hotel *Dorchester* in London und im Hotel *Eden au Lac* in Lugano-Paradiso in der Administration und Rezeption. Ab 1970 war er fünf Jahre lang Food & Beverage Manager im Hotel *Peninsula* in Hongkong (China), bevor er sich vollständig im Hotel *Fischerzunft* in Schaffhausen, den Betrieb seiner Eltern, engagierte. Seit 1995 hält André Jaeger mit seinem asiatisch inspirierten Kochstil 19 Punkte im Gault Millau, 4,5 Feinschmecker-Punkte und einen Stern im Guide Michelin.

„Ich favorisiere die asiatische Küche nicht – sie ist ein Teil von mir. Aber im Grunde bin ich Schweizer und liebe diese Küche heiß und innig."

André Jaeger

Gruyère-Caramel-Malakoff

150 g	*Gruyère Caramel (18 bis 20 Monate alt), gerieben*
25 ml	*Milch*
42 g	*Ei*
15 ml	*Kirschwasser*
17,5 g	*Mehl*
1/4 TL	*Backpulver*
1/4 TL	*weißer Pfeffer, frisch gemahlen*
1/2	*kleine Knoblauchzehe, gepresst*
4	*Scheiben Toastbrot*

Kartoffeldressing

100 ml	*Brühe*
50 g	*Speckwürfelchen*
50 g	*Schalotten, fein gehackt*
50 g	*Reisweinessig*
1 EL	*Fischsauce*
1	*kleine mehlige Kartoffel, frisch gekocht*
1 TL	*milder Senf*
50 ml	*Erdnussöl*

Anrichten

	Feldsalat
4	*Scheiben roher Bauchspeck, knusprig gebraten*
	Kürbiskerne

Gruyère-Caramel-Malakoff mit kleinem Feldsalat

Gruyère-Caramel-Malakoff Alle Zutaten mischen und zu einer homogenen Masse verrühren. Aus dem Toast mit einem Ausstecher Scheiben von 5 Zentimeter Durchmesser ausstechen, mit einem Esslöffel so viel von der Käsemasse auf die Brotscheiben streichen, dass eine Halbkugel entsteht. In einem flachen Kochtopf das Öl auf 175 °C erhitzen und die Käsekrapfen mit dem Brot nach oben im heißen Öl ausbacken, bis sie goldgelb sind.

Kartoffeldressing Alle Zutaten mischen und kurz mixen, bis eine Bindung entsteht.

Anrichten Den gut gewaschenen und abgetrockneten Feldsalat in einem kleinen Bouquet auf die Teller geben, mit etwas Dressing marinieren. Je 1 Malakoff dazulegen. Je 1 Speckscheibe dekorativ dazu anrichten. Mit Kürbiskernen bestreuen.

Kresse

„Kresse ist ein fantastisches Produkt. Es gibt wahnsinnig viele Arten – alle mit unterschiedlichen Geschmacksrichtungen. Ich liebe es, damit zu spielen", schwärmt André Jaeger. Zwei der geläufigsten Kresse-Arten sind Brunnenkresse und Gartenkresse, die beide zur Familie der Kreuzblütler zählen. Brunnenkresse ist eine Gewürz- und Salatpflanze, deren Blätter und zarte junge Stängel essbar sind. Die Sumpfpflanze wächst vorzugsweise an sonnigen Stellen von fließenden Gewässern wie Bachufern, Quellen und Wassergräben. Diese wild wachsende Kresse-Art wird nicht kultiviert und ist deshalb nur regional verfügbar. Brunnenkresse wird vorzugsweise in den Wintermonaten geerntet, denn sobald die Pflanzen blühen, sind sie nicht mehr für den Verzehr geeignet. Im Aroma und dem leicht würzigen, scharfen Geschmack ist die Brunnenkresse anderen Kressearten überlegen. Gartenkresse ist ein Gewürzkraut, das überwiegend in Dänemark, Belgien, Holland, Frankreich und England angebaut wird. Die Keimlinge lassen sich praktisch überall und jederzeit kultivieren und benötigen nur etwa sieben Tage bis zur Ernte. Gartenkresse ist sehr anspruchslos. Der Geschmack erinnert an Senf und Rettich. Die blütenreiche Kapuzinerkresse ist botanisch weder mit Garten- noch Brunnenkresse verwandt.

Kresse nimmt Nitrat aus dem Boden auf, das im Körper zu gesundheitsschädlichem Nitrit umgewandelt wird. Kombiniert man jedoch Kresse mit Vitamin-C-haltigen Komponenten wie Zitrone oder Orange, wird dieser Prozess unterbunden.

Thunfisch mit Kressedip, Kressegelee mit Kümmel, Kressecremesüppchen

THUNFISCH

300 g	*frischer Thunfisch (Maguro), in 12 Würfel von 25 g geschnitten*
12	*Sträußchen Minigartenkresse*
	Fleur de Sel

KRESSEDIP

20 g	*Gartenkresse, grob geschnitten*
20 g	*grüne Daycon Cress oder Green Power Cress, grob geschnitten*
1/4	*Knoblauchzehe, gehackt*
1	*kleine Chilischote, entkernt, gewaschen, gehackt*
2 EL	*Fischsauce*
2 EL	*Sesamöl*
1 EL	*Melasse*
1 TL	*frischer Ingwer, geraffelt*
1 TL	*Zitronensaft*

KRESSEGELEE

12	*Blatt Gelatine*
100 g	*Gartenkresse, gehackt*
1 EL	*Fischsauce*
1 Msp.	*gemahlener Kreuzkümmel*
1 Prise	*Zucker*
2 EL	*Gartenkresse, gehackt*
1 EL	*Kümmel*

KRESSECREMESÜPPCHEN

300 ml	*Hühnerbrühe*
300 ml	*Sahne*
100 g	*Gartenkresse, gehackt*
1	*Spritzer Zitronensaft*
1	*kleine Schalotte, fein gehackt*
1 Msp.	*Knoblauch, gehackt*
100 g	*Butter*
2 El	*Basmatireis, gegart*

ANRICHTEN

Daycon Cress

Kümmelsamen

THUNFISCH In die Thunfischwürfel mit einem Holzspieß ein kleines Loch stechen und die Kressesträußchen hineinstecken. Ein paar Körnchen Fleur de Sel auf den Fisch geben.

KRESSEDIPP Alle Zutaten vermengen und abschmecken, eventuell etwas nachsalzen.

KRESSEGELEE Gelatine in kaltem Wasser einweichen. 1 Liter Wasser aufkochen, gehackte Gartenkresse zugeben, mit Fischsauce, gemahlenem Kreuzkümmel und Zucker würzen. Eingeweichte Gelatine in den Sud geben. 30 Minuten ziehen lassen. Wenn der Sud fast kalt ist, abseihen und zum Schluss die 2 Esslöffel Gartenkresse und den Kümmel dazugeben. In eine flache Form gießen, kalt stellen. Vor dem Anrichten in Würfel von der Größe der Thunfischwürfel schneiden.

KRESSECREMESÜPPCHEN Alle Zutaten zusammen in einem Topf aufkochen, mit Salz und Pfeffer würzen und 5 Minuten leise köcheln lassen. Vor dem Servieren lange und gut durchmixen, damit das Süppchen leicht und schaumig wird.

ANRICHTEN Pro Teller je 3 Thunfischwürfel und 3 Geleewürfel in zwei Reihen auslegen. Den Dip in Schälchen sowie das Süppchen in Shotgläsern dazustellen. Die Kresse kreuzweise anrichten und ein paar Kümmelsamen darüberstreuen.

In Olivenöl geschmorte Artischocke, gebratenes Stubenküken mit Black Beans

Artischocke

„Die Artischocke ist ein kompliziertes Produkt. Sie oxidiert schnell an der Luft, ist sehr arbeitsintensiv und mit ihrem speziellen Aroma kann man sie nur schwer verwenden – besonders in der Kombination mit Wein", beschreibt André Jaeger die distelverwandte, mehrjährige Staude. Artischocken gehören zur Familie der Korbblütler und stammen wahrscheinlich aus dem östlichen Mittelmeerraum. Die verschieden Artischockensorten unterscheiden sich in der Form, Größe und Farbe (grün, blauviolett, rot, rotbraun). Verzehrfähig ist nur der untere fleischige Teil der Schuppenblätter sowie der Blütenboden.

Das Gemüse besitzt einen feinen, zartbitteren Geschmack, der je nach Größe der Blütenknospe zum Ausdruck kommt. Je kleiner die Knospe, umso kräftiger ist das Aroma und umso zarter sind die Blätter. Der Inhaltsstoff Cynarin sorgt für die herb-bittere Note der Artischocke: Er regt unter anderem die Gallenbildung und damit auch den Fettstoffwechsel an. Zudem verfügt das Gemüse über einen außergewöhnlich hohen Gehalt an Mineralstoffen, Kalium, Kalzium, Magnesium, Phosphor und unterschiedlichen Vitaminen.

Artischocken sollten beim Kochen vollständig mit Wasser bedeckt sein, da sie sonst schnell oxidieren. Durch Zugabe von Essig oder Zitronensaft ins Kochwasser behält die Artischocke ihre frische Farbe. Die Schwarzfärbung der Schnittflächen kann ebenfalls mit Zitronensaft vermieden werden. Beim Kauf ist darauf zu achten, dass die Blütenblätter den Kopf noch fest umschließen, dass keine schwarzen Stellen zu sehen sind und der Stiel steif und unbiegsam ist. Je länger der Stiel ist, desto besser sind Artischocken haltbar.

STUBENKÜKEN

2	*Stubenküken*
	Olivenöl
2 EL	*Black-Bean-Paste mit Knoblauch*

JUS

100 ml	*Rotwein*
100 ml	*weißer Portwein*
1 EL	*Sojasauce*
1 EL	*Oystersauce*
1 TL	*Black-Bean-Paste*
50 g	*Butter*

ARTISCHOCKE

500 ml	*Olivenöl*
4	*frische Artischockenböden, je nach Größe in Sechstel oder Achtel geschnitten*
1	*Möhre, geschält, in kleine Würfel geschnitten*
2	*Frühlingszwiebeln, in 1 cm lange Stücke geschnitten*
1 EL	*Pak Choi, klein gewürfelt*
6	*Dattel- oder Kirschtomaten*
2	*Knoblauchzehen, geviertelt*
	Fleur de Sel

ANRICHTEN

4	*Schwarzwurzelspiralen*
4	*Halme Schnittlauch*

STUBENKÜKEN Die Stubenküken leicht salzen, binden und mit Olivenöl und Black-Bean-Paste einreiben. Auf einem Backblech im Ofen bei 200 °C 25 Minuten braten, herausnehmen und vor dem Zerlegen 5 Minuten ruhen lassen, dann halbieren. Direkt vor dem Anrichten noch einmal kurz erhitzen.

JUS Das Backblech entfetten, mit Rotwein und weißem Portwein aufgießen und im Ofen köcheln lassen, bis sich der Satz gelöst hat. Flüssigkeit in einen kleinen Topf geben und reduzieren lassen. Etwas Wasser, Sojasauce, Oystersauce und Black-Bean-Paste dazugeben und alles ein paar Minuten köcheln lassen. Dann mit Butter binden und mit etwas Salz abschmecken.

ARTISCHOCKE Etwas vom Olivenöl in einen Topf geben, erhitzen und alle übrigen Zutaten darin anschwitzen, dann mit dem Rest des Olivenöls aufgießen und zum Sieden bringen. Hitze reduzieren und alles etwa 5 Minuten ziehen lassen. Wenn das Gemüse bissfest gegart ist, kurz vor dem Anrichten das Olivenöl abseihen. Vor dem Servieren mit etwas Fleur de Sel würzen.

ANRICHTEN Das Gemüse auf 4 Teller verteilen. Etwas Jus angießen. Je ½ Stubenküken auf das Gemüse legen, mit je 1 Schwarzwurzelspirale, 1 Schnittlauchhalm und einer Papiermanschette dekorieren.

Maracuja

Die Maracujafrucht stammt ursprünglich aus Mittel- und Südamerika und wird heute vor allem in Brasilien, auf Hawaii und Sri Lanka angebaut. Der essbare Teil der zur Familie der Passionsfruchtgewächse gehörenden Frucht ist die Beere, die einen süßlich-säuerlich, erfrischend-fruchtigen Geschmack besitzt. Aufgrund ihres hohen Säuregehalts werden Maracujas hauptsächlich zu Säften verarbeitet. Das gelb- bis orangefarbene, geleeartige, mit knusprigen, essbaren Kernen versehene Fruchtfleisch ist von einer lederartigen Schale umgeben, die sich je nach Reifegrad von Grün nach Gelb verfärbt. „Schrumpelige Maracujas sind vollreif und geschmacklich am besten. Der Fruchtsaft hat sich dann bereits reduziert, schmeckt süßer und intensiver", weiß André Jaeger. Frische Maracujas mit glatter Schale sind wesentlich saurer. Grundsätzlich sind Maracujafrüchte nur wenige Tage bei Raumtemperatur haltbar und reifen nicht nach – sie sollten also in vollreifem Zustand bezogen werden. Im Kühlschrank lassen sich die Früchte bis zu vier Wochen lang aufbewahren.

Maracuja-Soufflé, Panna cotta mit Passionsfrucht-Chutney, Zimt-Espuma, Safran-Limetten-Eis

Maracuja-Soufflé

3	Eigelb
50 g	Magerquark
	Mark von 1/2 Vanilleschote
60 g	Zucker
3	Eiweiß
30 g	Zucker
10 g	Maisstärke
	Mark von 1/2 Maracuja
	Puderzucker

Panna cotta

2	Blatt Gelatine
1/2 l	Sahne
	Mark von 1/2 Vanilleschote
	Abrieb von 1/2 Zitrone
50 g	Zucker

Passionsfrucht-Chutney

100 g	Aprikosenkonfitüre
	Mark von 4 Maracujas
1 TL	Ingwer, gehackt
1 Msp.	Zitronat, gehackt
1 EL	Grand Marnier

Zimt-Espuma

1	Blatt Gelatine
190 ml	Milch
190 ml	Sahne
10 g	Zucker
	gemahlener Zimt

Safran-Limetten-Eis

250 ml	Milch
250 ml	Sahne
160 g	Zucker
	Abrieb und Saft von 1 Limette
40 g	Eigelb
125 g	Ei
2 g	Safran

Anrichten

	Schokoladenpulver
4	Knusperblätter
4	zweifarbige Schokoladensticks
4	Himbeeren
2	Heidelbeeren
4	Minzespitzen
4	getrocknete Birnenscheiben mit Maracujakernen

Maracuja-Soufflé Eigelb, Magerquark, Vanillemark und Zucker in einer Schüssel über dem Wasserbad handwarm aufschlagen. Eiweiß leicht anschlagen (nicht steif), den Zucker einrieseln lassen und zum Schluss die Maisstärke. Eigelbmasse mit Eiweißmasse vermischen. 12 kleine, quadratische Souffléförmchen sorgfältig ausbuttern und zuckern. Das Maracujamark in die Förmchen verteilen, die Masse einfüllen. Im Ofen bei 200 °C 8 bis 10 Minuten garen. Fertige Soufflés mit Puderzucker überstäuben.

Panna cotta Gelatine in etwas kaltem Wasser einweichen. Sahne, Vanillemark, Zitronenabrieb und Zucker zusammen in einem Topf aufkochen. Die ausgedrückte Gelatine zur Sahnemasse geben und auflösen. In 4 kleine Gläser füllen und kühl stellen.

Passionsfrucht-Chutney Alle Zutaten mischen und bei kleiner Flamme langsam aufkochen. Abkühlen lassen und dann in die 4 Gläser auf der Panna cotta verteilen.

Zimt-Espuma Gelatine in etwas Wasser einweichen. Milch mit Sahne und Zucker aufkochen und Gelatine dazugeben. Etwas Zimt einstreuen. In einen Sahnebläser füllen und gut schütteln. Den Espuma kurz vor dem Anrichten in die Panna-cotta-Gläser spritzen.

Safran-Limetten-Eis Milch, Sahne, Zucker, Limettenabrieb und -saft zusammen aufkochen. Vom Herd nehmen. Eigelb, Ei und Safran vermengen. Die Milch-Sahne-Mischung zur Eimasse geben und zur Rose abziehen. Abseihen und abkühlen lassen, anschließend zu Eis frieren.

Anrichten Auf jedem Teller eine breite Linie aus Schokoladenpulver streuen. Je 3 Souffléförmchen auf die Schokolade stellen. Je 1 Nocke Eis auf einen Servierlöffel setzen, den Löffel auf den Teller stellen. 1 Knusperblatt auf das Eis legen, je 1 Schokoladenstick anlegen. Je 1 Himbeere auf das Knusperblatt legen, 1/2 Heidelbeere und 1 Minzspitze daraufsetzen. Die Panna-cotta-Gläser dazustellen und mit je 1 getrockneten Birnenscheibe dekorieren.

Dieter L. Kaufmann

„Manchmal glaube ich es selber kaum“, sagt Dieter Kaufmann, während die ersten Vorspeisen geschickt werden, „aber ich mache das jetzt seit 47 Jahren.“ Und jetzt haben wir den Salat! Hätte ein Text Ellenbogen, würde er jetzt links und rechts gegen die Buchseiten rempeln! Platzmangel! Wir ergreifen deswegen die Flucht nach vorne, holen Luft und eilen vorwärts im Schnelldurchlauf:

In der Nachkriegszeit bittet Dieter Kaufmann seine Mutter die jüngeren Geschwister doch endlich ins Bett zu stecken, damit sie gemeinsam backen können. Denn er will nicht aufs Gymnasium, er will Konditor werden! Die Detailplanung seines eigenen Cafés hat in seiner Fantasie schon begonnen. Eine Drehtür soll es haben, wie ein damaliges Etablissement in Düsseldorf. Auch ein Objekt hat er bereits in Aussicht: Bei einem Abendspaziergang mit seiner Mutter passieren sie das exklusive Grevenbroicher Restaurant *Zur Traube*. Falls es irgendwann verkauft werde, erklärt Dieter Kaufmann, wolle er es haben und etwas daraus machen. 1955, 17 Jahre jung.

Weil ihn das Backhandwerk alleine nicht erfüllt, schließt er an seine Konditorlehre noch eine Kochausbildung an. Danach besucht er die Hotelfachschule in Heidelberg. Und um seine Wissenslücken im Service zu schließen, bewirbt er sich im Londoner *Savoy* – was man sich bitte bildlich vorstellen sollte! 1960! Kellner in England! Stocksteif im Pinguinkostüm? – „Ja, natürlich! Großartig!“, antwortet der Sternekoch lachend, „die erste Frau, der ich das Etagenfrühstück servierte, war Eva Bartok, die Geliebte von Curd Jürgens. Ich habe Sir Winston Churchill bedient. Die Familie Chaplin war zweimal da.“

Neben der Prominenz lernt Dieter Kaufmann allerdings jemand Wichtigeres kennen: seine Ehefrau, die sich damals zu Studienzwecken in England aufhielt. Sie verbringen zwei Jahre in London, bevor er die Nachricht seiner Mutter erhält, dass die *Traube* zum Verkauf stehe. Im März 1962 erwirbt das junge Paar den Betrieb. Dieter Kaufmann besorgt sich drei schöne Anzüge, in der Küche werden drei Köche engagiert: „Die haben einen solchen Mist gekocht, dafür habe ich mich geschämt! Da habe ich mich selbst an den Herd gestellt. Meine Frau blieb im Service. Irgendwann kam sie an den Pass und sagte: ‚Die Gäste sind total begeistert! Du bleibst in der Küche!‘ – Da habe ich geantwortet: ‚Gut, bleib ich halt.‘“

Aus Restaurants werden in den nächsten Jahrzehnten Tempel. Laufen wird unschick: die Gourmandise pilgert! Aus dem Soßenhaferl wird ein Saucenspiegel. Daraus ein Kringel, ein Pünktchen oder Schäumchen – gerne auch individuell kombiniert! Dieter Kaufmann kocht schon damals puristisch. Eine Journalistin bemängelt, dass auf seinen Gerichten kein Salatblättchen als Dekoration läge, was den Küchenchef nicht sonderlich interessiert, er bleibt stur. Aus Salatblättchen werden geschnitzte Wurzelgemüseabstraktionen, werden echte Blümchen. Plötzlich erfreut sich die Gourmetgemeinde an kulinarischer Floristik. Dieter Kaufmanns Küche war und bleibt reduziert. Im 21. Jahrhundert wird sein Stil schließlich modern, zum allgemeinen Trend.

Den Kochtöpfen in der *Traube* sieht man diese langjährige Erfahrung an: Über Induktion würden sie wahrscheinlich nur müde schmunzeln. Ein Cromargan-Arbeitstisch ist unter der Last der Jahre etwas eingesackt und stützt sich an der gefliesten Küchenwand ab. Nur das Bon-Brett ist überraschend unverbraucht: Zum Siebzigsten bekam der Küchenchef ein neues geschenkt! – Der Patron schmunzelt: „Auch wir müssen langsam über den Ruhestand nachdenken. Mit 72 Jahren kostet der Beruf schon Kraft.“ Er setzt die Brille auf die Nasenspitze, schaut auf die Bons und wendet sich an seine Küchenbrigade: „Wie weit sind die Stubenküken?“ – „Zwei Minuten, Chef!“

Zur Person

Dieter L. Kaufmann wurde 1937 in Grevenbroich geboren, wo er von 1952 bis 1955 seine Ausbildung zum Konditor absolvierte. Danach schloss er eine Kochlehre im Hotel *Fürstenhof* in Düsseldorf an. In den Jahren 1957 bis 1959 besuchte er die Hotelfachschule in Heidelberg – die Sommer verbrachte er im *Grand Hotel Eden* in Montreux und im *Grand Hotel Saltsjöbaden* bei Stockholm. Anfang der Sechziger war er in London zwei Jahre lang im Service tätig: im Hotel *Savoy* und im Hotel *Mayfair*. Seit 1962 betreibt Dieter L. Kaufmann mit seiner Frau Elvira das Hotel und Restaurant *Zur Traube* in Grevenbroich, das mit zwei Sternen im Guide Michelin, 4 Feinschmecker-Punkten und mit 18 Punkten im Gault Millau ausgezeichnet ist.

„Es gibt doch nichts Schöneres: Wenn man nur drei Komponenten auf dem Teller hat und das Produkt voll im Vordergrund steht."

Dieter L. Kaufmann

Gefülltes Taubenbrüstchen im Spitzkohlblatt mit jungem Gemüse und Kartoffelschaum

Taubenbrüstchen Eine Tasche in die Taubenbrüste schneiden. Je 2 Tomatenfilets in 1 Scheibe Schinken einrollen. Schinkenröllchen in die eingeschnittenen Taschen schieben. Die äußeren Blätter des Spitzkohls ablösen und blanchieren. Den Rest des Spitzkohls für das Gemüse beiseitelegen. Gefüllte Taubenbrüstchen in die Spitzkohlblätter einrollen und mit dem Schweinenetz ummanteln. Mit Salz würzen und in Öl etwa 6 Minuten anbraten.

Sauce Jus aufkochen, mit Speisestärke abbinden und abschmecken.

Gemüse Den Rest des Spitzkohls in feine Streifen schneiden. Spitzkohlstreifen in etwas Gemüsefond garen. Möhren und Kohlrabi ebenfalls in Gemüsebrühe garen und in Butter schwenken.

Kartoffelschaum Kartoffeln weich kochen, durch ein feines Sieb streichen. Kartoffelschaum mit Sahne glatt rühren. Mit Salz und Muskatnuss abschmecken.

Anrichten Vom Spitzkohl 4 Nocken formen und auf den Tellern verteilen. Den Kartoffelschaum mit einem Spritzbeutel dazuspritzen. Die Taubenbrüstchen aufschneiden und auf die Teller legen. Jus angießen und je 2 glasierte Möhren- und Kohlrabischeiben danebenlegen.

Taubenbrüstchen

4 *Taubenbrüstchen, ohne Haut*
8 *getrocknete Tomaten*
4 *Scheiben Parmaschinken*
1 *kleiner Spitzkohl*

Sauce

200 ml *Geflügeljus*
Speisestärke

Gemüse

Spitzkohlreste
Gemüsefond
4 *Möhren, tourniert*
Kohlrabi, geschält und in Stücke geschnitten
Butter

Kartoffelschaum

200 g *mehlige Kartoffeln*
Sahne
Muskat

Avocado

Avocados sind die Früchte des bis zu 20 Meter hohen Avocadobaums, der zur Familie der Lorbeergewächse zählt und ursprünglich aus Südmexiko stammt. Zu den verschiedenen Hauptanbaugebieten zählen heute die USA, Brasilien, Südafrika und Israel. Da die Beerenfrüchte gut nachreifen, werden sie meist noch unreif und hart geerntet. Je nach Sorte unterscheiden sich die Früchte in Form (birnenförmig bis rund), Farbe (hellgrün bis schwarzgrün) oder Größe. Der Fettgehalt von bis zu 23 Prozent ist für eine Frucht ungewöhnlich hoch. Ihre optimale Reife haben Avocados erreicht, wenn die Schale bei leichtem Druck nachgibt. In diesem Zustand können die Früchte noch einige Tage problemlos im Kühlschrank gelagert werden. Das Obst wird roh verzehrt oder weiterverarbeitet. Das Fruchtfleisch neigt zur schnellen Oxidation, hier hilft die Zugabe von etwas Zitronensaft.

Tipp Um den Reifeprozess von Avocados zu beschleunigen, kann man sie in Zeitungspapier einwickeln und zwei bis drei Tage bei Zimmertemperatur lagern.

Gebratene Langustinen mit Avocado

Avocado Avocado halbieren und Kern entfernen. Aus jeder Hälfte 6 dünne Scheiben schneiden. Die restliche Avocado in feine Würfel schneiden und für die Sauce bereithalten. Vor dem Anrichten die Avocadoscheiben in etwas Läuterzucker und Weißwein garen.

Sauce Langustinenfond und Sahne aufkochen. Mit Salz, Crème fraîche und etwas Weißwein abschmecken. Die Sauce mit Speisestärke abbinden. Die Avocado- und die Tomatenwürfel in die Sauce geben.

Langustinen Die Langustinen aus der Schale lösen. In Öl vorsichtig bei mittlerer Hitze braten. Mit Salz und Pfeffer würzen.

Anrichten Je 3 Avocadoscheiben nebeneinander auf jeden Teller legen. Je 3 Langustinen an die Scheiben anlegen und die Sauce angießen.

Avocado

1	*reife Avocado*
	Läuterzucker
	Weißwein

Sauce

150 ml	*Langustinenfond*
50 ml	*Sahne*
	Crème fraîche
	Weißwein
	Speisestärke
	Avocadowürfel
1	*Tomate, gehäutet und fein gewürfelt*

Langustinen

12	*Langustinen*

Pochierter Wildlachs in Basilikum

Basilikum

Das ein- bis mehrjährige Küchenkraut existiert in zahlreichen Sorten, die sich je nach Variante in der Blattform (leicht oder grob gezackt), in der Farbe (hell- über dunkelgrün bis violett) und im Geschmack (zitronen-, kampfer-, nelken-, pfeffer-, anis-, muskat- bis zimtartiges Aroma) unterscheiden. Vermutlich stammt der Lippenblütler aus Afrika. Basilikum wird heute zusätzlich in Deutschland, Frankreich, Italien, Griechenland, Spanien und den Niederlanden kultiviert. Kurz vor der Blüte kommt sein Aroma am besten zur Geltung.

Das Heil- und Gewürzkraut ist frisch oder getrocknet erhältlich, wobei die getrocknete Variante beim Aroma schnell abflacht. Frisches Basilikum verliert seine feinen Nuancen, wenn es zu heiß und zu lange gewaschen wird oder wenn es zu großer Hitze bei der Verarbeitung ausgesetzt wird. Es sollte deswegen erst zum Schluß zugefügt werden, was auch der unappetitlichen gräulichen Verfärbung entgegenwirkt. In etwas Salz und Olivenöl lässt sich Basilikum gut konservieren (vgl. Pesto). Auch beim Einfrieren behält es weitestgehend sein Aroma.

Hinweis Ältere Blätter haben oft einen kratzigen Geschmack und sollten in der Küche nicht verwendet werden.

Wildlachs Backofen auf 80 °C vorheizen. Die Lachsstücke etwas salzen und auf ein Blech legen. Den Boden des Blechs mit etwas Gemüsefond bedecken. Den Lachs im Backofen etwa 7 Minuten pochieren, er sollte seine natürliche Farbe behalten.

Basilikumsauce Fischfond, Sahne, Crème fraîche und Basilikumblätter kalt im Mixer pürieren. Die Sauce in einen Topf geben und unter Rühren aufkochen, mit Salz und etwas Weißwein abschmecken. Mit ganz wenig Speisestärke abbinden und die kalte Butter unterrühren.

Anrichten Die Sauce auf 4 Tellern verteilen, je 1 Lachsscheibe in die Mitte legen. Mit je 1 Basilikumspitze garnieren und servieren.

Wildlachs

4	*Mittelstücke vom schottischen Wildlachs, ohne Haut (à 200 g)*
	Gemüsefond

Basilikumsauce

200 ml	*Fischfond*
100 ml	*Sahne*
1 EL	*Crème fraîche*
1	*Bund Basilikum*
	Weißwein
	Speisestärke
50 g	*kalte Butter*

Anrichten

4	*Basilikumspitzen*

Kichererbse

Kichererbsen, die zur Familie der Hülsenfrüchte zählen, enthalten neben zahlreichen Vitaminen und Mineralstoffen viel Eiweiß, Kohlenhydrate und Ballaststoffe. In Indien oder Mexiko zählen die Samen der einjährigen krautigen Pflanze (Leguminose) zu den wichtigsten Grundnahrungsmitteln und sind oft Bestandteil traditioneller Gerichte wie Falafel, Hummus und Daal oder werden zur Zubereitung von Couscous-Gerichten und Konditoreiwaren genutzt. In Indien wird aus den gerösteten Samen auch Brot gebacken.

Beim Einkauf sollten Kichererbsen noch relativ frisch sein, da sie mit zunehmendem Alter an Qualität verlieren. Die Samen sollten gleichmäßig groß und unbeschädigt sein. Vor der Verarbeitung müssen sie 12 bis 24 Stunden eingeweicht werden. Samen, die oben schwimmen, sollten aussortiert werden. Der Einweichprozess kann mit einem Teelöffel Natron oder einem Esslöffel grobem Salz und einer Hand voll Mehl im Wasser unterstützt werden. Das Einweichwasser muss in jedem Fall entsorgt werden, weil rohe Kichererbsen unverdauliche Giftstoffe enthalten.

Tipp „Kichererbsen haben wenig Geschmack. Verarbeitet man sie als Püree, kann man sie schön abschmecken und die maronenähnliche Konsistenz geht verloren", sagt Dieter L. Kaufmann.

KICHERERBSENPÜREE

200 g	*Kichererbsen*
	Sahne
	weißer Balsamessig

WACHTELBRÜSTCHEN

12	*Wachtelbrüstchen*
	Butterschmalz
200 ml	*Jus*

Sautiertes Wachtelbrüstchen auf Kichererbsenpüree

KICHERERBSENPÜREE Kichererbsen in eine hohe Schüssel geben, mit Wasser bedecken und für eine Nacht in den Kühlschrank stellen. Die eingeweichten Kichererbsen in Salzwasser weich kochen. 24 Kichererbsen für die Garnitur beiseite legen. Die restlichen Kichererbsen pürieren und durch ein Sieb streichen. Das Kicherbsenpüree mit ein wenig Sahne verrühren und mit Salz und weißem Balsamico abschmecken.

WACHTELBRÜSTCHEN Die Wachtelbrüste mit Salz und Pfeffer würzen und in etwas Butterschmalz etwa 3 Minuten braten. Die Jus aufkochen und abschmecken.

ANRICHTEN Das Kichererbsenpüree in der Mitte der Teller anrichten. Mit je 6 ganzen Kichererbsen garnieren. Je 1 Wachtelbrust auf das Püree legen, die Jus angießen.

Heidelbeersoufflé in Cox Orange

Heidelbeere (Blaubeere)

Heidelbeeren enthalten viel Vitamin C, Carotin, Fruchtsäuren, Mineralstoffe und sekundäre Pflanzenstoffe, weshalb dem Obst eine große Bedeutung in der Ernährungswissenschaft und Medizin zuteil wird. Im Handel findet man wild wachsende Heidelbeeren, deren Schalen und Fruchtfleisch violett gefärbt sind und darum Zähne und Mund verfärben. Die sehr aromatischen Beeren werden in Deutschland in den Monaten Juli bis September gesammelt – bevorzugt im Bayerischen Wald und in der Oberpfalz.

Daneben gibt es immer häufiger Zuchtheidelbeeren aus Kulturpflanzungen auf den Märkten. Diese Sorte wurde im 19. Jahrhundert aus der Amerikanischen Heidelbeere gezüchtet: Die Früchte sind fast doppelt so groß wie jene der wilden Variante – aber weniger aromatisch. Die Schale ist blau, das Fruchtfleisch jedoch weiß. Daher färben sie kaum ab. Zuchtheidelbeeren werden vor allem in der Lüneburger Heide, in Frankreich oder Polen angebaut. „Als Alternative zu frischen Heidelbeeren ist auch industriell hergestelltes Fruchtmark möglich. Denn davon gibt es hochwertige Produkte auf dem Markt", sagt Dieter L. Kaufmann. Heidelbeeren sollten nur kurz gewaschen werden, da sonst die Aromastoffe ausschwemmen. Sie können zwar bis zu drei Wochen im Kühlschrank gelagert werden, sollten aber rasch verzehrt werden, denn sie nehmen mit der Zeit einen bitteren Geschmack an.

Vorsicht Wildfrüchte sollten möglichst nur gekocht verzehrt werden, da ihnen oft die Eier des Fuchsbandwurmes anhaften.

HEIDELBEERSOUFFLÉ

4	*Äpfel (Cox Orange)*
90 g	*Heidelbeermark*
40 g	*Quark*
40 g	*Zucker*
30 g	*Eigelb*
100 g	*Eiweiß*
20 g	*Zucker*
	Cointreau

ANRICHTEN

	Schokoladensauce
4	*Minzblättchen*
	Puderzucker
	Schlagsahne, leicht geschlagen
8	*Heidelbeeren*

HEIDELBEERSOUFFLÉ Backofen auf 180 °C Umluft vorheizen, Schüssel mit Wasser in den Backofen stellen. Die 4 Äpfel schälen und den Deckel abschneiden, Äpfel vorsichtig aushöhlen. Die Böden ein wenig beschneiden, damit die Äpfel gerade stehen. Heidelbeermark, Quark, Zucker und Eigelb zu einer Masse verrühren. Eiweiß steif schlagen und nach und nach Zucker dazugeben. Vorsichtig unter die Heidelbeermasse heben. Mit Cointreau abschmecken. Die Heidelbeermasse in die ausgehöhlten Äpfel füllen. Die Äpfel und die Deckel auf ein Blech stellen und etwa 15 bis 20 Minuten backen.

ANRICHTEN Die angewärmten Teller mit Schokoladensauce dekorieren. Je 1 gefüllten und gebackenen Apfel mittig auf den Teller setzen. Die Deckel mit je 1 Minzblättchen garnieren und seitlich anlegen. Mit Puderzucker bestäuben. Je 2 Heidelbeeren in einem Sahneklecks auf den Teller legen und servieren.

Thomas

Thomas Kellermann

Das Angenehme an einer Kartoffelsalat-Debatte zwischen zwei Süddeutschen ist der gemeinsame Nenner: Die norddeutsche Mayonnaise-Variante wird zwar toleriert, bleibt aber grundsätzlich indiskutabel; die mütterliche Kreation gilt anstandslos als der anzusetzende Maßstab. Die Diskussion hält sich also nicht mit Nichtigkeiten auf, sondern verfranst sich gleich in wesentlichen Details: Zwiebeln roh oder blanchiert? Bamberger Hörnchen, La-Ratte oder Pfälzer Kartoffeln? Rinderbrühe oder Hühnerfond? – Zumindest bis Hoteldirektor Ralf O. Leidner dazustößt, der sowohl die nord- als auch die süddeutsche Marinade schmackhaft findet, und als Alternative ein Joghurt-Zitronen-Dressing in den Raum wirft...

Da so viel kulinarische Offenheit an dieser Stelle keinen Platz hat, widmen wir uns dem Bon, der eben aus dem Drucker schnurrt: „Happy Birthday" steht darauf geschrieben, was sich auf den 38ten Ehrentag von Thomas Kellermann bezieht. Die meisten dieser Jahre verbrachte der Küchenchef der *Burg Wernberg* in Köblitz in der Gastronomie. „Meine Eltern hatten ein Restaurant. Da habe ich alles gemacht: gekocht, bedient, gespült. Das soziale Umfeld hat mir immer gut gefallen. Das Miteinander. Diese ganze lockere Atmosphäre, die ab dem Service streng, hierarchisch und konzentriert wird", sagt der gebürtige Bayer, der es schätzt, in einem so traditionsbewussten Bundesland aufgewachsen zu sein, in einem bodenständig familiären Rahmen, der von Herzen gewürdigt wurde.

Das ist auch seinem Küchenstil anzumerken, dem eine ehrliche Wertschätzung der scheinbar einfachen Produkte zugrunde liegt. In seiner Küche finden sich Dörrpflaumen, Karotten, Staudensellerie, grüne Bohnen, Paprika, Lauch, Zucchini, Kirschtomaten, Oliven, Fenchel und daneben auch mal ein Hummer oder ein Trüffel. Bei Thomas Kellermann sind Edelprodukte nur einzelne Akteure unter vielen: „Zu mir sagen sie immer Gemüsekoch, was gar nicht stimmt. Wenn ich ein neues Gericht kreiere, dann nehme ich mir ein Produkt – meistens das Gemüse – und schaue, wo mich der Weg hinführt. Ob dann am Ende etwas mit Fleisch, Fisch oder etwas Vegetarisches rauskommt, das weiß ich vorab aber noch nicht."

Eine solch unaufdringliche Gourmetküche setzt neben Kreativität ein makelloses Handwerk voraus – vielleicht noch makelloser, als wenn jemand bloß mit der Kaviarkanone zu Werke ginge! Thomas Kellermann hat sich zuerst die Grundlagen erarbeitet, bevor er seinen modernen Küchenstil langsam ausbaute. Eine Reihenfolge, die heute nicht mehr selbstverständlich ist! Gerade bei seinen jungen Köchen bemerkt der Sternekoch, „dass die öfter, schneller und besser mit ‚Pülverchen' umgehen können, als gute Bratkartoffeln zu machen." Oftmals fehle jenen einfach der Bezug zur guten Hausmannskost, weil in den Familien nicht mehr ordentlich gekocht wird: „Man muss den jungen Köchen die Basis wieder näherbringen."

Thomas Kellermann stand am Herd des *Erbprinz* in Ettlingen, im *Wald- & Schlosshotel Friedrichsruhe* oder als Sous-Chef im Münchner *Tantris*, wo er seinerseits am meisten lernte: „Ich habe Hans Haas immer bewundert. Er hat ein Gefühl fürs Kochen. Aus dem Bauch raus. Er harmonisiert Produkte auf einfachem Weg. Solche Köche sind selten", erzählt Kellermann, der im Jahr 2003 das Restaurant *Vitrum* im Berliner *Ritz-Carlton* konzeptionieren durfte. Nach zwei Jahren erhielt er seinen ersten Stern im Guide Michelin. Ein Ereignis, das er mit seiner Küchenbrigade gebührend feierte: mit bayerischem Bier und Fleischpflanzerl mit Kartoffelsalat...

Zur Person

Thomas Kellermann wurde 1970 in Weilheim in Oberbayern geboren. Im Jahr 1987 absolvierte er seine Kochausbildung im *Holiday Inn* in München. Es folgten Stationen im Restaurant *Erbprinz* in Ettlingen oder im *Wald- & Schlosshotel Friedrichsruhe*. Als Sous-Chef arbeitete Thomas Kellermann bei Hans Haas im Münchner *Tantris*, als Küchenchef im *Landhaus Nösse* auf Sylt oder im Restaurant *Portalis* in Berlin, bevor er 2003 die Konzeption des Gourmetrestaurants *Vitrum* im Berliner *Ritz-Carlton* übernahm. Seit 2008 arbeitet Thomas Kellermann als verantwortlicher Küchendirektor auf *Burg Wernberg* in Wernberg-Köblitz. Er leitet dort auch das Restaurant *Kastell*, das mit einem Michelin-Stern, mit 3 Feinschmecker-Punkten und 17 Punkten im Gault Millau ausgezeichnet ist.

Fleischpflanzerl mit Kartoffelsalat

„Wenn die Mutter oder Großmutter den besten Kartoffelsalat der Welt macht, dann heißt das, mit einer Tradition verwurzelt zu sein. Das geht dann weit über gutbürgerliche Küche hinaus. Es hat Wertigkeit."

Thomas Kellermann

Fleischpflanzerl Das Kalbs- und Schweinekeulenfleisch zusammen mit dem Speck und dem Kalbskopf durch den Fleischwolf drehen. Das Weißbrot in dünne Scheiben schneiden, mit der warmen Milch übergießen und durchziehen lassen. Die Zwiebel- und Knoblauchwürfel in etwas Öl anbraten. Die gehackte Petersilie zum Schluss einen Moment mitdünsten. Abkühlen lassen. Das Fleisch mit dem Brot, den Zwiebeln, den Eiern und der Messerspitze Senf vermischen. Mit Salz, Pfeffer, Muskatnuss und Majoran abschmecken. Aus dieser Masse 8 kleine „Pflanzerl" (Küchlein) formen (à etwa 30 g). In Öl bei mittlerer Hitze braun und knusprig braten. Zum Schluss etwas Butter in die Pfanne geben.

Kartoffelsalat Die Kartoffeln waschen und in der Schale kochen, mit Salz und Kümmel würzen. Senf mit Essig, sehr heißer Rinderbrühe, Salz, Pfeffer, Schalotten und Öl gut verrühren. Die Kartoffeln heiß schälen. Die warmen Kartoffeln in Scheiben schneiden und in die Marinade geben. Durchziehen lassen und nochmals abschmecken. Die Radieschenscheiben unterheben.

Anrichten Kartoffelsalat auf 4 Teller verteilen, je 2 Fleischpflanzerl dazulegen, etwas Bratfond auf den Teller träufeln.

Fleischpflanzerl

150 g	*Kalbskeule, ohne Knochen und Sehnen*
200 g	*Schweinekeule, ohne Knochen, Schwarte und Sehnen*
30 g	*grüner Speck*
30 g	*Kalbskopf, gekocht*
50 g	*Weißbrot vom Vortag*
80 g	*warme Milch*
20 g	*Zwiebeln, fein gewürfelt*
1/2	*Knoblauchzehe, fein gewürfelt*
1/2	*Bund Blattpetersilie, fein gehackt*
2	*Eier*
1 Msp.	*scharfer Senf*
	Muskatnuss
	frischer Majoran, fein gehackt

Kartoffelsalat

300 g	*festkochende Kartoffeln*
	Kümmel
2 TL	*Senf*
2–3 EL	*guter Weinessig*
200 ml	*sehr kräftige Rinderkraftbrühe, heiß*
	weißer Pfeffer aus der Mühle
2	*Schalotten, gewürfelt und blanchiert*
4–5 El	*Maiskeimöl*
4–8	*Radieschen, in feine Scheiben geschnitten*

Wirsing

Der Kopfkohl mit gekrausten Blättern ist eng mit Weiß- und Rotkohl verwandt und gilt als typisches Wintergemüse, das bei uns bevorzugt zwischen September und April angeboten wird. Unterschieden werden unter anderem der Dauerwirsing oder Herbstwirsing, der über dunkle, fest geschlossene Blätter verfügt und einen intensiven Kohlgeschmack aufweist. Zudem hat diese Sorte eine längere Garzeit und ist länger lagerfähig als der Frühwirsing mit hellen, zarten Blättern und einem besonders milden Geschmack.

Der Kreuzblütler stammt ursprünglich aus Italien und wird heutzutage größtenteils in Westeuropa kultiviert. In geringem Maße auch in Nord- und Osteuropa, dem westlichen Mittelmeergebiet und dem Osten der USA. Beim Einkauf sollte das Kohlgemüse nicht nur frisch aussehen, sondern prall und fest sein und über straffe Blätter verfügen. Im Gemüsefach ist Wirsing bis zu sieben Tagen lang ohne Qualitätseinbußen lagerfähig.

Wirsingwickerl mit geschmorter Zwiebel

Geschmorte Zwiebel Die Zwiebeln in 4 etwa 2 Zentimeter dicke Scheiben schneiden, mit Puderzucker bestäuben und salzen. In wenig Öl von beiden Seiten goldbraun anbraten. Knoblauchzehen, Thymian, Lorbeerblatt und Curry dazugeben. Knapp mit Geflügelfond bedecken und bei 180 °C im Ofen etwa 1 Stunde garen, bis die Zwiebeln gar sind. Die Zwiebelscheiben herausnehmen. Den Schmorfond für die Wirsingwickerl aufheben.

Wirsingwickerl 4 der schönen äußeren Blätter ablösen und in Salzwasser 1 Minute blanchieren. Im Eiswasser abschrecken. Den restlichen Wirsing klein schneiden und etwa 200 Gramm für die Füllung beiseitelegen. Den kleingeschnittenen Wirsing mit Geflügelfond gerade eben bedecken und 40 Minuten köcheln lassen. Wirsingfond abpassieren.

Für die Füllung Zwiebel in Butter anschwitzen, dann den restlichen Wirsing, die Graupen und den Salbei dazugeben und mit Wirsingfond auffüllen. Etwa 30 Minuten köcheln lassen und immer wieder Fond nachfüllen, bis die Masse kompakt ist. Kalt stellen. Aus den blanchierten Wirsingblättern 4 Kreise mit 10 Zentimeter Durchmesser ausstechen und auf ein Stück Plastikfolie legen. Eine Portion von der Füllung auf den Wirsingkreisen platzieren und den Wirsing mit Hilfe der Plastikfolie so einschlagen, dass eine Kugel entsteht. Wirsingwickerl aus der Folie nehmen und in den Zwiebelschmorfond einlegen. Eventuell noch ein wenig Geflügelfond nachgießen und 20 Minuten garen. Zum Schluss die Sauce mit Butter sämig machen.

Anrichten Auf jeden Teller je 1 geschmorte Zwiebelscheibe geben, 1 Wirsingwickerl daraufsetzen und alles mit Sauce übergießen.

Geschmorte Zwiebel

- 2 *weiße Zwiebeln*
- *Puderzucker*
- 2 *Knoblauchzehen*
- 1 *Zweig Thymian*
- 1 *Lorbeerblatt*
- 1 TL *Curry*
- *Geflügelfond*

Wirsingwickerl

- 1 *Wirsing*
- *Geflügelfond*
- 1 *Zwiebel, geschält und in 4 dicke Scheiben geschnitten*
- 2 EL *Perlgraupen*
- 2 *Salbeiblätter, klein geschnitten*

Zimt

Zimt zählt zu den ältesten Gewürzen und wird vom Zimtbaum, einem Lorbeergewächs, gewonnen, der ursprünglich aus China stammt, heutzutage aber in Sri Lanka (Ceylon), Indonesien, Vietnam und China angebaut wird. Aus der getrockneten Rinde junger Zimtbaumzweige werden die gelblich-braunen bis dunkelbraunen Zimtstangen hergestellt, die ganz oder als Pulver erhältlich sind. Aus Zimtblättern und der Rinde wird ätherisches Zimtöl produziert. Zu den wichtigsten Sorten zählen der hochwertige und teure Ceylonesische Zimt, der als sehr aromatisch gilt, meist als Stangen angeboten wird, aber hitzeempfindlich ist: Bei starker Hitzeeinwirkung büßt er schnell seine Würzkraft ein. Der Chinesische Zimt gelangt meist als Pulver in den Handel, seine Rinde ist weitaus dicker, geschmacklich schärfer und weniger aromatisch. Von allen Sorten enthält der Chinesische Zimt den höchsten Gehalt an leberschädigendem Kumarin. Er sollte nur dosiert eingesetzt und in Maßen verzehrt werden. „Das ist wie mit Tonkabohnen oder Muskatnuss: Wenn man viel davon verzehrt, und das über einen längeren Zeitraum, kann es gesundheitsschädigend wirken. Aber man isst ja nicht so viel davon", sagt Thomas Kellermann.

Hinweis Dunkel, trocken und in fest verschlossenen Behältnissen aufbewahrt sind Zimtstangen mehrere Jahre lang haltbar.

Birne mit Zimt und Saibling

ZIMTSAUCE Die Kaninchenkeulen grob hacken. Zwiebeln, Möhren und Sellerie schälen und würfeln. Die Keulen in Öl goldgelb anbraten. Dann das Gemüse dazugeben und ebenfalls anrösten. Mit Mehl bestäuben und mit Sojasauce ablöschen. Mit Geflügelfond bedecken, einmal aufkochen und 20 Minuten ziehen lassen. Passieren. Die Zimtstangen dazugeben, einmal aufkochen und 10 Minuten ziehen lassen. Passieren, gegebenenfalls reduzieren und mit Salz und Pfeffer abschmecken.

ZIMTBUTTER Butter braun werden lassen und mit dem gemahlenen Zimt vermischen.

ZIMTBIRNEN Birne längs schälen, in 4 Teile schneiden, entkernen und in der Zimtbutter bei 70 °C garen, bis die Stücke weich sind.

SAIBLING Den Fisch filetieren und längs halbieren. Auf die Zimtstangen spießen, salzen und pfeffern. Auf einen Teller legen, Butterflocken daraufgeben, mit Folie abdecken und bei etwa 60 °C 15 Minuten im Ofen garen.

BOHNENNUDELN Breite Bohnen in 10 Zentimeter lange Stücke schneiden und längs mit einem Sparschäler in dünne Streifen schneiden, kurz im Salzwasser garen, im Eiswasser abschrecken. Bohnenabschnitte und Bohnenkraut mit Geflügelfond aufsetzen und 30 Minuten einkochen lassen, passieren. Sauce mit Butter abbinden, bis sie sämig ist. Mit Salz und Pfeffer abschmecken, etwas gehacktes Bohnenkraut hinzugeben und die blanchierten Bohnennudeln darin glasieren.

ANRICHTEN Je 1 Birnenstück auf jeden Teller geben und die glasierten Bohnennudeln darauf verteilen. Die Zimtsauce auf die Teller geben. Zum Schluss je 1 Saiblingsfilet mit Zimtspieß platzieren und mit dem Saiblingskaviar garnieren.

ZIMTSAUCE

1,3 kg	*Kaninchenkeulen*
2	*weiße Zwiebeln*
1 1/2	*Möhren*
1/2	*Staudensellerie*
	Maiskeimöl
	Mehl
35 ml	*Sojasauce*
750 ml	*Geflügelfond*
4	*Stangen Zimt*

ZIMTBUTTER

250 g	*Butter*
1 TL	*gemahlener Zimt*

ZIMTBIRNEN

1	*Birne*
	Zimtbutter

SAIBLING

1	*Saibling (etwa 1 kg)*
4	*dünne, lange Zimtstangen*
50 g	*Butterflocken*

BOHNENNUDELN

2	*breite Bohnen*
3	*Zweige Bohnenkraut*
250 ml	*Geflügelfond*
60 g	*Butter*

ANRICHTEN

40 g	*Saiblingskaviar*

Granité, Süppchen und Rolle von der Hagebutte mit Ziegenkäseschaum

Hagebutte

Hagebutten sind die leuchtend roten Sammelnussfrüchte verschiedener Rosenarten – wie beispielsweise der Hundsrose – die als Wildfrüchte im Spätherbst gesammelt werden: je später die Ernte, umso süßer die Früchte. Das Rosengewächs ist weltweit zu finden: in Europa, Asien, Süd- und Nordamerika. Seine süßsäuerlichen Früchte gelten wegen ihres hohen Vitamin-C-Gehalts als kleine Vitaminbomben. Hagebutten werden als Trockenfrüchte haltbar gemacht oder zu Mark, Mus, Konfitüre, Fruchtwein, Likör und Tee verarbeitet. Da die Kerne winzige, widerhakenähnliche Härchen besitzen, die bei Hautkontakt einen Juckreiz hervorrufen, sollten die Kerne nicht verarbeitet werden. „Aus den frischen Früchten holt man wenig heraus: Wegen der Kerne muss man Hagebutten einkochen und durch ein Sieb streichen. Als gute Alternative kann man Hagebuttenmark verwenden", erklärt Thomas Kellermann.

Hinweis Durch das Einkochen wird der Vitaminanteil von Hagebutten nicht zerstört.

ZIEGENKÄSESCHAUM Gelatine in kaltem Wasser einweichen. Sahne, Ahornsirup und Tannenhonig erwärmen, Gelatine darin auflösen und mit Quark und Buttermilch verrühren. Mischung in eine Siphonflasche füllen, eine Sahnekapsel zugeben, gut schütteln und kühl aufbewahren.

HAGEBUTTENROLLE Mark und Zucker vermengen und 1 Millimeter dick auf Backpapier aufstreichen. Bei 60 °C etwa 2 Stunden im Ofen trocknen. Herausnehmen und in Rechtecke mit 5 x 8 Zentimeter Seitenlänge schneiden. Noch einmal 1 Stunde trocknen. Über dem Stiel eines Kochlöffels zu Zylinderrollen formen. Unmittelbar vor dem Anrichten den Ziegenkäseschaum in die Röllchen füllen.

HAGEBUTTENGRANITÉ Alle Zutaten vermengen und etwa ½ Zentimeter hoch in ein Blech füllen. Ins Gefrierfach stellen und mit Hilfe einer Gabel von Zeit zu Zeit die Oberfläche abschaben.

HAGEBUTTENSUPPE Die Gelatine einweichen. 400 Milliliter Wasser aufkochen, Teebeutel dazugeben und 6 Minuten ziehen lassen. Eingeweichte Gelatine im Tee auflösen. Alles mit Zucker, Zitronen- und Orangensaft abschmecken. Etwa 4 Stunden kühl stellen. Kurz vor dem Anrichten Champagner zugeben und die Suppe mit einem Stabmixer schaumig aufschlagen und in Gläser füllen.

ANRICHTEN Auf jeden Teller ein Glas mit der schaumigen Hagebuttensuppe stellen. Je 1 gefüllte Hagebuttenrolle auf jedes Glas legen und den Schaum mit etwas Hagebuttengranité garnieren.

ZIEGENKÄSESCHAUM

1	*Blatt Gelatine*
100 ml	*Sahne*
80 g	*Ahornsirup*
80 g	*Tannenhonig*
250 g	*Ziegenquark*
100 ml	*Buttermilch*

HAGEBUTTENROLLE

100 g	*Hagebuttenmark*
20 g	*Zucker*

HAGEBUTTENGRANITÉ

150 g	*Hagebuttenmark*
30 g	*Zucker*
30 ml	*Zitronensaft*
50 ml	*Wasser*

HAGEBUTTENSUPPE

2	*Blatt Gelatine*
2	*Teebeutel Hagebutten-Hibiskus-Tee*
70 g	*Zucker*
	Saft von ½ Zitrone und ½ Orange
80 ml	*Champagner*

Fischmanufaktur

Michael Kempf

Michael Kempf ist souverän, ehrlich, kreativ, intelligent und belastbar. Er artikuliert sich präzise und ist selbstbewusst, was bedeutet, dass er zu sich und zu seinen Entscheidungen steht. Er reist gerne, ist humorvoll in seiner Ernsthaftigkeit und ruhig in seinem Temperament. Er ist groß, sportlich, hat markante Züge und zählte schon mit 26 Jahren zu den besten Köchen Deutschlands. Diese Einschätzung würde in der Kommunikationswissenschaft als intersubjektiv bezeichnet, also als „höchstmöglich objektiv". Aber sie klingt dummerweise wie eine Kontaktanzeige: einfach zu idealtypisch, um wahr zu sein! – Was nun?
Wir erzählen einfach, dass Michael Kempf in seiner Ausbildung oft zwei Stunden vor dem eigentlichen Dienstbeginn in der Küche stand. Er bereitete flink seinen Posten vor, damit der Chef später mehr Zeit für ihn übrig hatte. Während seine Kollegen dann mit den alltäglichen Vorbereitungsarbeiten ausgelastet waren, durfte er Rehe zerlegen oder Kalbsrücken auslösen. Seine Zimmerstunden verbrachte er mit Kochbüchern am lehrbetrieblichen Herd. Was dachte man damals als Kochkollege von einem so strebsamen Musterknaben? – Genau: Nichts Gutes! – „Ja, natürlich", erwidert Michael Kempf lachend, „aber das war mir egal. Ich wollte so viel wie möglich lernen."
Ein gegenwärtiger Tick: In Michael Kempfs Küche könnte man chirurgische Eingriffe vornehmen, obgleich diese Metaphorik angesichts des praktizierten Handwerks etwas unpassend erscheint – aber man möchte ja nicht mit Adjektiven wie „geleckt" oder mit Floskeln wie „vom Boden essen" langweilen. Wir sind also geneigt, dem Wahlberliner einen Sauberkeitsfimmel anzudichten. „Man kann keinen edlen Steinbutt schön, fein und exakt auf den Teller legen und drum herum ist Chaos. Das hat etwas mit Wertschätzung zu tun", sagt der Sternekoch, der zudem einen eklatanten „Weckglas-Fetischismus" pflegt. In die Einmachgläser wandert nämlich alles, was dort hineinpasst: Etwa selbst hergestellte Leberwurst, eingekochte Mispeln oder Amalfi-Zitronen. Das hat dann etwas mit Ästhetik zu tun. Ein Blick ins Kühlhaus genügt ...
Niederträchtige Taktik unterstellen wir dem Küchenchef des Berliner Restaurants *Facil* beim Thema Einkauf, denn er zählt ganz bewusst fünf verschiedene Fischlieferanten zu seinem Portfolio: „Die kennen sich und reden untereinander. Das muss schon einen Wettstreit bezüglich Qualität geben. Wir verlangen von den Gästen entsprechende Preise. Da gibt es für mich keine Kompromisse beim Produkteinkauf." – Kurze Zeit später schickt er die Rotbarbe zurück an den Absender.
Mehr können wir auf die Schnelle nicht an dem gebürtigen Schwaben rütteln – dafür steht er einfach zu fest mit beiden Beinen auf dem Boden. Derzeit noch in der deutschen Hauptstadt. Später einmal möchte er eine Familie gründen und irgendwo im Süden ein kleines Restaurant eröffnen. „Ich bin sehr ehrgeizig. Ich setze mir ein Ziel, und das will ich dann erreichen", sagt der Küchenchef vollkommen entspannt – so entspannt, wie sich das für einen Koch gehört, der es bevorzugt, Lebensmittel langsam und geduldig zu garen. „Sie schmecken dann einfach besser", erklärt er und verabschiedet sich wenig später. Er steht jetzt mittags nicht mehr mit Fachlektüre am Herd, sondern trainiert für den Berlin-Marathon.

Zur Person

Michael Kempf wurde im Jahr 1977 in Sigmaringen geboren. Nach seiner Kochausbildung im Hotel *Kleber-Post* im Saulgau verbrachte er weitere Jahre am Herd von Lothar Eiermann im *Wald- & Schlosshotel Friedrichsruhe*, bei André Jaeger in der *Fischerzunft* in Schaffhausen oder bei Dieter Müller im *Schlosshotel Lerbach*. Mit 26 Jahren wurde Kempf Küchenchef des Luxushotels *The Mandala Hotel* am Potsdamer Platz in Berlin. Dazu gehört auch das Restaurant *Facil*, das mit einem Michelin-Stern und 3,5 Feinschmecker-Punkten ausgezeichnet ist. Im Gault Millau wurde Michael Kempf im Jahr 2008 zum „Aufsteiger des Jahres" gekürt und mit 17 Punkten belohnt.

„Ich will Gerichte kreieren, die dem Gast nicht nur schmecken, sondern ihm spannende Kombinationen bieten, die sich ins Gedächtnis brennen und dabei sein Interesse wecken, auch neue Produkte zu probieren."

Michael Kempf

KABELJAU

400 g	*Kabeljaufilet (möglichst vom dicken Mittelstück)*
60 g	*grobes Meersalz*
10 g	*brauner Zucker*
1 EL	*Mumbai-Curry*
100 ml	*Olivenöl*
1	*Zweig Thymian*

KRUSTENTIERLACK

200 ml	*Hummerfond*
4	*Körner Tasmanischer Pfeffer, grob zerstoßen*
2 EL	*Akazienhonig*
2 EL	*alter Balsamessig*
1 EL	*Sojasauce*

LETSCHO

500 g	*rote Paprikaschoten*
400 g	*Fleischtomaten*
100 g	*Schalotten, fein gewürfelt*
1	*Knoblauchzehe, fein gewürfelt*
2 EL	*Olivenöl*
80 g	*Bergknaupe, fein gewürfelt*
	Meersalz
	Harissa
	Zitronenschale, fein gehackt
	Kreuzkümmel
	brauner Zucker

LIMETTENSCHAUM

100 ml	*reduzierter Fischfond*
	Saft und Abrieb von 1/2 Limette
1	*Msp. Lezithin*
	Meersalz

ANRICHTEN

Kresse und Sprossen

Eismeerkabeljau, mit Mumbai-Curry konfiert, Krustentierlack, mild geräuchertes Letscho mit Bergknaupen

KABELJAU Fisch waschen, trocken tupfen, mit Meersalz und Zucker von beiden Seiten gut einreiben und in Klarsichtfolie wickeln. 48 Stunden im Kühlschrank durchziehen lassen. Auspacken, waschen und trocken legen. Schönste Seite mit Mumbai-Curry einstäuben, mit einem Teller beschweren und noch einmal 12 Stunden im Kühlschrank marinieren lassen. In 4 gleichmäßige Würfel schneiden, Würfel in ein tiefes Blech setzen und das Olivenöl und den Thymianzweig dazwischen verteilen. Bei 65 °C im Backofen (Umluft) in etwa 18 Minuten glasig konfieren.

KRUSTENTIERLACK Alle Zutaten bei kleiner Hitze langsam einkochen. Es sollte ein leichter Sirup entstehen. Zum Schluss den Lack durch ein mittelgrobes Sieb streichen.

LETSCHO Die Paprikas schälen, in kleine Würfel schneiden und 4 Minuten kalt räuchern. Aus den Paprikaschalen und -abschnitten einen Saft herstellen und diesen stark einkochen. Die Fleischtomaten enthäuten, das Fruchtgehäuse entfernen und in feine Würfel schneiden. Schalotten mit Knoblauch und Olivenöl glasig anschwitzen. Paprikawürfel dazugeben und mitdünsten. Tomatenwürfel, reduzierten Paprikasaft und Bergknaupen dazugeben und 20 Minuten bei kleiner Hitze köcheln lassen. Mit Meersalz, Harissa, Zitronenschale, Kreuzkümmel und braunem Zucker abschmecken.

LIMETTENSCHAUM Alle Zutaten leicht erwärmen und mit dem Stabmixer aufschäumen.

ANRICHTEN Krustentierlack auf die Teller geben. Je 1 Kabeljaufilet darauf platzieren. Das Letscho in einem Streifen dazu anrichten, mit etwas Kresse und feinen Sprossen garnieren. Den Limettenschaum dazugeben.

Terrine von andalusischer Gänseleber mit Cantuccini-Crumble, Salat von eingelegten Mispeln und Pfifferlingen, Arabica-Lack mit tasmanischem Pfeffer

Mispel

Mispeln finden nur schwer den Weg in die Küche, denn sie sind aufwändig in der Verarbeitung und erst nach längerer Lagerung oder Frosteinwirkung genießbar. Danach ist das sonst steinharte Fruchtfleisch der Mispel weich und süß-säuerlich im Geschmack, und das typische Mispelaroma kommt bestens zum Ausdruck. „Mispeln schmecken auch halbreif noch extrem holzig und sauer. Deswegen kaufe ich einige Kisten, wenn sie perfekt sind, und mache sie ein, um Vorrat zu haben“, erklärt Michael Kempf.

Mispeln eignen sich nicht zum Rohverzehr, aufgrund ihres hohen Pektingehalts aber ausgezeichnet zur Herstellung von Konfitüren, Gelees, Mus und Säften. Michael Kempf meint dazu: „Mispeln oxidieren sehr schnell. Wir ziehen die Mispeln ab, legen sie ins Einmachglas, übergießen sie gleich mit Fond und sterilisieren sie nur 15 Minuten bei 80 °C – sonst hat man am Ende Püree.“

Aufgrund ihres hohen Gerbsäuregehalts wurden Mispeln früher bei der Herstellung von Wein und Most zugesetzt, um deren Haltbarkeit zu verbessern. Wegen ihrer aufwändigen Handhabung wird die Mispel, die zur Familie der Rosengewächse zählt, heute hauptsächlich als Ziergehölz in Gärten und Parks genutzt.

Gänseleber

- 250 g *andalusische Gänseleber, geputzt*
- 1 g *Meersalz*
- 2 g *Pökelsalz*
- 3 g *Puderzucker*
- 50 ml *weißer Portwein, auf die Hälfte eingekocht*
- 1 *Spritzer Cognac*

Cantuccini-Crumble

- 50 g *Cantuccini (Mandelgebäck), selbstgebacken*
- 1 TL *Meersalzflocken*

Salat von eingelegten Mispeln und Pfifferlingen

- 100 g *Mispeln*
- 50 g *Aprikosenpüree*
- 100 ml *weißer Portwein*
- 40 ml *Noilly Prat*
- 1 TL *brauner Zucker*
- *Mark von 1/4 Vanilleschote*
- 3 *weiße Pfefferkörner, zerstoßen*
- 4 *grüne Anissamen, zerstoßen*
- 100 g *Pfifferlinge, geputzt*
- 1 *Schalotte, sehr fein gewürfelt*
- 1 EL *Dressing mit weißem Balsamessig*
- 1 EL *Mispelfond*

Arabica-Lack

- 100 ml *roter Portwein*
- 100 ml *kräftige Geflügeljus*
- 50 ml *Madeira*
- 6 *Körner Tasmanischer Pfeffer, fein zerstoßen*
- 1 TL *Arabica-Kaffee-Pulver*

Anrichten

- 4 *Scheiben Pancetta, klein geschnitten und kross gebraten*
- 1 *Zweig Süßdolde*

Gänseleber Gänseleber mit den Gewürzen, Portwein und Cognac 48 Stunden marinieren. In eine mit Folie ausgelegte Terrinenform pressen und im Backofen 40 Minuten bei 50 °C garen. Kühlstellen und stürzen. Auspacken, in einen rechteckigen Rahmen pressen und 4 Riegel schneiden.

Cantuccini-Crumble Cantuccini grob zerstoßen und mit dem Meersalz mischen. Die Stirnseite eines jeden Gänseleberriegels hineindrücken, sodass er von Crumbles bedeckt ist.

Salat von eingelegten Mispeln und Pfifferlingen Mispeln halbieren und in Streifen schneiden. Mispelkerne sehr fein mörsern, mit Aprikosenpüree, Portwein, Noilly Prat, Zucker, Vanille, Pfeffer und Anis um die Hälfte einkochen, bis eine sämige Konsistenz entsteht. Fertige Sauce durch ein feines Haarsieb streichen. In diesen noch warmen Fond die Mispeln einlegen und mindestens 24 Stunden durchziehen lassen. Die Pfifferlinge in wenig Olivenöl scharf anbraten, zum Schluss kurz die Schalottenwürfel dazugeben und ebenfalls anrösten. In eine Schüssel geben, das Dressing und 1 EL des Mispelfonds dazugeben, abschmecken und 1 Stunde ziehen lassen.

Arabica-Lack Flüssigkeiten mit dem Pfeffer sirupartig einkochen. Zum Schluss das Kaffeepulver dazugeben und alles eine halbe Stunde ziehen lassen.

Anrichten Etwas Arabica-Lack mit einem Pinsel auf jeden Teller auftragen und je 1 Gänseleberriegel anlegen. Den Pfifferlingssalat als Streifen anrichten und die Mispelstreifen darauf verteilen. Mit etwas Mispelfond überziehen und den Pancetta daraufstreuen. Süßdoldeblättchen abzupfen und obenauf legen.

Fenchel (Gewürz)

Das Fenchelkraut hat zarte, gefiederte Blättchen, die frisch wie Dill eingesetzt werden können. Michael Kempf benutzt vorwiegend Bronzefenchel, dessen Samen etwas kleiner sind und dessen Kraut im zunehmenden Reifezustand eine bronzefarbene Tönung annimmt. „Ich verwende niemals Kräuter als bloße Dekoration. Die würzige Aromatik des Bronzefenchels passt hervorragend zum Felsenoktopus", sagt er. In Deutschlands Küchen finden, neben der frischen Fenchelknolle, vor allem die Samen als Tee Verwendung. In Italien und Frankreich dagegen zählen die Fenchelsamen zu einem der wichtigsten Gewürze und sie werden gerne in Suppen, Saucen, Fischgerichten und Brot verarbeitet.

Ursprünglich stammt Fenchel aus Vorderasien und dem Mittelmeerraum und wird heutzutage hauptsächlich in Frankreich, Ägypten, Bulgarien, China, Indien und in der Türkei kultiviert. Zum essbaren Teil des Doldenblütlers zählen die Knollen, das Kraut sowie die Samen (Spaltfrüchte), die einen hohen Gehalt an ätherischen Ölen besitzen. Gewürzfenchel dient nicht nur als Gewürz- sondern auch als Heilpflanze, die Wirkstoffe gegen Blähungen, Durchfall, Husten und Magenkrämpfe besitzt.

Gegrillter Felsenoktopus mit Bronzefenchel, Chorizo-Marmelade und Holzkohle-Öl

Oktopus Oktopuskopf entfernen, Arme gut durchwaschen, in einem Topf mit kaltem Wasser bedecken, ohne Deckel auf den Herd stellen und langsam 1 Stunde sieden lassen. Zwiebel, Möhre und Sellerie waschen, mit Schale grob zerschneiden und mit dem Essig, dem Meersalz, Lorbeerblatt, Nelke, Pfefferkörnern und Wacholderbeere zum Oktopus geben. Etwa 2 Stunden weitersimmern lassen. Mit einem Zahnstocher prüfen, ob der Oktopus weich ist. Oktopus im Fond erkalten lassen, die Arme halbieren und mit Olivenöl, Rosmarin und Thymian marinieren. Kurz vor dem Anrichten in einer Grillpfanne langsam von beiden Seiten grillen.

Poweraden Die Poweraden putzen. Alle restlichen Zutaten aufkochen, abschmecken und in diesem Sud die Poweraden bissfest garen. Im Fond erkalten lassen.

Kapern-Vinaigrette Den Poweradenfond leicht erwärmen, das Olivenöl einrühren und mit den restlichen Zutaten abschmecken.

Tomaten-Chorizo-Marmelade Flaschentomaten enthäuten, vierteln, Kerngehäuse entfernen und die Filets in Würfel schneiden. Schalotten mit dem Olivenöl anschwitzen. Tomatenwürfel und Chorizo ebenfalls darin anschwitzen und mit dem Tomatensaft ablöschen. Gehackte Kräuter, getrocknete Tomaten und Akazienhonig zugeben und einkochen lassen. Mit Tabasco, Meersalz und Pfeffer abschmecken.

Anrichten Die halbierten Poweraden und die feinen Bohnen in der Kapern-Vinaigrette erwärmen. Tomaten-Chorizo-Marmelade auf die Teller streichen. Poweraden und Bohnen darauf verteilen. Den Oktopus in der Mitte anrichten. Mit Holzkohle-Öl beträufeln und die frittierten Kapern darüberstreuen. Zum Schluss den Bronzefenchel über das Gericht zupfen.

Oktopus

600 g	*Felsenoktopus*
1	*Gemüsezwiebel*
1	*Möhre*
100 g	*Staudensellerie*
1 EL	*Rotweinessig*
1 EL	*grobes Meersalz*
1	*Lorbeerblatt*
1	*Nelke*
4	*Pfefferkörner*
1	*Wacholderbeere*
1 EL	*Olivenöl*
1	*Zweig Rosmarin*
1	*Zweig Thymian*

Poweraden

12	*Poweraden*
400 ml	*Geflügelfond*
1 TL	*Zitronensaft*
1	*Zweig Rosmarin*
1	*Zweig Thymian*
1	*Knoblauchzehe*
1	*Lorbeerblatt*
	grobes Meersalz

Kapern-Vinaigrette

	reduzierter Poweradenfond
3 EL	*Olivenöl*
1 TL	*gehackte Kapern*
	Meersalz

Tomaten-Chorizo-Marmelade

500 g	*Flaschentomaten*
2	*Schalotten, fein gewürfelt*
1 EL	*Olivenöl*
100 g	*Chorizo, fein gehackt*
200 ml	*Tomatensaft*
1	*Zweig Rosmarin, fein gehackt*
1	*Zweig Thymian, fein gehackt*
100 g	*getrocknete Tomaten, gewürfelt*
1 EL	*Akazienhonig*
	Tabasco
	Meersalz

Anrichten

200 g	*feine Bohnen, blanchiert und halbiert*
60 ml	*Holzkohle-Öl*
1 EL	*Kapern, kurz frittiert*
1/2	*Bund Bronzefenchel*

Kümmel

Verschiedene Teile der Kümmelpflanze finden Verwendung in der Küche: Die möhrenartigen Wurzeln lassen sich als Gemüse verarbeiten, die Kümmelblätter dienen zur Gewürzherstellung, am geläufigsten sind aber die Kümmelfrüchte des Doldenblütlers, welche meist ungemahlen zugesetzt werden. Zur vollen Entfaltung des charakteristischen Geschmacks sollte Kümmel kurz vor der Verarbeitung im Mörser zerstoßen, ohne Fett angeröstet und längere Zeit mitgekocht werden.

Wegen des süßlich, würzig-beißenden und herben Kümmelaromas – welches sich beim Kochen noch intensiviert – wird das Gewürz meist in deftigen und schweren Speisen verarbeitet. „Kümmel finde ich besonders passend zu kräftig geschmortem Fleisch. Aber nur als dezente Geschmacksbeigabe, als letzter Pfiff", sagt Michael Kempf. Wenn Kümmel trocken, dunkel und als ganze Frucht gelagert wird, ist er nicht nur besonders lange haltbar, sondern er entwickelt während der Lagerung noch an Würzkraft. Gemahlener Kümmel verliert dagegen schnell sein typisches Aroma.

Tipp Kümmelkörner vor dem Hacken einfach mit ein wenig halbfester Butter vermengen, dann springen sie nicht vom Brett.

Bisonbacke mit Kümmel und Harissa geschmort, Rote Bete in Meersalz gegart und Strandastern

Bisonbacke Bisonbacken von allen Seiten in einem flachen Topf im Bratfett scharf anbraten. Herausnehmen. Schalotten, Sellerie und Möhren klein schneiden, in den Topf geben und ebenfalls anrösten. Mit Rinderjus, Rotwein und Rote-Bete-Saft ablöschen. Die angebratenen Bisonbacken wieder in den Topf legen, Thymian, Harissa, Kümmel und Zitrone dazugeben. Den Deckel auf den Topf legen und etwa 16 Stunden bei 80 °C im Backofen schmoren. Die Bisonbacken im Fond erkalten lassen, herausnehmen und Fond durch ein feines Haarsieb passieren. Dann einkochen, bis er die gewünschte Konsistenz und Geschmack erhält, eventuell mit Kümmel oder Harissa nachwürzen. Bisonbacken halbieren und in der heißen Jus warm halten.

Bisonbacke

2	*Bisonbacken, geputzt*
2 EL	*Bratfett*
4	*Schalotten*
1	*Stück Staudensellerie*
1/2	*Möhre*
200 ml	*kräftige Rinderjus*
100 ml	*Rotwein*
100 ml	*Rote-Bete-Saft*
1	*Zweig Thymian*
1/2 TL	*Harissa*
1/2 TL	*Kümmel, zerstoßen*
1/2	*konfierte Zitrone, fein geschnitten*

STRANDASTERN

60 g	Strandastern
20 g	Butter

ROTE BETE

6	kleine Rote-Bete-Knollen, gut gebürstet
	Meersalz
	Kümmel, zerstoßen
	Olivenöl
60 ml	Rote-Bete-Saft, eingekocht
20 g	kalte Butter

ROTE-BETE-KÜMMEL-SCHAUM

150 ml	Rote-Bete-Saft
	Meersalz
	Kümmel, zerstoßen
1 Msp.	Lezithin

PERLGRAUPEN

1	Schalotte, fein gewürfelt
60 g	Butter
100 g	Perlgraupen, gewaschen
50 ml	Weißwein
3/4	Lorbeerblatt
300 ml	helle Geflügelbrühe
1 EL	Wildkräuterpesto
1/2 EL	Chorizo (Joselito), fein gewürfelt

STRANDASTERN Strandastern putzen, waschen und anschließend in der Butter glasieren.

ROTE BETE Die Knollen einzeln mit dem Meersalz, dem Kümmel und dem Öl in Alufolie einwickeln. Im Backofen bei 100 °C etwa 2 bis 3 Stunden garen. Mit einem Zahnstocher einen Gartest machen. Erkalten lassen, auspacken, schälen und halbieren. Mit dem eingekochten Rote-Bete-Saft und der Butter glasieren.

ROTE-BETE-KÜMMEL-SCHAUM Rote-Bete-Saft mit Meersalz, Kümmel und Pfeffer etwas einkochen, durch ein feines Haarsieb passieren und abschmecken. Vor dem Anrichten Lezithin einmixen und aufschäumen.

PERLGRAUPEN Schalottenwürfel mit der Hälfte der Butter glasig anschwitzen. Perlgraupen dazugeben und kurz mit angehen lassen. Mit dem Weißwein, dem Lorbeerblatt und der Hälfte der Geflügelbrühe ablöschen und auf kleiner Flamme garen. Notfalls Geflügelbrühe nachfüllen. Pesto, restliche Butter und Chorizowürfel unterrühren, bis eine sämige Konsistenz entsteht. Mit Salz und Pfeffer abschmecken.

ANRICHTEN Je 1 Stück Bisonbacke auf einen Teller geben und mit der heißen Jus glasieren. Die Rote Bete danebenlegen. Auf jedem Teller Perlgraupen in eine rechteckige Anrichteform füllen, abnehmen und die Strandaster auf den Graupen verteilen. Zum Schluss Rote-Bete-Schaum auf die Rote Bete löffeln.

Marcus G. Lindner

Wäre die Aufgabenstellung, Topfen-Marillenknödel pantomimisch darzustellen, dann hätte Marcus G. Lindner bereits im Vorfeld gewonnen: Die filigranen Hände des Kochs bewegen sich plötzlich, als ob er auf einer Violine fiedelte. Er zerteilt den Teig mit einer imaginären Gabel, dann zeichnet er mit seinen Fingerspitzen die feine Marille, die halbflüssig hervorquillt, und dazu erzählt er über Haptik, Aussehen, Duft – selbst über den richtigen Widerstand beim Aufschneiden des Knödels macht sich der Koch noch seine Gedanken.

Zugegeben, Marcus G. Lindner hatte auch genügend Zeit, sich mit jener speziellen Speise auseinanderzusetzen: Die besten Marillenknödel machte nämlich seine Mutter, und ihre Küchenkünste bespitzelte der gebürtige Österreicher bereits in seiner Kindheit. Damals entdeckte er auch seine Faszination für seine heutige Profession. Es folgte eine Kochlehre, bald darauf wurde er Küchenchef, bekam Auszeichnungen, unter anderem vom Guide Michelin und vom Gault Millau.

Auch nach 30 Jahren ist das Faible für seinen Beruf geblieben. Und nicht einmal im Urlaub gönnt der Küchenchef des Zürcher Restaurants *Mesa* seiner Leidenschaft eine Ruhephase. Jüngst verbrachte er eine Urlaubswoche mit Frau und Sohn in Wien, wo er nebenbei die gehobene Gastronomie auskundschaftete. „Das Stressigste in meinen diesjährigen Ferien war das Essengehen. An fünf Tagen hatte ich jeweils vier bis sechs Gänge. Das war anstrengend", erzählt der Koch lachend.

Wie ist es bei solch hedonistischen Freizeitbeschäftigungen um den Leibesumfang des Kochs bestellt? Schlank! Und wenn wir schon bei Äußerlichkeiten angelangt sind: Lange Haare zum Pferdeschwanz gebunden, Drei-Tage-Bart mit weißen Sprenkeln und strahlend grün-blaue Augen. Wenn Lindner eine Staffelei vor sich hätte, eine Baskenmütze auf dem Kopf und einen Pinsel in der Hand, niemand würde mit der Wimper zucken. Der stereotype Malerlook würde ebenso gut zu ihm passen wie seine blitzsaubere Kochjacke und das Messer.

Aber anstatt sich auf Papier zu verewigen, zieht der Koch dann doch lieber Porzellan vor. „Handwerkliches Können und Kreativität auf einem Teller zu vereinen ist großartig", erzählt Lindner, dem ganz unkünstlerisch und unmusisch der Stress gefällt: „Wenn ich merke, dass sich mein Pulsschlag im oberen Bereich bewegt, dann bin ich sensibilisiert: Ich werde exakter, genauer und kreativer. Das mag ich unheimlich gern."

Da fragt man sich unwillkürlich, was dieser Mann wohl in seiner Freizeit tut, um abzuschalten, um Abstand zwischen sich und den Beruf zu bringen. „Ich habe einen kleinen Weinberg. Naja, also eher einen Hang. Den pflege ich in meiner Freizeit. Letztes Jahr habe ich meinen ersten Wein produziert. Mein Ziel ist, ein Menü zu kreieren, das nur von meinen eigenen Tropfen begleitet wird", sagt der Küchenchef und ist mit zwei Sätzen wieder beim Kochen angelangt. Wo bleibt also nun die Freizeit? – Marcus G. Lindner stutzt und überlegt. Es sei einfach schwer für ihn, abzuschalten, erwidert er, aber sobald er bei seiner Frau und seinem Bub'n sei, fühle er sich wie im Urlaub.

Zur Person

Marcus G. Lindner wurde im Jahr 1961 in Feldkirch in Österreich geboren, wo er im Restaurant *St. Leonhard* seine Ausbildung zum Koch absolvierte. Zu weiteren beruflichen Stationen zählen: die *Post* in Lech am Arlberg, das Restaurant *Gala* in Aachen, die *Burg Windeck* in Bühl, das *Kurhaus* in Baden-Baden und das *Interalpen-Hotel* Tyrol in Seefeld. Hohe Auszeichnungen erhielt Lindner unter anderem im *Grand Hotel Victoria-Jungfrau* in Interlaken, im *Grand Hotel Park* in Gstaad und zuletzt im Hotel *Ermitage* am Zürichsee. Seit 2006 betreibt er das Restaurant *Mesa* in Zürich, das mit einem Stern im Guide Michelin, 3 Feinschmecker-Punkten und mit 17 Punkten im Gault Millau ausgezeichnet ist.

„Wenn ich mir eine Kombination von Produkten vorstellen kann, führe ich sie auf dem Teller zusammen. Das ist für mich Handwerk. Erst am Gaumen kann es zu einem kunstvollen Gesamterlebnis werden.“

Marcus G. Lindner

Jakobsmuscheln mit konfiertem Schweinebauch und Rettich-Artischocken-Spargelsalat

Jakobsmuscheln

4	*Jakobsmuscheln*
	Zitronensaft
	Olivenöl
	Fleur de Sel
4 g	*Oliventapenade*

Schweinebauch

250 g	*Schweinebauch mit Schwarte*
	Olivenöl
4	*Zweige Thymian*
2	*Knoblauchzehen*

Jus

600 ml	*Geflügelfond*
3 EL	*Sojasauce*
3	*Knoblauchzehen*
3 EL	*Ingwer, fein gewürfelt*
3	*Zitronengrasstängel, fein geschnitten*
3	*Lorbeerblätter*

Rettich-Artischocken-Spargelsalat

50 g	*Rettich*
50 g	*Spargelspitzen*
50 g	*Artischockenherzen*
1 EL	*Zucker*
4 EL	*Estragonessig*
	Gremolata

Anrichten

4	*Crostini*
	Olivenöl
	Kräuteröl

Jakobsmuscheln Jakobsmuscheln wie für ein Carpaccio dünn aufschneiden, mit Zitronensaft und Olivenöl marinieren, mit Fleur de Sel und weißem Pfeffer würzen. Oliventapenade gleichmäßig darauf verteilen.

Schweinebauch Schweinebauch mit Schwarte in 3 x 3 cm große Würfel schneiden, so dass Fett und Fleisch gleichmäßig verteilt sind. Backofen auf 150 °C vorheizen. Ein Blech mit Olivenöl einstreichen, gehackten Thymian und Knoblauch aufstreuen. Schweinebauch mit der Schwarte nach oben auflegen, etwa 30 Minuten garen, Hitze auf 100 °C reduzieren und 1 Stunde weitergaren.

Jus Alle Zutaten in einen Topf geben, aufkochen und 15 Minuten ziehen lassen. Die Jus über den Schweinebauch gießen und diesen darin weitere 1 bis 1 1/2 Stunden garen.

Rettich-Artischocken-Spargelsalat Den Rettich schälen, in Streifen schneiden; zusammen mit den halbierten Spargelspitzen und den zerkleinerten Artischockenherzen in einen kleinen Topf geben. Mit Wasser auffüllen, bis das Gemüse knapp bedeckt ist, Zucker hinzufügen und Gemüse etwa 5 Minuten bissfest garen. Sofort in Eiswasser abkühlen. Gemüse abgießen, dem Fond Estragonessig zugeben, mit Salz und Pfeffer abschmecken und zur kräftigen Marinade reduzieren. Abkühlen lassen und über das gegarte Gemüse gießen. Mit etwas Gremolata würzen.

Anrichten Die Jakobsmuscheln fächerförmig auf die Crostini auflegen, den Rettich-Artischocken-Spargelsalat mit etwas Olivenöl abschmecken und daneben anrichten. Ein Stück konfierten Schweinebauch platzieren. Gericht mit etwas passierter Jus vom Schweinebauch und Kräuteröl fertigstellen.

Atlantik-Jakobsmuscheln, Gewürzchicorée und piemontesische Haselnuss in Fleur-de-Sel-Karamell

Haselnuss

Schon in der Früh- und Urgeschichte zählten die Früchte des Haselstrauches zu einer wichtigen Nahrungsquelle, da sie nicht nur Vitamine und Mineralstoffe beinhalten, sondern mit einem durchschnittlichen Fettgehalt von 61 Prozent als wichtiger Energielieferant dienten. Wurden sie früher meist roh verspeist, werden sie heutzutage hauptsächlich als Bestandteil von Süß- und Backwaren genutzt, was für viele Menschen ein Problem darstellt, da die Haselnussallergien weit verbreitet sind.
Hauptanbau- und Exportländer sind nach der Türkei – dem Ursprungsland der Nuss – Spanien, Zypern und die USA. In Italien wird die einsamige Steinfrucht bevorzugt in Neapel, in der Toskana und um Turin herum angebaut. „Die piemontesische Haselnuss zählt für mich zu den besten Haselnüssen der Welt. Sie hat keine ranzigen Nuancen, schmeckt frischer, feiner und nussiger als andere Sorten. Sie ist ein durchweg edles Produkt", berichtet Marcus G. Lindner, der Haselnüsse bevorzugt in Verbindung mit Meeresfrüchten auf den Teller bringt.

ATLANTIK-JAKOBSMUSCHELN

4	*Atlantik-Jakobsmuscheln, ohne Rogen*
5 g	*Olivenöl*
	Fleur de Sel
4	*getrocknete Zimtrindenspieße*

GEWÜRZCHICORÉE

4	*Chicorée*
4 EL	*Orangensaft*
4 EL	*Geflügelfond*
1	*Sternanis*
2	*Nelken*
	Zitronenthymian

HASELNÜSSE IN FLEUR-DE-SEL-KARAMELL

3 g	*Fleur de Sel*
120 g	*Glukose*
100 g	*Fondant*
200 ml	*Weißweinessig*
	Haselnusskerne

KÜRBISSAUCE

120 g	*geschälter Muskatkürbis*
	Meersalz
	Olivenöl
20 g	*Butter*
	Geflügelfond
	Ahornsirup
1	*Scheibe Ingwer, fein geschnitten*
	Bitterorangenmarmelade

ANRICHTEN

frisch gebackene Blätterteigkreise
Selleriecreme
Olivenöl

ATLANTIK-JAKOBSMUSCHELN Die Jakobsmuscheln in einer Teflonpfanne mit Olivenöl saignant braten, sodass sie etwas Farbe annehmen. Mit Fleur de Sel würzen und mit den Zimtrindenspießen durchstoßen.

GEWÜRZCHICORÉE Chicorée ohne Strunk fein würfeln, mit den Flüssigkeiten und den Gewürzen vakuumieren und 1 Stunde marinieren lassen. Dann den Chicorée mit etwas Butter in einer Sauteuse glasieren, mit dem Fond aufgießen und weichschmoren. Mit Salz und Pfeffer würzen.

HASELNÜSSE IN FLEUR-DE-SEL-KARAMELL Fleur de Sel, Glukose, Fondant und Weißweinessig mischen, aufkochen, so dünn wie möglich auf ein Blech aufgießen und erkalten lassen. Grob zerkleinerte Karamellstücke in einer Küchenmaschine fein mixen. Das Granulat auf ein Blech aufsieben, Haselnüsse aufstreuen und bei etwa 200 °C im Ofen karamellisieren.

KÜRBISSAUCE Kürbis in Würfel schneiden, leicht salzen, mit Olivenöl beträufeln und in Alufolie einschlagen. Im Ofen bei 200 °C weich dünsten. Den gedünsteten Kürbis mit einer Gabel zerdrücken, pürieren und mit Butter, Geflügelfond, Ahornsirup sowie Ingwer und Bitterorangenmarmelade verfeinern.

ANRICHTEN Blätterteigkreise noch warm mit mit Selleriecreme bestreichen. Den heißen Gewürzchicorée darauf anrichten und die gespickte Jakobsmuschel auflegen. Die karamellisierte Nuss, den Sternanis aus der Marinade und die Kürbissauce anrichten. Mit frischfruchtigem Olivenöl beträufeln und servieren.

Pfirsich

Der Pfirsichbaum gehört zur Familie der Rosengewächse und wird erstmalig in China vor 4.000 Jahren erwähnt. Von dort aus verbreitete er sich allmählich in allen wärmeren und gemäßigten Zonen der Erde. Besonders hervorzuheben ist der hohe Gehalt an essentiellen Wirkstoffen wie Eisen und Kalium, die den Körper bei lebenswichtigen Stoffwechselprozessen unterstützen.

Besonders reich an Inhaltsstoffen sind wilde Pfirsichsorten wie der rotfleischige Weinbergpfirsich, der zwar nicht so süß ist, aber dafür über einen weitaus aromatischeren Eigengeschmack verfügt. „Es gibt nichts Simpleres, als einen frischen Weinbergpfirsich zu veredeln: Einfach in der Pfanne karamellisieren lassen und mit Pfirsichlikör und Saft ablöschen", sagt Marcus G. Lindner.

Die artverwandten glatthäutigen Nektarinen entstanden durch eine Genmutation an Pfirsichbäumen, die daraufhin weitergezüchtet und als eigene Sorte kultiviert wurden. Trotzdem kommt es auch heute noch vor, dass auf Pfirsichbäumen Nektarinen wachsen und umgekehrt. Geschmacklich unterscheiden sich die beiden Steinobstsorten kaum. „Ob Pfirsich oder Nektarine, ich finde, das Obst passt hervorragend zu Pfifferlingen und Fisch. Bei meinem Gericht ist das Schwierige die Abstimmung der verschiedenen Aromen, damit der süß-saure Pfirsich den feinen Eigengeschmack des Fischs nicht übertönt, sondern nur unterstreicht."

Essig-Pfirsich mit Zanderbäckchen, Langustino, Pfifferlingen und Erbsenpüree

Essig-Pfirsich Pfirsich blanchieren, schälen, halbieren und Kern entfernen. Ahornsirup erwärmen, Pfirsichhälften zugeben und mit Essig und Pfirsichsaft ablöschen. Gewürze zugeben und Pfirsichhälften bei kleiner Hitze weich dünsten. Zum Schluss mit kalter Butter montieren und reduzieren lassen.

Zanderbäckchen und Langustini Zanderbäckchen einzeln vakuumieren, im Wasserbad bei 68 °C exakt 25 Sekunden garen. Aus dem Vakuumbeutel nehmen und im Hold-o-mat einige Minuten ruhen lassen. Die ausgelösten Langustini in Würfel mit 2 Zentimetern Seitenlänge schneiden. Mit Olivenöl in einer Teflonpfanne kurz anbraten. Zanderwangen und Langustini vor dem Servieren mit weißem Pfeffer und Knoblauchsalz würzen.

Pfifferlinge Die gewaschenen, getrockneten Pfifferlinge in Butter sautieren, Schalottenwürfel, Knoblauch und Thymianzweig zugeben. Pfifferlinge fertig garen, mit Salz und Pfeffer abschmecken.

Erbsenpüree Die frischen Erbsen blanchieren, pürieren und durch ein feines Sieb streichen. Das Erbsenpüree mit dem Geflügelfond erwärmen, mit Salz und Pfeffer würzen und dann mit Minze verfeinern.

Anrichten Einen Löffel heißes Erbsenpüree auf jeden Teller geben, je ½ Essig-Pfirsich daraufsetzen. Daneben die sautierten Pfifferlinge, das Zanderbäckchen und je 1 Langustino platzieren. Mit dem reduzierten Pfirsichfond übergießen und heiß servieren.

Essig-Pfirsich

2	*Pfirsiche*
40 g	*Ahornsirup*
3 EL	*weißer Balsamessig*
100 ml	*Pfirsichsaft*
1	*Sternanis*
2	*Gewürznelken*
30 g	*Butter*

Zanderbäckchen und Langustini

4	*Zanderbäckchen ohne Haut, à 35 g*
4	*Langustini*
5 g	*Olivenöl*
	Knoblauchsalz

Pfifferlinge

120 g	*Pfifferlinge*
1	*Schalotte, fein gewürfelt*
1	*Knoblauchzehe, fein gewürfelt*
1	*Zweig Thymian*

Erbsenpüree

120 g	*Erbsen*
100 ml	*Geflügelfond*
1–2	*Minzblätter*

Seezunge, karamellisierte Melone, Gurke, Urkarotte und Ricottaravioli

Seezunge Die bratfertige Seezunge der Länge nach halbieren. Den Knoblauch mit den Kräutern und etwas Olivenöl in einer Teflonpfanne verteilen. Seezungenstücke würzen, auf beiden Seiten anbraten und auf die Kräuter legen. Mit Olivenöl beträufeln und im Ofen bei 160 °C etwa 5 Minuten glasig garen.

Karamellisierte Melone und Gurke Puderzucker in einer Teflonpfanne karamellisieren, Melonenwürfel und Gurkenstreifen darin schwenken, mit Noilly Prat ablöschen, mit Fleur de Sel und weißem Pfeffer würzen.

Urkarotte Urkarotten schälen und in 3 mm dünne Scheiben schneiden. Schalotte, Knoblauch und Thymian in Butter andünsten. Urkarotte, Fleur de Sel und Rohrzucker zugeben, mit Weißwein und Geflügelfond ablöschen. Zugedeckt bissfest schmoren.

Urkarottensauce Die zerkleinerte Urkarotte mit Schalottenwürfeln in Olivenöl andünsten. Rohrzucker und Akazienhonig zugeben. Mit Weißwein ablöschen und mit Geflügelfond, Zitronen- sowie Orangen- und Möhrensaft auffüllen. Etwa 20 Minuten köcheln lassen, mixen, passieren und mit Salz und Pfeffer würzen.

Melone

Bereits bei den Ägyptern war die Melone eine beliebte Delikatesse. Meist wurde sie als deftig gewürzte Speise mit Essig, Salz und Pfeffer verzehrt, denn erst durch die fortwährenden Züchtungen der letzten Jahrhunderte entwickelten Melonen ihren hohen Zuckergehalt. Insbesondere aufgrund ihrer charakteristischen Süße werden Melonen gerne als Obst tituliert, obwohl das Kürbisgewächs zur Gattung der Fruchtgemüse zählt. Es werden zwei Hauptgruppen unterschieden: Wassermelonen, die ein Gewicht bis 20 Kilogramm erreichen können, und Zuckermelonen, von denen meist Früchte mit einem Gewicht bis vier Kilogramm angebaut werden.

Wichtig ist, das Melonen schon bei der Ernte den höchstmöglichen Reifegrad erreicht haben, da sie nur bedingt nachreifen und nur mit einem erheblichen Aromaverlust. Der Reifegrad ist leicht erkenntlich, wenn sich rings um den Strunk ein Riss bildet, die Früchte ein feines Aroma ausströmen und die Blütenstelle auf Druck mit dem Finger nachgibt. „In der Küche muss man mit der Melone nicht viel machen – Hauptsache, sie ist reif und süß. Ich grille Melonenstücke meist mit so viel Hitze, dass der fruchteigene Zucker karamellisiert", berichtet Marcus G. Lindner.

Bei der Lagerung sollten Melonen möglichst separat aufbewahrt werden, da die reifen Früchte Ethylengas produzieren, das den Reifeprozess anderer Früchte und Gemüse beschleunigt.

Seezunge

2	*Seezungen à 200 g*
1	*Knoblauchzehe, in Scheiben geschnitten*
1	*Zweig Thymian*
1	*Zweig Rosmarin*
	Olivenöl

Karamellisierte Melone und Gurke

	Puderzucker
4	*Melonenwürfel à 25 g*
120 g	*Gurkenstreifen*
	Noilly Prat
	Fleur de Sel

Urkarotte

2	*Urkarotten à 40 g*
1	*Schalotte, fein gewürfelt*
1	*Knoblauchzehe, gehackt*
1	*Zweig Thymian*
30 g	*Butter*
	Fleur de Sel
	Rohrzucker
	Weißwein
100 ml	*Geflügelfond*

Urkarottensauce

200 g	*Urkarotte*
1	*Schalotte, fein gewürfelt*
	Olivenöl
1 TL	*Rohrzucker*
1 TL	*Akazienhonig*
	Weißwein
300 ml	*Geflügelfond*
	Saft von 1 Zitrone
	Saft von 1 Orange
100 ml	*Möhrensaft*

Ricottaravioli

Ravioliteig

100 g	*Mehl*
1	*Ei*
1 EL	*Olivenöl*

Ricottafüllung

8	*Thaispargel*
1 EL	*Ricotta*
	Minzblättchen, fein geschnitten
	Fleur de Sel
	Cayennepfeffer

Ricottaravioli Aus Mehl, Ei und Olivenöl einen glatten, elastischen Nudelteig fertigen, zur Kugel formen und ruhen lassen.
Für die Füllung Thaispargel in kleine Würfel schneiden, blanchieren und in Eiswasser abschrecken. Gut trocknen lassen, dann mit Ricotta und der fein geschnittenen Minze mischen. Mit Fleur de Sel, weißem Pfeffer und etwas Cayennepfeffer würzen.
Den Nudelteig dünn ausrollen, 4 Kreise (6 cm Durchmesser) ausstechen. Je einen Teelöffel Ricottafüllung mittig platzieren und zusammenklappen. Ränder festdrücken und die Ravioli in schwach kochendem Salzwasserr 3 bis 4 Minuten ziehen lassen.

Anrichten Ricottaravioli, Gurke und Urkarotte mittig auf dem Teller platzieren. Die Seezunge der Gräte entlang davor aufstellen. Sauce einziehen und servieren.

Dirk Luther

Da ist kein Fünkchen Hass, Groll oder Neid zu spüren. Dirk Luther lästert und meckert nicht über Kollegen, Mitarbeiter, Restaurantführer oder Küchenstile, Küchentrends und Küchentechniken: „Ich finde es anmaßend, zu urteilen ohne Hintergründe zu kennen. Das passiert in unserem Beruf viel zu oft." Er bezieht nur Stellung gegen sich selbst. Gut, es kann natürlich sein, dass der mediengewandte Koch uns etwas vorgaukelt und hinter den Kulissen des *Alten Meierhofs* mault, dass sich die Jus von selbst reduziert und nebenbei mit Pfannen auf seine Mitarbeiter eindrischt. Aber seine Küchenbrigade steht ziemlich gerade. Keine blaue Flecken. Keine Panik in den Augen, wenn der Chef die Küche betritt. Zudem bleiben viele seiner Mitarbeiter drei oder vier Jahre an seiner Seite. „Ich habe Respekt vor jedem Menschen, vor jedem Koch und jeder Reinigungskraft. Ich bin mir nicht zu schade, Zwiebeln zu pellen oder den Boden zu schrubben. Das lebe ich vor."

Für das boulevardgeneigte Ohr mag das nun alles fürchterlich langweilig klingen, uns gibt es die Möglichkeit, über wichtige Dinge zu sprechen, beispielsweise über den Schrebergarten seines Großvaters! Über die Erdbeeren, Pflaumen und Kirschen, die Dirk Luther half, einzumachen und den eigens hergestellten Apfelsaft. Oder über das strikte Essensritual, zu dem er auch an freien Tagen aufstehen musste, um mit der Familie zu frühstücken – ein bisschen viel Esskultur für einen Jugendlichen! Oder über seinen Vater, der ebenfalls Koch war, und dem Dirk Luther oft in der Küche half. Oder über seinen französischen Küchenstil, über den Wolfram Siebeck einmal rezensierte, dass Dirk Luther „das Kunststück gelinge, seine Experimente auf dem Teller so aussehen zu lassen, als handle es sich um klassische Kochkunst."

Zugegeben, ein schwieriges Resümee des Restaurantkritikers, das man nicht sofort in seinem Sinn erfasst. Dirk Luther ist ebenfalls ratlos. „Ehrlich gesagt, ich habe es auch nicht verstanden, aber ich habe mich über diesen Artikel sehr gefreut! Jetzt wiederum Wolfram Siebeck zu kommentieren, dazu habe ich zu viel Achtung vor dem, was dieser Mann geleistet hat", sagt Dirk Luther und beginnt zu lachen: „Da müssen Sie ihn schon selber fragen." – Was wir prompt tun: Das Verzwickte ist nur, dass Wolfram Siebecks Besuch drei Jahre zurückliegt und er sich partout nicht mehr erinnern kann. Außerdem dürfe man Urteile nicht durch die Geschichte schleppen! Aber zumindest war ein Bauchgefühl geblieben: Er bedauert nämlich, dass er so weit im Süden wohnt. Er würde gerne mal wieder bei Dirk Luther einkehren ...

Wobei Wolfram Siebeck nicht zu weit im Süden wohnt – Dirk Luthers *Meierei* liegt einfach zu weit im Norden, nördlicher geht ja kaum: Aus den Fenstern des Restaurants blickt man nach Dänemark. Dazwischen nur die Förde, das Meer. „Mir war es wichtig, Wasser zu haben. Ich bin gebürtiger Hamburger, und wenn man das Wasser einmal hatte, dann möchte man nicht mehr weg davon", sagt Luther, der mit seiner Familie in Kropp lebt. Ein beschauliches Dörfchen, in dem man sich mit vielem mehr Zeit lassen kann – vor allem an den freien Sonntagen! Da sei nämlich Familientag und der würde von Anfang an vernünftig gestaltet und beginnt – wie sollte es anders sein – mit einem gemeinsamen Frühstück! Wobei sich sein Sohn noch in einem Alter befindet, in dem er die Eltern aus dem Bett holt – irgendwie darf dieser Koch nie aus Eigeninitiative aufstehen.

Zur Person

Dirk Luther wurde im Jahr 1970 in Hamburg geboren, wo er von 1986 bis 1989 seine Kochausbildung im *Anglo-German Club* absolvierte. Zu weiteren Stationen in der Hansestadt zählen das Hotel *Vier Jahreszeiten* und das Hotel *Louis C. Jacob*. In Wolfratshausen arbeitete Dirk Luther im Restaurant *Patrizierhof*, in Mannheim im Restaurant *Da Gianni* und im Burgund im Hotel *La Côte Saint-Jacques*, bevor er in den Jahren 2000 bis 2006 die Küchenleitung des *Seehotels Töpferhaus* in Alt-Duvenstedt übernahm, wo er das erste Mal zwei Sterne im Guide Michelin erhielt. Eine Auszeichnung, die er auch für das Restaurant *Alte Meierei* im *Alten Meierhof* in Glücksburg erhielt, wo er seither als Küchendirektor tätig ist. Vom Gault Millau erhielt Dirk Luther 18 Punkte, vom Feinschmecker 3,5 Punkte.

„Die Basis bleibt natürlich die gleiche, aber die Küchenstile und -techniken entwickeln und verändern sich fortlaufend. Dabei muss man mitreifen, mitgehen. Ich gehe zu Kollegen, auch im Ausland, um zu wissen, was auf dem Teller passiert."

Dirk Luther

Gekochter Rindertafelspitz mit Meerrettichsauce, Wurzelgemüse und Bouillonkartoffeln

RINDERTAFELSPITZ

1 kg	*Rindertafelspitz*
2	*Möhren*
1	*Stange Lauch*
1/6	*Knolle Sellerie*
1	*Zwiebel, halbiert und an der Schnittfläche gebräunt*
1	*Petersilienwurzel*
	Pfefferkörner
	Lorbeerblatt
	Pimentkörner

BOUILLONKARTOFFELN

2 EL	*Möhren, fein gewürfelt*
2 EL	*Sellerie, fein gewürfelt*
2 EL	*Lauch, fein gewürfelt*
40 g	*Butter*
400 g	*Kartoffeln, gewürfelt und blanchiert*
1 l	*Rinderbrühe*
1	*Lorbeerblatt*
	geriebene Muskatnuss

MEERRETTICHSAUCE

35 g	*Butter*
40 g	*Mehl*
1/2 l	*Rinderbrühe*
200 ml	*flüssige Sahne*
2 EL	*Meerrettich aus dem Glas*
1/4	*Stange Meerrettich, frisch gerieben*
	kalte Butter, in Würfeln

ANRICHTEN

	frisch geriebener Meerrettich
1 EL	*Petersilie, gehackt*

RINDERTAFELSPITZ Das Fleisch mit Wasser aufsetzen, zum Kochen bringen, ausschäumen und langsam weiterkochen. Nach 2 Stunden Gemüse, Gewürze und Salz zufügen und ziehen lassen. Wenn das Fleisch und das Gemüse gar sind, das Fleisch in gleichmäßige Scheiben und das Gemüse in jeweils 4 Stücke schneiden und alles warm stellen.

BOUILLONKARTOFFELN Brunoise von Möhren, Sellerie und Lauch in Butter anschwitzen, blanchierte Kartoffelwürfel (2 cm Seitenlänge) dazugeben. Knapp mit Fleischbrühe bedecken, Lorbeerblatt dazugeben und die Kartoffeln garen. Mit Salz, Pfeffer und Muskatnuss abschmecken.

MEERRETTICHSAUCE Die Butter in einen Topf geben und schmelzen lassen, das Mehl dazustreuen und gut anschwitzen. Mit der Brühe auffüllen, gründlich durchrühren und bis zum Kochen ständig weiterrühren. Dann die Sahne hinzufügen, die Hitze drosseln und gelegentlich umrühren. Die Sauce durch ein Sieb passieren. Mit Salz und dem Meerrettich abschmecken und mit kalten Butterstücken verfeinern.

ANRICHTEN Die Rindertafelspitzscheiben auf vorgewärmten Tellern anrichten. Das Gemüse dekorativ dazulegen, mit der Meerrettichsauce nappieren und frisch geriebenen Meerrettich darüberstreuen. Die Bouillonkartoffeln mit Petersilie verfeinern und anschließend in Beilagenschalen anrichten.

Zuckerschote

Die Zuckerschote stammt höchstwahrscheinlich von der Wilderbse ab, wird im Gegensatz dazu aber mit der dickfleischigen Hülse verzehrt, da sie keine ungenießbare Innenhaut bildet und sehr zart ausfällt. Der hohe Zuckergehalt der Hülsenfrucht ist für den süßlich-milden Geschmack verantwortlich. Beim Einkauf ist darauf zu achten, dass die Hülsen glatt, grün und prall sind – die Samen dürfen nicht zu groß sein. Grundsätzlich gilt: je kleiner die Erbsenschote, desto zarter der Geschmack.

Zuckerschoten müssen rasch verarbeitet werden, zudem sollte die Faser auf der Naht entfernt werden. Dirk Luther: „Wir ziehen das Härchen, weil es etwas zäh ist. Aber zwingend notwendig ist es nicht." Wie bei zahlreichen anderen Gemüsen kann der Eigengeschmack betont werden, indem die Zuckerschoten nach dem Blanchieren kurz in Butter sautiert und mit Zucker und Salz abgeschmeckt werden.

Rohe Hülsenfrüchte enthalten Eiweißstoffe, die das Zusammenballen der roten Blutkörperchen verursachen und erst nach 15-minütigem Kochen vollkommen abgebaut sind. Deswegen sollten blanchierte Zuckerschoten nur in geringen Mengen verzehrt werden.

Coquilles Saint-Jacques mit Meeresfrüchten, Zuckerschote und Kerbel-Beurre-blanc

Zitronenhautpüree Von den Zitronen mit einem Sparschäler die gelbe Schale entfernen. Danach die Schale in heißem Wasser blanchieren, bis sie nicht mehr bitter ist (bis zu sechsmal). Dazu jedes Mal frisches Wasser verwenden. Genau dasselbe mit der weißen Schale durchführen. Den Zitronensaft auspressen. Die gelbe und weiße Schale mit dem Läuterzucker in einen Thermomix geben und solange mixen, bis eine homogene Masse entsteht. Mit dem Zitronensaft abschmecken.

Jakobsmuscheln Die Bigorneaux waschen, mit kaltem Wasser, Weißwein und Gemüse in einem Topf auf den Herd stellen und aufkochen. Mit kaltem Wasser abschrecken. Die Schnecken mit einer Nadel aus dem Gehäuse pulen, das Darmteil und die Hornplatte entfernen. Die Jakobsmuscheln auf der flachen Seite öffnen. Das weiße Muskelfleisch herausschneiden und von den Bärten und Rogen befreien. Die Venus- und die Messermuscheln durchwaschen. Die Messermuscheln mit der Hand aufbrechen und den bräunlichen Teil des Fleisches abschneiden. Die Venusmuscheln mit einem kleinen spitzen Messer öffnen. Das Fleisch herauslösen und das Muschelwasser für die Vinaigrette aufbewahren. Den Geflügelfond auf 60 °C erwärmen. Die Jakobsmuscheln hineinlegen und 4 bis 5 Minuten garen (Kerntemperatur 38 °C). Die Zuckerschotenstreifen in Butter anschwitzen und dann mit Salz würzen. Vom Herd nehmen und die Muscheln und Schnecken hinzufügen und vorsichtig erwärmen.

Vinaigrette Geflügelfond mit dem Muschelwasser und Chardonnayessig verrühren. Das Xanthan mit 3 EL Wasser anrühren und mit dem Fond vermengen. Mit Salz, Zucker und Pfeffer abschmecken und mit Traubenkernöl verfeinern. Zum Schluss die Paprikawürfel sowie die Schnittlauchringe hinzufügen.

Kerbel-Beurre-blanc Den Geflügelfond aufkochen. Hitze reduzieren. Die Hälfte der Butter einrühren, sodass sich eine Emulsion bildet, dann den Rest der Butter einrühren. Die Hitze etwas erhöhen, damit sich die Emulsion stabilisiert. Mit Salz und Limonensaft abschmecken und mit dem geschnittenen Kerbel verfeinern.

Kressesalat Friséesalat putzen, waschen und trockenschleudern. Vom Frisée nur das Gelbe klein zupfen. Kresse und Sprossen in kleine Blättchen zupfen.

Anrichten Auf jedem Teller das Zitronenhautpüree am Rand in 3 kleinen Türmchen aufspritzen. Zwischen den Zitronenpüreetürmchen den Kressesalat dekorativ anrichten. Mit je 4 Schnittlauchhalmen dekorieren. Die Muscheln mit den Zuckerschoten in die Mitte legen und mit der Kerbel-Beurre-blanc übergießen. Je 1 Jakobsmuschel getrennt legen. Je 1 Nocke Kaviar auf die Jakobsmuschel geben und mit 1 Schnittlauchhalm garnieren. Die Vinaigrette am Tellerrand angießen.

Zitronenhautpüree

6	*Bio-Zitronen*
60 ml	*Läuterzucker*

Jakobsmuscheln

16	*Bigorneaux (Strandschnecken)*
100 ml	*Weißwein*
1	*Gemüsebund (Möhre, Sellerie, Lauch)*
4	*Jakobsmuscheln (à 340 g)*
16	*Messermuscheln*
20	*Venusmuscheln*
1 l	*Geflügelfond*
4	*Zuckerschoten, in feine Streifen geschnitten (2,5 cm lang)*
1 EL	*Butter*

Vinaigrette

100 ml	*Geflügelfond*
2 EL	*Chardonnayessig*
0,5 g	*Xanthan*
4 EL	*Traubenkernöl*
2 EL	*feine Paprikawürfel, geschält und blanchiert*
1 EL	*Schnittlauchringe*

Kerbel-Beurre-blanc

150 ml	*Geflügelfond*
50 g	*kalte Butterwürfel*
	Saft von 1 Limone
1 EL	*Kerbel, geschnittenen*

Kressesalat

1	*Kopf Friséesalat*
1	*Schale Shiso Cress*
1	*Schale Mustard Cress*
1	*Schale Affilla Cress*
1	*Schale Rock Chives*
1	*Schale Erbsensprossen*

Anrichten

20	*Schnittlauchhalme (2 cm lang)*
20 g	*Kaviar d'Aquitaine*

Steinpilz (Herrenpilz)

Wie der Pfifferling kann auch der Steinpilz nicht in Spezialanlagen kultiviert werden. Darum werden Steinpilze in der Saison vom Spätsommer bis zum Herbst in Laub- und Nadelwäldern gesammelt. In Deutschland steht der „König der Pilze" unter Naturschutz und darf nur in kleinen Mengen (1 kg pro Person) für den Eigenbedarf gesammelt werden. Der Handel mit in Deutschland gesammelten Steinpilzen ist verboten. Importware ist deswegen sehr teuer, die Preise variieren zwischen 30 bis 40 Euro pro Kilogramm.

Die verschiedenen Sorten wie Fichtensteinpilze, Bronzeröhrling, Sommersteinpilz oder Kiefernsteinpilz gehören allesamt zur Familie der Röhrlinge, deren Hut bei jüngeren Exemplaren eine weiße bis hellbraune Farbe aufweist und einer Halbkugel gleicht. Ältere Steinpilze haben einen roten bis dunkelbraunen, schirmartigen Hut. Die beste Qualität weisen kleine und feste Steinpilze auf. Vor dem Kauf sollte immer der Stiel angeschnitten und überprüft werden, weil Steinpilze sehr anfällig für Madenbefall sind! Tiefgekühlt sind die Hutpilze monatelang haltbar. Bei älteren Pilzen ist allerdings der lamellenartige Schwamm (Röhren) vom Hut zu entfernen. Exemplare mit einem weißen „Raureif"-Belag können nicht mehr verwendet werden. Steinpilze und andere Röhrlinge soll man nicht waschen, denn: „Dann saugen sie sich voll und der Geschmack verwässert. Man sollte sie daher nur mit dem Messer putzen und mit einem Tuch sauber reiben", erklärt Dirk Luther.

TIPP Getrocknete Steinpilze haben oft eine gute Qualität. Man weicht sie vor der Verarbeitung etwa eine halbe Stunde lang in Wasser ein.

Bretonisches Rotbarbenfilet mit Steinpilzen und Tomate, Teil 1

Sauce Schalotten, Knoblauch und Lauch in Olivenöl farblos anschwitzen. Tomatenmark hinzufügen und mit Weißwein, Noilly Prat und weißem Portwein ablöschen. Solange reduzieren, bis keine Flüssigkeit mehr vorhanden ist. Die Fischgräten, Hummerkarkassen und Tomatenwürfel dazugeben und mit dem Fischfond aufgießen. Das Ganze einmal aufkochen und etwa 25 Minuten köcheln lassen, dabei immer wieder Schaum abschöpfen. Fischfond durch ein Tuch passieren, Gewürze, Kräuter und Safran hinzufügen und auf ein Drittel der Menge reduzieren. Die Kräuter herausnehmen und den Fond mit Olivenöl binden. Mit Salz und Pfeffer abschmecken.

Tomatenwürfel Die Flaschentomaten häuten und von ihrem Kerngehäuse befreien. In einem Topf Zucker karamellisieren. Olivenöl hinzufügen und das Mirepoix darin anschwitzen. Die gewürfelten Strauchtomaten und das Kerngehäuse der Flaschentomaten dazugeben, Kräuter und Gewürze darauflegen und im geschlossenen Topf bei 135 °C 45 Minuten schmoren. Den Kochsud im Rotor leicht anschlagen und durch ein feines Spitzsieb passieren. Das Püree beiseitestellen. Die schönsten Flaschentomatenfilets, mindestens ein Drittel der Menge, auf Krepppapier legen und gut trocken tupfen. Restliche Tomatenfilets leicht mit Öl bestreichen und in einer Grillpfanne scharf grillen. Für ein halbes GN-Blech passend zuschneiden. Mit der gegrillten Seite nach unten ins GN-Blech einlegen. Die gegrillten Filets und das Püree bei 65 °C 2 bis 3 Minuten räuchern. Beides miteinander vermischen und mit Zucker, Salz und Pfeffer abschmecken. Agar-Agar und Gelan zugeben und die Masse auf über 97 °C erhitzen. Auf das GN-Blech gießen, glatt streichen, leicht aufklopfen und für 1 bis 2 Stunden kalt stellen. Den Tomatenblock aus der Kühlung nehmen, stürzen und in 3 x 3 Zentimeter große Würfel schneiden. Kurz vor dem Anrichten im Ofen bei 65 °C erwärmen.

Sauce

70 g	*Schalotten, gewürfelt*
15 g	*Knoblauch, zerdrückt*
25 g	*weißer Lauch, in Streifen geschnitten*
	Olivenöl
1 TL	*Tomatenmark*
30 ml	*Weißwein*
30 ml	*Noilly Prat*
30 ml	*weißer Portwein*
1 kg	*Gräten und Reste von Felsenfischen (Drachenkopf, Seeteufel, Knurrhahn, Rotbarbe)*
300 g	*Hummerkarkassen*
10	*Tomaten, in Würfel geschnitten*
500 ml	*Fischfond*
1	*Lorbeerblatt*
	Thymian
	Basilikum
	getrockneter Fenchel
	2 Safranfäden
	Himalaja-Salz

Tomatenwürfel

12	*Flaschentomaten*
50 g	*Zucker*
50 ml	*Olivenöl*
200 g	*Mirepoix (Möhre, Sellerie, Zwiebel)*
1,5 kg	*Strauchtomaten, gewürfelt*
1	*Zweig Thymian*
1	*Lorbeerblatt*
2	*Wacholderbeeren, zerdrückt*
1	*Knoblauchzehe, zerdrückt*
30 g	*Räuchermehl*
5 g	*Agar-Agar*
2,5 g	*Gelan*

Thomas Martin

Alles wäre gut, wenn da dieser Thymianzweig nicht wäre! Thomas Martin löst den Loup de Mer geschickt aus der Salzkruste, Möhrchen auf den Teller, Rotweinreduktion. Dann kommt der mediterrane Zweig ins Spiel: Er dekoriert damit den saftigen Wolfsbarsch und nimmt ihn gleich wieder weg. Legt ihn drauf, nimmt ihn wieder weg ... „Eigentlich gefällt mir das Gericht so schlicht, aber der Grat zu Banalem ist sehr schmal", sagt Thomas Martin und plötzlich ist klar, dass das letzte Wort in dieser Angelegenheit noch nicht gesprochen ist.

Wobei jetzt nicht der Eindruck entstehen sollte, dass der gebürtige Mannheimer ein zweifelgeplagter Herdpragmatiker ist. Ganz im Gegenteil: Thomas Martin empfindet seine Gerichte als etwas sehr Persönliches und er erwartet von ihnen die eigene Geradlinigkeit und Klarheit. Sein feiner Humor – gespickt mit einem Hauch Sarkasmus – hat auf dem Teller nichts verloren! Dieser Charakterzug macht wesentlich mehr Freude, wenn der Küchendirektor des *Louis C. Jacob* von seiner ehemaligen Stiftbude berichtet oder von seiner Kindheit als Gläser spülender Gastro-Sprössling. Er erzählt, wie ihm der große Eiermann nach einem Jahr im *Wald- & Schlosshotel Friedrichsruhe* auf die Schulter klopfte und sagte: „Kriegst hundert Mark mehr, weil, du machst des ja gut. Aber sag, wieso guckst du immer so grimmig? Fühlst du dich hier nicht wohl?"

Doch! Thomas Martin fühlte sich wohl! Zwar schwante ihm schon bei diversen kulinarischen Ausflügen mit seinen Eltern, dass Kochen etwas Besonderes sei – aber erst bei Lothar Eiermann erkannte er, wie fein und komplex dieser Beruf ist. „Eiermann hat mich zur feinen Küche geführt, ab da wollte ich nichts anderes mehr machen! Dieter Kaufmann hat mir gezeigt, wie man Saucen kocht – er ist für mich einer der besten Saucenköche der Welt! Und bei Witzigmann habe ich begriffen, wie schwer dieser Beruf ist und wie man aus jedem Produkt noch mehr herausholt. Die *Aubergine* war schon eine große Nummer für mich. Immer Vollgas. Ständiger Druck. Nach neun Monaten war ich verheizt", sagt er gleichzeitig schmunzelnd, kopfschüttelnd und stirnrunzelnd – wobei wir vergessen zu fragen, welche Mimik den Lebensabschnitt am besten beschreibt.

Zumal wir seine Gestik nur amüsiert erwidern können, wirft man einen Blick in seinen Terminkalender am heutigen Tag: Trauerkaffee, Hochzeit, drei unterschiedliche Restaurants und am Abend ein hochkarätiges Diner, zu dem sein Zwei-Sterne-Kollege Boris Beneke aus der Schweiz angereist ist. Den Pressetermin nicht zu vergessen! Warum hat der Mann lässig die Hand in der Hosentasche, wenn er drei Treppenstufen auf einmal nimmt?

Thomas Martin kennt seine Grenzen, er hat gelernt loszulassen, sich zurückzuziehen. Bei seiner Familie. Mit seiner Familie in der französischen Landküche. Weiß- oder Rotwein ganz egal. Das Glas einerlei. Zurücklehnen. Atmen. – Aber herrscht das gastronomische Gesetz wirklich nur im Betrieb? „Ob Sternerestaurant oder Gasthof – es muss immer bestmöglich sein. Aber selbst Eckart Witzigmann fand immer noch etwas zu kritisieren. Heute verstehe ich das besser: Wenn die eigenen Ansprüche immer weiter wachsen, erreicht man nie den Punkt der absoluten Zufriedenheit", sagt Thomas Martin und legt den Thymianzweig auf den Loup de Mer. Schaut. Wartet. Und entfernt den Zweig mit den Worten: „Man muss sich dazu überwinden, etwas wegzulassen."

Zur Person

Thomas Martin wurde 1966 in Mannheim geboren. Nach seiner Kochausbildung in den Jahren 1983 bis 1986 im *Anglo-German Club* in Hamburg, arbeitete er bei Lothar Eiermann im *Wald- & Schlosshotel Friedrichsruhe*. In Heidelberg machte er die Ausbildung zum staatlich geprüften Gastronomen und Küchenmeister, bevor er weitere Jahre am Herd von Eckart Witzigmann in der *Aubergine* in München und bei Dieter L. Kaufmann in der *Traube* in Grevenbroich verbrachte. Seit 1997 ist er zuständig für alle gastronomischen Outlets im Hamburger *Louis C. Jacob*, dazu gehört auch *Jacobs Restaurant*, das mit einem Stern im Guide Michelin, 3,5 Feinschmecker-Punkten und mit 18 Punkten im Gault Millau ausgezeichnet ist.

„Meine Gerichte sind eng mit mir verbunden, ein bisschen wie ich selbst: schlicht, geradlinig. Ich würde nie etwas kochen, was mir nicht schmeckt oder gefällt. Ich glaube, dass eine Küche immer auch den Charakter des Kochs widerspiegelt."

Thomas Martin

reservation numbe
ar@arabellasheraton.
36 43) 80 20 · Fax
Elephant · Markt 19
ArabellaSheraton
THE LUXURY C

ler Bauernente

ıckofen auf 200 °C vorheizen. Etwas Wasser auf ein tiefes Backblech gießen ie unterste Backofenleiste schieben. Die Ente kräftig mit Salz und Pfeffer von en würzen, auf ein Ofengitter legen und für etwa 50 Minuten in den Backofen n das Ofenblech mit dem Wasser entfernen und die Temperatur auf 220 bis . Die Ente weitere 30 Minuten braten.

Zwiebel, Möhre und Sellerie putzen und in kleine Würfel schneiden. Entenhals in schneiden und mit etwas Öl bräunen. Je 1 Esslöffel von jedem in Würfel Gemüse zugeben und bei reduzierter Hitze weiterbräunen. Fett abgießen, ren, Rosmarinzweig und Rotwein zugeben und alles mit dem braunen Geflügel- . Etwa 20 Minuten köcheln lassen, dann passieren und mit der kalten Butter

Milch erwärmen und über die Brötchenwürfel geben. Die Brötchen sollen die fnehmen. Speck- und Schalottenwürfel in einer Pfanne glasig dünsten und zu geben. Die Pilze putzen, in kleine Würfel schneiden und in einer Pfanne mit rf anbraten, mit Salz und Pfeffer würzen und ebenfalls zu den Brötchen geben. ilie zugeben und alles kräftig vermengen, bis eine kompakte Masse entsteht, s und, wenn nötig, noch einmal mit Salz abschmecken. Die Masse 1 Stunde leine Klöße aus der Masse formen und in kochendes Salzwasser geben. Einmal 5 Minuten ziehen lassen. Vor dem Anrichten die Klöße mit etwas Entenjus und der kalten Butter glasieren.

Weima
OTEL EL
Seit 1696

Spitzkohlbällchen Vom Spitzkohl die äußeren Blätter entfernen und in leicht gesalzenem Wasser weich blanchieren, in Eiswasser abschrecken und auf einem Tuch trocken tupfen. Das Innere des Spitzkohls vierteln und den Strunk entfernen. Die Viertel in feine Streifen schneiden. Die Streifen blanchieren, kalt abschrecken und gut ausdrücken. Die Schalotten in etwas Butter andünsten. Die Spitzkohlstreifen dazugeben, mit der Sahne auffüllen und etwas einkochen lassen. Mit Salz, Pfeffer und Muskatnuss abschmecken und mit den kalten Butterwürfeln vollenden. Die Petersilie untermengen und die Masse abkühlen lassen. Die Spitzkohlblätter in einen Eisportionierer legen und etwas von der Füllung daraufgeben. Die Blätter über der Füllung zusammenklappen, fest andrücken und das Bällchen aus dem Portionierer lösen. Die Spitzkohlbällchen mit dem Gemüsefond in eine feuerfeste Form geben und im Ofen bei 150 °C erwärmen.

Pfifferlinge Die Pfifferlinge putzen und waschen. Abtropfen und auf Küchentuch trocken tupfen. Vorsichtig mit Butter in der Pfanne braten, salzen und pfeffern.

Anrichten Die Ente in 4 Portionen teilen. Je ½ Schlegel und ½ Brust auf jeden Teller legen. Pilzknödel und Spitzkohlbällchen dazugeben. Die Pfifferlinge verteilen und alles mit der Sauce umgießen.

Ente

1	*Vierländer Ente (etwa 2 kg)*

Sauce

1	*Apfel*
1	*Zwiebel*
1	*Möhre*
1	*Staude Stangensellerie*
	Hals und Flügel von der Ente
3	*Wacholderbeeren*
1	*Zweig Rosmarin*
1	*Glas Rotwein*
200 ml	*brauner Geflügelfond*
	kalte Butter, in Würfel geschnitten

Pilzknödel

200 ml	*Milch*
2	*altbackene Brötchen, in kleine Würfel geschnitten*
10 g	*durchwachsenen Speck, in feine Würfel geschnitten*
10 g	*Schalotten, fein gewürfelt*
	Pflanzenöl
50 g	*gemischte Waldpilze (Steinpilze und Pfifferlinge)*
2	*Eier*
1 EL	*Petersilie, fein geschnitten*
	Muskatnuss
50 ml	*Entenjus*
10 g	*kalte Butter, in Würfel geschnitten*

Spitzkohlbällchen

1	*Spitzkohlkopf*
2 EL	*Schalotten, fein gewürfelt*
100 ml	*Sahne*
	Muskatnuss
100 g	*kalte Butter, in Würfel geschnitten*
1 EL	*Blattpetersilie, fein geschnitten*
	Gemüsefond

Pfifferlinge

200 g	*frische Pfifferlinge*
1 EL	*Butter*

Himbeere

Heutzutage werden die hocharomatischen Himbeeren in Europa, (Nord-)Asien und Nordamerika in Plantagen angebaut und zählen aufgrund der hohen Pflückkosten zu den teuersten Obstsorten – allen voran die aromatische Waldhimbeere. Da Himbeeren nicht nachreifen, ist es wichtig, den optimalen Erntezeitpunkt abzuwarten. Dieser ist erreicht, wenn sie sich leicht vom Fruchtboden lösen lassen. Außerhalb der Erntezeit von Juni bis September sind die druckempfindlichen und nur kurz lagerfähigen Himbeeren als hochwertige Tiefkühlware erhältlich. Im Gegensatz zu den meisten anderen Beeren behält die Himbeere während des Backens ihr typisches Aroma. Ebenso wird ein wohlschmeckender Tee aus den Blättern gewonnen.

Aus botanischer Sicht ist die Himbeere allerdings gar keine Beere sondern eine Sammelsteinfrucht, die sich aus vielen kleinen Einzelfrüchten zusammensetzt, von denen jede einen eigenen Samen enthält. Die mittel- bis dunkelrote Himbeere gehört zur Familie der Rosengewächse und kommt ursprünglich aus Südosteuropa.

Warmer Seesaibling mit weißem Rettich und Himbeer-Honig-Marinade

Rettich

100 g	*weißer Rettich*
	Mirinessig
	Sesamöl
1 TL	*frischer Koriander, fein geschnitten*

Himbeer-Honig-Marinade

1 EL	*Himbeermark*
100 ml	*Walnussöl*
2 EL	*Himbeeressig*
1 EL	*Honig*
1	*Prise Zucker*

Saibling

1	*Seesaibling, filiert und die Seitengräten mit der Pinzette gezogen*
100 ml	*Gemüsefond*

Anrichten

4	*frische Himbeeren*
	Korianderblätter

Rettich Den Rettich in feine Streifen schneiden und anschließend mit den restlichen Zutaten abschmecken.

Himbeer-Honig-Marinade Alle Zutaten zu einer Vinaigrette verrühren.

Saibling Das Fischfilet in 4 Portionen schneiden und auf ein Backblech setzen. Salzen und den Gemüsefond angießen. Im vorgeheizten Backofen bei 120 °C etwa 10 Minuten garen. Der Fisch soll innen noch glasig sein. Vor dem Anrichten die Haut abziehen.

Anrichten Den Rettichsalat auf 4 kalte Teller verteilen. Je 1 lauwarmes Seesaiblingfilet daraufsetzen und mit der Himbeervinaigrette umgießen. Mit je 1 Himbeere und Korianderblättern garnieren.

Karotte

Das zur Familie der Doldenblütler gehörende Wurzelgemüse stammt vermutlich aus dem heutigen Afghanistan und wird inzwischen in China, Japan und Frankreich, in England und in den USA angebaut. Es werden mehr als 100 verschiedene Karottensorten ganzjährig angeboten, wobei sich diese Varietäten nicht nur hinsichtlich Farbe (Rot, Violett, Schwarz, Weiß) und Größe, sondern auch im Geschmack unterscheiden.

Die orangefarbene Karotte ist eine Kreuzung aus der Mitteleuropäischen Gartenmöhre und der Mediterranen Riesenmöhre, von welcher nicht nur die Wurzel sondern auch das Kraut problemlos für Saucen, Salate oder Suppen verwendet werden kann. Aufgrund ihres hohen Zuckergehalts schmecken junge Möhrchen im Vergleich zu älteren Karotten etwas süßer. Zudem besitzt das ballaststoff- und mineralstoffreiche Wurzelgemüse Beta-Carotin, das den Karotten ihre intensive Farbe verleiht.

Bei der Zubereitung sollte man immer etwas Öl zufügen, damit die fettlöslichen Vitamine der Karotte aktiviert werden. Im Kühlschrank halten sich Möhren mehrere Wochen – vorausgesetzt, das flüssigkeitsbedürftige Grün wird entfernt und das Wurzelgemüse wird nicht neben Obst oder Kartoffeln gelagert, weil deren Ethylen-Ausdünstung den Alterungsprozess der Karotten beschleunigt und diese bitter schmecken lässt.

Loup de Mer mit würziger Rotweinjus und Ingwermöhren

Loup de Mer in der Salzkruste Den Loup de Mer auswaschen und mit Küchenpapier trocken tupfen. Das Meersalz mit dem Eiweiß mischen und nach und nach 150 Milliliter Wasser einrühren. Die Masse einige Minuten ruhen lassen. Ein Backblech ölen und die Salzmasse in Länge und Breite des Fisches ausstreichen. Den Loup mit einem Teil der Kräuter füllen, auf das Salz legen, die restlichen Kräuter auf den Fisch legen. Den Fisch mit Meersalz bedecken. Das Salz glattstreichen und dabei der natürlichen Form des Fisches anpassen. Bei 200 °C im vorgeheizten Backofen etwa 25 Minuten garen.

Rotweinjus Zucker in einem Topf karamellisieren. Schalotten zugeben und mit Rotwein und Portwein auffüllen. Auf 200 Milliliter einkochen. Thymianzweig zugeben. Vom Herd nehmen, 10 Minuten ziehen lassen, passieren. Zum Schluss kalte Butterwürfel einrühren. Mit Salz würzen.

Ingwermöhren Die Möhren putzen und etwas Grün daran belassen. In einem Topf die Butter schmelzen und die Möhren zugeben. Glasieren und etwas Mineralwasser angießen. Mit Meersalz würzen, Ingwer sowie Lorbeer zugeben. Die Möhren gar dünsten. Zum Schluss den Ahornsirup zugeben. Die Möhren sollten vollständig glasiert sein.

Anrichten Mit einem Wellenschliffmesser die Salzkruste öffnen und den Fisch portionieren. Auf jeden Teller 1 Stück Loup de Mer legen, mit der Rotweinjus umgießen. Je 5 Möhren dazulegen.

Loup de Mer in der Salzkruste

1	*Loup de Mer (etwa 800 bis 1000 g), ausgenommen und nicht geschuppt*
2 kg	*grobes Meersalz*
3	*Eiweiß*
	frische Kräuter (Thymian, Estragon, Dill, Blattpetersilie)

Rotweinjus

1 EL	*Zucker*
200 g	*Schalottenstreifen*
400 ml	*Rotwein*
200 ml	*roter Portwein*
1	*Zweig Thymian*
150 g	*kalte Butterwürfel*

Ingwermöhren

1	*Bund junge Möhren (etwa 20 Stück), mit Grün*
20 g	*Butter*
	Mineralwasser
	Meersalz
4	*Scheiben Ingwer*
2	*frische Lorbeerblätter*
1 TL	*Ahornsirup*

David Martinez Salvany

Eine kulinarisches Mysterium: kochende Großmütter! Auch bei David Martinez. Die Frau kannte nicht viele Rezepte. Sie kochte saisonal, ihre Produktpalette beschränkte sich auf die Umgebung. „Bei ihr ist nie etwas schlecht geworden. Selbst das letzte Brot der Woche hat sie verarbeitet. Aber die Qualität der einfachen Grundprodukte war sagenhaft", erzählt der gebürtige Katalane. Und da der Apfel bekanntlich nicht weit vom Stamm fällt, aber in Zeiten der Globalisierung schon mal langen Transportwegen unterliegt: Seinem Küchenstil ist die Wertschätzung des großmütterlichen Handwerks anzumerken, auch wenn er am Herd im Hotel *Greulich* in Zürich steht.

David Martinez veredelt Produkte auf einfachem Weg, mit drei, maximal vier Aromen. Alles andere sei ihm zu komplex. „Das könnte ich nicht leisten. Wenn ich in ein Restaurant gehe und die hantieren mit zwanzig verschiedenen Komponenten und es stimmt, dann ziehe ich meinen Hut. Das finde ich beeindruckend," sagt der Koch, während seine Hände die Worte dirigieren. David Martinez' Küche ist ein bisschen wie er selbst: ehrlich und charakterstark. Seine Gerichte präsentiert er in einer fast filigranen Grobschlächtigkeit: Die Kartoffelwürfel könnten auch kleiner sein, würden dann aber über den direkten Geschmack seiner Kreationen hinwegtäuschen. Er kocht intelligent und raffiniert, ohne dabei eine gewisse Rustikalität einzubüßen. Er kocht aus dem Bauch heraus.

Ein Sachverhalt, der David Martinez – neben dem unmenschlichen Druck – im Londoner Spitzenrestaurant *La Gavroche* mit klassischer französischer Küche zu schaffen machte, denn: „Die Mentalitäten eines französischen und eines spanischen Kochs haben nichts miteinander zu tun. In Frankreich geht alles auf klassische Techniken und Rezepte zurück. Das fängt bei Auguste Escoffier an. In Spanien hat dieses hohe Niveau später begonnen", dann lächelt er fast schelmisch und seine beeindruckend klaren Augen leuchten: „Kochen mit Intuition ist für einen Franzosen unvorstellbar!"

Was nicht bedeutet, dass David Martinez die große französische Küche nicht schätzt: Zwei- oder dreimal im Jahr geht er in Feinschmeckerrestaurants. Und trotzdem fühlt er sich dort oftmals fremd. Es gab nichts zu kritisieren, alles war perfekt, aber er hatte ein kaltes Gefühl am Rücken. Oft fühle er sich mit einer guten Flasche Wein und einer Bratwurst wohler. Vorzugsweise auch auf der heimischen Couch, denn David Martinez ist Filmliebhaber. Alte Streifen hat er am liebsten, weil ihn die an seinen Großvater erinnern, der ein kleines Kino betrieb. Heimweh nach Spanien? Nicht wirklich. Aber nachts träumt er noch in seiner Landessprache und auch auf To-do-Listen und Bestellformularen erinnert das eine oder andere spanische Wörtchen an seine Wurzeln.

Viel wichtiger sind aber jene Produkte, die auf der Warenbestellung auftauchen: Schweinskinnbacken, Blutwurst, Markscheiben oder Kalbskopf. Dahinter steht ein herrliches Ensemble an Schmortöpfen bereit. Aus einem ragen drei Kalbsfüße heraus und köcheln vor sich hin. Natürlich verarbeitet der Küchenchef auch Jakobsmuscheln, Seeteufel oder Rinderfilet. Obwohl er die Produkte nicht so gerne auf die Karte setzt, da die Gäste dann nichts anderes bestellen. „Ich definiere meine Küche nicht über die Wertigkeit der Produkte, sondern über ihren Geschmack. Ich bin auch kein großer Techniker, sondern ein ‚Produkter'. Sage ich das richtig?" – Besser, Herr Martinez, hätte es kein Deutscher ausdrücken können!

Zur Person

David Martinez Salvany wurde im Jahr 1971 in Terrassa bei Barcelona geboren. Seine Kochausbildung absolvierte er von 1987 bis 1991 in einer Kochschule in Gerona, worauf er eine Station im Hotel und Restaurant *Can Fabes* in Barcelona anschloss. Mit 23 arbeitete er ein Jahr lang im Londoner Spitzenrestaurant *La Gavroche*. Nach dem erfolgreichen Abschluss einer Sommelier-Schule in Barcelona wechselte er ins Schweizer Restaurant *Wiesenthal* in Kloten. Seit 2003 ist David Martinez Salvany verantwortlicher Küchenchef im Hotel *Greulich* in Zürich. Sein Restaurant ist mit 16 Punkten im Gault Millau ausgezeichnet.

Majoran

Der Name Majoran wird abgeleitet aus dem arabischen Wort „marjamie“, was so viel bedeutet wie der „Unvergleichliche“. Der Name „Wurstkraut“ entstand lediglich durch seine häufige Verwendung in Wurstwaren. Die Gewürzpflanze ist eng mit Minze, Thymian und Oregano verwandt und verfügt über den höchsten Kalziumgehalt aller Kräuter. Das bis zu 50 Zentimeter hoch wachsende buschige Gewächs kommt in zwei unterschiedlichen Sorten vor: als breit wachsender Blattmajoran (Französischer Majoran) und als schnell- und schmalwüchsiger Knospenmajoran (Deutscher Majoran). Die mitunter beste Qualität sagt man dem „Ascherslebener Majoran“ nach, der in Sachsen-Anhalt kultiviert wird.
Zu den Hauptanbaugebieten zählen die Mittelmeerländer, Mittel- und Osteuropa. Das Aroma ist kurz vor der Blüte des Lippenblütlers am besten. Frischer Majoran ist wesentlich aromatischer. „Dann ist das Kraut eine starke Komponente. Ich liebe es, wenn die Blätter noch knackig sind und das Aroma intensiv“, sagt David Martinez. Frischer Majoran sollte aber erst der fertigen Speise zugefügt werden, da sich sein Aroma schnell verliert. Getrockneter Majoran ist würziger, leicht brennend und bitter, verliert allerdings seine Würzkraft nur sehr langsam und kann durchaus mitgekocht werden.

Tipp Vor Verzehr sollte frischer Majoran kurz gehackt oder zwischen den Fingern zerrieben werden, damit sich die Aromastoffe freisetzen können.

Sardinenfilets auf Röstbrot mit Majorantomaten, Meerrettichmousse und Blattsalat

SARDINENFILETS Zucker, weißen Balsamessig und 1/4 Liter Wasser in einer Schüssel mischen. Die Sardinenfilets waschen und 30 Minuten in der Marinade einlegen. Abtropfen und auf einem Blech kühl stellen. Vor dem Anrichten auf 7 Zentimeter Länge zuschneiden.

MEERRETTICHMOUSSE Die Gelatine in Eiswasser einweichen. Meerrettich und Quark zusammen in einer Schüssel mischen. Die Gelatine mit ein wenig Sahne erhitzen und zum Meerrettichquark dazugeben. Sorgfältig die Sahne darunterziehen, mit Salz und Pfeffer abschmecken und kühl stellen.

MAJORANTOMATEN Die Tomaten blanchieren, schälen und in kleine Würfel schneiden. Tomatenwürfel mit Majoranblättern mischen und dann mit Olivenöl, Salz und Pfeffer abschmecken.

ANRICHTEN Das Vollkornbrot in 16 Scheiben schneiden (3 x 7 cm Seitenlänge und 1 cm Dicke) und rösten. Majorantomaten auf dem Brot verteilen. Je 1 Sardinenfilet darauflegen. Je 4 Sardinenschnitten auf jeden Teller legen, rechts und links je 1 kleine Nocke Meerrettichmousse anrichten. Mit Kerbel garnieren. Nach Belieben Blattsalat dazugeben.

SARDINENFILETS

25 g Zucker
75 ml weißer Balsamessig
16 frische Sardinenfilets

MEERRETTICHMOUSSE

1 1/2 Blatt Gelatine
75 g Meerrettich, gerieben
125 g Magerquark
250 ml geschlagene Sahne

MAJORANTOMATEN

3 Tomaten
1/2 Bund Majoran, gezupft
Olivenöl

ANRICHTEN

500 g Toastbrot
Kerbel

Gebratene Jakobsmuscheln auf Brokkolipüree und -tatar, mit pochiertem Kalbsfuß, Ochsenschwanzconsommé und Ibéricoschinken

OCHSENSCHWANZCONSOMMÉ Die Ochsenschwanzstücke im Ofen auf einem Blech dunkel rösten. Das Gemüse waschen, schälen und in große Stücke schneiden. Mit den Knochen in einen Topf geben, mit Wasser bedecken und 8 Stunden bei 80 °C im Ofen ziehen lassen. Durch ein feines Sieb passieren und mit dem Hackfleisch und dem Eiweiß klären. Mit Salz und Pfeffer abschmecken.

Brokkoli

„Bis vor zwei Jahren habe ich Brokkoli keine Aufmerksamkeit in der Küche geschenkt. Dann war ich in einem Restaurant in Barcelona und habe ein Gericht gegessen mit diesem Tatar. Da habe ich erst gemerkt, was dieses Produkt kann“, erzählt David Martinez über den Kreuzblütler, der eng mit dem Blumenkohl verwandt ist und wesentlich leichter verdaulich ist als andere Kohlsorten. Zudem ist Brokkoli sehr nährstoffreich (Vitamin C, B_1, B_2, B_6, E, Provitamin A, Kalium, Kalzium, Phosphor, Zink, Natrium) und kalorienarm und gilt deswegen als ideale Schonkost.

Zum essbaren Teil gehören die Blütenstände mit den einzelnen Knospen, die Stiele und die Blätter. Die Farbe von Brokkoli reicht meistens von Tiefgrün bis Blaugrün, seltenere Varianten sind die violetten, gelben und weißen Sorten. Die inländische Ernte erfolgt von Juli bis Oktober.

Beim Einkauf ist darauf zu achten, dass der Blütenstand fest und geschlossen ist sowie eine kräftige Farbe besitzt. Die Stängel sollten ebenfalls fest und hellgrün sein. Gewaschen und in Plastikfolie eingeschlagen bleibt Brokkoli im Kühlschrank drei bis fünf Tage lang haltbar.

TIPP Schneidet man vor dem Kochen die Stängel kreuzweise ein, wird das Gemüse gleichmäßiger gar. Etwas Zucker im Kochwasser erhält die Farbe.

Ochsenschwanzconsommé

- 2 kg *Ochsenschwanz, klein gehackt*
- 4 *Zwiebeln*
- 5 *Möhren*
- 1 *Knolle Sellerie*
- 2 *Stangen Lauch (nur das Weiße)*
- 1 kg *Rinderhackfleisch*
- 500 g *Eiweiß*

Kalbsfuss

- 1 *Kalbsfuß*
- 1 *Möhre*
- 1/2 *Knolle Sellerie*
- 1 *Zwiebel, geschält*
- *Thymian*
- *Rosmarin*

Brokkoli

- 2 *Brokkolistauden*
- *Olivenöl*

Anrichten

- 8 *Jakobsmuscheln*
- 1/2 l *Ochsenschwanzconsommé*
- 8 *Scheiben Ibéricoschinken*
- *Kerbel*

Kalbsfuss Den Kalbsfuß einmal im kochenden Wasser blanchieren und ausspülen. Möhren und Knollensellerie schälen und in Stücke schneiden. Den Kalbsfuß, das Gemüse, die Zwiebel, Thymian und Rosmarin in einen Topf mit Wasser geben. Zum Kochen bringen und dann 5 bis 6 Stunden ziehen lassen, bis der Kalbsfuß ganz weich ist. Salzen und pfeffern. Den Kalbsfuß herausnehmen, das Fleisch vom Knochen lösen und in Würfel mit 3 Zentimeter Seitenlänge schneiden. Warm halten.

Brokkoli Den Brokkoli putzen und nur das Dunkelgrüne weiterverarbeiten. Die Hälfte des Brokkolis in Salzwasser blanchieren und in Eiswasser abkühlen. Mixen, Olivenöl dazugeben und durch ein feines Sieb passieren. Mit Salz und Pfeffer abschmecken. Die andere Hälfte roh im Mixer zerhacken, mit Salz und Pfeffer abschmecken und kühlen.

Anrichten Die Ochsenschwanzconsommé erhitzen. Die Jakobsmuscheln anbraten und halbieren. In die Mitte von jedem Teller etwas Brokkolipüree geben, etwas gehackten Brokkoli obenaufstreuen. Je 1 Scheibe Ibéricoschinken darauflegen. Mit Kerbel garnieren. Je 4 Kalbsfußwürfel in jeden Teller geben und je 4 halbierte Jakobsmuscheln darauflegen. Die Ochsenschwanzconsommé angießen.

Knoblauch

Ägypten war das „Knoblauchland" des Altertums, wo das Liliengewächs als heilige Pflanze verehrt wurde und von der Heil- und Gewürzpflanze auch teils die frischen Stängel und Blätter verzehrt wurden. Der deutsche Name Knoblauch bezieht sich auf die „Zehen", die im Mittelalter als „Kloben" bezeichnet wurden. Aus botanischer Sicht handelt es sich bei der ursprünglich aus Zentralasien stammenden Knoblauchknolle um eine Zwiebel.

Für den charakteristischen Geruch ist der antibakterielle Wirkstoff Allicin verantwortlich, der nach dem Verzehr über die Haut und den Atem ausgeschieden wird. Unter Hitzeeinwirkung reduziert sich der Inhaltsstoff, und das scharfe Aroma des Zwiebel- und Lauchgewächs wird weniger dominant. Für den Geschmack von Knoblauch ist neben der Sorte das Anbauklima, die Bodenbeschaffenheit und das Alter von Bedeutung. Insbesondere frischer Knoblauch ist wesentlich unaufdringlicher. „Gerade junger Frühlingsknoblauch ist ein fantastisches Gemüse", sagt David Martinez. Als besonders fein gilt zudem der violette Knoblauch aus der Provence. Knoblauch sollte trocken, dunkel und nicht zu warm gelagert werden; bewahrt man Knoblauch jedoch zu kalt auf, wird das Aroma nachteilig beeinflusst. Beim Braten sollte Knoblauch nicht zu braun werden, wenn vorher der grüne Keimling nicht entfernt wurde, da das Gemüse ansonsten schnell bitter wird.

Tipp Unangenehmer Knoblauchgeruch an den Fingern lässt sich leicht entfernen, wenn man die Hände mit feuchtem Kaffeesatz oder Zitronensaft einreibt und danach kalt abspült.

Seeteufeltournedo mit „Rostit“ auf katalanischem Spinat und gebackenem Knoblauch

„Rostit“ vom Perlhuhn Die Perlhuhnschenkel im Olivenöl langsam anbraten. Herausnehmen. Zwiebeln, Knoblauch und Zimt in der gleichen Pfanne dünsten, bis ein glänzender, sirupartiger Saft entsteht. Tomaten und Perlhuhnschenkel hinzufügen und kochen, bis die Perlhuhnschenkel gar sind. Die Schenkel herausnehmen, von Haut und Knochen befreien und das Fleisch in kleine Stücke zupfen. Die Reste in der Pfanne weiter einkochen, bis die Masse am Pfannenboden ansetzt. Dann die Fleischstücke wieder dazugeben und alles mit Salz und weißem Pfeffer abschmecken. Beiseite stellen und vor dem Anrichten wieder erwärmen.

Gebackener Knoblauch Die ganzen Knoblauchknollen einzeln mit Olivenöl und Salz in Alufolie einpacken und im Ofen 1 Stunde bei 180 °C backen.

Seeteufel Seeteufel in 4 Tournedos schneiden und mit dem Speck umwickeln. Beidseitig anbraten. Bei 180 °C im Ofen 5 Minuten nachgaren. Vor dem Anrichten mit Salz würzen.

Katalanischer Spinat Den Spinat in einer sehr heißen Pfanne mit wenig Olivenöl sautieren. Rosinen und Pinienkerne hinzufügen und mit Salz und Pfeffer abschmecken.

Anrichten Je 1 Seeteufeltournedo auf jeden Teller legen, mit je 1 Rosmarinspitze garnieren. Mithilfe eines Metallrings je 1 Esslöffel „Rostit“ und etwas vom Spinat mit Rosinen und Pinienkernen daneben anrichten. Je 1 gebackene Knoblauchknolle dazusetzen. Eine Linie aus etwas Fleischjus oder Balsamessig ziehen.

„Rostit“ vom Perlhuhn

2	*Perlhuhnschenkel*
100 ml	*Olivenöl*
5	*Zwiebeln, in Julienne geschnitten*
2	*Knoblauchzehen*
1	*Zimtstange*
4	*Tomaten, geviertelt*

Gebackener Knoblauch

4	*junge Knoblauchknollen*
	Olivenöl

Seeteufel

400 g	*Seeteufelfilet*
4	*Scheiben geräucherter Speck*

Katalanischer Spinat

200 g	*Spinat*
	Olivenöl
10 g	*Rosinen*
10 g	*Pinienkerne, geröstet*

Anrichten

4	*Rosmarinspitzen*
	Fleischjus oder Balsamessig

Brombeere

Das Rosengewächs stammt ursprünglich aus Eurasien und Nordamerika und wird heutzutage in Teilen Deutschlands, in den deutschen Nachbarländern, in den USA und in Chile kultiviert. Zum verzehrfähigen Teil gehören die gerbstoffreichen Blätter, die gerne als Teeaufguss verwendet werden, wobei der Tee eine blutreinigende und blutzuckersenkende Wirkung hat, sowie die Sammelfrüchte. Hier unterscheidet man zwischen der kultivierten Gartenbrombeere und der wild wachsenden Waldbrombeere. „Waldbrombeeren sind wesentlich kleiner und intensiver im Geschmack", sagt David Martinez.

Die vitaminreichen Sammelfrüchte sind rund bis länglich, dunkelrot bis schwarz gefärbt und unterteilen sich wiederum in viele kleine Steinfrüchte. Die heimische Ernte von Brombeeren fällt in die Monate August bis Oktober. Nach der Pflückung reifen die Früchte nicht nach. Sie sollten deswegen nur vollreif bezogen und schnell verarbeitet oder verzehrt werden, da die schnell verderblichen Brombeeren, sogar im Kühlschrank gelagert, rasch Schimmel bilden. „Als ich Brombeere hörte, wollte ich erst ein Gericht mit Waldbrombeeren und Wild machen. Aber dann hatte ich Lust, in einem Dessert den Abgang eines Rotweins zu rekonstruieren. Da findet man oft Anklänge von Brombeeren."

Gekochte Birnen auf Brombeermousse, Balsamico-Creme und Kaffee-Essenz

Balsamico-Creme Gelatine in kaltem Wasser einweichen. Sahne, Balsamessig und Zucker aufkochen und die Gelatine darin auflösen. Mascarpone glatt rühren, die Gelatinemischung dazugeben und wieder glatt rühren. 4 Metallringe mit den Biskuitböden auf ein mit Backpapier ausgelegtes Blech stellen. Die Creme flach einfüllen und etwa 30 Minuten kühl stellen.

Brombeermousse Die Gelatine einweichen. Die Sahne im Mixer cremig schlagen, nicht zu steif, sonst wird die Mousse zu fest. Den Zucker mit 10 Milliliter Wasser zu einem leicht dicklichen Sirup kochen. Das Eiweiß anschlagen und den Zuckersirup dazugeben. Das Eiweiß weiterschlagen, bis es eine feste Konsistenz hat. Die eingeweichte Gelatine in etwas erwärmter Brombeerpulpe auflösen und unter die restliche Pulpe rühren. Das Eiweiß mit dem Schneebesen untermischen. Anschließend die geschlagene Sahne vorsichtig mit einem Spatel unter die Masse heben. Die Brombeermousse mit einem Spritzbeutel in die Ringe auf die Balsamicocreme spritzen. Glatt streichen. Kalt stellen, am besten über Nacht, damit die Creme gut durchkühlen kann.

Gekochte Birne Die Birnen schälen. In einem passenden Topf Zucker, 400 Milliliter Wasser und Zitronenschale aufkochen. Die ganzen Birnen einlegen, sie müssen völlig mit Flüssigkeit bedeckt sein und sollten sich nicht drehen können. Bevor das Dessert angerichtet wird, die Birne oben etwas unterhalb des Stiels und unten am Sockel gerade abschneiden, das Kerngehäuse ausstechen und den Stiel als Deckel wieder aufsetzen.

Kaffee-Essenz Zucker und Kaffee auf dem Herd kochen und einreduzieren lassen, bis sich ein Kaffeekaramell bildet.

Pinienhippen Alle Zutaten bis auf die Pinienkerne miteinander vermischen. Schmale, dünne Hippen auf Backpapier aufstreichen, mit je 3 gerösteten Pinienkerne bestreuen und dann goldgelb backen. Luftdicht verpacken.

Anrichten Auf jeden Teller je 1 Ring mit den gekühlten Cremes geben. Den Plastikring danach vorsichtig entfernen. Je 1 gekochte Birne oben auf die Brombeermousse setzen. Darauf je 1 Pinienhippe legen und darauf je 1 Birnenspitze mit Stiel. Die Teller mit der Kaffee-Essenz und den Brombeeren garnieren.

Balsamico-Creme

1	*Blatt Gelatine*
25 ml	*Sahne*
25 ml	*Balsamessig, reduziert*
5 g	*Zucker*
60 g	*Mascarpone*
4	*runde Biskuitböden (4 cm Ø)*

Brombeermousse

1 1/2	*Blatt Gelatine*
60 ml	*Sahne*
20 g	*Zucker*
20 g	*Eiweiß*
125 g	*Brombeerpulpe*

Gekochte Birne

4	*Birnen*
100 g	*Zucker*
1	*Zitronenschale*

Kaffee-Essenz

100 g	*Zucker*
2	*Tassen Kaffee*

Pinienhippen

50 g	*flüssige Butter*
80 ml	*Apfelsaft*
170 g	*Puderzucker*
50 g	*Mehl*
50 g	*Pinienkerne, geröstet*

Anrichten

20	*Brombeeren*

Andreas Mayer

Erzählt Andreas Mayer vom Kochen, weiß man zunächst einmal nicht, ob er seine Profession von Herzen schätzt. Er ist aber auch abgekämpft an diesem Morgen: Sechs Stunden zuvor saß er noch in Lederhosen auf einem Gabelstapler und verräumte Festbänke. Er beseitigte die Überreste des kleinen Oktoberfests, das er und seine Frau für Gäste, Freunde und Anwohner organisiert hatten. Ihre bayerischen Wurzeln sind eben auch im malerischen *Schlosshotel Prielau* in Österreich präsent, das sie seit dem Jahr 2004 gemeinsam betreiben. Da kommt es mit dem steigenden Stressfaktor der Selbstständigkeit auch vor, dass der Sternekoch sich in der Früh „alt" fühlt – was ihm in letzter Zeit übrigens häufiger passiert ...

Kein Koch ist aus Stahl. Andreas Mayer macht daraus keinen Hehl. Er weiß, welchen Preis er für seinen Erfolg zahlt. Was nicht ansatzweise bedeutet, dass er in theatralischem Selbstmitleid zerfließt oder jammervolle Monologe zum Besten gibt. Es zeugt vielmehr von Größe, Schwächen einzugestehen. Das tut er mit durchgestrecktem Rücken. Er liebt klare Worte, klare Ansagen: „Ich glaube, damit kommen Menschen am besten zurecht." – Beispielsweise seine Mitarbeiter: Manche seiner Köche begleiten Andreas Mayer schon nahezu zehn Jahre lang, sie weichen nicht von seiner Seite. „Einer meiner Jungs war ein halbes Jahr auf Malta. Da ruft er eines Tages an und sagt: ‚Chef, ich will wieder zurück.' – Ich sag: ‚Du musst auch mal was anderes sehen.' – Er: ‚Nein, ich will zurück.' Jetzt ist er wieder da. Natürlich kann ich ihm nichts mehr beibringen. Aber wenn es ihm bei mir gefällt ..."

Mit 16 absolvierte Andreas Mayer eine Ausbildung zum Installations- und Heizungsbauer. Danach macht er das Fachabitur, studiert anschließend Maschinenbau in München. Der Vater seiner damaligen Freundin möchte ihn in seinen Betrieb integrieren: Prothesenproduktion. Andreas Mayer hadert. Gefühlskaltes Bauchgefühl. Er verkauft lieber Surfbretter, geht feiern. Seine Schwester heiratet derweil in einen gastronomischen Betrieb. Andreas Mayer beginnt dort eine zweijährige Kochlehre. Die Leidenschaft entbrennt, er wird Innungsbester: „Danach dachte ich, ich bin der große Matador und bin direkt zu Jean-Claude Bourgueil gefahren. Ich dachte, ich frag den Franzosen mal, ob er mich nicht dringend braucht."

Lustigerweise brauchte ihn der Spitzenkoch wirklich! Am Tag zuvor hatte er einen Mitarbeiter entlassen. Von da an gerät Andreas Mayer in die Gourmet-Maschinerie, deren Getriebe mit Maloche geölt wird: „20 Jahre war ich unter Druck. Immer. Egal, wo ich gearbeitet habe. Es gab für mich nur Arbeit, Arbeit, Arbeit, Erfolg, Erfolg, Arbeit, Arbeit, Erfolg." – Er macht Station bei Heinz Winkler, als Küchenchef im *Kempinski Hotel Vier Jahreszeiten* in München, und er leitet die *Palazzos* für Eckart Witzigmann. Dazwischen hatte er mal eine eineinhalbjährige Auszeit, als er den Jahrhundertkoch bei Buchprojekten unterstützte. Das sei eine besondere Zeit gewesen, aber danach musste er wieder hinter'n Herd! Und plötzlich sagt er mit einem breiten Lächeln auf den Lippen: „Die Ruhe war kaum auszuhalten. Ich steh' am liebsten in meiner Küche und rühr' in der Sauteuse", und schwenkt dabei eine imaginäre Pfanne in der Luft, während wir auf einem imaginären Zettel notieren: Er kocht gern, auch wenn man es in der Frühe noch nicht bemerkt.

Zur Person

Andreas Mayer wurde 1966 in Oberaudorf in Bayern geboren. An seine Ausbildung zum Installations- und Heizungsbauer schloss er ein Maschinenbau-Studium in München an. Im Jahr 1988 absolvierte er eine zweijährige Kochausbildung im Landgasthof *Zum Ochsenwirt* in seinem Geburtsort. Danach folgten weitere Stationen, unter anderem bei Jean-Claude Bourgueil, Heinz Wehmann und Heinz Winkler. In Führungspositionen arbeitete Andreas Mayer unter anderem in der *Käfer Schänke* und im *Kempinski Hotel Vier Jahreszeiten* in München, bevor er für Eckart Witzigmann den *Palazzo* in Berlin und München als Küchenchef verantwortete. Seit 2004 betreibt Andreas Mayer mit seiner Frau Anette das *Schlosshotel Prielau* in Österreich, wozu auch das Restaurant *MAYER's* gehört, das mit zwei Sternen im Guide Michelin, mit 3 Feinschmecker-Punkten und 16 Punkten im Gault Millau ausgezeichnet ist.

Zitronengrasluft mit Szechuanblüten

Zitronengras

Es existieren über 50 verschieden Arten Zitronengras, von denen das Westindische Zitronengras die kulinarisch bedeutendste Art darstellt. Allgemein wird nur der untere Trieb der Gewürzpflanze verwendet und zum Aromatisieren von Gerichten, Suppen und Saucen mitgekocht. Das Zitronengras wird in der Regel danach entsorgt. Nur bei sehr jungen und zarten Pflanzen kann das äußere Blatt entfernt und das innere, hocharomatische, weiße Blattwerk fein geschnitten verzehrt werden. Jüngere Blätter sind zudem vollmundiger und intensiver im Aroma als die älteren Blätter, welche ihrerseits etwas mehr Säure mitbringen. „Zitronengras muss man vor der Verarbeitung immer zerquetschen, damit sich der Geschmack entfaltet. Eine saubere Schnittfläche genügt nicht", erklärt Andreas Mayer.

Zitronengras ist frisch und getrocknet erhältlich, wobei die getrocknete Variante deutlich an Aroma einbüßt, was durch Einweichen vor der Verarbeitung in heißem Wasser etwas ausgeglichen werden kann. Frisches Zitronengras ist, in kaltes Wasser gestellt, längere Zeit haltbar. Das Süßgras stammt vermutlich aus Malaysia und wird heutzutage vorwiegend in Australien, Thailand, Sri Lanka, Indien, Brasilien, Guatemala und auf Java angebaut. Die horstbildenden, scharfkantigen Pflanzen tragen schilfartige, hell- bis dunkelgrüne Blätter, die knapp zwei Meter lang werden können.

ZITRONENGRASLUFT Den Ingwer schälen und in 4 Scheiben mit 1 Zentimeter Dicke schneiden. Zitronengrasstiele mit einem Fleischklopfer am Wurzelende anschlagen. Zucker in einen kleinen Topf geben und hell karamellisieren lassen. Mit 500 Milliliter Wasser ablöschen. Ingwerstücke, Sternanis und Zitronengras in den Topf geben und einmal aufkochen. Kaffirlimettenblätter und Zitronensaft dazugeben. 10 Minuten leicht köcheln lassen. Die Zitronenschale hinzufügen und ohne weitere Wärmezufuhr etwa 25 Minuten ziehen lassen. Den Sud passieren und erkalten lassen. Das Lezithin mit einem Stabmixer in den kalten Sud einrühren. Anschließend aufschäumen, bis eine etwa 3 Zentimeter hohe Schaumhaube entsteht. Nach dem Aufschäumen die Masse etwa 2 Minuten ruhen lassen, damit sich der Schaum festigt.

ANRICHTEN Den Schaum in einem Servierlöffel anrichten, mit Szechuanblüten bestreuen und sofort servieren.

ZITRONENGRASLUFT

200 g	*Ingwer*
3	*Zitronengrasstängel*
1 1/2 EL	*Zucker*
1	*Sternanis*
5	*Kaffirlimettenblätter*
	Saft und Schale von 1/2 Zitrone
2 1/2 g	*Lezithin*

ANRICHTEN

Szechuanblüten, gehackt

Rettich

Rettich ist eine der ältesten Kulturpflanzen der Welt. Die Gemüse- und Heilpflanze stammt ursprünglich aus Vorderasien und wird heutzutage in allen gemäßigten Zonen der Erde angebaut. Von April bis Januar wird die Wurzel geerntet. Man unterscheidet hierbei Frühlings-, Sommer- und Herbstrettiche, die an der weißen oder roten Rinde erkennbar sind. Wohingegen der Winterrettich eine violette oder schwarze Färbung aufweist. Die Schale kann, muss aber nicht, vor der Verarbeitung entfernt werden, das Innere ist vorwiegend weiß gefärbt. Charakteristisch ist die Schärfe des Rettichs, wobei der Frühlingsrettich milder ist, während Herbst- und Winterrettiche beißend scharf sein können. Rettich regt die Verdauungssäfte an und macht fettige Gerichte leichter verdaulich.

Beim Einkauf ist darauf zu achten, dass das Blattwerk frisch und die Wurzeln prall und fest sind. Sehr große Wurzeln sind oftmals verholzt, allerdings lässt sich das nur durch eine Schnittprobe überprüfen. Entfernt man die Blätter und wickelt den Rettich in ein feuchtes Tuch, so ist er gut vier Tage im Kühlschrank haltbar; Winterrettich, der über festeres Fleisch verfügt, auch noch länger.

Tipp Wenn man Rettich eine halbe Stunde vor dem Verzehr mit Salz bestreut, so wässern die Bitterstoffe aus und er wird zarter und milder im Geschmack.

Geräuchertes Wallerfilet im Rettichblatt mit Himbeervinaigrette

WALLERFILET Statt den Waller selber zu räuchern, kann auch bereits geräuchertes Wallerfilet verwendet werden. Zum Räuchern das Wallerfilet waschen und von den Gräten befreien. Den Räucherofen vorbereiten: auf den Herd stellen und erhitzen. Räuchermehl hineingeben. Knoblauch, Rosmarin und Thymian auf das Räuchermehl legen. Fischfilet mit Salz und Pfeffer würzen und mit der Hautseite nach unten auf das Räuchergitter legen. Das Gitter mit dem Fisch in den Räucherofen setzen, wenn das Mehl zu glimmen beginnt. Bei etwa 70 °C 5 bis 6 Minuten räuchern, dann das Filet aus dem Ofen nehmen und abkühlen lassen. Kurz vor dem Anrichten von der Haut befreien und in kleine Rauten schneiden.

RETTICHBLATT Rettich schälen und 16 Scheiben à 3 Millimeter Dicke schneiden, einsalzen. Den Rest des Rettichs in feine Streifen schneiden und für die Garnitur in Eiswasser legen. Kurz vor dem Anrichten herausnehmen und ausdrücken.

HIMBEERVINAIGRETTE Himbeermark in eine Rührschüssel geben. Mit Salz und Pfeffer würzen. Das Traubenkernöl langsam untermixen. Etwas Zitronensaft und eine Prise Zucker zugeben, bis der gewünschte Grad an Geschmack und Süße erreicht ist.

ANRICHTEN Das Pumpernickel in einer Pfanne mit Olivenöl anbraten. Je Teller 1 Scheibe Pumpernickel in die Mitte setzen, 1 Rettichblatt darauflegen und mit Himbeervinaigrette einpinseln. 3 bis 4 Wallerrauten auf den Rettich legen, wieder 1 Scheibe Pumpernickel daraufsetzen. In dieser Reihenfolge weiterschichten, bis pro Türmchen 4 Pumpernickelscheiben verbraucht sind, mit einem Rettichblatt abschließen. Dann je 1 Scheibe vom gekochten Hummer oben auflegen und 1 Pipette mit Himbeervinaigrette in die Türmchen stecken. Je 5 Himbeeren im Kreis um das Türmchen herum setzen. Die Rettichstreifen mit den Dillspitzen und der gemischten Kresse dazwischen aufstreuen. Etwas Himbeervinaigrette darüberträufeln.

WALLERFILET

200 g	*Wallerfilet*
	Räuchermehl
1	*Knoblauchzehe*
1	*Zweig Rosmarin*
1	*Zweig Thymian*

RETTICHBLATT

1	*weißer Rettich*

HIMBEERVINAIGRETTE

50 g	*Himbeermark*
30 ml	*Traubenkernöl*
	frischer Zitronensaft

ANRICHTEN

16	*kleine, runde Scheiben Pumpernickel*
	Olivenöl
4	*Scheiben gekochter Hummer*
4	*kleine Pipetten mit Himbeervinaigrette*
1	*Schale frische Himbeeren*
	Dillspitzen
	Kresse-Mix

Zucchini

Zucchini gehören zur Familie der Kürbisgewächse, sie stammen aus Westindien und Mexiko und werden in unseren Breiten von Juni bis Oktober im unreifen Zustand geerntet. In diesem Reifezustand sind die Zucchini verhältnismäßig klein (bis 20 cm) und der Anteil der nussigen Schale ist im Vergleich zum geschmacklich milden, fast neutralen Fruchtfleisch entsprechend hoch. Große Zucchini, die bis armlang und dick wie Kürbisse werden, sind geschmacklos und pelzig. Ein besonders delikater Teil der Pflanze sind die großen, gelben Zucchiniblüten. Zucchini sind sortenspezifisch in verschiedenen Färbungen von Gelb bis Cremegrün oder Dunkelgrün, mit Sprenkeln und Streifen erhältlich, was nichts über die Qualität des Beerenobstes aussagt. Wichtig ist beim Einkauf, dass die Kaliber nicht zu groß sind (10 bis 20 cm). Der Strunk sollte nicht weich und knautschig sein. Kühl, jedoch nicht zu kalt, sind Zucchini bis zu drei Wochen lang haltbar. Bei größeren Exemplaren sollten vor der Verarbeitung die harten Kerne entfernt werden.

Hinweis Giftige Toxine treten an sich nur bei wilden Kürbissen auf, sie sind allerdings vereinzelt bei toxinfreien Zuchtexemplaren durch Rückmutation und Kreuzung mit anderen Kürbisgewächsen erneut aufgetreten. Falls eine Zucchini bitter schmeckt, sollte sie komplett entsorgt werden!

Ossobuco vom Lamm mit Zucchini

GREMOLATA

1/2	*Bund Petersilie*
	Schale von 1/2 Orange
	Schale von 1/2 Zitrone

ZUCCHINI

5	*Mini-Zucchini*
	Olivenöl
	Muskatnuss
2 EL	*Parmesan, gerieben*

BASILIKUMPESTO

1	*Bund Basilikum*
50 g	*Parmesan*
3	*Knoblauchzehen*
1/2 l	*Olivenöl*

OSSOBUCO

4	*Scheiben von der Lammhaxe*
1 EL	*Pflanzenöl*
1	*Möhre*
1	*gelbe Rübe*
1	*Stange Sellerie*
1 TL	*Tomatenmark*
1/4 l	*Rotwein*
1/2 l	*Gemüsefond*
1	*Lorbeerblatt*
10	*Pfefferkörner*
	Butter

ANRICHTEN

4	*Scheiben Chorizo, kross gebacken*

GREMOLATA Petersilie waschen und mit einem Wiegemesser hacken. Die Orangen- und Zitronenschale mit einer Reibe sehr fein reiben. Die Zutaten in einer Schüssel gut verrühren.

ZUCCHINI Die Zucchini waschen, 4 davon in Salzwasser blanchieren. Die restlichen Zucchini in kleine Würfel schneiden und in Olivenöl scharf anbraten. Auf Küchenpapier abtropfen lassen und mit Salz, Pfeffer und Muskatnuss würzen. Die blanchierten Zucchini der Länge nach aufschneiden, aushöhlen und mit den gebratenen Zucchiniwürfeln füllen. Mit Parmesan bestreuen und im Backofen goldgelb gratinieren.

BASILIKUMPESTO Die Zutaten bis auf das Öl grob zerkleinern, alles zusammen in einen Mixer geben und mit dem Olivenöl auffüllen. Zu einer glatten Sauce mixen.

OSSOBUCO Die Lammscheiben in einem Topf mit Pflanzenöl scharf anbraten. Möhre, gelbe Rübe und Stangensellerie waschen, schälen, in etwa 1 Zentimeter große Würfel schneiden und zu den Lammscheiben geben. Mitrösten, bis eine braune Farbe entsteht. Das Tomatenmark zufügen und etwa 2 Minuten mitbraten. Mit Rotwein ablöschen und solange reduzieren lassen, bis der Rotwein verkocht ist. Anschließend mit Gemüsefond aufgießen. Das Lorbeerblatt und die Pfefferkörner hinzugeben und solange schmoren, bis die Fleischscheiben weich sind. Das Fleisch aus dem Fond nehmen und diesen durch ein Baumwolltuch passieren. Um die Hälfte reduzieren und mit Butter abschmecken. Die Lammscheiben wieder in den Fond geben und mit Salz und Pfeffer kräftig würzen. Bis zum Servieren warm halten.

ANRICHTEN Je 1 Stück Ossobuco auf die Teller geben und mit der Sauce übergießen. Die Lammscheiben mit der Gremolata bestreuen. Je 1 kross gebackene Chorizo-Scheibe dazulegen. Je 1 Mini-Zucchini zum Lamm setzen. Mit etwas Basilikumpesto umranden. Sofort servieren.

Mangold

Dieses Gänsefußgewächs ist mit der Roten Bete und dem Spinat verwandt. Mangold ähnelt diesen auch geschmacklich, fällt aber kräftiger und würziger aus. Grundsätzlich werden zwei Sorten unterschieden: Schnitt- und Blattmangold (Beißkohl), der über kleine, schmale Blätter verfügt, und der Stiel- und Rippenmangold (Römischer Kohl), welcher dickere und breite Blattstiele aufweist.

Während Schnittmangold wie Spinat zubereitet wird, muss man bei den Stielen und Blätter des Stielmangolds die unterschiedlich langen Garzeiten beachten: „Wir legen den Strunk mindestens eine halbe Stunde lang in Milch ein, weil das die Bitterstoffe entzieht. Nach kurzem Anschwitzen kann man ihn problemlos mitservieren", erklärt Andreas Mayer, der gerne das ganze Blattgemüse verarbeitet.

Als Ursprungsländer von Mangold gelten die Mittelmeergebiete und Vorderasien, wobei er aktuell in allen gemäßigten Klimazonen beheimatet ist. Die regionalen Ernten fallen in die Monate Mai bis September. Handelsware besitzt weiße, rote oder grüne Stiele, jene sollten beim Einkauf makellos sein. Die Mangoldblätter sollten fest, knackig-grün und glänzend sein. Mangold muss rasch verarbeitet werden, da das Frischgemüse nicht lange lagerfähig ist. Weil Mangold neben einem hohen Eiweiß- und Mineralstoffgehalt auch viel Nitrat enthält, sollte er nicht mehrmals aufgewärmt werden.

Tipp Die Rotfärbung der Stile geht bei längerem Blanchieren verloren – bei kurzem Blanchieren und anschließendem Schwenken in karamellisiertem Zucker, Butter und Salz bleibt die Farbe erhalten.

Iberisches Schweinekarree mit Tomatenvinaigrette, Mangold und Gnocchi

Mangold Den Mangold waschen und das Grün von Strunk und Stielen befreien. Strunk und Stiele in ½ Zentimeter breite Stücke schneiden und etwa 5 Minuten in Milch einlegen, um die Bitterstoffe zu entziehen. Die Mangoldblätter in Streifen schneiden. Die Schalotten würfeln und in einem Topf anbraten, die Mangoldstreifen hinzugeben und gut anschwitzen. Mit Salz, Pfeffer und Muskatnuss würzen und mit etwas Butter verfeinern. Die Stiele abschütten und in etwas frischer Milch aufkochen. Mit den geschnittenen Mangoldblättern vermischen. Noch einmal mit Salz, Pfeffer und Muskatnuss abschmecken und mit etwas Maisstärke zu einem sämigen Ragout abbinden.

Gnocchi Backofen auf 180 °C vorheizen. Kartoffeln waschen und auf ein Blech legen. Im Ofen in etwa 40 Minuten weich garen. Kartoffeln schälen und abkühlen lassen, bis sie lauwarm sind. Durch eine Kartoffelpresse drücken. Mit Mehl und Ei vermischen und gut durchkneten. Die Kartoffelmasse zu einer dünnen Stange rollen, in etwa 3 Zentimeter lange Stücke schneiden. Mit einer Gabel zusammendrücken. Gnocchi in kochendes Salzwasser geben. Dann die Hitze zurücknehmen. Wenn die Gnocchi oben schwimmen, aus dem Wasser nehmen und in Butter schwenken.

Mangold

2–3	Bund Mangold, mit Strunk
250 ml	Milch
2	Schalotten
	Muskatnuss
1 EL	Maisstärke

Gnocchi

250 g	Kartoffeln
75 g	Mehl
1	Ei
1 EL	Butter

Schweinekarree

1,8 kg	iberischer Schweinerücken mit Knochen und Fettdeckel
2 EL	Öl

Tomatenvinaigrette

1 kg	Tomaten
1 EL	Salz
1 EL	Zucker
1/2 EL	Maisstärke
4	getrocknete Tomaten
4	frische Tomaten
2	Zweige Thymian
2	Cherrytomaten
	Olivenöl

Anrichten

1	Zweig Thymian

Schweinekarree Die Rippenknochen des Schweinekarrees freilegen. Das Karree von allen Seiten in einer Pfanne mit Öl rundherum scharf anbraten. Auf ein Blech legen und für etwa 40 Minuten bei 160 °C im Backofen garen.

Tomatenvinaigrette Die Tomaten, Salz und Zucker mit einem Mixer aufmixen und in ein Baumwolltuch schütten. Den austretenden Fond in einer Schüssel auffangen. Den Fond in einen Topf geben und auf ein Viertel reduzieren. Dann die Maisstärke in etwas kaltem Wasser anrühren und den Fond damit abbinden. Die Trockentomaten in Streifen schneiden und in den Fond geben. Die frischen Tomaten in heißem Wasser kurz blanchieren und schälen. Vierteln und vom Kerngehäuse befreien. Die Tomatenviertel in feine Streifen schneiden. Thymianblätter von den Stielen abstreifen und die ganzen Blätter in den Tomatenfond geben. Die Tomatenstreifen ebenfalls hinzugeben. Kurz vor dem Anrichten noch etwas Olivenöl in den Tomatenfond einrühren. Nicht mehr kochen lassen. Die Cherrytomaten kurz blanchieren, schälen und halbieren. Auf einem Teller mit Olivenöl, Salz und Pfeffer anrichten, mit Folie abdecken und warm stellen.

Anrichten Das Mangoldgemüse mithilfe eines Metallrings (Ø 8 cm) in die Mitte von 4 Tellern setzen. Das Schweinekarree in 4 Scheiben schneiden und je 1 Scheibe auf das Mangoldgemüse legen. Mit Tomatenfond übergießen. Gnocchi und je 1/2 Cherrytomate auf die Karreescheiben legen, mit Thymian garnieren.

Marco Müller

1997. Marco Müller kocht. Innerlich. Er weiß nicht wohin mit seiner Wut, aber zumindest wohin nicht mit seiner Wut. „Es gibt Küchenchefs, die den ganzen Tag nur kreischen. Das ist ein Schwächegefühl, weil sie den Stress nicht komprimiert bekommen und ihn damit an andere weitergeben. Das konnte ich noch nie verstehen", sagt der Koch, flitzt damals kurzerhand ins Bankettkühlhaus, schließt hinter sich die Tür und brüllt. Brüllt die Regale an. Das Aggregat. Die Stille. Danach geht er erleichtert in die Küche des Restaurants *Imperial* im *Schlosshotel Bühlerhöhe* zurück. Zugegeben, auch eine Möglichkeit, aber man lernt mit den Jahren schließlich, Arbeitsabläufe zu rationalisieren:

Heute wird nämlich direkt in der Küche geschrien! Wobei es sich dabei nur um die Sänger diverser Metal-Bands handelt, die aus einem CD-Player die Vorbereitungsarbeiten rhythmisch begleiten. Folgerichtig geht es in der Berliner *Weinbar Rutz* flott zu Gange: Es wird geschnitten, püriert, gebraten, gewolft, gedünstet, geschmort, gefroren. Letztlich auch wegen dem Küchenstil des Chefs, der zahlreiche Komponenten auf den Teller bringt – der damit verbundene Mehraufwand ist für Marco Müller kein Grund: „Man muss den Stress lieben!" Obwohl es ihm an diesem Tag auch ein bisschen Freude bereitet, für geduldige Fotoaufnahmen anzurichten – wenngleich es die Musik ein wenig aus dem Takt bringt ...

Folgenschwer wäre es übrigens, den derben Musikgeschmack des Küchenteams in Verbindung mit dem praktizierten Kochhandwerk zu setzen, gar voreilig den Schluss zu ziehen, dass die kulinarischen Ergüsse ein Gewaltakt der Provokation sein müssen! Marco Müller kocht verspielt, mutig, vielleicht ungewöhnlich – aber für plumpe Empörung ist der Küchenchef viel zu besonnen, zu bedacht, zu entspannt bei dem, was er tut, was er sagt: „Es gibt tolle Kombinationen, die sich die Gäste nicht vorstellen können. Da provoziere ich gerne. Aber es geht beim Kochen nicht um Selbstdarstellung, sondern um den Gast, der abends glücklich das Restaurant verlassen soll."

Wobei sein Küchenstil natürlich seine Wurzeln hat – er ist sozusagen die reflektierte Rebellion der jungen Jahre. Schon als Kind experimentiert der gebürtige Potsdamer am Herd. Damals möchte er noch Musiker, Bildhauer, Maler oder Chirurg werden, wird aber nicht zum Abitur zugelassen. „Die DDR war ein Arbeiter- und Bauernstaat", sagt Marco Müller grinsend. Wobei sein plötzlicher Frohsinn eher dem gehobenen Mittelfinger gilt, der just hinter der Tischkante erscheint. Er lernt also Koch. Gezwungenermaßen. Nur wenig privat geführte Restaurants existieren damals in Ostdeutschland: „Ob Dresden, Leipzig oder Brandenburg – die Speisekarten waren standardisiert. Überall gab es Zwiebelsuppe, Würzfleisch, Schweinesteaks mit drei Saucen und Erdbeer- oder Zitronencreme. Wäre die Mauer nicht gefallen, ich wäre heute kein Koch mehr."

Trotzdem ist Marco Müller während seiner Lehrzeit fordernd und wissbegierig. Er wird in vielen Restaurants eingesetzt. Verarbeitet frischen Zander, Forelle und Hecht. Er zerlegt drei Monate lang Rinder- und Schweinehälften im Schlachthof. Nach der Wiedervereinigung nutzt er augenblicklich die neuen Möglichkeiten. Er kauft sich stapelweise Kochbücher, arbeitet tagsüber und lernt nachts. Er wächst an seinen Küchenchefs, Johannes King und Wolfgang Müller, die nicht nur sein Handwerk und seine Kreativität fördern: Ihn packt die Leidenschaft für seinen Beruf!

Zur Person

Marco Müller wurde 1970 in Potsdam geboren, wo er im Restaurant *Ufergaststätte* seine Kochausbildung absolvierte. Vor dem Wehrdienst im Jahr 1992 arbeitete er bereits im Potsdamer *Klosterkeller* und in Berlin im *Schlosshotel Gerhus* sowie im *Kempinski Hotel Bristol*. Als weitere Stationen in der Hauptstadt folgten das Restaurant *Zum Hugennotten* im Hotel *Intercontinental* sowie das Restaurant *Grand Slam* bei Johannes King. Dann wurde er stellvertretender Küchenchef im *Alten Zollhaus*, worauf sich zwei Jahre in derselben Position im Restaurant *Imperial* im *Schlosshotel Bühlerhöhe* bei Baden-Baden anschlossen. Als Küchenchef arbeitete er im Restaurant *Harlekin* im *Grand Hotel Esplanade* in Berlin und im Restaurant *Windspiel* im *Schloss Hubertushöhe* in Storkow. Seit 2004 leitet Marco Müller die Berliner *Weinbar Rutz*, die mit einem Stern im Guide Michelin und mit 16 Punkten im Gault Millau ausgezeichnet ist.

„Für mich ist wichtig, dass in dem Augenblick, in dem der Teller an den Tisch kommt, der Gast kurz abschaltet, genießt und sich mit dem beschäftigt, was serviert wird. Das ist mein Wunsch: dass sich der Gast mit meinen Gerichten auseinandersetzt und seine Fantasie anregt."

Marco Müller

Lackierter Hällischer Schweinebauch, Carabinero, Anchovis, Zitronenwürfel, Remouladenschaum, Teil 1

Schweinebauch

40 g	*Schalotten*
40 g	*Knoblauch*
40 g	*Möhren*
40 g	*Staudensellerie*
75 g	*Ingwer*
1 EL	*Öl*
2 l	*dunkler Kalbsfond*
5	*Kaffirlimettenblätter*
5	*Zitronengrasstängel, zerquetscht*
3	*Chilischoten*
3 EL	*Tandooripaste*
3 EL	*gelbe Currypaste*
300 ml	*japanische Sojasauce*
100 ml	*Ketjap Manis*
20 ml	*Fischsauce*
15 g	*Dashipulver (Bonitopulver)*
	Saft von 6 Limonen
1	*Bund Basilikum*
1	*Bund Rosmarin*
1	*Bund Thymian*
	Honig
1,4 kg	*Schweinebauch vom Schwäbisch-Hällischen Schwein*
	grüner Pfeffer

Carabinero-Tatar

1 TL	*Olivenöl*
1 Msp.	*geriebener Knoblauch*
1 Msp.	*milder Chili*
1 TL	*Schnittlauch, fein geschnitten*
1	*Spritzer Zitronensaft*
1 Msp.	*Basilikum, fein geschnitten*
1 Msp.	*Thymian, gehackt*
1 Msp.	*Rosmarin, gehackt*
	geröstete Koriandersaat, zerstoßen
2	*Carabinero-Schwänze, ausgelöst und gesäubert*

Sautierter Carabinero-Schwanz

2	*Carabinero-Schwänze, ausgelöst*
	flüssige Butter
	Olivenöl
1	*Zweig Thymian*
1	*Zweig Rosmarin*
1	*Knoblauchzehe*
	Meersalz

Schweinebauch Schalotten, Knoblauch, Möhren, Sellerie und Ingwer klein schneiden, in Öl anschwitzen. Mit Kalbsfond auffüllen und aufkochen. Kaffirblätter, Zitronengras, Chilis, Tandooripaste, Currypaste, Sojasauce, Ketjap Manis, Fischsauce, Dashipulver, Limonensaft, Basilikum, Rosmarin, Thymian (Kräuter grob gehackt) dazugeben und etwas ziehen lassen. Mit Honig abschmecken. Den Schweinebauch dazugeben. Er sollte gerade eben von Flüssigkeit bedeckt sein. 15 Minuten leicht köcheln lassen. Dann bei 78 °C für etwa 14 Stunden in den Ofen geben. Das Fleisch aus dem Sud nehmen und beiseite stellen. Vor dem Anrichten in rechteckige Stücke schneiden. Den Fond passieren, einkochen und als Lack auf den geschnittenen Schweinebauch pinseln. Etwas grünen Pfeffer darüber mahlen.

Carabinero-Tatar Das Olivenöl mit allen Gewürzen und Kräutern vermengen. Die Carabinero-Schwänze vorsichtig klein schneiden und anschließend in der Gewürz-Kräuter-Mischung marinieren.

Sautierter Carabinero-Schwanz Die Carabinero-Schwänze halbieren und entdarmen. Mit Butter und Olivenöl bestreichen, dann bei 80 °C 10 Minuten abgedeckt in den Ofen geben. Vor dem Anrichten sehr kurz und heiß mit Thymian, Rosmarin und einer angeschlagenen Knoblauchzehe in einer Pfanne anbraten. Mit Meersalz und Pfeffer würzen.

Lackierter Hällischer Schweinebauch, Carabinero, Anchovis, Zitronenwürfel, Remouladenschaum, Teil 2

Carabinero-Risotto

2	*Schalotten, in feinen Würfeln*
200 g	*Risottoreis*
½	*Knoblauchzehe, gerieben*
15 g	*Olivenöl*
30 ml	*Weißwein*
30 ml	*Noilly Prat*
450 ml	*Hummerbisque*
1 Msp.	*Sardellenfilets, gehackt*
15 g	*Butter*
25 g	*Parmesan, frisch gerieben*
80 g	*Tomatenfilets, gewürfelt*
5 ml	*weißer Balsamessig*
15 g	*Pinienkerne, geröstet*
4	*Basilikumblätter, fein geschnitten*
1 TL	*gehackte Kräuter (Rosmarin, Thymian, Schnittlauch)*
1 TL	*süße Peperoni, klein gewürfelt*
	Zucker
2	*Carabinero-Schwänze, ausgelöst, gesäubert, gewürfelt*
1	*TL Crème fraîche*

Carabinero-Risotto Die Schalotten, den Risottoreis und den Knoblauch farblos in Olivenöl anschwitzen, mit Weißwein und Noilly Prat ablöschen. Risotto unter ständigem Rühren und unter Zugabe von Hummerbisque bei mittlerer Hitze so lange kochen, dass er noch leichten Biss hat. Die restlichen Würzzutaten zugeben und alles mit Salz und Pfeffer abschmecken. Vor dem Anrichten die Carabinero-Würfel in einer heißen Pfanne kurz anschwenken und mit der Crème fraîche vermengen.

Remouladenschaum Alle Zutaten bis auf das Öl mit einem Stabmixer aufmixen, durch ein feines Sieb geben, dann die beiden Öle tröpfchenweise unterrühren, sodass eine Emulsion entsteht. In eine kleine Espumaflasche füllen, 1 bis 2 Druckkapseln auffüllen und bei 75 °C 40 Minuten lang in einem Wasserbad warm stellen. Zum Anrichten in 4 Schälchen verteilen und mit gebackenen Kapern bestreuen.

Zitronenwürfel Die Zitronen etwa 1 Stunde in Wasser kochen, die Kerne entfernen, pürieren und durch ein Sieb streichen. Dem Püree im Verhältnis 1:1 Zucker hinzufügen und aufkochen, bis sich der Zucker aufgelöst hat. In eine flache Form gießen, auskühlen lassen und in Würfel beliebiger Größe schneiden.

Anchovisfilets Die Sardellen 24 Stunden wässern. Die Filets von den Gräten lösen, die Gräten entfernen und die Filets 6 Stunden in Olivenöl einlegen. Herausnehmen, gut abtropfen lassen und zum Anrichten mit frischem grünen Pfeffer bestreuen.

Anrichten Auf jeden Teller je 1 Schälchen mit dem warmen Remouladenschaum stellen. Das Risotto auf die Mitte der Teller verteilen, je 1 Stück Schweinebauch auflegen und etwas vom Fond angießen. Je 1/2 sautierten Carabinero-Schwanz anlegen, mit Lauchkresse, Sesamsaat und je 1 Carabinero-Kopf garnieren. Je 1 Anchovisfilet, 1 Nocke Carabinero-Tatar und 2 Zitronenwürfel dazulegen.

Remouladenschaum

105 g *Eigelb*
10 ml *Kapernwasser*
10 ml *Gurkenwasser*
1 EL *Senf*
10 g *Zucker*
1 TL *Schalottenwürfel, angeschwitzt*
1/2 TL *Dill, gehackt*
100 ml *Pflanzenöl*
50 ml *Olivenöl*
gebackene Kapern

Zitronenwürfel

5 *unbehandelte Zitronen*
Zucker

Anchovisfilets

2 *große spanische Sardellen, in Meersalz eingelegt*
Olivenöl
frischer grüner Pfeffer aus der Mühle

Anrichten

Lauchkresse
schwarze Sesamsaat, angeröstet
4 *Carabinero-Köpfe*

Koriander

„Koriander ist für mich eigentlich kein Kraut, sondern ein Gewürz. Es ist sehr intensiv, und wenn man zu viel davon verarbeitet, hat der Gast schnell das Gefühl, Seife und Petroleum im Mund zu haben", beschreibt Marco Müller den speziellen Geschmack von Korianderblättern, die grundsätzlich roh verwendet werden sollten, weil sich das Aroma beim Kochen und Braten schnell verflüchtigt. Zudem sollte das Kraut immer frisch verarbeitet werden, da der frische, würzig-moschusartige Geschmack bei der gefrorenen oder getrockneten Variante weitestgehend verloren geht.

Neben Korianderblättern und -wurzeln werden auch die Früchte des Doldenblütlers verwendet, die sich mit ihren nussigen, scharf-bitteren und warm-aromatischen Nuancen von denen des Krautes weitestgehend unterscheiden. „Korianderkörner benutze ich sehr oft. Wenn man das Gewürz stark röstet, platzt die Samenhülle auf und der Kern entwickelt fast kaffeeähnliche Aromen. Das gibt besonders mediterranen Gerichten ein gewisses Fundament", sagt Marco Müller.

Tipp Korianderfrüchte sollten nicht länger als ein Jahr gelagert und immer frisch gemahlen werden, da sich die feinaromatischen Inhaltsstoffe schnell verflüchtigen, während die Bitterstoffe zurückbleiben.

Tomatenfond

1 1/2 kg	*reife Tomaten*
1	*Knoblauchzehe, geschält*
1	*Schalotte, geschält*
1/2	*Bund Basilikum*
1	*Zweig Koriandergrün*
3	*Wacholderbeeren*

Koriandergelee

1/2	*Bund Koriandergrün*
300 ml	*Tomatenfond*
	Koriandersaat, geröstet und gemahlen
2	*Blatt Gelatine*
1 1/2 g	*Agar-Agar*

Gekochter Blumenkohlsalat

1/2	*Blumenkohl*
150 ml	*Sahne*
1	*Prise Muskatnuss*
1	*Prise Zucker*
10 ml	*weißer Balsamessig*
10	*Walnussöl*
1 TL	*Schnittlauch, fein geschnitten*
1/4 TL	*Petersilie, gehackt*
1/4 TL	*Estragon, gehackt*

Zweimal Seesaibling, Blumenkohlsalat, Koriander, Apfel-Gurken-Sorbet, Teil 1

Tomatenfond Alle Zutaten miteinander vermixen, mit Salz und Pfeffer würzen. In ein Tuch geben und dieses 12 Stunden so aufhängen, dass der Saft auslaufen kann.

Koriandergelee Das Koriandergrün mit dem Tomatenfond mixen, passieren und mit Salz, Pfeffer und dem gemahlenen Koriander abschmecken. Die Gelatine einweichen. Den Fond mit Agar-Agar aufkochen und die geweichte, ausgedrückte Gelatine darin auflösen. Dünn auf ein Blech ausgießen und kalt stellen. Vor dem Anrichten 4 Rechtecke in Größe der Saiblingsstücke zuschneiden oder ausstechen.

Gekochter Blumenkohlsalat Blumenkohl in kleine Röschen zerteilen, in Salzwasser garen. Die Reste des Blumenkohls mit Sahne weich kochen. Anschließend mixen und passieren. Mit Salz, Pfeffer, Muskatnuss, Zucker, weißem Balsamessig und Walnussöl abschmecken. Das Püree über die gekochten Blumenkohlröschen geben. Mit Schnittlauch, Petersilie und wenig Estragon vermengen.

Zweimal Seesaibling, Blumenkohlsalat, Koriander, Apfel-Gurken-Sorbet, Teil 2

Roher Blumenkohlsalat

- 1/2 *Blumenkohl*
- 1 *Prise Zucker*
- 10 ml *Pinienkernöl*
- 10 ml *weißer Balsamessig*
- 1 TL *Austernkraut, fein geschnitten*
- 1 TL *Schnittlauch, fein geschnitten*
- 1/2 TL *Petersilie, gehackt*

Koriander-Pfeffer-Hippe

- 50 g *Roggenmehl*
- 70 ml *Wasser*
- 1 *Prise Salz*
- 1 Msp. *Knoblauch, gerieben*
- 10 ml *Olivenöl*
- 5 g *Koriandersaat, geröstet und gemahlen*
- 1 g *grüner Pfeffer*
- 1 g *tasmanischer Pfeffer*

Koriandersalsa

- 1 EL *Backpulver*
- 1 *Bund Koriandergrün*
- 1/2 *Bund Estragon*
- 1/2 *Bund Petersilie*
- 1/2 *Bund Basilikum*
- 1/2 *Bund Schnittlauch*
- 300 ml *Geflügelfond*
- 30 ml *Traubenkernöl*
- *Koriandersaat, geröstet und gemahlen*
- *Zitronensaft*

Roher Blumenkohlsalat Blumenkohl mit einem Gemüseschäler fein schälen, sodass kleine, Couscous ähnliche Körner entstehen. Salzen und zuckern. 1 Stunde durchziehen lassen. Mit Pinienkernöl, einem Spritzer weißen Balsamessig und Pfeffer abschmecken, Austernkraut, Schnittlauch, Petersilie dazugeben.

Koriander-Pfeffer-Hippe Alle Zutaten zu einer streichförmigen Masse verarbeiten. und 30 Minuten ruhen lassen. Die Masse mit einer dünnen und schmalen Palette auf ein mit Backpapier ausgelegtes Blech streichen. Bei 170 °C etwa 6 Minuten im Ofen backen, bis der Geschmack von frisch gebackenem Brot entstanden ist.

Koriandersalsa Salzwasser zum Kochen bringen, Backpulver dazu geben. Die Kräuter solange darin blanchieren, bis sie ihre Struktur verlieren, abtropfen lassen. Den Geflügelfond auf 60 Milliliter reduzieren und mit den Kräutern und dem Traubenkernöl zu einer Art Pesto mixen. Mit Salz, Pfeffer, Zucker, gemahlenem Koriander und Zitronensaft abschmecken. Sofort auf ein Blech schütten und kalt stellen, damit die Salsa schnell herunterkühlt und nicht die Farbe verliert.

Apfel-Gurken-Sorbet Äpfel und Gurken in Würfel schneiden. Glukose im Apfelsaft erwärmen, die Apfel- und Gurkenwürfel, Dill, Balsamessig, Schmant und Koriander dazugeben. Mit Salz und Pfeffer abschmecken. In einen Pacojetbecher füllen. Nach 24 Stunden frosten und zweimal im Pacojet durchlassen.

Olivenölemulsion Alle Zutaten mit Salz und Pfeffer vor dem Anrichten schaumig aufmixen.

Saiblingsfilet Das Filetstück in 4 Portionen schneiden, würzen und mit der Butter sowie dem Olivenöl bestreichen. Auf einen Teller geben, mit Klarsichtfolie luftdicht abdecken und bei 65 °C etwa 35 Minuten im Ofen glasig garen. Erst danach mit gerösteter, gemahlener Koriandersaat, Pfeffer und Meersalz würzen.

Saiblingstatar Das Saiblingsfilet in feine Würfel schneiden und leicht ansalzen. Die Schalottenwürfel unter lauwarmem Wasser abspülen. Alle anderen Zutaten vorsichtig unterheben und mit Salz, gemahlenem Koriander und Pfeffer abschmecken.

Anrichten Den Saiblingstatar auf 4 kleine Schälchen verteilen, je 1 TL Brotwürfel aufstreuen. Aufgeschäumte Olivenölemulsion daraufgeben. Die Schälchen auf die Servierteller stellen. In der Mitte der Teller aus dem gekochten Blumenkohlsalat ein Rechteck anrichten, die Thaispargelspitzen oben und unten anlegen. Je 1 Saiblingsfiletstück oben auf den Salat platzieren, mit je 1 Scheibe Koriandergelee abdecken. Eine Linie aus Koriandersalsa ziehen. Je 1 Quadrat aus dem rohen Blumenkohlsalat formen und mit je 1 Nocke Apfel-Gurken-Sorbet bedecken. Mit je 1 Koriander-Pfeffer-Hippe garnieren.

Apfel-Gurken-Sorbet

2	*Salatgurken*
6	*Äpfel (Granny Smith), entkernt*
1 l	*frisch gepressten Apfelsaft (Boskop)*
300 g	*Glukose*
1 TL	*Dill, fein geschnitten*
1 TL	*Koriandergrün, fein geschnitten*
1 EL	*weißer Balsamessig*
1 EL	*Schmand*

Olivenölemulsion

200 ml	*Olivenöl*
300 ml	*Geflügelfond*
4,6 g	*Lezithin*

Saiblingsfilet

160 g	*Seesaiblingsfilet, dickes Mittelstück*
150 g	*Rohmilchbutter*
1 EL	*Olivenöl*
	Koriandersaat, geröstet und gemahlen
	mittelgrobes Meersalz

Saiblingstatar

100 g	*Seesaiblingsfilet*
1	*Schalotte, in feinen Würfeln*
1/2	*süße, rote Pepperoni, in feinen Würfeln*
1	*Tomate, in Würfeln*
1	*EL Olivenöl*
1 TL	*fein geschnittene Kräuter (Schnittlauch, Petersilie, etwas Koriandergrün)*
1 Msp.	*geriebener Knoblauch*
1	*Spritzer Zitronensaft*
	Koriandersaat, geröstet und gemahlen

Anrichten

4 TL	*Weißbrotcroûtons, in Butter gebraten*
8	*Thaispargelspitzen*

Angebratener Thunfisch, Paellasalat à la Rutz, Olive im Quadrat, Paprika-Olivenöl-Eis, Teil 1

Thunfisch Für die Marinade Limettenblätter, Chilischote und Zitronengras klein schneiden. Alle Zutaten bis zum Thunfisch in einer Schüssel vermengen und würzen. Mit einem Mixer leicht pürieren, durch ein Sieb streichen. Den Thunfisch in 4 Rechtecke schneiden (7 x 4 x 2 Zentimeter Seitenlänge) und diese für 6 Stunden in der Marinade einlegen. Für die Panade Panko, Reismehl und Olivenstückchen mischen. Die Thunfischstücke aus der Marinade nehmen, mit Pfeffer würzen. Nur die Oberseite mehlieren, durch das verquirlte Ei ziehen und mit der Paniermischung panieren. Direkt vor dem Anrichten in Olivenöl kurz goldbraun anbraten, mit Knoblauch aromatisieren und mit Meersalz würzen.

Calamaretti Die Calamaretti kurz und heiß in einer Stahlpfanne mit wenig Olivenöl anbraten. Mit Butter, Rosmarin, Thymian und Knoblauch aromatisieren. Auf ein Tuch geben, salzen und pfeffern.

Olive

Das herbe, leicht bittere Aroma der Olive wird nicht nur beeinflusst durch die Sorte – entscheidend ist vor allem der Erntezeitpunkt: Unreife Oliven sind grün, geschmacklich herber und wandeln ihre Färbung am Baum je nach Reifezustand in Violett bis Braun und Schwarz. Roh sind die Kernfrüchte des Ölbaumgewächses nicht genießbar, da zuerst der hohe Gehalt an Bitterstoffen mithilfe einer alkalischen Kochsalzlösung ausgeschwemmt wird. Danach werden Oliven in Salzlake, Essig oder in pflanzlichen Ölen eingelegt und konserviert. Hauptanbaugebiete für Oliven sind bevorzugt die Mittelmeerländer, in geringem Umfang auch Kalifornien und Südamerika.

Da Oliven über einen durchschnittlichen Ölgehalt von 22 Prozent verfügen, wird der Großteil des Ernteertrags (etwa 90 %) zu Olivenöl verarbeitet, bei dem eine verwirrende Angebotspalette existiert, die sich in Preis, Farbe und Geschmack unterscheiden: Nur Olivenöle mit der Bezeichung „nativ" kommen vom Baum in die Flasche. Sie werden nach der Ernte zermahlen, kalt gepresst, zentrifugiert und gefiltert. Den Zusatz „extra" erhalten nur Olivenöle, die maximal 0,6 Gramm freie Fettsäuren in 100 Gramm Öl und keinerlei weitere Zusätze enthalten. Geschmacklich und geruchlich müssen sie einwandfrei sein.

Entspricht ein Olivenöl nicht den Anforderungen für natives Olivenöl, wird es wie andere Pflanzenöle raffiniert und mit würzigem Olivenöl vermischt. Aus dem Restöl des gepressten Olivenbreis wird sogenanntes „Oliventresteröl" produziert, das auch so ausgewiesen werden muss. „Natives Olivenöl" ist bis 180 °C erhitzbar, die Güteklasse „Olivenöl" bis 210 °C – aber wie bei allen Pflanzenölen sollte es nicht zu hoch erhitzt werden. „Sie verlieren nicht nur ernährungsphysiologisch wichtige Inhaltsstoffe, sondern auch Geschmack", erklärt Marco Müller.

THUNFISCH

4 *Kaffirlimettenblätter*

1 *kleine Chilischote*

2 *Zitronengrasstängel*

½ l *ungesalzene Sojasauce*

100 ml *Sweet Chili Sauce*

10 g *Knoblauch, gerieben*

20 g *Ingwer, gerieben*

80 ml *Austernsauce*

Saft und Abrieb von 3 Limonen

70 ml *Olivenöl*

10 ml *Walnussöl*

5 g *chinesisches 5-Gewürze-Pulver*

Meersalz

rotes Tandooripulver

Honig

Koriandersaat, geröstet und gemahlen

500 g *Thunfisch (Big Eye; Sushiqualität)*

50 g *Panko (Panierbrösel)*

50 g *Risottoreis, geröstet und gemahlen*

25 g *kandierte schwarze Oliven, fein gehackt*

50 g *Mehl*

2 *Eier, verquirlt*

1 Msp. *geriebener Knoblauch*

Meersalz

CALAMARETTI

4 *kleine Calamaretti, geputzt*

Olivenöl

1 *Zweig Rosmarin*

1 *Zweig Thymian*

1 *Knoblauchzehe*

Angebratener Thunfisch, Paellasalat à la Rutz, Olive im Quadrat, Paprika-Olivenöl-Eis, Teil 2

Flüssige Olive Das Evian mit dem Algin verrühren und 3 bis 4 Stunden ruhen lassen. Dann die verbleibenden Zutaten einschließlich des Knoblauchs mixen, passieren und mit Salz und Pfeffer abschmecken. In die passierte Masse Gluco und danach Xanthan mischen. Mit dem Dosierlöffel die Olivenmasse in das Alginbad geben und 1 Minute warten, bis sich „Oliven" gebildet haben. Herausholen, in Leitungswasser legen. Die fertigen flüssigen Oliven in gutem aromatischem Olivenöl lagern.

Gegrillter Paprikasalat Paprika schälen und in große Stücke schneiden. Ohne Fett in einer Grillpfanne scharf anbraten, sodass das Muster zu erkennen ist. Die Paprikaschalen im Geflügelfond mit der Hälfte vom Thymian und Rosmarin und dem Knoblauch auskochen, pürieren und passieren. Die Grillpaprika in feine Würfel schneiden, mit dem Paprikahautpüree vermengen (dient der Bindung). Mit Salz, Pfeffer, Olivenöl, Holzkohleöl und Balsamessig abschmecken und zum Schluss mit Rosmarin, Thymian und Schnittlauch verfeinern.

Flüssige Olive

2 l *stilles Mineralwasser (Evian)*
10 g *Algin*
300 g *grüne Oliven, ohne Kern*
200 ml *Olivenfond*
1 Msp. *Spinatchlorophyll*
je 1 *Zweig Thymian, Rosmarin, Basilikum*
1 *Sardellenfilet*
Knoblauch
12 g *Gluco (Kalziumlaktatglukonat)*
1,6 g *Xanthan*

Gegrillter Paprikasalat

4 *rote Paprika*
100 ml *Geflügelfond*
je 2 *Zweige Rosmarin und Thymian*
1 *Knoblauchzehe, geschält*
1 TL *Olivenöl*
3 *Tropfen Holzkohleöl*
1 TL *weißer Balsamessig*
1 TL *Schnittlauch, fein geschnitten*

Olivenöl-Zitronen-Sauce

Saft von 5 Zitronen
4 EL *Honig*
1 *Prise Salz*
300 ml *Olivenöl*
200 ml *Pflanzenöl*

Olivenöl-Zitronen-Sauce Den Zitronensaft auf ein Viertel reduzieren. Vom Herd nehmen. Honig und Salz dazugeben. Jetzt tropfenweise, wie bei einer Mayonnaise, unter ständigem Rühren das ganze Öl zugeben.

Paellasalat Die gewaschenen, geputzten Muscheln mit 1 Esslöffel Olivenöl in einen heißen Topf geben, Gemüse und Gewürze (vom Safran nur 1 Gramm) dazugeben, mit Noilly Prat und der Hälfte Weißwein ablöschen. Zudecken und 2 Minuten köcheln lassen. Die Muscheln in einen Durchschlag schütten, das Muschelfleisch aus der Schale nehmen, den Fond passieren. Für den Reis Schalottenwürfel, Knoblauch und Reis in Olivenöl anschwitzen. Paprikawürfel zugeben, mit Muschelfond und dem restlichen Weißwein ablöschen, das restliche halbe Gramm Safran zugeben. Den Reis gar ziehen lassen. Die Gemüsewürfel in Olivenöl anschwitzen, mit dem gegarten Reis vermengen, die Oliven, die Gewürze und erst zum Schluss die Kräuter dazugeben. Mit Balsamessig, Zitronensaft, Pfeffer und feinem Meersalz abschmecken. Erst kurz vor dem Anrichten die Muscheln und die Fischwürfel zugeben, damit diese glasig bleiben.

Paprika-Olivenöl-Eis Paprika entsaften und den entstandenen Fond auf 100 Milliliter reduzieren, mit Knoblauch, Chiliöl, Thymian, Pfeffer und Meersalz abschmecken und passieren. Den Sud mit dem Olivenöl mischen, in Pacojetbecher füllen und frosten. Nach 24 Stunden im Pacojet durchlassen und zum Anrichten kleine Nocken abdrehen.

Anrichten Je 1 Rechteck aus dem Paellasalat auf jedem Teller anrichten, je 1 Stück Thunfisch daraufsetzen, mit 1 flüssigen Olive und 1 Basilikumspitze garnieren. Je 1 Quadrat aus dem gegrillten Paprikasalat dazusetzen, dort je 1 kleine Nocke Paprika-Olivenöl-Eis daraufsetzen. Je 2 Oliven und 1 Calamaretto dekorativ dazu anrichten. Je 1 Linie aus der Olivenöl-Zitronen-Sauce ziehen.

Paellasalat

500 g	*Bouchot-Muscheln*
	Olivenöl
je 50 g	*helles Wurzelgemüse und Schalottenwürfel*
2	*Knoblauchzehen, angeschlagen*
1	*Zweig Thymian*
2	*Lorbeerblätter*
10	*Anissamen*
1,5 g	*Safranfäden*
100 ml	*Noilly Prat*
100 ml	*Weißwein*
1	*Schalotte, fein gewürfelt*
1	*Knoblauchzehe, gerieben*
100 g	*Langkornreis*
1/2	*rote Paprika, in kleine Würfel geschnitten*
je 20 g	*Möhren, Knollensellerie, Zucchini, rote Paprika, Fenchel, in kleine Würfel geschnitten*
6	*grüne Oliven (Bella di Cerignola), in Stifte geschnitten*
10	*schwarze Oliven (Snocciolate), geviertelt*
1 Msp.	*Kreuzkümmel, gemahlen*
1 Msp.	*Koriandersaat, geröstet und gemahlen*
1 TL	*Pesto*
1/4 TL	*süße, rote Peperoni*
1 Msp.	*geriebener Knoblauch*
1 EL	*gemischte Kräuter (Rosmarin, Thymian, Schnittlauch, Petersilie), gehackt*
	weißer Balsamessig
	Zitronensaft
	feines Meersalz
50 g	*Kabeljaufilet, in kleine Würfel geschnitten*

Paprika-Olivenöl-Eis

10	*rote Paprika*
	Knoblauch
	Chiliöl
	Thymian
300 ml	*Olivenöl*

Anrichten

4	*Basilikumspitzen*
12	*schwarze Oliven (Snocciolate)*

Banane

Obwohl auch geschmacklich einwandfreie rote und violette Bananensorten existieren, wird in Europa bevorzugt die gelbe Variante importiert. Die Beerenfrüchte werden in ihren Hauptanbaugebieten Südamerika, Afrika, Südostasien oder den Kanarischen Inseln grün und unreif geerntet, gewaschen, desinfiziert und am Bestimmungsort einer Ethylenbegasung unterzogen, um die Nachreife zu beschleunigen. Wobei Bananen auch noch danach weiterreifen. Wenn sich braune Flecken (sogenannte „Sommersprossen") auf der Schale bilden, besitzt die Beerenfrucht ihr optimales, süßlich-schweres Aroma. „Ich versuche immer die Schwere der Banane auszugleichen, sei es in diesem Fall mit der Schärfe des Pfeffers, der Luftigkeit des Vanille-Tonkabohnen-Schaums oder der Säure der Limette", sagt Marco Müller.
Bananen mit trockenen und rissigen Schnittstellen sollten nicht bezogen werden, da die Beerenfrucht nicht fachgerecht versiegelt wurde, was zu einem trockenen und faden Geschmack führt. Die Bananenschalen sollten zudem keine Druckstellen, Risse, matte oder gräuliche Farbe aufweisen. Das Obst sollte trocken und kühl, jedoch nicht im Kühlschrank gelagert werden: Braune Kälteflecken und ein fader Geschmack sind die Folge.

Tipp Der Reifeprozess von grünen Bananen kann beschleunigt werden, indem die Beerenfrucht 12 bis 24 Stunden mit Äpfeln oder Tomaten in Zeitungspapier gewickelt und bei Zimmertemperatur gelagert wird.

Pfefferbanane und Tarte, karamellisierte Limone, Madagaskarvanille, Sauerampfer-Eis

Bananencarpaccio

40 g	*Rohrzucker*
200 ml	*weißer Portwein*
50 ml	*Marsala*
100 ml	*frischer Orangensaft*
	Mark von 2 Madagaskar-Vanilleschoten
1	*Banane*

Bananentarte

50 g	*Zucker*
50 g	*Mandelgrieß, geröstet*
25 g	*Butter*
2	*Eigelb*
	Mark von 1/2 Madagaskar-Vanilleschote
	Blätterteig
1	*Banane*
	Portweinmarinade
	Rohrzucker

Bananencarpaccio Den Rohrzucker karamellisieren, mit Portwein, Marsala und Orangensaft ablöschen. Reduzieren lassen, bis die Reduktion leicht dickflüssig wird, dann erst das Vanillemark dazugeben. Die Banane in dünne Scheiben schneiden und gut mit der Marinade einpinseln.

Bananentarte Für das Frangipan Zucker, Mandelgrieß, Butter, Eigelb und Vanillemark miteinander vermengen und 2 Stunden kalt stellen. Den Blätterteig ausrollen, in 4 Rechtecke (7 x 3 Zentimeter Seitenlänge) schneiden und etwa 8 Minuten bei 180 °C blind vorbacken, auskühlen lassen. Dünn mit dem Frangipan bestreichen, etwa 6 Minuten nachbacken. Die Banane in dünne Scheiben schneiden. Die Scheiben auf die 4 Rechtecke legen, mit Portweinmarinade bepinseln, mit braunem Rohrzucker bestreuen und mit einem Bunsenbrenner karamellisieren.

Bananen-Melissen-Pesto Die Banane würfeln. Ein Drittel der Bananenwürfel mit Honig sowie Zuckerwasser kurz aufkochen und abkühlen lassen. Mit den verbleibenden Zutaten in einer Moulinette aufmixen und mit 1 Messerspitze Meersalz würzen. Die Limone filetieren, den Zucker karamellisieren, mit Orangensaft ablöschen und einkochen lassen. Vanille zugeben, abkühlen lassen. Limonenfilets und restliche Bananenwürfel in den lauwarmen Fond geben und anschließend mit dem Pesto abschmecken.

BANANENPFEFFER Den Zucker im Topf bräunen, dann die Butter im Karamell auflösen, mit Galliano und Orangensaft ablöschen. Die Gewürze anschlagen und dazugeben, Flüssigkeit auf ein Viertel reduzieren, passieren. Die Bananenwürfel mit dem Sud marinieren.

SAUERAMPFER-EIS Den gewaschenen Sauerampfer klein schneiden und mit den restlichen Zutaten vermengen. Alles in einen Pacojetbecher geben und 24 Stunden durchfrieren. Vor dem Anrichten zweimal pacossieren.

SCHOKO-TONKABOHNEN-SCHAUM Vanille aus der Schote kratzen und mit Sahne und Milch einmal kurz aufkochen lassen, die Tonkabohne hineinreiben, die Schokolade unterrühren und auflösen. Alles 30 Minuten ziehen lassen und gelegentlich durchrühren, bis sich die Schokolade vollständig aufgelöst hat. Kurz vor dem Anrichten schaumig mixen.

ANRICHTEN Den Bananenpfeffer mit Sud auf 4 kleine Schälchen verteilen, zur Hälfte mit Schoko-Tonkabohnen-Schaum bedecken. Die Schälchen auf die Teller stellen. Je 6 Scheiben Bananencarpaccio dazulegen. Neben dem Carpaccio je 1 Rechteck aus Bananen-Melissen-Pesto anrichten. Je 1 Streifen Bananentarte auf das Carpaccio legen und je 1 Nocke Sauerampfer-Eis auf das Pesto setzen. Mit der Bananenhippe garnieren. Mit 5 Limonenfilets, Bananenwürfelchen, fein geschnittenen Sauerampferstreifen und Passionsfrucht garnieren.

BANANEN-MELISSEN-PESTO

1	*Banane*
2 EL	*Gebirgsblütenhonig*
30 ml	*Zuckerwasser*
15 g	*Pinienkerne, geröstet*
1	*Bund Melisse, nur die Blätter*
8	*Blatt Babyspinat, geputzt*
1 EL	*Olivenöl*
1	*Limone*
20 g	*Rohrzucker*
20 ml	*frischer Orangensaft*
	Mark von 1/2 Madagaskar-Vanilleschote

BANANENPFEFFER

50 g	*Zucker*
25 g	*Butter*
200 ml	*Galliano (Kräuterlikör)*
100 ml	*frischer Orangensaft*
2	*Nelken*
1/2	*Zimtstange*
1	*Lorbeerblatt*
1	*Sternanis*
je 5	*Kubebenpfeffer- und grüne Pfefferkörner*
1	*Tahiti-Vanilleschote (Mark)*
1	*Banane, in Würfel geschnitten*

SAUERAMPFER-EIS

130 g	*Sauerampfer*
750 g	*Joghurt*
250 g	*Puderzucker*
3 EL	*Milchpulver*
	Zitronensaft

SCHOKO-TONKABOHNEN-SCHAUM

1	*Madagaskar-Vanilleschote*
100 ml	*Sahne*
70 ml	*Milch*
1/2	*Tonkabohne*
90 g	*weiße Schokolade, gehackt*

ANRICHTEN

4	*Bananen-Karamell-Hippen*
20	*Limonenfilets*
	Bananenwürfelchen
	Sauerampfer, fein geschnitten
	Passionsfrucht

Peter Nöth

Peter Nöthel

Tacheles: Rüstig, groß, mannhaft. Hemd, Jeans, Turnschuhe. Eine desillusionierende Offenheit, die aufrichtigen Applaus verdient. Und wenn Peter Nöthel im Bariton behauptet, er sei ein künstlerisch unbegabter Mensch, habe einen 08/15-Geschmack und praktiziere eine konservative Küche, dann ist man geneigt, ihm einfach zu glauben. Wir sind an diesem Morgen jedoch widerspenstig. Zuerst zwingen wir den Mann allerdings, eine Kochjacke anzuziehen, obwohl er sich bis zum Abend gerne den kaufmännischen Angelegenheiten seines Hotelbetriebs widmet, während sein langjähriger Küchenchef Peter Liesenfeld das *Hummer-Stübchen* fest im Griff hat.

Eine Arbeitsteilung und Treue, die der Koch und Hotelier ebenso menschlich schätzt und finanziell honoriert wie öffentlich vertritt. „Nur weil heute Fotos gemacht werden, kann und will ich mich nicht in den Vordergrund drängen. Ich habe es mit Peter Liesenfeld länger ausgehalten als mit jeder meiner Ehefrauen", sagt er, gefolgt von einem ungenierten Lachen. Da kommt es durchaus vor, dass Peter Nöthel in die Küche marschiert und fragt, was denn als sein Lieblingsrezept veröffentlicht wird – wie das eben in den meisten langjährigen Beziehungen so ist: Irgendwann ergänzt man sich, denn geschmorte Ochsenbacken entsprechen wirklich seinem durchschnittlichen Geschmack.

Ja, sein durchschnittlicher Geschmack. Wir wissen nicht, ob wir mit Peter Nöthel hadern sollen, weil er uns der Illusion beraubt, dass alle großen Kochgaumen über ein begnadetes Eigenleben verfügen; oder ob wir ihn schätzen wegen seiner Ehrlichkeit – insbesondere sich selbst gegenüber: „Ich habe einen 08/15-Geschmack, was nicht heißt, dass ich schlecht schmecke, sondern dass mein Geschmack generell dem vieler tausend Menschen entspricht. Man darf beim Kochen nicht nur seine eigene Philosophie umsetzen. Daran sind viele große Köche zerbrochen. Wenn die Hirn auf der Karte haben wollten, dann haben die es drauf gesetzt. Scheißegal, ob es die Gäste wollten." Es geht eben nicht nur um ausgezeichnete Sinneslust, sondern auch um Bilanzen. So ernüchternd das im Moment klingen mag.

Kein Wunder, dass Peter Nöthel beim Thema „Kochkunst" ebenso schmunzelt: Plätzchen backen, Filet braten, Risotto kochen – Handwerk, das ihm einfach Freude bereitet und ihn motiviert! Und nur weil er weiß, wie die verschiedenen Komponenten auf dem Teller zusammengebaut werden, damit es ordentlich aussieht, trägt der gebürtige Göttinger seinen Messerkoffer noch lange nicht wie einen Malerkasten durch die Gegend. Kochbücher macht er auch keine. – „Wer soll die Dinger denn eigentlich lesen?" – Herrschaftszeiten! Man kriegt den Mann einfach nicht so zurechtgestutzt, dass er ins mediale Förmchen passt! Das würde sowieso nicht funktionieren bei diesem Mann der klaren Worte. „In meiner Freizeit mache ich, was ganz normale Menschen tun: Mittlerweile wieder viel Sport, ich gehe gerne Essen und fahre mit meinen Kindern zu Werder Bremen", sagt Peter Nöthel, hält einen kurzen Augenblick inne und lacht plötzlich: „Ich bereise nicht die Winzer dieser Welt oder hocke schnuppernd im Kräuterfeld."

Zur Person

Peter Nöthel wurde 1960 in Göttingen geboren. Mit 18 Jahren ging er zwei Jahre lang an die Hotel Management School in Salzburg und schloss daran seine Kochausbildung im *Haus zum Haus* in Ratingen an. Von 1981 bis 1982 arbeitete Peter Nöthel im Restaurant *Gala* im Achener Kasino und danach weitere drei Jahre in der Schweiz als Sous-Chef im *Landhaus Laret* in Davos. Seit dem Jahr 1985 betreibt er das *Hotel Fischerhaus* in Düsseldorf. Dazu gehört das Gourmetrestaurant *Hummer-Stübchen*, das mit zwei Sternen im Guide Michelin, 4 Feinschmecker-Punkte und mit 18 Punkten im Gault Millau ausgezeichnet ist.

„Ich weiß, was unsere Gäste wollen und was sie von uns erwarten. Natürlich gibt es den einen oder anderen, der das nicht mag. Der kommt dann halt nicht wieder. Aber die meisten Gäste wollen, was wir kochen, und wir kochen, wie der Gast es will.“

Peter Nöthel

Geschmorte Rinderbäckchen mit Roter Bete, Treviso-Ravioli und Jakobsmuschel

Rote Bete Rote Bete im leicht gesalzenen Wasser weich kochen und schälen. 120 Milliliter Wasser mit Essig und Zucker aufkochen, die Rote Bete darin einlegen und mindestens 2 Tage marinieren. Im Kühlschrank abgedeckt aufbewahren. Rote-Bete-Einlegefond zum Sirup reduzieren. Kalte Butter zugeben und eine Glasur herstellen. Rote Bete in Scheiben schneiden und Rosetten ausstechen, in der Rote-Bete-Jus warm glasieren. Den Rest der Jus für die Ravioli beiseite stellen.

ROTE BETE

1	*Knolle Rote Bete*
120 ml	*Essig*
120 g	*Zucker*
1 EL	*Butter*

RAVIOLI

5	*Kopf Treviso-Radicchio*
40 g	*Butter*
40 ml	*weißer Balsamessig*
60 ml	*Noilly Prat*
1	*reife Birne, geschält, ohne Kerngehäuse*
50 g	*geräucherter Bauchspeck*
50 g	*Schalotten, gewürfelt*
1	*kleiner Bund Blattpetersilie*
15	*Salbeiblätter*
	Cayennepfeffer
	alter Balsamessig
200 g	*Nudelteig*
1	*Eigelb*
1 EL	*Milch*

RINDERBÄCKCHEN

1,2 kg	*Rinderbäckchen, pariert und zugeschnitten*
	weißer Pfeffer aus der Mühle
250 g	*Zwiebeln, grob gewürfelt*
300 g	*Möhren, längs halbiert und in größere Stücke geteilt*
250 g	*Staudensellerie, geputzt und in größere Stücke geteilt*
2	*Knoblauchzehen, in Scheiben*
1 EL	*Tomatenmark*
½ l	*Rotwein*
3	*vollreife Tomaten, geschält und klein geschnitten*
2–3 l	*Kalbsfond oder Wasser*
1	*Zweig Thymian*
1	*Zweig Rosmarin*
2	*Lorbeerblätter*
1	*mehlige Kartoffel*

JAKOBSMUSCHEL

4	*Jakobsmuscheln, in der Schale*
	Olivenöl

ANRICHTEN

12	*Radicchioblätter*
	Trüffelspäne
	Trüffelschaum

RAVIOLI Treviso-Radicchio-Köpfe entblättern, lauwarm abwaschen und trocken schleudern. Blätter in Streifen von 5 Millimeter Breite schneiden. 30 Gramm Butter in einem Topf zerlaufen lassen. Zucker einstreuen und hell karamellisieren. Mit Balsamessig und Noilly Prat ablöschen. Radicchiostreifen und die grob zerteilte Birne zugeben. Bei mittlerer Hitze und unter regelmäßigem Rühren am Topfboden etwa 30 Minuten köcheln lassen. Bauchspeck und Schalotten in der restlichen Butter langsam weich dünsten, unter die Raviolifüllung mischen und so lange einkochen, bis diese ziemlich trocken ist. Petersilie und Salbei zupfen, waschen, schleudern und fein schneiden. Die Kräuter unter die Füllung geben und mit Salz, Cayennepfeffer sowie altem Balsamessig abschmecken. Nudelteig dünn ausrollen. Die erkaltete Füllung auf der Hälfte des Teigs verteilen. Das Eigelb mit der Milch verquirlen, den Teig damit einpinseln. Die zweite Teighälfte darüberlegen. Den Teig gut andrücken und halbmondförmige Ravioli ausstechen. In kochendem, leicht gesalzenem Wasser 3 Minuten garen. Die Ravioli direkt aus dem Salzwasser in die Rote-Bete-Jus geben.

RINDERBÄCKCHEN Rinderbäckchen mit Salz und Pfeffer würzen und im heißen Öl anbraten. Zwiebeln, Möhren, Sellerie und Knoblauch zufügen und kurz anrösten. Tomatenmark zugeben und ebenfalls rösten. Mit Wein ablöschen, die frischen Tomaten dazugeben und alles knapp mit Wasser oder Kalbsfond bedecken. Mit Thymian und Rosmarin, Lorbeerblättern, Salz und Pfeffer würzen und langsam zum Kochen bringen. Die Kartoffel schälen, fein raspeln und dazugeben. Die Rinderbäckchen bei sanfter Hitze 2 bis 2,5 Stunden (je nach Dicke und Zartheit des Fleisches) leise köcheln und weich werden lassen. Wenn das Fleisch weich ist, die Bäckchen herausnehmen. Die Sauce durch ein Sieb passieren, eventuell reduzieren lassen und abschmecken. Durch die Kartoffel und das Gemüse hat die Sauce eine herrlich sämige Konsistenz.

JAKOBSMUSCHEL Die Jakobsmuscheln aus der Schale lösen und säubern. Mit Salz und Pfeffer würzen, in Olivenöl braten und warm halten.

ANRICHTEN Auf jeden Teller 3 Ravioli, 3 Scheiben Rinderbäckchen, 3 Rote-Bete-Rondelle und 3 Radicchioblätter sternförmig anrichten. Je 1 Jakobsmuschel auf die Rinderbäckchen setzen. Mit Rinderjus umgießen, mit Trüffelspänen und Trüffelschaum garnieren.

Chili

Die zahlreichen Chilisorten unterscheiden sich nicht nur in der Vielfalt der Formen, die oft an kleine und schmale Gemüsepaprikas erinnern, sondern vor allem auch durch die Farben: Reife Früchte können rot, orange, gelb, braun und weiß gefärbt sein; unreife Früchte grün, violett und schwarz. Daneben existieren Sorten, die während der Abreife mehrere Farbstadien von Grün über Gelb zu Rot durchlaufen. Die unterschiedlichen Geschmacksnuancen von scharfbeißend über fruchtig-frisch bis hin zu erdig-rauchig hängen von Größe, Sorte, Reifegrad der Chilis und dem jeweilige Anbaugebiet ab.

Das größte Angebot an verschiedenen Chilisorten findet man in den Ursprungsländern Süd- und Mittelamerikas, wo jede Region ein eigenes Repertoire an traditionellen Sorten kultiviert. Chilis aus Südostasien, dem zweitgrößten Anbaugebiet der Welt, gelten als weniger mannigfaltig und charakteristisch.

Auf Märkten und im Einzelhandel ist das Nachtschattengewächs meist getrocknet oder als Paste erhältlich. Frische Chilis sind kaum lagerfähig. Sie reifen nach der Ernte weiter, wodurch sich ihr Aroma rasch verflüchtigt. „Was man verarbeitet, muss man individuell entscheiden. Bei diesem Gericht ist Sambal Oelek sinnvoller, da sich so die Schärfe in der Grundmasse besser verteilen kann", meint Peter Nöthel.

Tipp Entfernt man vor der Verarbeitung die Samen und die Mittelrippe der Chilischote, dann reduziert sich die Schärfe deutlich.

Hummer auf Sesam-Chili-Krokant mit Melone, Kräutersalat und Currysauce

MELONE Die Melone halbieren, die Kerne mit einem Löffel herausschaben, mit einem Melonenausstecher aus dem Fruchtfleisch 32 Kugeln ausstechen. Kalt stellen.

SESAM-CHILI-KROKANT Alle Zutaten in einer Schüssel gut vermischen und salzen. Im Kühlschrank fest werden lassen. Backofen auf 170 °C vorheizen. Mit Hilfe einer Schablone 4 Kreise von 10 Zentimeter Durchmesser dünn auf ein mit Backtrennpapier (oder Silikonmatte) ausgelegtes Blech streichen und 8 Minuten backen. Erkalten lassen, dann die Scheiben vorsichtig vom Blech lösen.

CURRYSAUCE Schalotte, Apfel und Curry in Olivenöl anschwitzen. Mit 100 Milliliter Wasser aufgießen, 5 Minuten ohne Deckel kochen. Die Masse erkalten lassen, im Mixer pürieren, mit Mayonnaise und Ingwersirup vermischen. Mit Salz und Pfeffer abschmecken.

SOJAÖL Alle Zutaten miteinander verrühren.

HUMMER Den Hummer mit Ei und Panko panieren und in Olivenöl braten, auf Küchenkrepp setzen und mit Salz würzen.

ANRICHTEN Die Currysauce auf die Teller verteilen. Mit je 8 Melonenkugeln auf jedem Teller einen Kreis legen, darüber vorsichtig je 1 Sesam-Chili-Krokantblatt legen. Je 1 Stück Hummerschwanz auf dem Sesam-Chili-Krokant platzieren. Etwas Sojaöl über die Currysauce träufeln. Mit kleinen Salatblättchen, Kräutern und essbaren Blüten garnieren, mit etwas Dressing besprühen und servieren.

MELONE
- 1 *Cantaloup-Melone*

SESAM-CHILI-KROKANT
- 50 g *weiche Butter*
- 40 ml *Orangensaft*
- 50 g *Sesamsamen*
- 1 Msp. *Sambal Oelek*
- 25 g *Mehl*
- 80 g *Puderzucker*

CURRYSAUCE
- 1 EL *gehackte Schalotte*
- 1/4 *Apfel (Granny Smith), in Würfel geschnitten*
- 5 g *Curry*
- 1 EL *Olivenöl*
- 2 EL *Mayonnaise*
- 1 TL *Ingwersirup*

SOJAÖL
- 1 EL *Sojasauce*
- 2 EL *Olivenöl*
- 1 TL *Ingwersirup*
- 1/2 EL *Ingwer, fein gehackt*

HUMMER
- 2 *gekochte Hummerschwänze, halbiert*
- 1 *Ei*
- 2 EL *Panko (Panierbrösel)*
- *Olivenöl*

ANRICHTEN
- *kleine Salatblättchen*
- *gemischte Kräuterblättchen*
- *essbare Blüten*
- *Dressing*

Aprikosen-Bohnen-Püree

1 EL	*Zucker*
20 ml	*Cointreau*
40 ml	*Weißwein*
2	*Scheiben geräucherter Schweinebauch*
	Mark von 1/2 Vanilleschote
1	*Zweig Salbei*
4	*vollreife Aprikosen, entkernt und halbiert*
200 g	*weiße Bohnen, gekocht*
30 g	*Butter*
	Meersalz
	Cayennepfeffer
	Limonensaft

Sot-l'y-laisse

150 ml	*Geflügeljus*
1 EL	*Sojasauce*
1 Msp.	*Jaipur-Curry*
1 TL	*Speisestärke*
12	*Sot-l'y-laisse, ohne Haut und Sehnen*
	Mehl
	Olivenöl

Aprikose

Das sanfte Aroma und die cremige Konsistenz gekochter Aprikosen macht sie zur willkommenen Zutat für Saucen und Pürees mit fruchtiger Note. Das zart behaarte, samtige Steinobst stammt ursprünglich aus China und erhält seinen leicht säuerlichen bis süß-aromatischen Geschmack erst im voll ausgereiften Zustand, was bei der üblichen Exportware kaum zustande kommt: Die Früchte werden unreif geerntet, reifen nur bedingt nach und sind deswegen aromaschwach, trocken, hart und arm an den wertvollen Inhaltstoffen, wie dem außergewöhnlich hohen Gehalt an Beta-Carotin. Reife Aprikosen sollten leicht auf Fingerdruck nachgeben sowie kühl und ohne Druck gelagert werden.

Aprikosenkerne haben ein feines Marzipanaroma und werden deswegen bei der Herstellung von Amaretto oder zum Würzen von Süßspeisen verwendet. Allerdings sind die Kerne in größerer Menge giftig, da sie das blausäureabspaltende Amygdalin enthalten, welches sich erst beim Erhitzen verflüchtigt. Ein Kern pro Tag gilt bei einem Erwachsenen aber als unbedenklich.

Langustinen auf Aprikosen-Bohnen-Püree mit Sot-l'y-laisse und Spitzkohl

Aprikosen-Bohnen-Püree Zucker in einem Topf leicht karamellisieren, mit Cointreau und Weißwein ablöschen und zur sämigen Konsistenz einkochen. Schweinebauchscheiben, Vanilleschote, Salbeiblätter und Aprikosenhälften zum Karamell geben und den Topf mit Alufolie verschließen. Im vorgeheizten Backofen bei 160 °C etwa 20 Minuten schmoren. Die gekochten Bohnen und die geschmorten Aprikosen in einem Küchenmixer mit der Butter und wenig Aprikosenschmorfond zu einem cremigen Püree verarbeiten. Das Püree durch ein Sieb streichen und mit Meersalz und Cayennepfeffer und eventuell etwas Limonensaft würzen.

Sot-l'y-laisse Geflügeljus mit Sojasauce und Curry abschmecken und etwas reduzieren lassen. Die Jus mit Salz, Pfeffer und einer Prise Zucker abschmecken und mit der Speisestärke etwas abbinden. Die Sot-l'y-laisse mit Salz und Pfeffer würzen und leicht mehlieren. Dann auf 4 Bambusspieße stecken und in Olivenöl anbraten. Vor dem Anrichten mit der Sauce glasieren.

Langustinen Langustinen ausbrechen, Darm entfernen, salzen und pfeffern. In einer beschichteten Pfanne mit Olivenöl braten. Sie sollten innen noch glasig sein.

Kalbssauce Die Kalbsschwänze mit Butterschmalz im Backofen bei 240 °C Ober-/Unterhitze rundherum braun rösten. Die Kalbsschwänze und das überschüssige Fett auf ein Sieb gießen. Schalotten, Sellerie, Möhre, Champignons und Knoblauch im gleichen Topf anbraten. Weißwein, Sekt und Madeira zugeben und einkochen. Die Kalbsschwänze, Tomaten, Pfeffer, Lorbeer, Salz und Zucker dazugeben und mit Geflügelbrühe aufgießen. Etwa 5 Stunden mild köcheln und anschließend auf einem feinen Sieb sorgfältig abtropfen lassen. Die Sauce bis auf die gewünschte Konsistenz reduzieren und mit den Kräuterzweigen 15 Minuten ziehen lassen. Die Kräuterzweige herausnehmen und die Sauce mit Butter verfeinern.

Spitzkohl Die blanchieren Spitzkohlstreifen in der Butter anschwenken, salzen und mit Muskatnuss abschmecken.

Rosmarinsauce Das Gemüse putzen, grob würfeln und mit 50 Gramm Butter in einem Topf anschwitzen. Mit Alkohol ablöschen und auf ein Drittel reduzieren. Geflügelfond und Sahne zugeben und 10 Minuten leicht köcheln lassen. Rosmarinzweige dazugeben und für eine halbe Stunde ziehen lassen. Durch ein feines Haarsieb passieren und die restliche Butter untermixen. Mit Salz und Cayennepfeffer abschmecken. Kurz vor dem Anrichten aufschäumen.

Anrichten Auf jeden Teller in die Mitte je 1 Nocke Aprikosen-Bohnen-Püree setzen, je 1 Sot-l'y-laisse-Spieß darauflegen. Mit je 1 Kerbelblatt dekorieren. Je 2 Langustinenhälften mit dem Spitzkohl anrichten. Mit der Kalbssauce umgießen. Etwas aufgeschäumte Rosmarinsauce auf die Langustinen löffeln. Mit je 1 Rosmarinspitze und 1 Kartoffelchip garnieren.

Langustinen

4	*frische Langustinen*
2 EL	*Olivenöl*

Kalbssauce

(Zutaten für 1/2 l)

2,5 kg	*Kalbsschwänze, zerteilt*
	Butterschmalz
200 g	*Schalotten, geschält und zerkleinert*
100 g	*Staudensellerie, gewaschen und zerkleinert*
50 g	*Möhre, gewaschen und zerkleinert*
100 g	*weiße Champignons, gewaschen und zerkleinert*
4	*Knoblauchzehen, zerdrückt*
100 ml	*Weißwein*
100 ml	*Sekt*
40 ml	*Madeira*
60 g	*geschälte Tomaten (Konserve)*
10	*weiße Pfefferkörner, zerdrückt*
3	*frische Lorbeerblätter*
50 g	*brauner Zucker*
4 l	*Geflügel- oder Kalbsbrühe*
2	*Zweige Thymian*
1	*Zweig Rosmarin*
100 g	*Butter*

Spitzkohl

1/4	*Spitzkohl, in Streifen geschnitten und blanchiert*
1 EL	*Butter*
	Muskatnuss

Rosmarinsauce

2	*Schalotten*
3	*weiße Champignons*
50 g	*Staudensellerie*
100 g	*Butter*
50 ml	*weißer Portwein*
80 ml	*Noilly Prat*
200 ml	*Geflügelfond*
100 ml	*flüssige Sahne*
2	*Zweige Rosmarin*
	Cayennepfeffer

Anrichten

4	*Kerbelblätter*
4	*Rosmarinspitzen*
4	*Kartoffelchips*

Vanille

Das Orchideengewächs stammt ursprünglich aus den tropischen Wäldern Mittelamerikas und wird heute bevorzugt in Madagaskar und Mexiko, auf Tahiti und auf den Komoren kultiviert. Ein weiteres Anbaugebiet ist die Insel Réunion, die früher Bourbon hieß. Daher rührt der Name der Bourbon-Vanille. Der essbare Teil der „Königin der Gewürze" sind das Fruchtmark und die Samen der schotenförmigen Kapselfrucht, deren Anbau und Aufarbeitung fast ausschließlich in intensiver Handarbeit erledigt wird – weswegen Vanille, nach Safran, das teuerste Gewürz der Welt ist.

Erntefrische Vanilleschoten sind geschmacksneutral und entwickeln erst durch die folgende Fermentation und Trocknung ihren charakteristischen Geschmack und Duft. Qualitätsmerkmale sind neben einem intensiven Aroma, die Länge und Fleischigkeit der Frucht, die vom Anbauland und der Sorte abhängig ist. „Tahiti-Vanille empfinde ich als die beste Sorte. Sie hat ein tolles Aroma und ist durch den hohen Markanteil sehr ergiebig", sagt Peter Nöthel. Weiteres Qualitätsmerkmal ist die elastische, biegsame und feuchte Kapsel, die ebenfalls über ein kräftiges Vanillearoma verfügt und problemlos in Sahne oder Milch ausgekocht werden kann.

Tipp Die mehrmalige Verwendung einer Vanilleschote ist durchaus möglich, wenn sie nach der Verwendung abgewaschen und gut getrocknet wird.

Dessert von der Tahiti-Vanille

Soufflé

45 ml	*Milch*
	Mark von 1 Tahiti-Vanilleschote
95 g	*weiße Schokolade*
150 g	*Quark*
80 g	*Eigelb*
225 g	*Eiweiß*
60 g	*Zucker*

Crema Catalana

1/4 l	*Milch*
1/4 l	*Sahne*
	Mark von 1 Tahiti-Vanilleschote
1	*Ei*
2	*Eigelb*
80 g	*Rohrzucker*

Eis

150 ml	*Milch*
350 ml	*Sahne*
	Mark von 1 Tahiti-Vanilleschote
100 g	*Zucker*
6	*Eigelb*

Soufflé Milch mit dem Vanillemark erwärmen, weiße Schokolade darin auflösen. Quark mit Eigelb und aufgelöster Schokolade verrühren. Eiweiß mit Zucker zu einem festen Schnee schlagen. Zuerst ein Viertel des Schnees mit dem Schneebesen, dann den restlichen Schnee mit dem Holzspachtel unterheben. In 4 Förmchen füllen und im vorgeheizten Ofen bei 200 °C und 17 Minuten backen.

Crema Catalana Die Milch mit der Sahne und der Vanille aufkochen. Das Ei und das Eigelb mit dem Zucker verrühren. Die Milch-Sahne-Mischung durch ein Sieb passieren, in die Eigelbmasse geben und verrühren. In 4 Schälchen füllen und im Ofen bei 110 °C pochieren. Vor dem Anrichten mit Rohrzucker bestreuen und leicht karamellisieren.

Eis Die Milch mit der Sahne und der Vanille aufkochen. Den Zucker mit dem Eigelb schaumig schlagen. Das Milch-Sahne-Gemisch zugeben. Alles zur Rose abziehen und gefrieren.

Zweifarbiger Biskuit Für den hellen Biskuit Zucker und Eiweiß zu Schnee schlagen. Eigelb, Salz, Vanille und Zitronenabrieb ebenfalls aufschlagen, unter das Eiweiß heben. Das Mehl unterheben. Für die dunkle Masse alle Zutaten gut vermengen. Mithilfe einer Schablone dünn auf eine Silikonbackmatte streichen und einfrieren. Ist die dunkle Masse fest, den hellen Biskuitteig aufstreichen. Bei 220 °C im Ofen 10 Minuten backen.

Passionsfruchtgelee Gelatine einweichen. Passionsfruchtsaft und Orangensaft mit dem Zucker aufkochen. Eingeweichte, ausgedrückte Gelatine dazugeben und auflösen. Das noch flüssige Gelee auf die Vanillecreme der Charlotte geben.

Charlotte Die Milch mit der Vanille aufkochen. Eigelb mit Zucker schaumig schlagen. Die Gelatine einweichen. Die Milch über die Eigelbmasse geben, vermischen und alles zusammen zur Rose abziehen. Die ausgedrückte Gelatine zugeben und auflösen. Auf Eis setzen und kaltschlagen. Die geschlagene Sahne unter die anziehende Masse heben und mit Eierlikör abschmecken. Den Biskuit in Streifen schneiden und 4 Metallringe damit auskleiden. Die Vanillecreme in die Ringe füllen, glatt streichen. Dann das Passionsfruchtgelee daraufgeben und die Charlottes kühl stellen.

Anrichten Je 1 Soufflé, 1 Crema Catalana und 1 Charlotte auf einen länglich ovalen Teller setzen. Die Crema Catalana mit je 1 Himbeere und 1 Minzspitze garnieren, die Charlotte mit 1 Schokoladenfaden. Eine Linie aus Passionsfruchtsauce ziehen. Je 1 Nocke Eis auf ein Krokantblatt setzen und 1 Zuckerkrokant einstecken. Sofort servieren.

Zweifarbiger Biskuit

Heller Biskuit:

80 g *Zucker*
4 *Eiweiß*
4 *Eigelb*
Mark von 1 Tahiti-Vanilleschote
Zitronenabrieb
80 g *Mehl*

Dunkle Masse:

50 g *weiche Butter*
50 g *Puderzucker*
50 g *Eiweiß*
50 g *Mehl*
dunkler Kakao

Passionsfruchtgelee

1 1/2 *Blatt Gelatine*
100 ml *Passionsfruchtsaft*
100 ml *Orangensaft*
50 g *Zucker*

Charlotte

1/8 l *Milch*
Mark von 1/2 Tahiti-Vanilleschote
2 *Eigelb*
50 g *Zucker*
2 *Blatt Gelatine*
150 ml *Sahne, geschlagen*
20 ml *Eierlikör*
zweifarbiger Biskuit

Anrichten

4 *Himbeeren*
4 *Minzspitzen*
4 *breite Schokoladenfäden*
Passionsfruchtsauce
4 *Knusperkrokantblätter*
4 *Zuckerkrokantblätter*

Hubert Retzbach

Hubert Retzbach verfügt über Hautspannungslinien, die sich nicht bei einem sorgengeplagten Dasein bilden: Mensch, herrliche Lachfalten sind gemeint! Überhaupt wirkt der Mann zufrieden, ausgeglichen und gelassen, als ob er kein Wässerchen trüben könnte. Was jetzt keine wortspielerische Überleitung zu den Brühen, Essenzen und Saucen sein soll, die der Küchendirektor des Hotel *Victoria* in Bad Mergentheim anzusetzen vermag. Das Sprichwort ist sinngemäß gemeint. Zumindest bis die ersten Bons in die Küche flattern. Dann wird Hubert Retzbachs Ton energischer: Aus Dialogen werden knappe und präzise Ansagen.

Da auch Hubert Retzbach naturgesetzlicher – und charakterlicher – Bodenhaftung unterliegt, folgern wir während dieses Mittagsservices, dass er wohl Luftkissen in seinen Schuhen hat, weil er sich so geschmeidig in flottem Zickzackkurs durch die offene Showküche bewegt! Er schaut über Schultern, rührt in Töpfen, hilft beim Anrichten. Man hat das Gefühl, dass der ganze Stress von seiner Person kompensiert und mit seiner Ruhe ausgeglichen wird, sich in seiner wohl organisierten Führung verläuft – wodurch der ganze Servicerummel sogar etwas Anmutiges bekommt. Fast schon schade, dass es nach zwei Stunden vorbei ist!

Aber nach dem Service ist vor dem Service, besonders wenn sich der Tag in zwei Hälften teilt und Gäste mittags wie abends versorgt sein wollen. Hubert Retzbach versucht deswegen in seiner Mittagsstunde abzuschalten. Entspannung sucht er zu Hause: bei seiner Familie, bei der Gartenarbeit, bei seinem Hund. „Der zwingt mich zum Spazierengehen, an die frische Luft. Das ist auch gut so. Wenn ich mittags eine Talkshow gucke, werde ich bescheuert, und wenn ich mich hinsetze, dann schlafe ich ein", erzählt der Sternekoch schmunzelnd. Dann setzt er sich in seine „Familienkutsche" und flitzt zurück in den Betrieb.

Im Hotel *Victoria* werden übrigens ausschließlich regionale und saisonale Produkte verarbeitet. Hotelbesitzer und Patron Otto Geisel, seines Zeichens auch Vorstandsvorsitzender von Slow Food Deutschland, initiierte diesen Umbruch zum Jahrtausendwechsel. „In der Karte halte ich mich an unser Konzept. Aber wenn ein Gast weißen Trüffel oder Steinbutt aus Wildfang will, dann kaufe ich das und verarbeite es. Diesen Wunsch respektieren wir. Wir sind schließlich ein Dienstleistungsgewerbe", sagt Retzbach dazu.

Natürlich war es anfangs aufwändig, die besten regionalen Produkte aufzustöbern. Natürlich gab es Bedenken bezüglich der kulinarischen Auszeichnungen. Natürlich schränkt es die Kreativität ein. Aber man muss aus Eiern ja nicht zwingend Spätzle machen: In der Vinothek wird just heute ein „Italienischer Monat" eingeleitet, und am Wochenende kommt ein Gastkoch aus Südafrika. Dort soll es bekanntlich auch Hühner geben.

Bei solchen Events ist Hubert Retzbach ebenfalls ganz entspannt. Ihn interessiert alles, was mit Kochen zu tun hat. „Ich finde die asiatische Küche interessant", sagt der Koch und stutzt, „ach, aber eigentlich interessieren mich alle Landesküchen, jede spezifische Technik." Und wenn ihn doch mal die Gelüste nach internationalen Produkten packen, dann geht Hubert Retzbach einfach in die entsprechenden Restaurants. Als Gast: drei Sterne, zwei Sterne, ein Stern, kein Stern – eigentlich egal. Wichtiger ist für ihn, dass er die Gastgeber sympathisch findet.

Zur Person

Hubert Retzbach, Jahrgang 1956, wurde in Wachbach bei Bad Mergentheim geboren. Seine Kochausbildung absolvierte er im Hotel *Kurhaus* in Bad Mergentheim. Als weitere Station folgte *Brenner's Parkhotel* in Baden-Baden. Seit dem Jahr 1981 verantwortet Hubert Retzbach die Küche des Hotels *Victoria* in Bad Mergentheim, darunter auch das Restaurant *Zirbelstube*, das mit einem Stern im Guide Michelin und mit 17 Punkten im Gault Millau ausgezeichnet wurde.

„Früher kursierte noch die Meinung, man müsse mit der ganzen Palette an Edelprodukten arbeiten, um einen Stern zu erhalten. Da habe ich auch dieses Gericht noch mit Langusten gemacht – aber mit Flusskrebsen aus der Region wird es genauso lecker."

Hubert Retzbach

Kalbskopf-Tortelloni mit fränkischen Flusskrebsen

Nudelteig Alle Zutaten mit 1 Prise Salz zu einem glatten Teig verarbeiten und 1 Stunde zugedeckt kalt stellen. Ist die Füllung fertig, den Nudelteig dünn zu einem großen Rechteck ausrollen.

Kalbskopf-Tortelloni Kalbskopf unter fließendem Wasser waschen, in kaltem Wasser aufsetzen, alle Gewürze (Schalotte, Lorbeer, Nelke, Pfefferkörner) dazugeben und 1 bis 1 1/2 Stunden kochen. Den Kalbskopf herausnehmen, kurz abkühlen lassen, das Fleisch noch warm von den Knochen lösen und in kleine Würfel mit 5 Millimeter Seitenlänge schneiden. Die Baumpilze putzen, waschen, in kleine Würfel schneiden und in Butter anbraten. Die gebratenen Pilze und die Kalbskopfwürfel mischen, mit Salz, Pfeffer, etwas Cognac und Madeira abschmecken. Die Nudelteigplatte mit Ei bestreichen und die Kalbskopffüllung in nussgroßen Portionen im Abstand von 6 Zentimeter darauf verteilen. Den Teig um die Füllungen in kleine Quadrate schneiden, diese über Eck zusammenfalten und um die Füllung herum gut andrücken. Die linke und die rechte Ecke des Dreiecks übereinanderlegen. Die Tortelloni auf einem bemehlten Blech etwa 30 Minuten trocknen lassen. Vor dem Anrichten kurz in Salzwasser kochen, herausnehmen und zum Abtropfen auf ein Tuch legen.

Flusskrebse Die Flusskrebse in Salz-Kümmel-Wasser etwa 4 Minuten kochen, in Eiswasser abschrecken und das Fleisch auslösen.

Krebssauce Die Krebskarkassen klein klopfen und in Öl anbraten. Knoblauch und Röstgemüse dazugeben, kurz anrösten, die frischen Tomaten und das Tomatenmark unterrühren, mit Weinbrand, Madeira und Weißwein ablöschen, das Lorbeerblatt zugeben und die Flüssigkeit fast vollkommen einkochen. Mit dem Fischfond aufgießen und bei reduzierter Hitze etwa 30 Minuten köcheln lassen. Durch ein feines Sieb passieren und auf etwa 100 Milliliter Flüssigkeit einkochen, mit der Crème double verkochen.

Anrichten Auf jedem Teller 3 Tortelloni und 4 Flusskrebse anrichten. Mit der aufgeschäumten Sauce übergießen und mit den Kaiserschotenstreifen garnieren.

Nudelteig

6	*Eigelb*
200 g	*Mehl*
1 EL	*Öl*

Kalbskopf-Tortelloni

1/4	*Kalbskopf, geputzt und gepökelt*
1	*Schalotte*
1	*Lorbeerblatt*
1	*Nelke*
5	*Pfefferkörner*
60 g	*Baumpilze*
20 g	*Butter*
	Cognac
	Madeira
	Ei
	Mehl

Flusskrebse

16	*Flusskrebse*
	Kümmel

Krebssauce

	Krebskarkassen
2 EL	*Öl*
1/2	*Knoblauchzehe*
150 g	*Röstgemüse, in kleinen Würfeln (Möhren, Staudensellerie, Schalotten, Lauch)*
5	*Tomaten, gehäutet und klein geschnitten*
1 EL	*Tomatenmark*
20 ml	*Weinbrand*
20 ml	*Madeira*
1/8 l	*Weißwein*
1	*Lorbeerblatt*
1/4 l	*Fischfond*
100 g	*Crème double*

Anrichten

Kaiserschoten, gegart und schräg in breite Streifen geschnitten

Champignon

„Champignons sind ein ‚schwieriges' Produkt. – Was heute leicht und günstig zu bekommen ist, wird nicht mehr wertgeschätzt. Aber geschmacklich kann ich mit allem etwas anfangen", betont Hubert Retzbach. Ungefähr 40 verschiedene Sorten dieses Ständerpilzes kennt man in Mitteleuropa – einige davon sind ungenießbar oder giftig. Auf dem Markt findet man vorwiegend den Kultur-, Anis-, Wald- oder den Wiesenchampignon. Kulturchampignons haben die größere wirtschaftliche Bedeutung, dagegen sind Wiesenchampignons mit weißen oder bräunlichen Hüten am bekanntesten. Champignons mit braunem Hut schmecken jedoch intensiver als die weiße Pilzvariante.

Frische Champignons sollten dickfleischig, die Lamellen hellrosa bis fleischbräunlich sein. Exemplare mit einem leicht oder bereits ganz geöffneten Hut sind aromatischer als die noch fest geschlossenen. Im Kühlschrank sind die Pilze – ohne Plastikfolie und abgedeckt mit einem feuchten Tuch – etwa vier bis sieben Tage lang haltbar. Trocken gewordene Champignons können vor der Verarbeitung in Milch gelegt werden, wodurch sie sich teils regenerieren. Champignons sollte man unter fließendem Wasser reinigen und nicht in einem Wasserbad. Sie saugen die Flüssigkeit auf, wodurch das Pilzaroma verwässert.

Tipp Wilde Champignons speichern gesundheitsschädliche Schwermetalle und sollten darum in nicht zu großer Menge verzehrt werden. Das gilt auch für rohe Champignons, die Agaritin enthalten, welches sich erst beim Erwärmen über 60 °C abbaut.

Aiguilettes und Savarin vom Mäusdorfer Landgockel mit Champignons

Landgockel Die Brust vom Gockel auslösen und beiseitestellen. Die Keule mit den Knochen und Knoblauch, Thymian, Salz, Pfeffer, Piment, Lorbeer und Nelke etwa 1 Stunde in Wasser kochen. Die Gelatine einweichen. Die Brühe abpassieren und auf 200 Milliliter einkochen. Die ausgedrückte Gelatine dazugeben und etwa 2 Millimeter hoch in 4 Savarinförmchen gießen. Kalt stellen. Den Rest der Brühe beiseite stellen. Die gekochte Keule von Haut, Knochen und Blutadern befreien, in kleine Würfel schneiden und mit der blanchierten Gemüsebrunoise sowie den klein geschnittenen Estragonblättchen vermischen. Mit Salz und Pfeffer abschmecken. Die Masse auf die Gelatine in die 4 Savarinförmchen füllen, mit der restlichen Gelatinebrühe auffüllen und etwa 1 Stunde kalt stellen. Die rohe Brust mit der Haut in Butterschmalz anbraten und im Ofen bei 180 °C etwa 12 Minuten braten, etwas abkühlen lassen und kurz vor dem Anrichten in dünne Scheiben schneiden.

Champignons Etwa 150 Gramm Champignons kurz in Butter anbraten, mit Salz und Pfeffer würzen, feinhacken und unter die Crème fraîche rühren. Die restlichen Champignons ebenfalls anbraten.

Salat Die Zutaten für die Vinaigrette mischen, mit Salz und Pfeffer abschmecken. Rucola, Löwenzahn und Radicchio waschen, trocken schleudern und die Blätter klein zupfen. Mit der Vinaigrette mischen.

Landgockel

1/2	*Landgockel (1 1/2–2 kg)*
	Knoblauch
1	*Zweig Thymian*
	Piment
	Lorbeer
	Nelke
2	*Blatt Gelatine*
2 EL	*Gemüsebrunoise (Karotten, Staudensellerie, Kaiserschoten), blanchiert*
1	*Estragonblättchen, klein geschnitten*
40 g	*Butterschmalz*

Champignons

400 g	*Champignons, geputzt*
200 g	*Crème fraîche*

Salat

1 EL	*Eisweinessig*
2 EL	*kalt gepresstes Traubenkernöl*
1 TL	*Walnussöl*
1	*Bund Rucola*
1	*Bund Löwenzahn*
4	*Blätter Radicchio*

Anrichten

4	*essbare Blüten*
	Fleur de Sel

Anrichten Etwas von der Crème fraîche mit den Champignons auf jeden Teller geben. Die Savarins aus den Förmchen stürzen und auf die Crème fraîche setzen. Mit ein paar Salatblättchen und je 1 essbaren Blüte garnieren. Den restlichen Salat dekorativ verteilen und die gebratenen Champignons daraufgeben. Je 3 Scheiben Gockelbrust auf den Champignons anrichten und mit Fleur de Sel würzen, mit Champignonbratfond beträufeln.

Apfel

Der Apfel ist die älteste kultivierte Frucht der Menschheit und stammt wahrscheinlich aus dem Kaukasus, vom Balkan oder aus dem Gebiet östlich des Schwarzen Meeres. Heutzutage existieren weltweit rund 20.000 verschiedene Sorten dieses Rosengewächses, allerdings haben davon nur etwa 20 Arten eine wirtschaftliche Bedeutung. Die Apfelsorten unterscheiden sich in Form, Farbe und Geschmack. Die Erntezeit fällt in Deutschland in den Zeitraum zwischen Juli und Oktober.
Man unterscheidet im Handel generell drei Gruppen: Tafeläpfel eignen sich für den Frischverzehr, während Mostäpfel kleiner sind und säuerlicher ausfallen. Kochäpfel bestechen durch ein mürbes, leicht zerfallendes Fruchtfleisch. Bei der Lagerung ist darauf zu achten, dass Äpfel separat aufbewahrt werden, weil sie Ethylen absondern und damit den Reifeprozess von anderem Obst und Gemüse beschleunigen. Der hohe Gehalt an 50 verschiedenen Inhaltstoffen macht das beliebte Kernobst zu einem ernährungsphysiologisch wichtigen Produkt, wobei 70 Prozent der Vitamine und sekundären Pflanzenstoffe in und unter der Schale liegen.

Tipp Hubert Retzbach verwendet in seiner Küche am liebsten alte Apfelsorten von Streuobstwiesen: „Die sind geschmacklich intensiver als gewöhnliche Zuchtäpfel."

Auf Rebholz geräucherter Bachsaibling mit Apfel-Sellerie-Chutney und Beurre noissette

Geräucherter Bachsaibling Die frischen Bachsaiblinge ausnehmen, gut waschen und in eine dreiprozentige Lake aus Wasser und Pökelsalz einlegen. Estragon zugeben und 3 Tage in der Lake lassen. Einen Topf mit etwas Sägemehl (Rebholz) und den Wacholderbeeren auf dem Ofen erhitzen, bis das Sägemehl zu rauchen anfängt. Nun ein Gitter, ersatzweise Alufolie, in den Topf hängen und die Bachsaiblinge darauflegen. Den Topf mit einem Deckel verschließen und im vorgeheizten Backofen bei 160 °C etwa 16 Minuten räuchern. Vor dem Anrichten die lauwarmen Saiblinge filetieren und die Haut abziehen.

Apfel-Sellerie-Chutney Sellerie und Äpfel schälen und kleine Würfel schneiden, das Kernhaus der Äpfel entfernen. Schalotten würfeln und mit den Senfkörnern in Butter anschwitzen, den Zucker zugeben, leicht karamellisieren und mit dem Essig ablöschen. Die Apfel- und Selleriewürfelchen, Zimt und Cayennepfeffer zufügen und einige Minuten vorsichtig kochen lassen. Mit Apfelschnaps und Salz abschmecken.

Anrichten Etwas Apfel-Sellerie-Chutney auf jeden Teller geben, je 1 Stück Saiblingsfilet darauflegen. Mit der zerlassenen Butter begießen und je 10 Gramm Saiblingskaviar auf das geräucherte Filet setzen.

Geräucherter Bachsaibling

2	*Bachsaiblinge*
1	*Zweig Estragon*
5	*Wacholderbeeren*
	Pökelsalz
	Sägemehl (vom Rebholz)

Apfel-Sellerie-Chutney

200 g	*Sellerie*
400 g	*Äpfel*
2	*Schalotten*
1/2 TL	*Senfkörner*
20 g	*Butter*
80 g	*Farinzucker*
50 ml	*Apfelessig*
1	*Prise Zimt*
1	*Prise Cayennepfeffer*
20 ml	*Apfelschnaps*

Anrichten

40 g	*braune Butter*
40 g	*Saiblingskaviar*

Fränkischer Flusszander in Knoblauch-Speck-Sauce mit bunten Kartoffeln

Flusszander Das Zanderfilet schuppen und in 4 Stücke schneiden, mit Salz und Zitronensaft würzen und in etwas Öl etwa 3 Minuten auf der Hautseite braten, umdrehen und nochmals 1 bis 2 Minuten braten. Herausnehmen und bei etwa 50 °C warm stellen.

Knoblauch- und Speckscheiben Die Knoblauchknolle als Ganzes mit der Aufschnittmaschine in 1 Millimeter dünne Scheiben schneiden und 4 der schönen mittleren Scheiben in Öl ausbacken. Die 4 Speckscheiben kross ausbraten.

Kartoffel

Die Kartoffel gehört wie Reis und Weizen zu den Grundnahrungsmitteln. Weltweit existieren über 5.000 verschiedene Kartoffelsorten, die sich nach Reifezeit (frühe, mittelfrühe oder späte Vegetationsperiode), Kocheigenschaften (mehlig kochend oder festkochend) sowie in Größe, Farbe, Form, Stärkegehalt oder Schalenbeschaffenheit unterscheiden. Dem Nachtschattengewächs wird gerne eine europäische Herkunft angedichtet, dabei stammt das Knollengemüse aus der Andenregion Südamerikas und wurde erst während der Kolonialzeit in Europa kultiviert. Verwandt ist die Kartoffel mit der Tomate, Paprika oder Aubergine – nicht aber mit der Süßkartoffel.

Die kalorienarme Knolle wird heutzutage nicht nur als Nahrungs-, sondern auch als Futtermittel sowie zur Herstellung von Stärke oder Alkohol verwendet. Die Sortenauswahl in den Supermärkten ist heutzutage sehr beschränkt, weil die Züchtung der Sorten den Anforderungen der industriellen Weiterverarbeitung unterworfen wird. „Ich habe lange nach wirklich guten Kartoffeln gesucht. Die Industrie bestimmt mittlerweile, was angebaut wird. Sie müssen gut aussehen, ertragreich und leicht zu verarbeiten sein. Der Geschmack ist zweitrangig", berichtet Hubert Retzbach. Dabei ist die Qualität einer Kartoffelspeise in erster Linie von der Sorte und ihrem Geschmack und dem Kochtyp abhängig.

Beim Einkauf ist darauf zu achten, dass Kartoffeln keine grünen, verfärbten und gekeimten Stellen aufweisen. Die Knolle sollte unbeschädigt und trocken sein. Speisefrühkartoffeln sind nicht für eine lange Lagerung geeignet (höchstens zwei Wochen). Mittelfrühe und späte Kartoffeln sind längere Zeit haltbar, wenn sie dunkel, trocken und kühl gelagert werden – allerdings nicht im Kühlschrank, da dies den Geschmack nachhaltig beeinflusst. Geschälte Kartoffeln sollten nicht zu lange an der Luft aufbewahrt werden, da sich durch die Oxidation nicht nur braune Stellen bilden, sondern sich auch der Vitamin-C-Gehalt reduziert. Lagert man Kartoffeln im Wasser, schwemmen die Inhaltsstoffe aus. Verarbeitet man die geschälten Kartoffeln nicht sofort, kann man sie mit einem feuchten Tuch abdecken.

Hinweis Die meisten Vitamine und Mineralstoffe der Kartoffel liegen unter der Schale, die mitgegessen oder ausgekocht werden kann.

SPECKSAUCE Speck mit Schalotten in Streifen schneiden, mit etwas Butter anschwitzen, mit Sherryessig ablöschen, mit Weißwein und Fischfond auffüllen. Das Ganze auf 250 Milliliter Flüssigkeit reduzieren. Die Crème double hinzufügen und alles auf die Hälfte reduzieren lassen. Mit Salz, Pfeffer und Balsamessig abschmecken, passieren und mit geschlagener Sahne montieren.

BUNTE KARTOFFELN Die Kartoffeln schälen, in Scheiben schneiden, mit runden Ausstechern in Form bringen und in Salzwasser bissfest kochen. Vor dem Anrichten in Butter schwenken und mit Salz abschmecken.

ANRICHTEN Je 1 Stück Zander auf jeden Teller legen, die bunten Kartoffeln halbkreisförmig darumherum auffächern. Je 1 Scheibe Speck und Knoblauchknolle anlegen und die Specksauce angießen.

FLUSSZANDER

300 g	*Zanderfilet*
	Zitronensaft
1 EL	*Öl*

KNOBLAUCH- UND SPECKSCHEIBEN

1	*Knolle junger Knoblauch*
4	*dünne Scheiben durchwachsener Bauchspeck*

SPECKSAUCE

40 g	*Speck*
2	*Schalotten*
1 EL	*Sherryessig*
1/4 l	*Weißwein*
1/2 l	*Fischfond*
1/4 l	*Crème double*
	Balsamessig
1 EL	*geschlagene Sahne*

BUNTE KARTOFFELN

2	*blaue Kartoffeln*
2	*rote Süßkartoffeln*
2	*festkochende Kartoffeln (Linda oder Sieglinde)*
20 g	*Butter*

Waldmeister (Maikraut)

Die mitteleuropäische Würzpflanze mit dem typischen Aroma wächst in schattigen Laubwäldern, bevorzugt in Buchenwäldern. Sammelzeit ist von April bis Mai. „Waldmeister sollte man vor der Blüte verarbeiten. Dann ist er noch wesentlich aromatischer", sagt Hubert Retzbach. Lässt man das Kraut vor der Verarbeitung anwelken oder kurz im Gefrierfach überfrieren, bringt das die Aromen erst so richtig zur Geltung.

Frischer Waldmeister ist geruchsneutral und kann in einer Plastikfolie einige Tage im Kühlschrank aufbewahrt werden. Der charakteristische Waldmeistergeruch entsteht erst beim getrockneten Kraut, das vor Luft und Feuchtigkeit geschützt in einem geschlossenen Behälter gelagert werden sollte.

Dass Waldmeister Gerichten eine grünliche Färbung verleiht, ist ein Irrglaube, der von den künstlichen Aromen der Industrieprodukte herrührt. „Wenn man frischen Waldmeister verarbeitet, ist das Endprodukt weiß", sagt Hubert Retzbach.

Hinweis Das zur Familie der Rötegewächse zählende Waldkraut enthält den Inhaltsstoff Kumarin, der bei zu hoher Dosierung zu Magenbeschwerden, Kopfschmerzen, Schwindel und Benommenheit führen kann.

Gratinierter Waldmeisterflan mit Weinschaum-Eis und marinierten Wald-und Gartenbeeren

GRATINIERTER WALDMEISTERFLAN Gelatine einweichen. Champagner, Portwein und Waldmeister aufkochen und abgedeckt etwa 30 Minuten ziehen lassen. Passieren, mit Zucker und Crème fraîche aufkochen, mit Mondamin abbinden. Ausgedrückte Gelatine zugeben. Eigelb unterrühren. Eiweiß mit Zucker zu Schnee schlagen und unter die noch warme Masse heben. Vom Bisquit waagerecht eine dünne Scheibe abschneiden, 6 Kreise ausstechen und in Ringe mit 6 Zentimeter Durchmesser legen. Flanmasse einfüllen, kalt stellen. Vor dem Servieren aus dem Ring nehmen, mit Farinzucker bestreuen und gratinieren.

WEINSCHAUM-EIS Eigelb, Ei und Zucker gut verrühren. Weißwein aufkochen und auf die Eiermasse gießen. Die weiche Butter dazugeben und aufmixen. In der Eismaschine gefrieren.

ZITRONENGRAS-VANILLE-SAUCE Vanilleschote, Zitronengras und Milch aufkochen und auf 1/8 Liter Flüssigkeit reduzieren. Etwas ziehen lassen, passieren. Die flüssige Sahne mit dem Zitronengrasfond aufkochen. Zucker und Eigelb vermengen, die Sauce dazugeben und alles zur Rose abziehen.

ANRICHTEN Die gemischten Beeren mit etwas Grand Marnier beträufeln, auf die Teller verteilen, mit Zucker überstäuben und mit Waldmeisterblättchen dekorieren. Je 1 karamellisierten Flan zu den Beeren setzen. Je 1 Nocke Weinschaum-Eis in einem Gebäckring platzieren. Zitronengras-Vanille Sauce angießen.

GRATINIERTER WALDMEISTERFLAN

1/2	*Blatt Gelatine*
30 ml	*Champagner*
10 ml	*weißer Portwein*
1	*Bund Waldmeister*
10 g	*Zucker*
50 g	*Crème fraîche*
6 g	*Mondamin*
1	*Eigelb*
1	*Eiweiß*
40 g	*Zucker*
1	*Bisquitboden*
30 g	*Farinzucker*

WEINSCHAUM-EIS

4	*Eigelb*
1	*Ei*
250 g	*Zucker*
3/4 l	*Weißwein*
300 g	*weiche Butter*

ZITRONENGRAS-VANILLE-SAUCE

1/4	*Vanilleschote*
1	*Zitronengrasstängel*
1/4 l	*Milch*
1/8 l	*flüssige Sahne*
60 g	*Zucker*
3	*Eigelb*

ANRICHTEN

400 g	*gemischte Beeren*
	Grand Marnier
	etwas Staubzucker
	Waldmeisterblättchen
4	*Gebäckringe*

Jörg Sackmann

Wird Kreativität irgendwann zu Handwerk? – Das ist eine Frage, auf die wir auf die Schnelle nur eine halblebige Antwort stammeln könnten! Aber wie viel Handwerk und Fachwissen in kulinarischer Kreativität steckt, das zumindest können wir hier einmal zusammen mit Jörg Sackmann veranschaulichen, denn logistische Umstände lassen aus dem bestellten Eismeerkabeljau spontan einen Rochenflügel werden: Da wird aber nicht einfach der neue Fisch in das ursprüngliche Gericht eingesetzt! – Papperlapapp! – Da wird das Garverfahren getauscht, da werden einige Aromenschräubchen justiert, diverse Konsistenzen überdacht und schließlich die Handskizze mit einigen Bleistiftzügen den Vorstellungen des Küchenchefs angeglichen.

Danach geht's an den Herd! Man nehme sich vor der liebenswerten Art des Sternekochs in Acht. Plötzlich hagelt es Ansagen in der Küche des Hotels *Sackmann*: „Jus ansetzen, Pfannen weg vom Küchenpass, Frühstücks-Mis-en-place verräumen!" – Und mir nichts, dir nichts stehen fünf Gerichte im Fokus der Fotolinse, bei deren Anblick wir nur noch staunen können und beherzt kreischen mögen: „Wo ist Ihr zweiter Stern?"

Was wir natürlich nicht tun. Wir fragen Jörg Sackmann einfach höflich, mit etwas unterschwelliger Empörung in der Stimme, und hoffen auf einen Schwall an Emotionen. Der Sternekoch bleibt unbeeindruckt: Die paar Falten, die sich auf seiner Stirn bilden, darf man bei so einem überbewerteten Thema durchaus als emotional unbeeindruckt bezeichnen. „Ein so hohes Level habe ich an mich selber nie gestellt. Nur an meine Gerichte", antwortet er lächelnd. Tja. Gut. Schön. Rhetorisch sauber gelöst. Zum Kuckuck! Haben Sie nicht wenigstens ein bisschen Groll auf den Restaurantführer der Restaurantführer?

Jörg Sackmann weiß schlicht und ergreifend, wo er steht! Er wird in Hitlisten geführt. Als Aromenkünstler bezeichnet. Er wurde als „kreativster Koch" gekürt, als „Aufsteiger" und als „Koch des Jahres". Zu seinen Lehrmeistern zählen Eckart Witzigmann, Henry Levy oder Wolfgang Staudenmaier. Das Telefon rappelt, als ob es nicht auch still sein könnte: Die Genussakademie ruft an, mit Biolek soll er kochen, eine Buchanfrage, ein Termin beim ARD-Büffet, auf der Buchmesse soll er sein neues Werk präsentieren – alles innerhalb von zwei Stunden. „Man kann nicht auf allen Hochzeiten tanzen", sagt er. Und trotzdem gehört er zu den Menschen, die sich wünschen, der Tag hätte ein paar Stunden mehr.

Seine Freizeit bleibt fast gänzlich auf der Strecke. Letztens auf einer Flugstrecke: Er reiste mit Hans Stefan Steinheuer zu einer kulinarischen Recherche nach New York. Dort gingen die Köche innerhalb von zwei Tagen fünfmal essen. „Der Jetlag war ein bisschen ein Problem, aber sonst war es schön. Eine Reise zu machen, um zu essen, ist für mich keine Last. Ein tolles Menü ist für mich wie eine Theateraufführung. Sterne und Punkte haben dann wenig Bedeutung", sagt er. Jörg Sackmann aß bereits in Barcelona, Bangkok oder Hongkong. Er speiste in Indien oder Kalifornien. Nur Tokio fehlt ihm derzeit noch ... Die meiste Zeit bleibt er jedoch an der Seite seiner Familie, als Gastgeber und Patron im Hotel *Sackmann*, und mit beiden Füßen auf dem Küchenboden. Er weiß, wo er stehen sollte.

Zur Person

Jörg Sackmann wurde 1960 in Frankfurt am Main geboren. Im Jahr 1977 absolvierte er seine Kochausbildung im Hotel *Traube Tonbach*, wo er nach erfolgreichem Abschluss noch weitere zwei Jahre in der Küche des Restaurants *Schwarzwaldstube* verbrachte, die damals noch unter der Leitung von Wolfgang Staudenmaier stand. Zu weiteren Lehrmeistern zählen Henry Levy, Albert Kellner und Eckart Witzigmann. Von 1986 bis 1988 besucht er die Meisterschule in Baden-Baden, bevor er als Patron und Küchenchef in den Familienbetrieb Hotel *Sackmann* nach Baiersbronn-Schwarzenberg zurückkehrt. Seit 1993 leitet er dort auch das Restaurant *Schlossberg* – ausgezeichnet mit einem Stern im Guide Michelin, 4,5 Feinschmecker-Punkten und mit 18 Punkten im Gault Millau.

„Ich lasse mich in meiner Küche nicht in irgendwelche Schranken weisen – aber kreativ zu sein um jeden Preis, das ist Blödsinn: Am Ende muss jedes Gericht harmonisch sein."

Jörg Sackmann

Filderkrautjus

3	Schalotten, fein geschnitten
50 g	Olivenöl
100 ml	trockener Weißwein
200 g	Filderkraut
1 TL	Panch Phoron (indische 5-Gewürze-Mischung)
900 ml	Filderkrautsaft
1	Lorbeerblatt
1	Thymian
4	Wacholderbeeren

Alginfond

7,5 g	Alginat

Sauerkrautperlen

400 ml	Sauerkrautsaft
2	Prisen Salz
2 g	Clorur
3 g	Xanthan

Pimentoperlen

1 l	Pimentosaft
1	Spritzer Limonenöl
1	Spritzer Limonensaft
1	Prise Salz
1 g	Clorur
2 g	Xanthan

Marinierte Forellenbällchen mit Sternanis, Blutwurstcracker und Filderkrautperlen

FILDERKRAUTJUS Schalotten in Olivenöl andünsten, mit Weißwein ablöschen. Filderkraut und Panch Phoron zugeben und mit Krautsaft aufgießen, die restlichen Gewürze, Salz und Pfeffer zugeben. Flüssigkeit um die Hälfte reduzieren. Passieren und gegebenenfalls nochmals etwas abschmecken.

ALGINFOND Das Alginat mit 1,5 Liter Wasser aufmixen und dann mindestens 12 Stunden ruhen lassen.

SAUERKRAUTPERLEN Alle Zutaten mischen und einen Tag stehen lassen. Dann in einer Spritze aufziehen und tropfenweise in den Alginfond geben. 2 Minuten ruhen lassen, Perlen herausnehmen und in einer Schüssel in kaltem Wasser abwaschen. Die Perlen in Sauerkrautsaft einlegen.

PIMENTOPERLEN Pimentosaft auf 200 Milliliter reduzieren. Alle Zutaten mischen und einen Tag stehen lassen. Dann in einer Spritze aufziehen und tropfenweise in den Alginfond geben. 2 Minuten ruhen lassen, Perlen herausnehmen und in einer Schüssel kaltes Wasser abwaschen. Die Perlen in den Paprikasaft einlegen.

FENCHELSALZ Alle Zutaten fein mixen.

BLUTWURSTCRACKER Blutwurst hauchdünn aufschneiden und zwischen zwei Backpapierblättern knusprig braten. Die Scheiben dabei gut beschweren, sodass sie gerade bleiben.

FILDERKRAUT Filderkrautblätter in feine Streifen schneiden. Äpfel schälen und in feine Scheiben schneiden. Filderkrautstreifen in Butter anschwitzen, Sauerkraut zugeben und mit Sauerkrautsaft und Fischfond ablöschen, gar kochen und den Sud ganz einkochen. Panch Phoron, Salz, Zucker, Sternanis und Lorbeerblatt zugeben und abschmecken.

FILDERKRAUTPASTE Alle Zutaten erhitzen und anschließend in einer Moulinette zu einer feinen Paste mixen.

FORELLENBÄLLCHEN Filet von Haut und Gräten befreien, mit Fenchelsalz und den Ölen marinieren und 1 Tag ziehen lassen. Von den Gewürzen befreien und in feine Streifen schneiden. 4 Eierbecher mit Folie auslegen und mit den Forellenstreifen auskleiden. Mit der Sauerkrautpaste und etwas Kaviar füllen und zu Bällchen formen. Bei 65 °C etwa 8 bis 10 Minuten im Ofen garen.

ANRICHTEN Filderkraut in die Mitte der Teller geben. Je 1 Forellenbällchen aufsetzen, mit heißer Filderkrautjus übergießen. Pimento- und Sauerkrautperlen über das Fischbällchen geben und mit je 1 Blutwurstcracker garnieren.

FENCHELSALZ

20 g	*Fenchelsamen*
25 g	*Meersalz*
25 g	*Kristallzucker*
20 g	*Kerbel*
20 g	*Dill*
1/2 TL	*weißer Pfeffer*
1/2 TL	*Senfkörner*

BLUTWURSTCRACKER

300 g	*Blutwurst, am Stück*

FILDERKRAUT

100 g	*Filderkraut*
50 g	*Äpfel (Granny Smith)*
50 g	*Butter*
100 g	*Sauerkraut*
300 ml	*Sauerkrautsaft*
300 ml	*Fischfond*
	Panch Phoron (indische 5-Gewürze-Mischung)
1 Msp.	*Sternanis, gemahlen*
1	*Lorbeerblatt*

FILDERKRAUTPASTE

100 g	*gekochtes Filderkraut*
40 ml	*Olivenöl*
	Chaat Masala (indische Gewürzmischung)

FORELLENBÄLLCHEN

1	*Forellenfilet*
	Fenchelsalz
3 EL	*Limonenöl*
3 EL	*Olivenöl*
2 EL	*Sauerkrautpaste*
	Saiblingskaviar

Macadamianuss

Australien, Hawai, Südafrika, Kenia, Malawi, Costa Rica, Guatemala, Mexiko und Brasilien sind die Hauptanbaugebiete der Macadamianuss, die auch als „Königin der Nüsse" bezeichnet wird. Die ursprünglich aus den Regenwäldern Australiens stammende Steinfrucht gehört zur Familie der Silberbaumgewächse. Sie zählt nicht nur zu den fetthaltigsten und härtesten, sondern auch zu den teuersten Nüssen der Welt, was an der stark gestiegenen Nachfrage, ihrem schwierigen Anbau, an der aufwändigen Weiterverarbeitung sowie Logistik und den Kosten für Transport liegt.

Die Früchte der Macadamiabäume sind kastanienähnlich, besitzen eine dicke, dunkelbraune und je nach Sorte raue oder glatte Schale. Die haselnussgroßen Samen verfügen neben einem hohen Eiweiß- und Mineralstoffgehalt auch über einen hohen Anteil an ungesättigten Fettsäuren. Die Steinfrucht ist eines der energiereichsten pflanzlichen Nahrungsmittel überhaupt, mit einem Fettgehalt von gut 70 Prozent. „Durch den hohen Fettgehalt entwickelt sich beim Anrösten ein besonders schönes Aroma, sie werden allerdings auch schnell ranzig", erklärt Jörg Sackmann, der die Nüsse luftdicht verpackt, kühl und dunkel aufbewahrt.

Rochenflügel mit Macadamianüssen, Tandoori, Kapernsud und gebratenem Blumenkohl

Geschmorte Paprika Die Paprikaschote mit 2 Esslöffel Olivenöl etwa 30 Minuten im Backofen bei 120 °C garen. Die Haut abziehen, die Schoten halbieren und das Kerngehäuse entfernen. Flach drücken und in 200 Milliliter Olivenöl mit dem Thymianzweig und der zerdrückten Knoblauchzehe marinieren.

Rochenflügel Den Rochenflügel auslösen und parieren (ergibt etwa 300 g) und zu einem Rechteck mit einer Seitenlänge von 9 x 18 Zentimeter zuschneiden (Faserung längs!). Die geschmorte Paprika zuschneiden und mit Hilfe von Klarsichtfolie zu einer Rolle formen (Ø 1,5 cm, Länge: 18 cm). Den Rochen mit Salz und Pfeffer aus der Mühle würzen, die Paprikarolle darauflegen und einrollen. In 4 gleich große Röllchen schneiden, mit Bindfaden leicht fixieren, aufrecht stellen und den oberen Rand etwas öffnen. Den Rochenflügel bei 160 °C im Ofen etwa 6 Minuten garen.

Macadamiakruste Die Butter schaumig schlagen und das Eigelb hinzugeben. Die gewürfelten Tomaten, klein gehackte Rosinen, Kapern und die fein gehackten Macadamianüsse unterheben. Mit Salz, Zucker, Pfeffer, Tandooripaste und einem Spritzer Zitronensaft abschmecken. Mit einem Teelöffel kleine Häufchen auf ein Blech setzen und unter dem Salamander goldbraune Farbe annehmen lassen.

Kapernjus Den Lauch in wenig Olivenöl farblos anschwitzen, erst mit Estragonessig, dann mit Noilly Prat und Weißwein ablöschen und reduzieren. Die Rosinen und die Kapern abwaschen und mit dem Curry hinzugeben. Mit Fischfond auffüllen und um etwa ein Drittel einkochen. Den Sud im Mixer pürieren und fein passieren. Mit Olivenöl aufmontieren und mit Salz, Cayennepfeffer, Muskatnuss und Zitronensaft abschmecken.

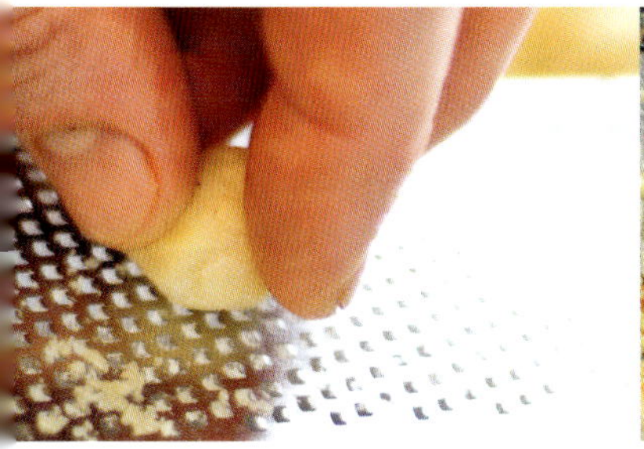

Blumenkohl Den Blumenkohl in Scheiben schneiden, in Olivenöl anschwitzen und braten. Mit Salz, Zucker und frisch geschnittenem Kerbel abschmecken.

Anrichten Den Blumenkohl auf den Tellern verteilen. Je 1 Rochenflügelröllchen daraufsetzen und die Macadamiakruste im Kreis anrichten. Kapern und Rosinen kurz in Olivenöl erwärmen und ebenfalls auf die Teller verteilen. Zum Schluss den Fisch mit Kapernjus beträufeln und die gebackenen Kapern über das Gericht streuen.

Geschmorte Paprika

1	*rote Paprika*
250 ml	*Olivenöl*
1	*Knoblauchzehe, zerdrückt*
1	*Zweig Thymian*

Rochenflügel

1	*Rochenflügel (á 600 g)*
1	*geschmorte Paprika*

Macadamiakruste

60 g	*Butter*
1	*Eigelb*
20 g	*getrocknete Tomaten, klein gewürfelt*
10 g	*Rosinen, fein gehackt*
10 g	*Kapern*
30 g	*Macadamianüsse, fein gehackt*
	Tandooripaste
1	*Spritzer Zitronensaft*

Kapernjus

20 g	*Lauch, nur das Weiße, feinblättrig geschnitten*
100 ml	*Olivenöl*
10 ml	*Estragonessig*
50 ml	*Noilly Prat*
100 ml	*Weißwein*
20 g	*Rosinen*
30 g	*Kapern*
	Curry
100 ml	*Fischfond*
	Cayennepfeffer
	Muskatnuss
1	*Spritzer Zitronensaft*

Blumenkohl

200 g	*Blumenkohl, geputzt*
2 EL	*Olivenöl*
	Kerbel, fein geschnitten

Anrichten

2 EL	*Rosinen, heiß abgewaschen und in Olivenöl eingelegt*
1 EL	*Kapern*
	Olivenöl
2 EL	*Kapern, in Pflanzenfett ausgebacken*

Senf

Die verschiedenen Senfsorten werden entweder nach dem Herkunftsland (Hauptanbaugebiete: Argentinien, China, Indien, Mittelmeerraum und Kanada) oder nach der Farbe der weißen, braunen oder schwarzen Senfsamen benannt, die erst durch Mahlen, Schroten und das Ansetzen mit Flüssigkeit ihren Geschmack und ihre charakteristische Schärfe entfalten. Dabei sind weiße Senfkörner etwas milder als die braunen und schwarzen Samen.

Die zahlreichen Senfarten (Speisesenf) unterscheiden sich durch ihre individuelle Zusammenstellung aus Anbaugebieten und dem Mischverhältnis der drei Senfarten. Weiterhin entscheidet der Mahlgrad, die Verwendung von Most oder Essig im Ansatz und die Zugabe von Zutaten wie Kräutern oder Gewürzen über den Geschmack. Zudem existieren Produkte, die nur als Senf tituliert werden. „Traubenkernsenf ist kein Senf im klassischen Sinne, da er komplett ohne Senfsaat produziert wird. Nur sein feines Aroma erinnert an milden Senf", erklärt Jörg Sackmann.

Im Handel sind neben den Würzpasten auch die gemahlenen und die ganzen Samen erhältlich. Ganze Senfkörner besitzen hervorragende Lagereigenschaften und verlieren nicht so schnell an Aroma wie die Würzpaste, die deswegen immer gut verschlossen im Kühlschrank gelagert werden sollte. Nach längerer Lagerung setzt sich bei Speisesenf das Öl ab, was kein Manko darstellt, sondern einfach wieder eingerührt werden kann.

Tipp Wurden kalte Speisen mit Senf überwürzt, wirkt die Zugabe von etwas Essig geschmacksmildernd.

Kalbsbäckchen

4	*Kalbsbäckchen (etwa 500 g)*
	Fleur de Sel
200 ml	*Merlot (2001 Merlot Haywood, Kalifornien)*
100 ml	*Portwein (Churchill's Tawny Port, 10 years old)*
250 ml	*Kalbsfond*
2	*Zweige Thymian*
1	*Zweig Rosmarin*
	Pfeffer aus der Mühle
1	*Lorbeerblatt*

Zimtbutter

1 EL	*Butter*
40 g	*Schalotten, fein gehackt*
100 g	*junger Lauch, fein geschnitten*
30 ml	*Madeira*
30 ml	*Portwein*
100 ml	*Merlot*
250 ml	*Kalbsfond aus dem Vakuumbeutel*
1 EL	*Zimtblätter*

Traubenkernsenfgelee

4	*Blatt Gelatine*
200 ml	*Kalbsfond*
1 EL	*Traubenkernsenf*
	weißer Pfeffer aus der Mühle

Kalbsbäckchen in Zimtblätterjus mit Traubensenfgelee, Erbsen und Kartoffelnudeln, Teil 1

Kalbsbäckchen Die Kalbsbäckchen leicht mit Fleur de Sel würzen. Merlot und Portwein auf ein Drittel reduzieren, den Kalbsfond zugeben und zusammen mit den Kalbsbäckchen in einen Vakuumierbeutel füllen. Thymian, Rosmarin, Pfeffer und das Lorbeerblatt zugeben und vakuumieren. Im 65 °C heißen Wasserbad etwa 24 Stunden garen.

Zimtbutter In einem kleinen Topf Butter zerlassen, fein gehackte Schalotten und Lauch bei milder Hitze unter Rühren andünsten, mit Madeira, Portwein und Merlot ablöschen, mit dem Kalbsbäckchenfond auffüllen, Zimtblätter zugeben und auf ein Drittel reduzieren. Mit Salz und Pfeffer abschmecken.

Traubensenfgelee Die Gelatine einweichen. Alle anderen Zutaten erwärmen, die Blattgelatine darin auflösen, in eine kleine Form geben und auskühlen lassen. Die feste Masse in Würfel von 1 Zentimeter Seitenlänge schneiden.

Kalbsbäckchen in Zimtblätterjus mit Traubensenfgelee, Erbsen und Kartoffelnudeln, Teil 2

Erbsengelee Zwiebeln, Speck und Lauch in Würfel schneiden und mit der Butter farblos anschwitzen, mit Noilly Prat und Weißwein ablöschen. Anschließend die frischen Erbsen und den Spinat hinzugeben, mit Geflügelfond auffüllen und 2 Minuten kochen lassen. Alles in einen Mixer geben und fein mixen. Danach sofort in einer eisgekühlten Schüssel unter ständigem Rühren herunterkühlen. In den kalten Fond die Crème fraîche einrühren. Mit Salz, Pfeffer, Muskatnuss und Zitronensaft abschmecken. Die Gelatine einweichen und in warmem Wasser auflösen. Alles durch ein Sieb streichen, die aufgelöste Gelatine hinzugeben. In eine quadratische Form abfüllen und kalt stellen. Nach dem Anziehen in Würfel von 1 Zentimeter Seitenlänge schneiden.

Erbsengelee

25 g	*Zwiebeln*
20 g	*Schwarten vom Rauchspeck*
20 g	*Lauch, nur das Weiße*
25 g	*Butter*
50 ml	*Noilly Prat*
50 ml	*Weißwein*
125 g	*frische Erbsen*
40 g	*Spinat*
250 ml	*Geflügelfond*
100 g	*Crème fraîche*
	Muskatnuss
	Zitronensaft
5	*Blatt Gelatine*

Lauchstroh Die hellgrünen Mittelteile des Lauchs herausschneiden, halbieren und in etwa 4 bis 5 Zentimeter lange, sehr feine Julienne schneiden. 2 Minuten in Salzwasser blanchieren, abschütten und trocken tupfen. In 160 °C heißem Rapsöl farblos kross ausfrittieren. Anschließend auf ein Tuch geben und mit Salz würzen.

Geschmorte Schalotten Die Essige zusammen mit den Gewürzen sachte auf die Hälfte reduzieren. Mit dem Kalbsfond auffüllen und den Honig einrühren, abpassieren, das Olivenöl mit dem Stabmixer unterziehen und mit Salz abschmecken. Die Schalotten halbieren und in diesem Fond im Ofen bei 160 °C 15 Minuten schmoren. Danach aus der Schale lösen, leicht anbraten und servieren.

Kartoffelschupfnudeln Für den Kartoffelteig die ungeschälten Kartoffeln in Salzwasser kochen, pellen und ausdampfen lassen. Die Kartoffeln durch eine Presse drücken und mit Kartoffelmehl und Weizenmehl vermischen. Zum Schluss das Eigelb unterrühren und die Masse mit Salz, Pfeffer und Muskatnuss abschmecken. Den Kartoffelteig auf einer bemehlten Arbeitsfläche zu einer daumendicken Rolle formen. Mit einem Messer in etwa 2 Zentimeter lange Stücke schneiden. Diese dann mithilfe der Handfläche über die Tischkannte auf ein bemehltes Blech „schupfen". Anschließend die Schupfnudeln flach drücken, in kochendes Salzwasser geben und so lange ziehen lassen, bis sie an die Oberfläche steigen. Herausnehmen, abtropfen lassen und in Butter glasieren.

Anrichten Je 1 Kalbsbäckchen auf einen Teller legen und mit der Zimtbutter nappieren. Die Kartoffelnudeln und das Gemüse dekorativ darum herum verteilen. Je 3 Erbsengelee- und 3 Traubengeleewürfel in die Zwischenräume setzen.

Lauchstroh

4	*Stangen Lauch*
500 ml	*Rapsöl*

Geschmorte Schalotten

100 ml	*Apfelessig*
100 ml	*Feigenessig*
1/2 TL	*Senfkörner*
2	*weiße Pfefferkörner*
1/2 TL	*Koriandersaat, zerstoßen*
250 ml	*Kalbsfond*
3 EL	*Tannenhonig*
150 ml	*Olivenöl*
10	*kleine Schalotten*

Kartoffelschupfnudeln

250 g	*mehlige Kartoffeln*
20 g	*Kartoffelmehl*
50 g	*Weizenmehl*
1	*Eigelb*
	Muskatnuss

Mais

Der glutenfreie, nahrhafte und vitalstoffreiche Mais zählt zur Familie der Süßgräser, stammt ursprünglich aus Mexiko und wurde erst während der Kolonialzeit in Europa kultiviert, wo heutzutage Frankreich, Spanien, England und Holland zu den Hauptanbaugebieten zählen. Unterschieden wird der Körner- oder Feldmais, der hauptsächlich als Futtergetreide dient oder zu Maismehl, Maisgrieß, Maisstärke und Öl verarbeitet wird. Die Körner sind härter und stärkehaltiger als beim Gemüse- oder Zuckermais, der kleinere Kolben hat und dessen Fruchtschale dünner und zarter ist.

Gemüse- oder Zuckermais gelangt auch in Form ganzer Kolben in den Handel. Die Kolben sollten trocken und glänzend und die Körner blassgelb und glatt sein. Bei Druck sollte ein milchiger Saft austreten. Diese Maissorte wandelt erst relativ spät den Zucker in Stärke um, wodurch die Körner schrumpeln und mehlig schmecken. Trotzdem sollten die frischen Maiskolben schnell verzehrt werden. Sie sind ungefähr drei Tage im Kühlschrank lagerfähig.

Tipp Kocht man Maiskolben in leicht gezuckertem Wasser und salzt erst vor dem Verzehr, bleiben die Körner schön weich und lassen sich leicht vom Kolben lösen. Etwas Butter oder ein Schuss Milch im Kochwasser verstärkt den Eigengeschmack des Mais.

Rehrücken in Purple-Curry-Kruste mit Mais, Wacholdersirup und Zitronen-Kürbis-Püree, Teil 1

PURPLE-CURRY-KRUSTE Madeira und Portwein reduzieren, den Wildfond auffüllen und alles auf die Hälfte einkochen. Purple Curry und getrocknete Limonen zugeben. Mit Salz und Pfeffer abschmecken, abkühlen lassen. Gelatine einweichen. Eiweiß steif schlagen. Eigelb und Speisestärke einrühren und nochmal aufkochen lassen, bis eine cremige Masse entsteht. Gelatine unterrühren, nochmals abkühlen lassen und vorsichtig das steif geschlagene Eiweiß unterheben. Die Masse 5 Millimeter dick auf Backpapier aufstreichen und bis zum Gebrauch einfrieren. Vor dem Anrichten 24 Kreise mit 1,5 Zentimeter Durchmesser ausstechen.

REHRÜCKEN Die Filets herauslösen und parieren. In 4 Portionen à 150 Gramm teilen. Rehfilets mit schwarzem Pfeffer würzen und in Butter leicht anbraten. Im Ofen bei 180 °C etwa 6 Minuten garen und 30 Minuten bei 70 °C ruhen lassen. Vor dem Servieren jedes Rehrückenstück mit 6 Scheiben Purple-Curry-Kruste belegen und goldbraun gratinieren. Zum Schluss mit Purple Curry bestreuen.

WACHOLDERSIRUP Die Wacholderbeeren in einem Mörser zerstoßen. In einer Schüssel mit dem Banyuls übergießen und 24 Stunden marinieren lassen. Am Folgetag die Mischung abseihen und die Flüssigkeit zu einem Sirup einkochen. Mit etwas Xanthan binden.

MAISCREME Die Maiskolben putzen und die Maiskörner mit einem Messer herunterschneiden. In Butter anschwitzen. 1 Prise Salz und Zucker zugeben. Mit Noilly Prat und Weißwein ablöschen. Geflügelfond angießen und den Mais weich köcheln, die Flüssigkeit dabei um die Hälfte reduzieren. Im Thermomix fein pürieren und passieren. Mit Salz abschmecken.

PURPLE-CURRY-KRUSTE

50 ml	*Madeira*
50 ml	*roter Portwein*
150 ml	*Wildfond*
2 Msp.	*Purple Curry*
2	*getrocknete Limonen*
1	*Blatt Gelatine*
100 g	*Eiweiß*
1	*Eigelb*
5 g	*Speisestärke*

REHRÜCKEN

1	*Rehrücken (1,2 kg)*
24	*Scheiben Purple-Curry-Kruste*
	Purple Curry

WACHOLDERSIRUP

10	*reife Wacholderbeeren*
5	*grüne Wacholderbeeren*
200 ml	*Banyuls (oder Portwein)*
1 Msp.	*Xanthan*

MAISCREME

8	*frische Maiskolben*
50 g	*Butter*
80 ml	*Noilly Prat*
30 ml	*Weißwein*
500 ml	*Geflügelfond*

Rosenkohl

Der auch „Brüssler Sprossen" oder „Sprossenkohl" genannte Rosenkohl stammt ursprünglich aus Belgien und wird heute überwiegend in den Niederlanden, Frankreich und Großbritannien angebaut. Zum essbaren Teil des zur Familie der Kreuzblütler gehörenden Blattgemüses zählen die Blütenknospen. Die walnussgroßen Röschen werden in Deutschland zwischen September und Februar geerntet. Das typische Wintergemüse steckt voller wichtiger Nährstoffe wie Mineral- und Ballaststoffe, Vitamin A, C, und B_1 oder Folsäure.

Rosenkohl sollte erst nach dem ersten Frost bezogen werden, weil jener das Gemüse zu vermehrter Zuckerbildung anregt und es dadurch mehr Aroma entwickelt. Beim Einkauf sollten die kleinen, festen Röschen zudem ohne gelbe Flecken sein und über fest geschlossene Blätter verfügen. Rosenkohl verträgt keine lange Lagerung und sollte ungewaschen, im Kühlschrank – getrennt von Obst – nicht länger als drei Tage aufbewahrt werden.

Seinen charakteristischen Geschmack entfaltet der kleine Kopfkohl erst gekocht oder gedünstet. Durch die Zugabe von etwas Milch ins Kochwasser lässt sich der Kohlgeschmack mildern. „Wenn man den Strunk vor dem Kochen einschneidet, mildert dies die Bitterstoffe ab und er wird schneller gar – aber der Rosenkohl wässert auch von innen aus", erklärt Jörg Sackmann.

Moorhuhn im Oliven-Gewürz-Sud mit Steinpilzmignons, Rosenkohlpraline und Moghrabieh-Couscous, Teil 1

GEMÜSEFOND Das ganze Gemüse in feine Würfel schneiden und bis auf die Tomaten in etwas Olivenöl anschwitzen. Mit Portwein ablöschen und einkochen lassen. Wenn es trocken reduziert ist, den Essig zugeben und wiederum trocken reduzieren. Die Tomaten zugeben und mit dem Fond auffüllen. Den Knoblauch und den Thymian zugeben und um die Hälfte einkochen lassen. Passieren und nochmals einkochen, bis ein kräftiges Aroma entsteht. Das restliche Olivenöl einrühren und mit etwas Xanthan binden.

MOORHUHN Moorhühner auslösen, die Brüste mit Olivenöl und dem Abrieb der Zitrusfrüchte marinieren. Die Keulen beiseite legen. Die Brüste vakuumieren und im Wasserbad bei 53 °C 30 Minuten garen. Vor dem Anrichten die Brüste in eine gebutterte Pfanne geben und im Ofen bei 160 °C etwa 2 Minuten glasieren. Mit Salz und Pfeffer würzen.

GRAPEFRUIT-GREMOLATA Schalotten, Orangensaft, Grapefruitsaft und Aprikosenkonfitüre in einem Topf erwärmen und reduzieren. Zerdrückte Knoblauchzehe zugeben. Aufkochen und mit Salz und Piment d'Espelette würzen, zum Schluss das Olivenöl unterrühren.

GEBACKENE MOORHUHNKEULEN Die Keulen auslösen und häuten. Jede Keule in 3 Stücke schneiden. Die Gremolata mit Feigensenf würzen. Die Keulenstücke salzen und pfeffern und erst durch das Eiweiß, dann durch die Grapefruit-Feigensenf-Mischung ziehen und mit Panko panieren. In heißem Fett bei 160 °C in etwa 2 bis 3 Minuten goldbraun ausbacken.

GEMÜSEFOND

500 g	*Tomaten*
350 g	*Fenchel*
200 g	*Zwiebel*
40 g	*Lauch*
100 g	*Möhren*
150 g	*Kohl*
100 ml	*Olivenöl (Jordan)*
400 ml	*Portwein*
40 ml	*weißer Balsamessig (Prelibato)*
1,5 l	*kräftiger Gemüsefond*
3	*Knoblauchzehen*
4	*Zweige Thymian*
	Xanthan

MOORHUHN

2	*Moorhühner*
	Olivenöl
1 Msp.	*Abrieb von 1 Orange*
1 Msp.	*Abrieb von 1 Limone*

GRAPEFRUIT-GREMOLATA

80 g	*Schalotten*
10 ml	*Orangensaft*
2	*rosa Grapefruit (500 g Filets, daraus ergeben sich 250 ml Grapefruitsaft)*
20 g	*Aprikosenkonfitüre*
1/4	*Knoblauchzehe*
1 Msp.	*Piment d'Espelette*
10 ml	*Olivenöl (Jordan)*

GEBACKENE MOORHUHNKEULEN

4	*Moorhuhnkeulen*
2 EL	*Grapefruitgremolata*
1 EL	*Feigensenf*
1	*Eiweiß*
150 g	*Panko (Panierbrösel)*

Moorhuhn im Oliven-Gewürz-Sud mit Steinpilzmignons, Rosenkohlpraline und Moghrabieh-Couscous, Teil 2

Rosenkohlpraline

50 ml	*Milch*
50 ml	*Sahne*
10 g	*Butter*
20 g	*Polenta*
	Muskatnuss
60 g	*Gänseleber*
	roter Portwein
500 g	*Rosenkohl*

Couscous

80 g	*Moghrabieh-Couscous*
300 ml	*Gemüsefond*

Steinpilzmignons

250 g	*mehlige Kartoffeln*
20 g	*Kartoffelmehl*
50 g	*Weizenmehl*
2	*Eigelb*
	Muskatnuss
30 g	*Schalotten, fein geschnitten*
	Olivenöl
30 g	*Lauch, fein geschnitten*
100 g	*Steinpilze, fein geschnitten*
	Pfeffermischung „Melange blanc"
	gemahlener Thymian
	Steinpilzpulver
	Blattpetersilie, gehackt

Rosenkohlpraline Die Milch, Sahne und Butter aufkochen und die Polenta einrühren. 2 Minuten köcheln lassen und mit Salz, Pfeffer und Muskat abschmecken. Die fertige Masse auf ein gefettetes Backpapier geben und auf eine Stärke von 5 Millimeter ausstreichen. 4 Kreise mit etwa 3 Zentimeter Durchmesser ausstechen. Die Gänseleber mit Salz, Pfeffer und rotem Portwein marinieren. Auf die 4 Polentakreise verteilen und 4 Kugeln von 1,5 Zentimeter Durchmesser rollen. Beim Rosenkohl vorsichtig die äußeren hellgrünen Blätter abnehmen und in Salzwasser blanchieren, abschrecken und abtropfen lassen. Anschließend 4 Eierbecher mit Klarsichtfolie auslegen und die Rosenkohlblätter blättrig darin auslegen. Die Gänseleber-Polenta-Kugeln hineinsetzen, die Rosenkohlblätter darüber zusammenschlagen und die Folie fest zusammendrehen, sodass eine kompakte Praline entsteht.

Couscous Den Couscous in dem Gemüsefond etwa 10 Minuten bissfest garen, auskühlen lassen. Dann den Couscous nochmal bis zum Anrichten mit dem Gemüsefond marinieren, damit die Körner feucht bleiben.

Steinpilzmignons Für den Kartoffelteig die ungeschälten Kartoffeln in Salzwasser kochen, pellen und ausdampfen lassen. Die Kartoffeln durch eine Presse drücken und mit Kartoffelmehl und Weizenmehl vermischen. Zum Schluss 1 Eigelb unterrühren und die Masse mit Salz, Pfeffer und Muskatnuss abschmecken. Die Schalotten in Olivenöl anschwitzen, Lauch und Steinpilze hinzufügen und mit Melange blanc, Thymian, Steinpilzpulver, Salz und Pfeffer abschmecken. Den Kartoffelteig etwa 1 Millimeter dick ausrollen, mit einem Ausstecher (Ø 5 mm) 4 Scheiben ausstechen, mit einem zweiten Ausstecher (Ø 6 mm) weitere 4 Scheiben ausstechen. Auf die kleineren Scheiben nun etwa 1 Teelöffel von der Steinpilzmischung geben. Die größeren Scheiben mit etwas Eigelb bepinseln, auf die Füllung legen, die Ränder verschließen und andrücken. Die Mignons in kochendes Salzwasser geben und etwa 1 Minute leicht köcheln lassen. Herausnehmen und in Butter und Blattpetersilie glasieren.

Lauchstroh Den hellgrünen Mittelteil des Lauchs herausschneiden, halbieren und in etwa 4 bis 5 Zentimeter lange, sehr feine Julienne schneiden. 2 Minuten in Salzwasser blanchieren, abschütten und trocken tupfen. In dem 160 °C heißen Rapsöl farblos kross ausfrittieren. Anschließend auf ein Tuch geben und mit Salz würzen.

Artischocken Die Poweraden einschließlich Stiel putzen und sofort in Zitronenwasser legen. Anschließend die Poweraden in 6 Spalten schneiden, in heißem Olivenöl anbraten, mit Salz und Zucker würzen. Dann die zerdrückte Knoblauchzehe und den Thymianzweig hinzufügen und bei 160 °C etwa 5 Minuten im Ofen garen.

Anrichten Die Moorhuhnbrüste in 2 lange, dicke Streifen schneiden und mit je 1 Steinpilzmignon in der Mitte auf den Tellern anrichten. Je 3 Stücke Moorhuhnkeule, 2 Esslöffel Couscous, 6 Artischockenstücke und etwas Gemüsefond dekorativ dazulegen. Zum Schluss je 1 Rosenkohlpraline dazusetzen und das Lauchstroh auf den Steinpilzmignon geben.

Lauchstroh

4	*Stangen Lauch*
500 ml	*Rapsöl*

Artischocken

4	*Poweraden*
	Zitrone
	Olivenöl
1	*Knoblauchzehe, zerdrückt*
1	*Zweig Thymian*

Peter Maria Schnurr

Um Peter Maria Schnurr zu porträtieren, sollte man gänzlich auf Satzzeichen verzichten. Vielleicht, weil der grammatikalische Regelverstoß dem gebürtigen Badener gut gefallen würde – mehr wegen der Konsequenz, als wegen der Provokation. Aber vor allem, weil der Mann redet wie ein Wasserfall! Er sprudelt. Redet ohne Punkt und Komma, kommt vom Hundertsten ins Tausendste, spricht mit Händen und Füßen. Da kommt es durchaus vor, dass der Sternekoch während des Interviews aufspringt und demonstriert, wie seine Köche in der Küche nicht zu stehen haben: wie Zinnsoldaten!

Es ist nicht so, dass im Restaurant *Falco* im 27ten Stockwerk des Westin Leipzig keine Disziplin herrschen würde – ganz im Gegenteil: Peter Maria Schnurrs Mitarbeitermotivation gründet auf seinem unerbittlichen Ehrgeiz, der Leidenschaft für seinen Beruf, seinem Temperament, eine Spitzenleistung durchzusetzen – und er würde keine Leistung von seinen Mitarbeitern einfordern, die er nicht auch von sich selbst verlangen würde. Während des Vormittags wirbelt der Koch durch die Küche. Er steht in dem einen Moment am Roner und im nächsten Augenblick an der Sauteuse. Mis en place. „Es gibt keine 150 Prozent, die man geben kann. Mit 100 Prozent hat man das Maximum ausgeschöpft", sagt er. Klingt logisch – aber wir sind uns da jetzt nicht mehr so sicher …

Diese mathematische Gesetzmäßigkeit zaubert Schnurr übrigens nicht irgendwoher; er absolvierte die Wirtschaftsschule, die Vorstufe zu „so einem Bürolangweilerjob". Er hatte schon den Ausbildungsvertrag einer Bank in der Tasche, tritt allerdings kurz vorher zurück. „Ich habe Muffensausen bekommen und musste die Reißleine ziehen. Sonst wäre mein Leben in eine Richtung gegangen, die ich nicht wollte", erzählt der Koch. Er überlegte, Schreiner zu werden, Bildhauer oder Maler – etwas Handwerkliches und zugleich Künstlerisches. Bei diesem Thema ist Peter Maria Schnurr übrigens erfrischend unbescheiden: „Das ist wie bei einem Maler, wenn ich nicht weiß, wie ich die Farben zu mischen habe, dann kann ich auch kein großer Maler werden. Aber das Handwerk ist nur die Basis. Kochen ist Kunst."

Er beginnt eine Kochlehre, wechselt nach einem halben Jahr den Betrieb, weil er sich nicht ausgelastet fühlt, schon stagniert. Und er kocht. Kocht und kocht. Gönnt sich keine Auszeit. Er entwickelt seinen eigenen Küchenstil, ein komplexes Komponentenduell mit konträrem Schlagabtausch: süß, sauer, kross, weich, warm, kalt. Kalbshirn, Steinpilztatar, Kakaokrokant und Birnengranité – auf einem Teller. Man muss als Gast ja auch nicht verstehen, warum es schmeckt. Natürlich kreiert er auch kulinarische Tiefschläge: gehacktes Hühnerei, Passionsfrucht und Kakao. Aber das Gericht landet glücklicherweise nicht auf der Menükarte, denn jede Kreation unterliegt zunächst „märtyrerhaften" Selbstversuchen.

Und bei allem fehlt Peter Maria Schnurr niemals die Konsequenz. – Beispiel 1: Er hasst Brokkoli. Und nicht einmal für 1.000 Euro Honorar würde er das Gemüse verarbeiten! – Beispiel 2: Er kocht nicht außer Haus. – „Natürlich kann ich in einer Sporthalle 4.000-mal die Langustine „Annika Maria" anrichten. Aber das bin dann nicht ich! Ich bin das *Falco* – dieses Ambiente, diese Aussicht, dieses Team, diese Küche! Aufwand, Präzision, Qualität – dafür zahlen meine Gäste", sagt der Patron und Küchenchef. Dabei bleibt er übrigens sitzen.

Zur Person

Peter Maria Schnurr wurde 1969 in Forbach im Murgtal geboren. In den Jahren 1989 bis 1992 absolvierte er seine Kochausbildung im Restaurant *Fallert* (Hotel *Talmühle*) in Sasbachwalden. Weitere Stationen und Lehrmeister folgen: Hans-Paul Steiner (Restaurant *Hirschen*, Sulzburg), Torsten Ambrosius (*Andresen's Gasthof*, West-Bargum), Helmut Thieltges (*Waldhotel Sonnora*, Dreis), Johann Lafer (*Johann Lafers Stromburg*, Stromburg), Siegfried Rockendorf (*Rockendorfs Restaurant*, Berlin) und Jean-Claude Bourgueil (*Im Schiffchen*, Düsseldorf). Von 2000 bis 2004 zeichnet Schnurr als Küchenchef des *Berliner Capital Clubs* verantwortlich, bevor er im Jahr 2005 die Leitung des Restaurants *Falco* im *The Westin Hotel Leipzig* übernimmt. Er lässt seinen besonderen Küchenstil – die „cuisine passion légère©" – patentrechtlich schützen. Das *Falco* hält zwei Michelin-Sterne, 4 Feinschmecker-Punkte und ist mit 17 Punkten im Gault Millau ausgezeichnet.

Birnen

8 *Birnen (Williams Christ)*
Birnenessig
Vanillemark

Birnenragout

1 *Birne (Williams Christ)*
Zucker
Birnenessig
Mark von 1/2 Vanilleschote
1/2 l *frisch gepresster Birnensaft*
3 g *Xanthan*

Birnenravioli

150 ml *frisch gepresster Birnensaft*
1,5 g *Agar-Agar*
4 *Gillardeau Austern, Größe M4*

Austernschaum

200 ml *eiskalter Austernfond*
2 1/2 *Blatt Gelatine*

Birne

„Die Williamsbirne ist für mich der Inbegriff dieser Fruchtsorte. Sie sieht toll aus und schmeckt einmalig. Zudem ist sie den Gästen ein Begriff", sagt Peter Maria Schnurr. Das zur Familie der Rosengewächse gehörende Kernobst kommt ursprünglich aus Asien und wird heute hauptsächlich in Deutschland (Bodensee, Rheinland), China, Südafrika, in den USA und am Mittelmeer angebaut. Je nach Sorte schmecken Birnen süß, mild oder säuerlich und ihr Fruchtfleisch ist stark bis fein gekörnt. Milde Birnen besitzen wenig Fruchtsäure, weisen einen hohen Fruchtzuckergehalt auf und sind daher ausgesprochen bekömmlich.
Die fein duftende Frucht unterscheidet sich durch ihre vielfältigen Formen von rund bis länglich und durch ihre grünliche, gelbliche oder rötliche Färbung. Wie bei vielen Obst- und Gemüsesorten befinden sich auch bei der Birne die meisten der wertvollen Inhaltsstoffe direkt unter der Schale. Unreife Birnen sollten bei Zimmertemperatur gelagert werden, damit sie noch nachreifen können. Reife Birnen bleiben im Kühlschrank einige Tage haltbar.

Gillardeau-Austern, Birne & Quinoa

Birnen Schälen, Kernhaus entfernen und entsaften. Den Saft mit Birnenessig und Vanille abschmecken.

Birnenragout Die Birne schälen, Kernhaus entfernen und in kleine Würfel schneiden. Aus dem Zucker einen hellen Karamell herstellen, mit Birnenessig ablöschen. Vanillemark und Birnensaft dazugeben. Mit Xanthan binden und die Birnenwürfel unterrühren.

Birnenravioli Birnensaft mit dem Agar-Agar aufkochen, passieren und auf ein flaches Blech gießen. Mit einem Förmchen 8 Raviolischeiben ausstechen. 4 Ravioli herstellen: Etwas Birnenragout auf 1 Scheibe Gelee geben, 1 Auster daraufsetzen, mit einer weiteren Scheibe Gelee abdecken.

Austernschaum Die Gelatine in 50 Millilitern Austernfond erwärmen und auflösen. Den restlichen, eiskalten Fond im Mixer auf höchster Stufe mixen und die Gelatine langsam einlaufen lassen, bis eine schaumige Masse entsteht. Sofort in ein hohes mit Folie ausgelegtes Blech gießen und kalt stellen! Vor dem Zusammensetzen des Quinoabiskuits Kreise mit 4 Zentimetern Durchmesser ausstechen.

Quinoabiskuits Quinoa sieben, Backpulver zugeben. Sauerrahm, Nussbutter und Ei vermischen. Nach und nach die Quinoamischung unterrühren. Salz, Zucker und Zitronenabrieb hinzufügen. Mit der Masse 4 gebutterte Galetteringe (Ø 4 cm) zu zwei Dritteln füllen. Bei 200 °C für 7 Minuten im vorgeheizten Ofen backen. Herausnehmen, auskühlen lassen. Die Biskuits aus den Ringen nehmen. Die Austernschaumkreise auf die 4 Quinoabiskuits setzen. Mit je 1 Auster krönen und etwas kandierte Birnenschale obenaufgeben.

Birnensorbet Alle Zutaten aufmixen, in den Pacojet geben und einfrieren.

Birnenaufguss Die Zutaten vermischen und die Flüssigkeit auf 4 niedrige, breite Gläser verteilen.

Austern in Tempurateig Den Tempurateig in eiskaltem Wasser zu leicht dickflüssiger Konsistenz rühren, mit Salz, Cayennepfeffer, etwas Lavendelhonig und Limonenabrieb abschmecken. Die Austern leicht mehlieren und durch den Teig ziehen. In 180 °C heißem Traubenkernöl schnell knusprig ausbacken. Die gebackenen Austern auf 4 Bambusspieße stecken und über die Gläser mit dem Birnenaufguss legen.

Anrichten Auf jedem Teller je 1 Birnenravioli, 1 Quinoabiskuit, 1 Nocke Birnensorbet und die Austern im Tempurateig über dem Glas dekorativ anrichten.

Quinoabiskuits

125 g	*Quinoa, gemahlen*
1 TL	*Backpulver*
75 g	*Sauerrahm*
40 g	*Nussbutter*
1	*Ei*
1	*Prise Himalaja-Salz*
1	*Prise Zucker*
	Abrieb von 1/2 Zitrone
	Austernschaum
4	*Gillardeau Austern, Größe M4*
	kandierte Birnenschale

Birnensorbet

350 g	*Birnen (Williams Christ), geschält und ohne Kernhaus*
100 g	*Puderzucker*
50 ml	*Zitronensaft*
25 ml	*Birnenbrand*

Birnenaufguss

100 ml	*Birnensaft, frisch gepresst*
10 ml	*Wodka*
1	*Spritzer Limonensaft*
1 EL	*Austernwasser*

Austern in Tempurateig

100 g	*Tempurateig*
	Cayennepfeffer
	Lavendelhonig
	Limonenabrieb
4	*Gillardeau Austern, Größe M4*
	Mehl
	Traubenkernöl

Bastardmakrele, Brennnesseltatar, Speckgel „transparent“

Brennnessel

Im Frühjahr besitzen die jungen Brennnesseltriebe einen frischen und fein säuerlichen Geschmack. Um den unangenehmen Reizeffekt der Nesselhaare zu umgehen, gibt es einige Möglichkeiten: Junge Brennnesselblätter und Triebe haben noch keine Brennhaare, und bei der getrockneten Variante sind die Brennhaare wirkungslos. Blanchieren oder kurz abduschen beseitigt bei frischgepflückten Brennnesseln ebenfalls die unangenehme Wirkung. Eine weitere Option ist, die Brennnesseln in ein Tuch zu wickeln und es stark auszuwringen. „Wir verwenden Taubnesseln, die brennen nicht“, erläutert Peter Maria Schnurr, „aber ich würde Brennnesseln trotzdem blanchieren, dann sind sie einfach angenehmer zu essen.“

Früher wurden Butter, Fisch oder Fleisch wegen ihrer konservierenden Wirkung in Brennnesselblätter gewickelt und in „schlechten Zeiten“ galt die Heil- und Nutzpflanze als Ersatz für Spinat oder Salat. Heute werden die jungen Schösslinge und Blätter der Brennnessel roh, blanchiert oder getrocknet, als Salat, Gemüse, Gewürz oder Tee verwendet. Brennnesselwurzeln werden auch als Arzneimittel eingesetzt. Das weltweit vorkommende Wildkraut besitzt einen hohen Vitamin-C- und Eisen-Gehalt.

Bastardmakrele Die Fischfilets würzen, mit etwas Butter und Olivenöl in Vakuumbeutel geben, vakuumieren. Bei 49 °C 13 Minuten im Wasserbad garen.

Brennnesseltatar Brennnesseln und Spinatblätter blanchieren und gut ausdrücken. Den Spinat grob durchhacken. Das Gemüse kurz in Nussbutter anschwenken, mit Salz und Muskatnuss abschmecken und mit etwas Noilly Prat ablöschen. In 4 flache, rechteckige Formen verteilen und leicht andrücken.

Wildkräuterinfusion Brennnessel und Wildkräuter zusammen entsaften. Mit Salz, Zucker und Cayennepfeffer abschmecken. Aufmixen und fein passieren.

Kartoffel-Speck-Schaum Alle Zutaten mixen, mit Salz und Muskatnuss abschmecken und passieren. In einen kleinen iSi-Whip füllen, nach und nach 3 Patronen eindrehen.

Speckgel Schalotte, Knoblauch und Speck in kleine Würfel schneiden. Schalotten- und Knoblauchwürfel mit etwas Olivenöl anschwitzen, dann die Speckwürfel zugeben und alles goldgelb anrösten. Mit dem Geflügelfond ablöschen. Eiweiß mit Champagneressig kurz anmixen und zum Fond geben. Fond klären und passieren. 270 Milliliter Speckfond abmessen, das Agar-Agar dazugeben und die Mischung auf ein Blech gießen. Anziehen lassen und in Vierecke von der Größe der Fischfilets schneiden.

Anrichten Das Speck-Gel mittig auf die Teller legen. Brennesseltatar und die Makrelenfilets darauf anrichten. Um das Speckgel die Wildkräuterinfusion angießen und außen die Speckwürfelchen arrangieren. Kartoffel-Speck-Schaum und Wildkräutersalat getrennt dazu reichen.

Bastardmakrele

- 4 *Mittelstücke (Darne) von der Bastardmakrele (á 110 g), ohne Gräten und Haut*
- *Himalaja-Salz*
- *Zucker*
- *weißer Pfeffer*
- *Butter*
- *Olivenöl*

Brennnesseltatar

- 100 g *Brennnesseln*
- 50 g *Spinatblätter*
- 50 g *Nussbutter*
- *Muskatnuss*
- *Noilly Prat*

Wildkräuterinfusion

- 50 g *geputzte Brennnessel*
- 100 g *gemischte Wildkräuter (Scharfgarbe, Gänsefingerkraut, Frauenmantel, Lindenblätter, Giersch, Hirtentäschel, grüne Melde, Vogelmiere, Sauerampfer, Rotklee)*

Kartoffel-Speck-Schaum

- 100 g *frisches Kartoffelpüree*
- 150 ml *Kartoffelkochwasser*
- 150 g *Vollmilch*
- 100 g *Tiroler Speck, gewürfelt und ausgelassen*
- *Muskatnuss*

Speckgel

- 1 *Schalotte*
- 1/2 *Knoblauchknolle*
- 300 g *Frühstücksspeck*
- 1 l *Geflügelfond*
- 3 *Eiweiß*
- 1 *Spritzer Champagneressig*
- 2,5 g *Agar-Agar*

Anrichten

- *krosse Speckwürfelchen*
- 4 *Schälchen Wildkräutersalat*

Achim Schwekendiek

In den Gemächern des *Schlosshotels Münchhausen* bei Hameln bewegt man sich, ja, gemächlicher: knarzende Dielen, knisternde Holzscheite, hohe Decken. Klassische Musik, Gemälde mit Jagdszenen, ehrfurchterregende Büsten. Kopfsteinpflaster, Türmchen, Erker, Ornamente, Stuckarbeiten. Zugegeben, die klassisch französische Küche von Achim Schwekendiek fühlt sich hier ausgesprochen heimisch. Selbst die andächtige Ruhe, mit der die Teller in der Küche angerichtet werden, fügt sich in dieses Gesamtbild. Es ist beinahe so, als fürchte die Küchenbrigade, mit unnötigem Geklapper die Nostalgie aus dem Gemäuer zu verscheuchen.

Was fehlt, ist bislang natürlich die Aristokratie – denn was wäre ein Schloss ohne Adel! Und weil es so schön naheliegt, nehmen wir doch einfach den Gast, der bekanntlich König ist, sich allerdings mittlerweile damit begnügen muss, erst ab 18 Uhr auf Gourmetebene schlemmen zu dürfen. Was nichts daran ändert, dass für Achim Schwekendiek der Gast das höchste Gut ist. Da macht er in seiner Küche keine Abstriche, ist rigoros, insbesondere bei den Produkten. „Ich will das beste Produkt, das auf dem Markt ist. Wie ich da drankomme, ist mir egal. Wenn das bessere Produkt mit dem Handkarren hergebracht wird, anstatt mit dem Flugzeug eingeflogen zu werden, dann ist das auch in Ordnung. Ich habe Verantwortung für den Gast. Der Rest ist erst einmal nebensächlich", sagt der Sternekoch.

In seiner Jugend verbringt Achim Schwekendiek viel Zeit am Herd seiner Großmutter, obwohl sein wahres Faible der Fotografie gilt, er entwickelt sogar seine Bilder selbst. Trotzdem: es sollte die Gastronomie sein! In seiner Schulzeit macht er ein Praktikum im Restaurant *Bergkurpark* in Bad Pyrmont, wo er auch seine Kochausbildung anschließt. Eine harte Zeit für den gebürtigen Hamelner. „Damals flogen dort noch Pfannen und Kasserollen. Der Küchenchef hat geschrien und uns Suppen über die Aufschnittmaschine gekippt, wenn die nicht richtig sauber waren. Ich habe dort gelernt, wie ich es nicht haben möchte", zieht er sein Resümee.

Es folgen weitere Stationen, unter anderem am Herd von Alfred Friedrich in *Averbeck's Giebelhof* oder bei Heinz Winkler im Münchner *Tantris*. Danach entflieht Schwekendiek der Einberufung durch die Bundeswehr und „desertiert" ins französische Exil: ins *Hôtel de Crillon* in Paris. Aufgrund seiner Fähigkeiten wird er nach nur einer Woche in die Küche des Gourmetrestaurants versetzt. Ein knappes Jahr verbringt er dort, doch die Zeit prägt ihn maßgeblich, lässt ihn nicht mehr los: die Vielfalt der Produkte, der Respekt, mit dem dieser Vielfalt begegnet wird. Wieder nach Frankreich? Nicht nur in den jährlichen Urlaub? „Ich könnte mir schon vorstellen nochmals die Zelte abzureißen, aber in meinem letzten Betrieb blieb ich zwölf Jahre. Hier will ich länger bleiben, aber dann bin ich ja schon fast im Rentenalter", sagt der Koch. – Pensionär in der französischen Hauptstadt? – „Klingt verführerisch."

Zur Person

Achim Schwekendiek wurde 1965 in Hameln geboren. Seine Kochausbildung absolvierte er in den Jahren 1983 bis 1985 im Hotel *Bergkurpark* in Bad Pyrmont. Als weitere Stationen folgten: das *Landhaus Ammann* in Hannover, das *Hilton International* in Mainz, *Averbeck's Giebelhof* in Senden und das Restaurant *Tantris* in München. Im Jahr 1990 kochte Achim Schwekendiek im *Hôtel de Crillon* in Paris, bevor er als Küchenchef in der *Alten Stadtmühle* in Schopfheim antritt. Danach arbeitet er zwölf Jahre lang als verantwortlicher Küchenchef im Hotel *Hohenhaus* in Herleshausen. Seit 2004 ist Achim Schwekendiek Küchendirektor im *Schlosshotel Münchhausen* in Aerzen bei Hameln. Das dortige Gourmetrestaurant ist mit einem Stern im Guide Michelin, 3,5 Feinschmecker-Punkten und mit 17 Punkten im Gault Millau ausgezeichnet.

Heidschnuckenrücken mit weißem Bohnenragout und Artischockenjus

Bohnenragout Die Coco-Bohnen über Nacht einweichen. In Brühe 30 Minuten köcheln lassen. Die Möhre schälen und längs aus der Mitte breite Streifen schneiden. Die Streifen in Salzwasser blanchieren. Beiseite legen. Den Rest der Möhre in feine Würfel schneiden und die letzten 5 Minuten mit den Bohnen kochen. Die Schalotte und den Speck in feine Würfel schneiden und kurz in Öl anbraten. Zu den Bohnen geben. Die Brühe abgießen und die Bohnen mit dem Tomatencoulis leicht binden. Eine kleine rechteckige Form pro Person mit den blanchierten Möhrenscheiben auslegen und mit den gegarten Bohnen füllen. Aus Mie de pain, Butter, gemischten Kräutern und Knoblauch eine Masse herstellen. Mit etwas Salz und Pfeffer würzen. Zwischen zwei Blättern Folie ausrollen, kalt stellen und dann eine Platte in der gleichen Größe wie die rechteckige Form mit den Bohnen zuschneiden. Die Platte auf die Bohnen legen. Bei 150 °C im Ofen 4 Minuten erwärmen und dann gratinieren, bis die Kruste braun wird.

Bohnen

Gartenbohnen, Dicke Bohnen, Weiße Bohnen, Schwarze Bohnen, Kidney-Bohnen, Mungobohnen oder Azukibohnen. Busch-, Stangen-, Kletter- oder Strauchbohnen – der Schmetterlingsblüter existiert in unzähligen Sorten, die in Farbe, Form und Geschmack variieren und teils mit den Hülsen, teils nur als Samenkern, verzehrt werden. In Mittel- und Südamerika zählen die Hülsenfrüchte zu den wichtigsten Grundnahrungsmitteln, da sie sehr nährstoffreich sind und viel pflanzliches Eiweiß, Kohlenhydrate, Ballaststoffe, Vitamine und Mineralstoffe enthalten.

Die am weitesten verbreitete Bohnenart ist die Gartenbohne, die in Deutschland in der Zeit von Mai bis Oktober erhältlich ist. Die Hülsen sollten keine Flecken aufweisen, beim Biegen leicht brechen und die Bruchstellen müssen grün sein. Frische Bohnen welken rasch, sollten deswegen kühl aufbewahrt und möglichst innerhalb von zwei Tagen nach der Ernte verzehrt werden. Überlagerte Bohnen verlieren schnell an Farbe, zudem verlängert sich die Garzeit. Getrocknete Bohnen können – trocken und dunkel gelagert – bis zu zwei Jahre lang aufbewahrt werden. Vor der Verarbeitung sollten sie gewaschen und sechs bis zwölf Stunden in Wasser eingeweicht werden.

Hinweis Ein Großteil aller Bohnensorten ist roh ungenießbar, da sie das Glykosid Phasin enthalten, das zu Erbrechen, Magen- und Darmbeschwerden führt. Der giftige Inhaltsstoff wird durch 15-minütiges Garen zerstört.

Tipp „Ich verarbeite gerne weiße Coco-Bohnen und koche sie immer in Fleischbrühe mit Wurzelgemüse. Das gibt zusätzlich Geschmack", sagt Achim Schwekendiek.

ARTISCHOCKEN Die Artischockenböden ausbrechen. Für die Artischockenchips 4 gleich große Scheiben davon abschneiden, kurz frittieren und dann bei 100 °C trocknen. ½ Artischockenböden in kleine Würfel schneiden. Den Rest der Artischocken dünsten, mit der Crème fraîche einkochen und pürieren. Mit Salz abschmecken. Die Artischockenwürfel anbraten, mit Madeira ablöschen, Jus zugeben und mit etwas Artischockenpüree abschmecken. Gehackte Kräuter zugeben. Mit Salz abschmecken.

LAMMRÜCKEN Die Bohnen in Salzwasser weich kochen, aber nicht verkochen. Den Brickteig dünn mit Geflügelfarce bestreichen und eng mit den gekochten Bohnen belegen. Den Lammrücken mit Salz und Pfeffer würzen, auf die Bohnen legen und in den Brickteig einwickeln. Die Brickteigrolle von allen Seiten anbraten und 4 bis 5 Minuten ruhen lassen. In 8 Scheiben schneiden.

ANRICHTEN Den Kräutersalat mit der Rotweinvinaigrette anmachen. Auf jeden Teller je 1 Rechteck mit dem Bohnenragout setzen, etwas Kräutersalat obenauf geben. Nach Belieben mit knusprigen Brickteigstreifen garnieren. Eine Linie aus Artischockenwürfeln ziehen. Je 2 Scheiben Heidschnuckenrücken dazulegen. Je 1 Nocke Artischockenpüree dazwischen anrichten und mit 1 Artischockenchip garnieren.

BOHNENRAGOUT

4 EL	*getrocknete Coco-Bohnen*
½ l	*Fleischbrühe*
1	*Möhre*
1	*Schalotte*
20 g	*geräucherter Speck*
1 EL	*Öl*
3 EL	*Tomatencoulis*
50 g	*Mie de pain*
50 g	*Butter*
1 EL	*Kräuter, gehackt*
1 Msp.	*Knoblauch*

ARTISCHOCKEN

2	*Artischocken*
1 EL	*Crème fraîche*
1	*Spritzer Madeira*
4 EL	*Jus*
1 EL	*Kräuter, gehackt*

LAMMRÜCKEN

80	*Bohnen*
2	*Blatt Brickteig*
2 EL	*Geflügelfarce*
480 g	*parierter Lammrücken von der Heidschnucke*

ANRICHTEN

40 g	*Kräutersalat*
2 EL	*Rotweinvinaigrette*

Ananas

Weltweit existieren über 100 verschiedene Sorten dieses Bromeliengewächses, die im Handel in fünf Gruppen unterteilt werden: Cayenne, Spanish, Abacaxi, Perolera und Queen oder die sogenannte Baby-Ananas, wobei die Sorte weniger entscheidend für die Qualität ist als Frische und Reifegrad. „Wir kaufen keine bestimmte Sorte, aber immer Flug-Ananas, die vollreif geerntet wurde und eingeflogen wird", sagt Achim Schwekendiek über die Früchte, die zwar geschmacklich einwandfrei sind, aber wegen dem umweltbedenklichen Transport immer wieder in kontroverse Diskussion geraten.

Unreife Früchte sind extrem säurehaltig, was die Magenschleimhaut reizt, die Zähne schädigt und ein pelziges Gefühl am Gaumen hinterlässt. Zudem haben sich die Aroma- und Inhaltsstoffe noch nicht zur Gänze entwickelt. Da die Früchte nach der Ernte nicht nachreifen, sollten nur reife Ananas bezogen werden, welche sich beim Einkauf fest anfühlen und auf Druck leicht nachgeben. Der Strunkschnitt sollte ohne Faulstellen und Schimmel sein, die Schale eine gleichmäßige goldene Farbe aufweisen und die Blätter sollten sich leicht herausziehen lassen. Zudem sollten die Früchte intensiv duften.

Ananas sollten so frisch wie möglich verzehrt werden. Die ganze Frucht ist bei etwa 10 °C – je nach Reifegrad – bis zu einer Woche lang haltbar. Die angeschnittene Frucht bis zu zwei Tagen im Kühlschrank (die Schnittstellen sollten in Folie, aber niemals in Alufolie eingeschlagen werden, da das Fruchtfleisch dann einen „metallischen" Geschmack annimmt.)

Hinweis Bei Dosen-Ananas gehen in der Regel über die Hälfte der wertvollen Inhaltsstoffe wie Vitamine, Mineralien und Enzyme verloren.

Münchhausens „Piña Colada"

Ananaswürfel Von der Ananas 12 Würfel mit 2 Zentimeter Seitenlänge schneiden. Die Würfel mit etwas Zucker, Ananassaft, Safran und Vanillemark marinieren. Vor dem Anrichten je 3 Ananaswürfel auf einen Spieß stecken. Die Marinade aufmixen.

Ananassorbet Ananasfleisch, Läuterzucker, Glukose und weißen Rum fein mixen, passieren und in einer Sorbetiere frieren.

Kokos-Mandel-Boden Butter mit Puderzucker, Kristallzucker, Salz, Ei, Kokosraspeln, gehackten Mandeln, gehackter Kuvertüre, Mehl und Backpulver zu einem Teig verarbeiten. Mindestens 1 Stunde kühl stellen. Den Teig zwischen zwei Backmatten 2 Millimeter dick ausrollen und bei 175 °C im vorgeheizten Ofen 10 Minuten backen. Noch warm in kleine Quadrate (2,5 Zentimeter Seitenlänge) schneiden und dann auskühlen lassen.

Piña-Colada-Türmchen Mehl, Kakao, Salz, Zucker, Sekt, Ei und flüssige Butter verrühren. Piña Colada mit dem Agar-Agar aufkochen. Zwei Drittel davon 2,5 Zentimeter hoch in eine Form gießen. Nach dem Erkalten in 8 Würfel mit 2,5 Zentimeter Seitenlänge schneiden. Vor dem Anrichten die Piña-Colada-Würfel durch den Schokoladenbackteig ziehen und frittieren. Das restliche Ananasfleisch in feine Würfel schneiden und mit dem Rest der

Piña Colada vermischen und ½ Zentimeter dick auf ein Blech gießen. Nach dem Gelieren in 8 Quadrate von 2,5 Zentimeter Seitenlänge schneiden. Die Piña-Colada-Würfel im Schokoteig auf die Ananasfleischquadrate setzen.

KOKOSEIER Kokosmilch mit Algin, Citras und Zucker aufkochen. Auskühlen lassen. Dann das Calcic in dem Wasser auflösen. Mit einem Kugelaustecher kurz vor dem Servieren die gekochte Kokosmilch in die Calciclösung geben. Dadurch entstehen die Kokoseier. Nach etwa 1 Minute herausnehmen und in ein Gefäß mit klarem Wasser geben. Beim Anrichten obenauf etwas Ananaspüree geben.

SCHOKOLADEN-ZITRONEN-SAUCE Aus Zitronensaft, Kuvertüre, Butter und Ananaspüree eine Sauce kochen.

ANRICHTEN Je 2 Kokos-Mandel-Böden auf jeden Teller setzen, je 1 Kokosei darauf platzieren. Je 1 Ananaswürfel-Spieß dazwischenstellen und mit aufgeschäumter Marinade übergießen. In der Mitte der Teller eine gepunktete Linie aus Schokoladen-Zitronen-Sauce ziehen. Je 1 Nocke Ananassorbet auf die andere Seite der Linie setzen. Rechts und links je 1 Piña-Colada-Türmchen platzieren. Nach Belieben mit einer Hippe garnieren.

ANANASWÜRFEL

½	*Ananas*
40 g	*brauner Zucker*
200 ml	*Ananassaft*
0,1 g	*Safran*
	Mark von 1 Vanilleschote

ANANASSORBET

250 g	*Ananasfleisch*
115 ml	*Läuterzucker*
25 g	*Glukose*
10 ml	*weißer Rum (Bacardi)*

KOKOS-MANDEL-BODEN

70 g	*Butter*
65 g	*Puderzucker*
50 g	*Kristallzucker*
1	*Prise Salz*
1	*Ei*
40 g	*Kokosraspel*
15 g	*Mandeln, gehackt*
30 g	*dunkle Kuvertüre, 72 % Kakaogehalt, gehackt*
120 g	*Mehl*
2,5 g	*Backpulver*

PIÑA-COLADA-TÜRMCHEN

Ausbackteig:

50 g	*Mehl*
10 g	*Kakao*
1 g	*Salz*
10 g	*Zucker*
50 ml	*Sekt*
20 g	*Ei*
10 g	*flüssige Butter*

Piña-Colada-Gelee:

250 ml	*Piña Colada*
1 g	*Agar-Agar*
	Ananasreste

KOKOSEIER

125 ml	*Kokosmilch*
1 g	*Algin*
1 g	*Citras*
10 g	*Zucker*
2,5 g	*Calcic*
½ l	*Wasser*
	Ananaspüree

SCHOKOLADEN-ZITRONEN-SAUCE

100 ml	*Zitronensaft*
50 g	*dunkle Kuvertüre, 72 % Kakaoanteil*
30 g	*Butter*
100 g	*Ananaspüree*

Michael Sicher

Bespricht man mit Michael Sicher vier Produkte für ein Buchprojekt, ist es sinnvoll, ein Lebensmittellexikon neben das Telefon zu legen. Oder über einen Internetzugang zu verfügen, um heimlich zu googeln. Man möchte ja nicht als gastronomischer Laie wirken! Vor allem nicht in den Vorbesprechungen, bei denen wir den Kärntner davon überzeugen, dass wir die Titel seiner Gerichte zumindest fehlerfrei aussprechen möchten und ohne danach einen Knoten in der Zunge zu haben. Man kann also von Glück sagen, dass der Koch und Fischbauer auch handelsübliche Waren verarbeitet.

Was jetzt nicht heißt, dass Michael Sicher multikulturellen „Lebensmittel-Fanatismus" betreibt und ein grenzenloses Tohuwabohu zusammenköchelt. Vielmehr liegen seine Grenzen direkt um den Familienbetrieb herum: in den Teichen, im Garten und dem kleinen Stall rings um das *Fischhaus Sicher* in Österreich. – Regionaler kann kaum gekocht werden: Kaviar etwa wird in seiner Küche durch selbst produzierten Saiblingsrogen vertreten. Als Ersatz für Gänseleber lässt er lieber ein herzhaftes Bällchen aus Forellenleber servieren. Statt mit Hummer wird die Suppe eben mit Flusskrebsen angesetzt: „Ich könnte nie in einer Stadt kochen. Ich brauche den Bezug zur Natur."

Über 200 verschiedene Kräuter, exotische Gemüse und Früchte kultiviert der Koch im eigenen Küchengarten – viele davon hat er von seinen weltweiten Reisen mitgebracht. Da kann selbst ein gemischter Salat, zu einer sehr komplexen Angelegenheit werden: In dem fein marinierten Grün findet sich manch unbekannte Würzigkeit, die so manchen Kenner ins Schleudern bringt. Und eine botanische Führung endet durchaus mit einer leichten olfaktorischen Benommenheit. „Ich brauche die fremden Kräuter und Gemüse, um unseren Fisch so vielseitig wie möglich zu präsentieren", erzählt der Sternekoch.

Fleisch verarbeitet er verhältnismäßig wenig. Obwohl er schon darüber nachdachte, Hochlandrinder anzusiedeln. „Dort drüben, bei der Rehherde", sagt er und zeigt auf eine Wiese, die sie kürzlich vom Nachbarn gekauft haben. – Nein, nein! – Die Familie Sicher züchtet zwar Hennen, Perlhühner und Wachteln, aber Wild domestizieren sie nicht – die Rehe stehen einfach so in der Gegend rum, als ob sie schon mal probegrasen wollen! Doch Rindviecher werden wohl nicht Fuß fassen in dem österreichischen Kleinod, der Vater schlug nämlich bei jener Idee nur die Hände überm Kopf zusammen: „Du spinnst doch! – Nicht das auch noch!"

Wobei er von seinem Sohn mittlerweile schon einiges gewöhnt sein sollte: In Venezuela saß er zwei Tage im Knast, weil er kein Schmiergeld an die Polizei zahlen wollte. Prinzipien. In Kolumbien kam er an einer Ampel in eine Schießerei und im Amazonas-Regenwald nähte er eine Beinwunde selbst zusammen. Mit Nadel, Faden und Hochprozentigem – nicht nur für die Wunde, auch für den Rachen. „Tat saumäßig weh", sagt Michael Sicher und schmunzelt verlegen. Jugendsünden.

Heute ist er wesentlich ruhiger. Seine Freiheit sucht er auf dem Surfbrett oder sonntags am Steuer eines seiner drei Oldtimer-Fahrzeuge. Oder in der Kreativität. „Mit 14 Jahren wollte ich Koch werden", sagt der Sternekoch, „und nichts anderes." – Falsch! Geschummelt! – „Frisör, Möbeldesigner oder Fotograf wollte er werden", ruft Mutter Sicher, die nebenbei Zeitung liest und sich kurzerhand in die Unterhaltung einklinkt. – „Ich wollte nur nichts Alltägliches machen. Nicht jeden Tag das Gleiche tun. Es musste etwas Kreatives sein", erwidert Michael Sicher. Und einen kreativen Koch hat die Welt bestimmt nötiger als einen kreativen Haarfachmann!

Zur Person

Michael Sicher wurde 1968 in Klagenfurt geboren. Seine Kochlehre absolvierte er in den Jahren 1984 bis 1987 im *Bleibergerhof* in Villach. Weitere Erfahrungen sammelte er in Australien, in Italien, in der Schweiz bei Eduard Hitzberger im *Haus Paradies* in Ftan (Engadin) sowie in Österreich bei den Gebrüdern Obauer in Werfen im Salzburger Land. Seit 1989 ist Michael Sicher Küchenchef im elterlichen Betrieb, dem *Fischhaus Sicher* in Tainach, das mit einem Stern im Guide Michelin und mit 17 Punkten im Gault Millau ausgezeichnet ist. Zusammen mit seiner Familie betreibt der Sternekoch auch eine erfolgreiche eigene Teichwirtschaft: Besonders der selbst produzierte „Kaernten Kaviar" ist hier hervorzuheben, welcher bei internationalen Verkostungen bereits zahlreiche Preise gewonnen hat.

„Ich brauche keinen Hummer, Gänsestopfleber oder Jakobsmuscheln. Ich versuche das Heimische so in den Vordergrund zu bringen, dass es irgendwann einen ähnlichen Stellenwert bekommt."

Michael Sicher

Saiblingskaviar auf gepressten Kartoffeln und Wachtelei

Kaviarröllchen Kartoffeln mit der Schale kochen, schälen, durchpressen. Kartoffelmasse in 4 Metallringe füllen, festdrücken. Metallringe abnehmen und die Kartoffelkreise mit den Zucchinischeiben umwickeln. In der Mitte eine löffelgroße Mulde herausstechen und mit einem pochierten Wachtelei füllen. Mit zerlassener brauner Butter beträufeln.

Anrichten Je 1 Esslöffel Sauerrahm auf die Röllchen setzen und je 10 Gramm Kaviar darauf anrichten. Mit den Kartoffelchips garnieren.

Kaviarröllchen

320 g	*speckige Kartoffeln*
4	*dünne Zucchinischeiben*
4	*pochierte Wachteleier*
50 g	*braune Butter*

Anrichten

4 EL	*Sauerrahm*
40 g	*Saiblingskaviar*
4	*Kartoffelchips*

Baumtomate

Zwar ist die Tamarillo oder Baumtomate ein Nachtschattengewächs wie die Tomate, hat aber mit dem Gemüse ansonsten keine Gemeinsamkeiten. „Das merkt man nicht nur geschmacklich. Die Pflanze hat einen ganz anderen Wuchs und die Blätter erinnern eher an Tabak als an Tomatenblätter", sagt Michael Sicher. Das Fruchtfleisch schmeckt süßlich-säuerlich bis süßlich-herb. Unreife Früchte können gekocht werden. Die vollreifen Früchte sind auch im Rohzustand genießbar und halten sich im Kühlschrank bis zu zwei Wochen.
Tamarillos wachsen an baumartigen Sträuchern und stammen ursprünglich aus Südamerika, werden aber heute vorwiegend in Neuseeland und weltweit in tropischen Gebieten angebaut. Je nach Sorte unterscheiden sie sich in Form, Größe oder Farbe (von Gelb bis Dunkelpurpur und Bräunlich-Rot). Die harte, ledrige oder glatte Schale ist verzehrfähig, wird aber wegen ihres hohen Bitterstoffgehalts und der herben Note meist entfernt.

Hinweis Baumtomaten sind auch im reifen Zustand relativ hart und dürfen auf Fingerdruck nur wenig nachgeben.

Zucchiniblüten mit Ziegenfrischkäse und Baumtomate

Gefüllte Zucchiniblüten

200 g	*Ziegenfrischkäse*
2 EL	*Semmelbrösel*
8	*Zucchiniblüten*

Apfelessigglace

1/4 l	*alter Apfelessig*
125 g	*Demarazucker*

Pfifferlinge, Zucchini und Baumtomate

1	*kleine Zucchini*
	Olivenöl
40 g	*kleine Pfifferlinge*
1	*Baumtomate*

Anrichten

Lavendelblüten

Ananassalbeiblüten

Gefüllte Zucchiniblüten Den Ziegenfrischkäse samt Brösel mit einem Schneebesen verrühren. In einen Spritzbeutel geben und die Zucchiniblüten damit füllen. Die gefüllten Blüten in einen Bambuskorb legen und etwa 3 Minuten über Dampf garen.

Apfelessigglace Apfelessig, Demarazucker und 60 Milliliter Wasser aufkochen und reduzieren lassen, bis die Masse eine honigähnliche Konsistenz aufweist.

Pfifferlinge, Zucchini und Baumtomate Die Zucchini in dünne Scheiben schneiden und in Olivenöl mit den Pfifferlingen kurz ansautieren, salzen und pfeffern. Die Baumtomate schälen und in dünne Scheiben schneiden.

Anrichten Die Baumtomatenscheiben, die Zucchinischeiben und die Pfifferlinge kreisförmig auf 4 Teller legen. Die Zucchiniblüten daraufsetzen. Alles mit Apfelessigglace beträufeln. Mit den Lavendelblüten und Ananassalbeiblüten garnieren.

Rucola (Rauke)

In den letzten Jahren hat sich der Rucola als Salat-, Gewürz- und Gemüsepflanze bei uns fest etabliert. Der charakteristische Geschmack des Kreuzblütlers ist nussig, würzig-bitter, mit einer pfeffrig-scharfen Note, die umso stärker wird, je später die Blätter geerntet werden. Auf dem Markt unterscheidet man zwei Sorten: die wilde Rauke, die über schmale, lanzettförmige, dunkelgrüne Blätter verfügt, und die gezüchtete Gartenrauke, die etwas heller aussieht, milder schmeckt und eher rund geformte Blätter aufweist. „Der Japanische Rucola heißt ‚Mizuna' und ähnelt geschmacklich der Gartenrauke, er sieht nur etwas krauser aus", berichtet Michael Sicher. Aus den Samen der Rauke können Saucen und Senf zubereitet werden. In Russland und Indien werden sie zur Produktion von Rauken- oder Jambaöl verwendet, das als Speiseöl, aber auch als Brenn- oder Arzneiöl genutzt wird.

Hinweis Rucola enthält besonders in den Stielen viel Nitrat. Diese sollten deshalb vor der Verarbeitung entfernt werden. Vor kontinuierlichem Verzehr wird abgeraten.

Rucola-Tomaten-Savarin

6	*Blatt Gelatine*
150 g	*Kirschtomaten*
	Olivenöl
100 g	*Rucola*
180 g	*Sauerrahm*
180 g	*Joghurt*

Flusskrebse

24	*Flusskrebse (á 60 bis 80 g)*
1	*Schalotte*
	Olivenöl
	Koriander, gehackt
	Limettensaft

Anrichten

Melone
(Wasser-, Zucker- oder Honigmelonen)

Olivenöl

Zitronensaft

essbare Blüten

Kräuterblättchen

Kärntner Flusskrebse auf Rucola-Tomaten-Savarin

Rucola-Tomaten-Savarin Gelatine in kaltem Wasser einweichen. Bei den Kirschtomaten den Strunk entfernen und dann mit einem Stabmixer pürieren. Durch ein Sieb passieren, mit Olivenöl, Salz und Pfeffer abschmecken und mit 2 Blatt der eingeweichten Gelatine versetzen. Das erste Drittel von 4 Savarinformen mit der Kirschtomatenmasse befüllen und kurz kalt stellen. Rucola mit Sauerrahm, Joghurt und Olivenöl aufmixen, mit Salz und Pfeffer würzen und mit ausgedrückter Gelatine (4 Blatt) vermischen. Die Rucolamasse auf die noch nicht ganz angezogene Kirschtomatenmasse in die Savarinformen geben und mindestens für 3 Stunden kalt stellen.

Flusskrebse Die Krebse kurz in kochendes Salzwasser geben. Danach sofort mit Eiswasser abschrecken. Das Krebsfleisch auslösen. Fein gehackte Schalotte in Olivenöl ansautieren und das ausgelöste Krebsfleisch dazugeben. Mit gehacktem Koriander, Salz, Pfeffer und Limettensaft abschmecken.

Anrichten Aus dem Melonenfleisch 16 Kugeln ausstechen. Mit etwas Olivenöl und Zitronensaft marinieren.Die Savarina auf 4 Teller stürzen, die Krebse darauf verteilen. Mit Melonenkugeln garnieren. Jeden Teller mit ein paar essbaren Blüten und Kräuterblättchen dekorieren.

Im Vakuum pochierte Seeforelle auf Mönchsbartrisotto und Saiblingskaviar

Mönchsbartrisotto Fein gehackte Schalotten in Butter anschwitzen und den Risottoreis kurz mitschwenken. Mit Weißwein ablöschen und mit einem Teil der Gemüsebrühe aufgießen, leicht köcheln lassen und unter ständigem Rühren immer etwas von der Gemüsebrühe hinzufügen. Kurz vor dem Anrichten die Mönchsbartspitzen untermengen und das Risotto mit einem Schuss Olivenöl und Pernod zu einer sämigen Masse rühren, mit Salz und Pfeffer abschmecken.

Mönchsbart

Eigentlich bevorzugt Mönchsbart als Standort die Küsten Mittel- und Südeuropas, Nordafrikas oder Vorderasiens – die Salzpflanze kann aber auch durchaus in nördlicherem Klima gedeihen und wird mittlerweile auch in Italien, der Schweiz und Österreich kultiviert. Der essbare Teil des Wegerichgewächses sind die Blätter, die nicht nur reich an Vitaminen und Mineralien sind, sondern auch über ein dekoratives Aussehen verfügen, das an ein Hirschgeweih erinnert (Mönchsbart wird deshalb gerne als „Hirschhornsalat" tituliert). Sein Geschmack ist würzig-nussig, leicht bitter, säuerlich und hat je nach Standort eine mehr oder weniger salzige Note. „Mich erinnert sein Geschmack an Algen. Optimal ist er roh im Salat oder, wie hier, kurz vor dem Anrichten ins Risotto gerührt", sagt Michael Sicher.

Mönchsbartrisotto

2	*Schalotten, fein gehackt*
20 g	*Butter*
200 g	*Carnaroli-Risottoreis (Aquarello)*
	Weißwein
1/2 l	*Gemüsebrühe*
100 g	*Mönchsbartspitzen*
	Olivenöl
	Pernod

Seeforelle

4	*Seeforellenfilets, entgrätet*
	Zitronensaft
	Olivenöl

Anrichten

4 EL	*Sauerrahm*
40 g	*Saiblingskaviar*
16	*Mönchsbartspitzen*

Seeforelle Forellenfilets zu 4 Röllchen formen und mit Salz, Pfeffer und Zitronensaft würzen. Mit einem Schuss Olivenöl einzeln in Vakuumbeuteln vakuumieren und bei 95 °C 3 bis 4 Minuten im Dampf garen. (Wenn keine Vakuumiermöglichkeit besteht, die Röllchen einzeln in Klarsichtfolie wickeln und diese an beiden Enden fest zusammendrehen.)

Anrichten Zuerst das Risotto auf 4 tiefe Teller verteilen. Die Forellenröllchen in die Mitte setzen, den Sauerrahm und den Saiblingskaviar mit dem Löffel daraufsetzen. Die Röllchen mit je 4 Mönchsbartspitzen garnieren.

Pflaume

Weltweit existieren über 2.000 verschiedene Pflaumensorten, die hauptsächlich in den USA, China und Europa angebaut werden. Die gängigsten Vertreter sind hierbei: Echte und Japanische Pflaume (Susine), Zwetschge, Mirabelle oder die Reneklode.

Ein Qualitätszeichen und ein Hinweis auf eine schonende Behandlung ist die natürliche weißliche Wachsschicht, welche einem reifartigen Überzug ähnelt und die Frucht vor raschem Austrocknen schützt. Diese sollte weitestgehend unbeschädigt sein. Außerdem sollten die Früchte fest und prall sein, eine sortentypische, glänzende Färbung haben, am Stielansatz nicht eingetrocknet sein sowie angenehm duften. Unreife Früchte sind hingegen hart und matt: „Man muss nicht immer reife Zwetschgen verarbeiten. In der Vorspeise, kombiniert mit Salat, sind unreife Früchte eigentlich optimal", sagt Michael Sicher.

In Europa haben Pflaumen in der Zeit von August bis Oktober Saison. Japanische Pflaumen sind dagegen ganzjährig als Importware erhältlich. Die Lagerdauer der Frucht ist abhängig von Reifegrad und Sorte – in der Regel sind sie einige Tage im Kühlschrank lagerfähig. Mirabellen und Renekloden verderben rasch und sind nur kurzzeitig – in ein feuchtes Tuch gewickelt oder in einer Plastiktüte – im Kühlschrank haltbar. Besonders hervorzuheben ist der hohe Gehalt an Nähr- und Wirkstoffen. Getrocknete Pflaumen sind ein hochwertiger Ersatz für Süßigkeiten, da sie in konzentrierter Form Kohlenhydrate, Mineralstoffe und Vitamine enthalten.

Zwetschgen-Topfen-Mousse in der Pfeffer-Karamell-Hippe mit Cannabis-Sorbet

CANNABIS-SORBET Alle Zutaten mit 125 Milliliter Wasser im Mixer pürieren, durch ein Sieb streichen und anschließend in der Sorbetière gefrieren lassen.

ZWETSCHGEN-TOPFEN-MOUSSE Gelatine in kaltem Wasser einweichen. Zwetschgen mit Zucker erhitzen und mit einem Stabmixer pürieren und mit der ausgedrückten Gelatine versetzen. Das Ganze über Eiswasser kalt rühren, den Topfen und die geschlagene Sahne unterheben. Die Masse 2 bis 3 Stunden kalt stellen.

PFEFFER-KARAMELL-HIPPE Alle Zutaten mit dem Handmixer zu einem Teig verrühren. Kurz im Kühlschrank ruhen lassen. Die Masse mit einer länglichen, rechteckigen Schablone (etwa 30 x 10 cm Seitenlänge) achtmal auf ein Backpapier aufstreichen und bei 150 °C im vorgeheizten Backofen in 5 Minuten goldbraun backen. Herausnehmen und sofort über z. B. einem Schnapsglas zu 8 Teigröllchen formen und auskühlen lassen. Trocken lagern. Kurz vor dem Anrichten die Hippen mit der Zwetschgen-Topfen-Mousse füllen.

ANRICHTEN Auf jeden Teller je 1 Linie mit Himbeer- und Brombeersauce ziehen. Je 2 gefüllte Hippen auf die Linien setzen. Mit je 2 Himbeeren und 1 Brombeere garnieren. Zum Schluss 1 kleine Nocke Cannabis-Sorbet auf eine der Hippen setzen und mit einem Kräuterblättchen dekorieren.

CANNABIS-SORBET

50 g	*Hanfblätter (legaler Zuchthanf)*
400 g	*Joghurt*
125 g	*Sauerrahm*
500 g	*Zucker*
1/8 l	*Wasser*
	Saft von 2 Zitronen

ZWETSCHGEN-TOPFEN-MOUSSE

3	*Blatt Gelatine*
200 g	*Zwetschgen, entkernt*
150 g	*Zucker*
80 g	*Topfen*
1/4 l	*geschlagene Sahne*

PFEFFER-KARAMELL-HIPPE

50 g	*brauner Zucker*
50 g	*Kristallzucker*
50 ml	*Orangensaft*
50 g	*weiche Butter*
100 g	*Mehl*
15 g	*rosa Pfeffer, gehackt*

ANRICHTEN

8	*Himbeeren*
4	*Brombeeren*
	etwas Himbeer- und Brombeersauce
4	*Hanfblättchen*

Ronny Siewert

Wie Hummer schmeckt, weiß Ronny Siewert nicht. Der Genuss von Jakobsmuscheln, Steinbutt oder Austern ist ihm ebenfalls fremd. Und viele seiner eigenen Kreationen hat er noch nie probiert. „Ich habe mir mal ein Stückchen Aal in den Mund gesteckt, da schnürt es mir sofort den Hals zu und meine Lippen werden dick." – Oha! – *Grand Hotel Heiligendamm*, Ostsee, Gourmetrestaurant *Friedrich Franz*, ein Sternekoch mit Fischallergie – da kommt dann doch die eine oder andere Frage auf...

Liebe geht zuallererst über den Gaumen. Bei Meeresgetier bevorzugt Ronny Siewert seine Vorstellungskraft und seine Nase. Beim Entwickeln neuer Kreationen orientiert er sich an klassischen Fischgerichten, setzt die Komponenten dafür im Kopf zusammen und hält sich bei der Zubereitung an den Duft. Blindverkochung sozusagen! Handwerk!

Die Frage ist nur, ob das auch funktioniert? Der knusprig-saftige Wolfsbarsch: schmeckt! Der butterzarte Hummer: schmeckt! Die Jakobsmuscheln: schmecken! Das Einzige, das völlig überwürzt daherkommt, ist der folgende Vergleich, man verzeihe dem unzulänglichen Autor: Beethoven hat am Ende seines Lebens gehörlos komponiert ... und Ronny Siewert lächelt, die Arme verschränkt, leicht an den Küchenpass gelehnt. Nur bei der Frage, ob er nicht ab und an einen dicken Hals riskiert, presst er die Lippen aufeinander und quetscht die Antwort durch die Zähne: „Ich würde schon mal gerne eine meiner Jakobsmuscheln probieren."

Auch wenn heute einige seiner Freunde behaupten, der Kochberuf sei dem gebürtigen Nienburger in die Wiege gelegt worden – seine Eltern hatten einen Partyservice und ein kleines Restaurant – so ist Ronny Siewert da ganz anderer Meinung: „Früher wollte ich nichts mit Gastronomie zu tun haben. Ich wollte Dachstühle ausbauen, vielleicht Zimmermann werden – irgendetwas Handwerkliches." Aber anstatt 12er-Nägel in Dachbalken zu hämmern, platziert Ronny Siewert jetzt lieber Tomatenbrunoise symmetrisch auf gebratenem Steinbutt. Filigrane Fertigkeiten, die er in den besten kulinarischen Werkstätten der Bundesrepublik erlernte – Nachnamen genügen: Müller, Thieltges, Winkler.

An Probleme bezüglich seiner Fischallergie kann er sich während seiner Wanderjahre nicht erinnern. „Wenn es Fischgerichte abzuschmecken gab, haben das meist die Küchenchefs gemacht. Sie haben mir erklärt, was im Mund passieren muss. So mache ich es heute auch: Ich erkläre meinen Mitarbeitern, wie etwas zu schmecken hat und wenn es nicht so ist, dann weiß ich, was ich machen muss, um bestimmte Effekte zu verstärken oder abzuschwächen", erklärt der Küchenchef ruhig.

Im Gourmetrestaurant *Friedrich Franz* bleibt Ronny Siewert der klassischen französischen Küche treu, obwohl ihm in seiner Freizeit die asiatische Tischkultur durchaus einen Seitensprung wert ist. Wenn er nicht gerade seiner Lieblingsbeschäftigung nachgeht: Abschalten, Runterfahren, Ausruhen. Das passt gut zu dem jungen Koch: unaffektiert, bodenständig, ehrlich, sympathisch und die Nase nicht höher, als sie angewachsen ist. Das merkt man auch an der Stimmung in seiner Küche: Es wird viel gelacht, getratscht, und im richtigen Moment werden dann die Töpfe auf den Herd gesetzt. Nur draußen vor den Kulissen hat der junge Küchenchef manchmal noch Hemmungen: „Wenn ich durch die Tür bin, dann ist alles gut – aber bevor ich ins Restaurant gehe, bin ich immer ein bisschen schüchtern. Ich mag diese große Welt nicht. Auf die Gäste direkt zuzugehen und irgendwas reden, diese Selbstdarstellung, das ist nicht so mein Ding."

Zur Person

Ronny Siewert wurde 1978 in Nienburg (Saale) geboren. Seine Kochausbildung absolvierte er im *Maritim-Hotel* Halle. In der Zeit von 1999 bis 2005 machte er Station bei Heinz Winkler, in der *Residenz Heinz Winkler* in Aschau, im Restaurant *Dieter Müller* (*Schlosshotel Lerbach*) und im *Waldhotel Sonnora* bei Helmut Thieltges. Dann wurde er Küchenchef im Restaurant *Chezann* in Warnemünde. Seit 2008 leitet Ronny Siewert im *Grand Hotel Heiligendamm* die Küche des mit einem Stern im Guide Michelin, 3 Feinschmecker-Punkten und mit 16 Punkten im Gault Millau ausgezeichneten Gourmetrestaurants *Friedrich Franz*.

„Ich habe mich für die klassische französische Küche entschieden, ganz einfach, weil sie schmeckt. Sie ist bodenständiger. Geschmacks- und aromenintensiv. Immer mit dem Anreiz, aus dem Produkt noch mehr herauszukitzeln."

Ronny Siewert

Offener Dominostein von der Gänsestopfleber mit Calvadosäpfeln

Rezept für 15 Personen

Gänsestopfleber Die Gänsestopfleber putzen und Adern entfernen, in kleine Stücke brechen. Das ergibt in etwa ein Gewicht von 450 Gramm. Mit Salz, Pökelsalz, Zucker und Süßwein würzen. Nach Belieben zusätzlich mit etwas Pastetengewürz abschmecken. Masse in eine Form pressen und im Ofen bei 85 °C etwa 35 Minuten pochieren. Einen Tag auskühlen lassen. In einen quadratischen Rahmen geben und kalt stellen.

Nussmasse Mandel- und Haselnussgrieß rösten. 2 Blatt Gelatine einweichen. Trauben mit dem Portwein einmal aufkochen. Die ausgedrückte Gelatine zugeben, pürieren und unter den Nussgrieß ziehen. Mit etwas Salz und Pfeffer abschmecken und zwischen Pergamentpapier 5 Millimeter dünn ausrollen. Auf die Gänseleber in den Rahmen legen. Kalt stellen.

Apfelmasse Apfelsaft, Schokoladensirup und 4 geschälte und entkernte Äpfel zusammen in einen Topf geben. Weich kochen. Gelatine einweichen. Weiche Apfelmasse mit der Nussbutter pürieren, passieren, die Gelatine zugeben und auflösen. Etwas abkühlen lassen. Die geschlagene Sahne unterheben. Mit Salz und nach Belieben mit etwas Pfeffer abschmecken. 3 Zentimeter hoch in die Form auf die Nussmasse gießen und kalt stellen. Die geschichtete Masse in der Form 1 Tag durchkühlen und vor dem Anrichten in 45 Türmchen (Grundfläche: 2 x 2 cm) schneiden.

Calvadosäpfel Die restlichen 4 Äpfel schälen, entkernen und in feine Würfel schneiden. Mit etwas Zucker ankaramellisieren. Mit dem Calvados abschmecken.

Anrichten Auf jeden Teller 3 Gänsestopflebertürmchen setzen, je 2 entkernte und glasierte Babyäpfel dazwischen geben. Je 2 Linien aus der Apfelmasse ziehen, mit Kerbelblättchen garnieren.

Gänsestopfleber

1	*Gänsestopfleber*
3 g	*Salz*
3 g	*Pökelsalz*
2 g	*Zucker*
100 ml	*Süßwein*
	Pastetengewürz

Nussmasse

100 g	*Mandelgrieß*
100 g	*Haselnussgrieß*
5	*Blatt Gelatine*
50 g	*getrocknete weiße Trauben*
50 ml	*weißer Portwein*

Apfelmasse

200 ml	*Apfelsaft*
	Schokoladensirup
4	*Äpfel (Cox Orange), geschält und entkernt*
3	*Blatt Gelatine*
100 g	*Nussbutter*
100 ml	*geschlagene Sahne*

Calvadosäpfel

4	*Äpfel (Cox Orange)*
	Zucker
40 ml	*Calvados*

Anrichten

30	*Babyäpfel*
	Kerbelblättchen

Medaillons vom Weiderind mit Aprikosenchiboust, kandiertem frischem grünem Pfeffer und weißer Pfeffercreme

Pfeffer

Der ursprünglich aus Südindien stammende Pfeffer ist aufgrund der Verwendungsmöglichkeiten für seine verschiedenen Reifestadien einmalig unter den Gewürzen: Je nach Erntezeit sind die Pfefferkörner grün, schwarz oder rot. Grüner Pfeffer wird aus den noch unreifen und weichen Beeren des Pfefferstrauchs gewonnen und ist im Geschmack erstaunlich dezent. Die Beeren werden meist gefriergetrocknet oder in saurer Salzlake eingelegt. Frischer Pfeffer ist weitaus schwerer erhältlich, besticht aber durch sein mildes Aroma. „Er passt deswegen perfekt zu meinem Aprikosenchiboust", erklärt Ronny Siewert.

Schwarze Pfefferkörner entstehen beim Reifen aus den grünen Früchten. Typisches Merkmal ist der brennend scharfe Geschmack und der aromatisch-würzige Geruch. Ein Qualitätskriterium von hochwertigem schwarzem Pfeffer ist die Farbe, die im gemahlenen Zustand leicht grau sein sollte. Leuchtend rot sind dagegen die vollreif geernteten Pfefferfrüchte, die neben dem typisch pfeffrigen Aroma eine süßliche Geschmacksnuance aufweisen. Werden rote Pfefferkörner in einer sogenannten „Wasserröste" gewässert und danach gehäutet und getrocknet, erhält man weißen Pfeffer, der im Vergleich zu den farbigen Beeren wesentlich weniger aromatisch, dennoch aber schärfer und teurer ist als die schwarzen Früchte.

Ihr Aroma behalten ganze Pfefferkörner, wenn sie in gut verschlossenen Gefäßen aufbewahrt und erst kurz vor der Verarbeitung zerkleinert werden. Zudem sollte man die Körner nicht zu lange einer hohen Temperatur aussetzen, da die hitzeempfindlichen und geschmacksgebenden Pfefferöle schnell bitter werden. „Ich röste Pfefferkörner meist kurz. Der Eigengeschmack wird dadurch intensiver und die Schärfe tritt in den Hintergrund."

Rindermedaillons Das Rinderfilet salzen und pfeffern, anbraten und im Ofen auf den Punkt garen. Etwas ruhen lassen und dann in 8 gleich große Medaillons schneiden.

Aprikosenchiboust 100 Milliliter Wasser mit Essig, Zucker und Gewürzen aufkochen und abseihen. Die Aprikosen zugeben und aufkochen. Masse pürieren und passieren. Eigelb und Stärke verrühren und damit die Aprikosenmasse binden. Aus dem Eiweiß eine italienische Meringue herstellen und noch heiß unter die gebundene Masse heben. Die Chiboust auf ein Blech streichen, einfrieren und im gefrorenen Zustand portionieren.

Kandierter grüner Pfeffer Den grünen Pfeffer in Zuckersirup aufkochen und anschließend trocknen.

Weisse Pfeffercreme Den weißen Pfeffer im Topf rösten, mit Portwein und Madeira ablöschen. Die Kalbsjus und die Sahne zugeben. Nach Belieben abschmecken, abpassieren und mit frischer kalter Butter montieren.

Pilze Die Pilze putzen, in einer Pfanne mit Butter anschwitzen. Mit Salz und Pfeffer abschmecken und nach Belieben geschnittenen Schnittlauch darüberstreuen.

Anrichten Das gefrorene Aprikosenchiboust auf 4 der Rinderfilets löffeln und kurz gratinieren. Dann je eine Medaillonscheibe (überbacken / „nature") auf 4 Teller verteilen und je 1 grüne Pfefferrispe anlegen. Weiße Pfeffercreme angießen und noch je 4 Pilze dazugeben.

Rindermedaillons

600 g	*Rinderfilet*

Aprikosenchiboust

100 ml	*weißer Balsamessig*
100 g	*Zucker*
	Gewürze (Zimt, Sternanis, Kardamom, Tonkabohne, Koriander, Wacholder)
100 g	*eingelegte Aprikosen*
4	*Eigelb*
10 g	*Maisstärke*
200 g	*Eiweiß*

Kandierter grüner Pfeffer

4	*Rispen frischer grüner Pfeffer am Zweig*
	Zuckersirup

Weisse Pfeffercreme

100 g	*weißer Pfeffer*
50 ml	*weißer Portwein*
50 ml	*Madeira*
200 ml	*kräftige Kalbsjus*
200 ml	*Sahne*

Pilze

16	*kleine, feste Pilze (Sorte nach Marktlage)*

Wolfgang Staudenmaier

Wolfgang Staudenmaier ist Koch. Kein Medienclown. Kein Ernährungsphilosoph. Kein Textur-Avantgardist. Wolfgang Staudenmaier ist Koch. Seit über 20 Jahren geht er sechs Tage in der Woche in die Küche des italienischen Restaurants *Da Gianni* in Mannheim, knipst die Leuchtröhre über dem Küchenpass an, filiert Fisch, pariert Fleisch, setzt Fonds an. Dass er bereits Prominente wie Helmut Kohl oder Gerhard Schröder, Cliff Richard oder die Rolling Stones verköstigte, verschweigt er – wir hatten auch nicht explizit gefragt. Nur der zeitnahe „Ball der Sterne" fällt in seinen Erzählungen. – Warum? – Wegen des Mitternachtsimbisses, den er dort schicken wird: „Rehbratwurst", sagt er, seine Augen strahlen und aus dem Schmunzeln wird ein Lachen: „Das ist was Feines!"

Wolfgang Staudenmaiers Großvater bewirtschaftete einen kleinen Bauernhof, sein Vater arbeitete als Förster und Jäger. Ein Beruf, den der gebürtige Badener ebenfalls in Erwägung zieht, aber er hat Bedenken, dass er zu lange auf ein eigenes Revier warten muss. Deswegen beginnt er im Jahr 1962 eine Kochausbildung im *Kurhaus* in Eberbach. Das Hierarchiegefälle wird dort ausgelebt, wie es der gute Ton damals verlangte: Chef oben, Stift unten – streng geht's zu. Die Produktpalette beschränkt sich auf die Region: Forelle, Karpfen, Fasan, Hirsch oder Rebhuhn. „Das Wirtschaftswunder kam in Eberbach etwas später an. Wenn es ein Gericht mit Mandeln gab, waren wir alle neugierig. Seezunge und Wildlachs waren damals eine absolute Sensation", erzählt Wolfgang Staudenmaier.

Mit Hummer, Langusten oder Kaviar kommt er das erste Mal während seinen Stationen durch die Schweizer Luxushotellerie in Berührung. Danach folgen zwei knallharte Jahre als Chefsaucier bei Eckart Witzigmann im *Tantris* in München. Während der Modewochen ruft um 23 Uhr seine Frau in dem berüchtigten Restaurant an: Die Wehen! – „Eckart, ich muss weg", sagt Wolfgang Staudenmaier. – „Noch fünf Minuten", bittet ihn der Jahrhundertkoch. Eine Stunde später fragt seine Frau freundlich nach seinem Verbleib ... – „Eckart, jetzt muss ich aber!" – Und im Gegensatz zu einem anderen Kollegen schafft es Wolfgang Staudenmaier noch zur Geburt seiner ersten Tochter in die Klinik.

Als Küchenchef beginnt er im Hotel *Traube Tonbach* im Restaurant *Schwarzwaldstube* – die einmal ein Gourmet-Tempel werden soll! – Mit dem jungen Hotelier Heiner Finkbeiner fährt er morgens um vier Uhr nach Straßburg, um entsprechende Ware zu besorgen. Mit seinem klassisch französischen Küchenstil erkocht sich Wolfgang Staudenmaier zwei Sterne im Guide Michelin und wird damit einer der höchstdekorierten jungen Sterneköche Europas. Nach einigen Jahren wechselt er nach Homburg und 1987 nach Mannheim. Dort kocht er seitdem italienisch: „Diese ewigen Soßen mit Sahne und Butter waren mir irgendwann zu viel. Ich wollte mich spezialisieren."

Fantastisch! Schmeckt ja auch sensationell, wenn's bestens gemacht ist – dazu muss man kein italienischer Landsmann sein! Zudem ist das Land esskulturell höchst interessant! – Aber sechs Tage die Woche? Immer Vollgas? Dauernd? Ständig? – „Meinen freien Tag muss ich mir schon gut einteilen. Aber ich habe viel Spaß am Beruf und koche, so lange ich gesund bleibe. Sonst würde ich den ganzen Stress nicht auf mich nehmen", sagt Wolfgang Staudenmaier und fährt nach dem Mittagsservice zum Arzt: Hexenschuss. Spritze. Halbe Stunde abliegen. Leuchtröhre anknipsen. Abendservice.

Zur Person

Wolfgang Staudenmaier wurde 1948 in Oberdielbach geboren. Nach seiner Kochausbildung im *Kurhaus* Eberbach arbeitete er vorwiegend in der Schweiz: unter anderem im Hotel *Baur au lac* in Zürich, im Hotel *Bürgenstock* in Luzern und im Hotel *Palace* in St. Moritz. Bei Eckart Witzigmann im Münchener *Tantris* verbrachte er zwei Jahre als Chefsaucier. Anschließend wechselt er als Küchenchef ins Restaurant *Schwarzwaldstube* im Hotel *Traube Tonbach* (Baiersbronn). Nach einem weiteren Engagement als Küchenchef in *Geitlinger's Restaurant* (Homburg) übernimmt Staudenmaier schließlich im Jahr 1987 die Küchenleitung des italienischen Restaurants *Da Gianni*. Das Mannheimer Gourmetrestaurant ist mit einem Stern im Guide Michelin, 3,5 Feinschmecker-Punkten und mit 17 Punkten im Gault Millau ausgezeichnet.

„Zuerst ist der Geschmack des Gerichts wichtig. Dass alles perfekt gegart, zubereitet und abgeschmeckt wurde. Erst danach kommt das Anrichten ..."

Wolfgang Staudenmaier

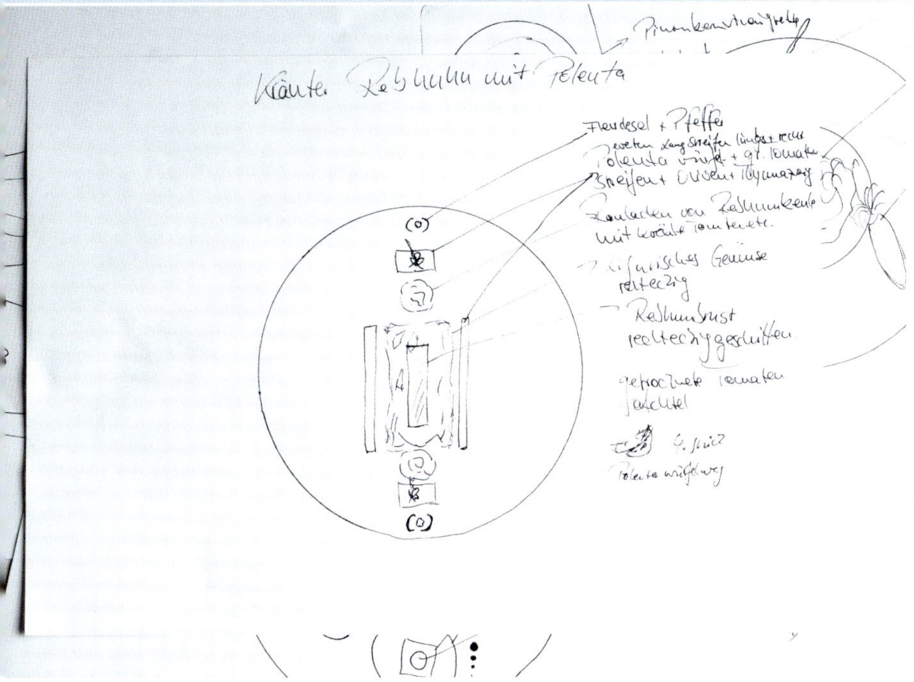

Kräuter-Rebhuhn mit Thymianpolenta

REBHUHNBRÜSTE Rebhuhnbrüste salzen, pfeffern, mit Öl von allen Seiten goldgelb braten, Kräuter dazugeben und bei 180 °C im Ofen 10 Minuten garen.

GEMÜSE Zwiebeln und Knoblauch im Olivenöl anschwitzen, Gemüse hinzugeben und mitdünsten, salzen, pfeffern, Fond zugießen und Kräuter untermischen, bei geringer Hitze 5 Minuten garen. Kurz vor dem Anrichten das Fleisch auf das Gemüse legen und 5 Minuten garen. Zum Schluss die Oliven untermischen und kurz erwärmen.

GEFÜLLTE REBHUHNKEULEN Aus Geflügelfleisch, Gänseleber, Eiweiß, 30 Milliliter Sahne und Madeira eine Farce mixen und mit Salz und Pfeffer abschmecken. Durch ein Sieb streichen, mit der restlichen Sahne aufmontieren. Die Rebhuhnkeulen auslösen, leicht plattieren und mit der Farce füllen. Klarsichtfolie mit dem Pancetta belegen, gefüllte Rebhuhnkeulen darauf platzieren und einrollen. Alles mit Alufolie umwickeln und 10 Minuten im heißen Wasser pochieren. Erkalten lassen, auspacken und in geklärter Butter nachbraten.

THYMIANPOLENTA Polenta in Olivenöl anschwitzen, mit Brühe auffüllen und solange kochen lassen, bis nach 30 Minuten eine cremige Masse entsteht. Abschmecken, Thymian und Muskatnuss dazugeben und noch etwa 10 Minuten köcheln lassen. In ein flaches, mit Backpapier ausgelegtes Geschirr geben und 3 bis 4 Stunden erkalten lassen. Stürzen und in Streifen schneiden. Kurz vor dem Servieren anbraten.

ANRICHTEN Die Steinpilze und die Cherrytomaten getrennt anbraten und mit Salz und Pfeffer würzen. Auf jeden Teller 1 Rebhuhnbrust mit 1 Portion Gemüse geben, mit Sauce nappieren. Polentaschnitten anlegen und mit getrockneter Tomate garnieren. Die Enden der Rebhuhnkeulenrolle abschneiden und je 2 auf den Teller stellen. Pilzhälften und gebratene Tomaten dazulegen.

REBHUHNBRÜSTE

4	*Rebhuhnbrüste*
2 EL	*Olivenöl*
2 EL	*Kräuter, gehackt*

GEMÜSE

100 g	*weiße Zwiebeln, in Ringe geschnitten*
1	*Knoblauchzehe, in Scheiben geschnitten*
3 EL	*Olivenöl*
150 g	*Aubergine, gewürfelt*
200 g	*Zucchini, gewürfelt*
120 g	*roter Paprika, gewürfelt*
120 g	*gelber Paprika, gewürfelt*
120 g	*grüner Paprika, gewürfelt*
250 g	*Tomaten, enthäutet, geachtelt*
150 ml	*Gemüsefond*
1/2 TL	*Thymian*
1/2 TL	*Rosmarin*
1/2 TL	*Salbei*
40 g	*schwarze Oliven*

GEFÜLLTE REBHUHNKEULEN

50 g	*Geflügelfleisch*
20 g	*Gänseleber*
1	*Eiweiß*
50 ml	*Sahne*
	Madeira
8	*Rebhuhnkeulen*
10	*Scheiben Pancetta*
	geklärte Butter

THYMIANPOLENTA

200 g	*Polenta*
	Olivenöl
1 l	*Hühnerbrühe*
	Thymian nach Belieben, fein gehackt
	Muskatnuss

ANRICHTEN

4	*Steinpilze*
4	*Cherrytomaten*
	getrockenete Tomate

Aubergine

Auch wenn die Aubergine in zahlreichen Farbvarianten (weiß, gelb, grün, orangerot oder grün-weiß marmoriert) und Formen (gurken-, keulen-, tropfen-, schlangen- oder eierförmig) existiert, so haben doch alle Sorten das weiße bis cremefarbene Fruchtfleisch gemeinsam. Die Auberginen mit dunkelvioletter Schale dominieren in Deutschland, Österreich und der Schweiz im Handel und stammen vorwiegend aus China, Ägypten, Italien, Spanien, Griechenland, Rumänien und aus ihrem Ursprungsland Indien. Das Fruchtgemüse zählt aus botanischer Sicht zu den Beeren und sollte beim Einkauf über eine feste, glatte Haut verfügen. Das Blatthütchen sollte frisch und grün aussehen. Kleine und junge Auberginen sind geschmacklich aromatischer als die großen Exemplare, die oftmals bereits holzig und bitter schmecken. Braune Flecken im Fruchtfleisch deuten auf Überlagerung hin.
Die unreifen Beerenfrüchte sollten nicht roh verzehrt werden, da sie – wie Tomaten oder Kartoffeln – das giftige Alkaloid Solanin enthalten, das beim Kochen teilweise an das Wasser abgeben wird. Wolfgang Staudenmaier verarbeitet Auberginen gerne zu einem Püree: „Viele Leute mögen Auberginen nicht, wegen ihrem Biss – außen sehr hart, innen sehr weich. Mit einem Püree umgeht man die Abneigung und kann es zudem schön abschmecken."

Tipp Das Fruchtfleisch kann vor der Verwendung gesalzen werden, was den teils bitteren Fruchtsaft entzieht. Zudem wird es dadurch fester und nimmt bei der Verarbeitung weniger Fett auf.

Vitello tonnato an Auberginenpüree

AUBERGINENPÜREE Auberginen, Zitronenthymian und Schalotten in Öl anschwitzen. Knoblauch zugeben, wässern, pfeffern und salzen. Brühe angießen und reduzieren. Die Auberginen pürieren und passieren. Zum Schluss die Butter unterziehen und das Püree kalt stellen.

TONNATO-SAUCE Thunfisch, Eier, Kapern, Sardellenfilets und Weißwein fein mixen. Die Hälfte der Masse herausnehmen und mit Öl aufmontieren. Dann restlichen Teil wieder einmixen. Die Sauce sollte dickflüssig und samtig sein.

TOMATENRAGOUT Alle Zutaten vorsichtig miteinander vermischen, mit Salz und Pfeffer würzen.

THUNFISCHWÜRFEL Aus dem Thunfisch 8 gleichmäßige Würfel schneiden und von allen Seiten kurz scharf anbraten, sodass der Kern noch glasig bleibt. Salzen und pfeffern.

AUBERGINENPÜREE

- 300 g *Auberginen, geschält und gewürfelt*
- 20 g *Zitronenthymian, fein geschnitten*
- 30 g *Schalotten, fein gewürfelt*
- *Olivenöl*
- 1 *Knoblauchzehe*
- 1/4 l *Hühnerbrühe*
- 50 g *kalte Butter*

TONNATO-SAUCE

- 80 g *konfierter Thunfisch*
- 2 *Eier, hart gekocht*
- 20–30 *kleine Kapern, mit Saft*
- 2–3 *gesalzene Sardellenfilets*
- *Weißwein*
- 1/2 l *Pflanzenöl*

TOMATENRAGOUT

- 2 *Tomaten, blanchiert, gehäutet, entkernt und klein geschnitten*
- 8 *Kapern*
- *Olivenöl*

THUNFISCHWÜRFEL

- 250 g *Thunfisch*
- *Olivenöl*

ANRICHTEN Kalbsrückenscheiben mit Tonnato-Sauce bestreichen, aufrollen und je 3 Rollen in die Mitte jedes Tellers setzen. Mit Kapernäpfeln und Zitronenschale verzieren. Je 2 Thunfischwürfel daneben stellen, den einen mit Zitronenfilet und Kapernapfel, den andern mit Tomatenragout garnieren. Je 1 Nocke aus Auberginenpüree anlegen und mit Schnittlauch garnieren. Je 1 Scheibe Thunfischcarpaccio anlegen und mit einer Balsamessigreduktion verzieren.

ANRICHTEN

- 12 *dünne rosa gegarte Kalbsrückenscheiben*
- *Kapernäpfel*
- *Zitronenschale*
- *Zitronenfilet*
- *Schnittlauch*
- 4 *Scheiben Thunfischcarpaccio*
- *reduzierter Balsamessig*

Oregano

Die Gewürz- und Heilpflanze stammt ursprünglich aus dem Mittelmeerraum, wo sie sich auch geschmacklich am besten entwickeln kann: denn je milder und sonniger das Klima, desto intensiver und voller ist das Aroma von Oregano. Weitere Hauptanbaugebiete des Lippenblütlers sind Asien, Deutschland, Nordafrika und die USA, wo während der Blütezeit die Haupternte stattfindet. In dieser Zeit besitzen die Blätter und jungen Triebspitzen ihr intensivstes Aroma, das je nach Sorte von fein-bitter bis würzig-brennend reicht und oft an Thymian oder Majoran erinnert.

Am Herd kommt Oregano oft als getrocknetes Produkt zum Einsatz. „Oregano ist nicht wie Basilikum, der getrocknet an Geschmack verliert, sondern er kann getrocknet sogar noch aromatischer sein als das frische Kraut", sagt Wolfgang Staudenmaier. Sein volles Aroma entfaltet das getrocknete Gewürzkraut erst beim Erhitzen und ist luftdicht verschlossen, trocken und dunkel gelagert bis zu einem Jahr ohne Qualitätseinbußen haltbar.

Lotte an Oregano-Favebohnen

Oregano-Favebohnen Die Hälfte der Brunoise in Olivenöl und Butter anschwitzen, 40 Gramm Favebohnen zugeben und mixen. Mit Weißwein und Noilly Prat ablöschen und mit Fischfond auffüllen. Mit der Hälfte des Bohnenpürees abbinden, etwas Sahne und Olivenöl dazugeben. Die Hälfte der Tomaten zugeben, nachziehen lassen. Das Favebohnenpüree mit Salz, Pfeffer, Zitronensaft, Oregano und Petersilie abschmecken. Dasselbe mit den Borlottibohnen wiederholen. Die restlichen Favebohnen bleiben als Gemüse natur.

Medaillons von der Lotte Von den Medaillons werden 4 als Saltimbocca zubereitet: Dazu die Lottemedaillons und je 1 Salbeiblatt in die Pancettascheiben einschlagen und in Butter sanft garen. 4 Medaillons werden auf Wiener Art paniert: Dazu die Medaillons außen zuerst in Mehl und Ei, dann in der Kräuterpanade wenden. Ebenfalls in Butter sanft garen. Die letzten 4 Medaillons werden natur gegart.

Kalbskopfsalat Maske und Zunge eines Kalbskopfs in einem Sud aus Salz, Pfefferkörnern, Essig, Lorbeerblatt, Zwiebel, Lauch, Möhre und Sellerie weich kochen. Kalbskopf herausnehmen, Backen auslösen. Die Zunge weiterkochen, bis sie gar ist, herausnehmen und noch warm schälen. Backen und Zunge in feine Scheiben schneiden und in einer Vinaigrette aus Schalotten, Schnittlauch, Balsamessig, Olivenöl, ganz wenig Senf, Salz und Pfeffer marinieren.

Anrichten Die ganzen Favebohnen auf die Teller verteilen, Fisch auflegen und Nocken aus den Bohnenpürees formen und anlegen. Auf das Borlottipüree Salbeiblätter legen. 1 Stück getrocknete Tomate und 1 Favebohne auf das Favebohnenpüree legen. Die 3 verschiedenen Seezungen-Medaillons auf die Teller geben. Etwas Kalbskopfsalat auf das naturbelassene Medaillon geben, den Rest des Salats á part servieren. Desweiteren Tomatenconcassée um den Fisch drappieren.

OREGANO-FAVEBOHNEN

80 g	Brunoise von Eschalotten, Karotten, Sellerie, Stangensellerie
	Olivenöl
200 g	Favebohnen, blanchiert und geschält
	Weißwein
	Noilly Prat
	Fischfond
100 g	Borlottibohnenpüree
	Sahne
40 g	Tomatenconcassée
	Zitronensaft
20 g	Oregano, fein geschnitten
20 g	Petersilie, fein geschnitten
40 g	Borlottibohnen, blanchiert und geschält

MEDAILLONS VON DER LOTTE

12	Medaillons von der Lotte
4	Salbeiblätter
4	Scheiben Panchetta
	Mehl
	Ei
	Kräuterpanade

KALBSKOPFSALAT

1	Kalbskopf (Maske und Zunge)
	Essig
1	Lorbeerblatt
1	Zwiebel
1	Stange Lauch, nur das Weiße
1	kleine Möhre
1	Stück Sellerie
10 g	Schalotten, fein geschnitten
10 g	Schnittlauch, in feinen Röllchen
	Balsamessig
	Olivenöl
	Senf

ANRICHTEN

4	getrocknete Tomaten
40 g	Tomatenconcassée

Risotto mit Pinien, Korinthen und Totani

Pinienkerne

Die Zapfen der Pinie, eine mediterrane Kiefernart, bergen im Innern die in der Küche begehrten Samenkerne. Die Ernte der cremefarbenen Pinienkerne erfordert mühsame Handarbeit. Außerdem wachsen erst nach zehn Jahren überhaupt Zapfen an den Bäumen und danach werden jene lediglich im Zyklus von drei Jahren ausgebildet. Dies begründet den zurecht hohen Preis von Pinienkernen. Je nach Herkunftsland – die besten Pinienkerne werden angeblich in der Toskana geerntet – treten gravierende Qualitätsunterschiede bei den Kernen auf. Die Sorten aus dem Mittelmeerraum sind mineralstoff- und eiweißhaltiger und verfügen zudem über einen geringeren Fettgehalt als beispielsweise die asiatischen Sorten. „Aus China sind dreieckige Pinienkerne mit braunen Spitzen erhältlich. Die sind zwar billiger, aber geschmacklich mit den europäischen nicht zu vergleichen", sagt Wolfgang Staudenmaier. Wegen des hohen Fettgehalts (bis zu 50 %) werden geschälte Pinienkerne schnell ranzig. Gekühlt, in einer geschlossenen Dose, können die Samen bis zu 3 Monate lang aufbewahrt werden.

Tipp „Das charakteristische Aroma entsteht erst, wenn man die Pinienkerne vor der Verarbeitung anröstet", empfiehlt Wolfgang Staudenmaier.

Risotto

100 g	*Brunoise von Schalotten und Stangensellerie*
240 g	*Risottoreis*
100 g	*Pinienkerne, geröstet*
20 ml	*Olivenöl*
50 g	*kalte Butter*
50 g	*Korinthen*
20 ml	*trockener Weißwein*
750 ml	*Brühe*
20 ml	*Spumante*
10 g	*Blattpetersilie, fein gehackt*
20 g	*getrocknete Tomaten, gewürfelt*

Totani

20	*Totani (Pfeilkalmare)*
	Gemüsebrunoise
8	*Venusmuscheln, gegart*
	Zitrone
	Olivenöl

Risotto Brunoise, Reis und Pinienkerne mit dem Olivenöl und einem Teil der Butter anschwitzen. Korinthen zugeben und mit Weißwein ablöschen, nach und nach unter ständigem Rühren die Brühe zugeben. Nach etwa 15 Minuten vom Herd nehmen. Spumante, Petersilie, Tomaten und die restliche Butter unterrühren.

Totani Totani mit Olivenöl anbraten. Mit Butter und Zitronensaft beträufeln, salzen und pfeffern. Gemüsebrunoise und Venusmuscheln mit Zitronensaft und Olivenöl marinieren.

Anrichten Risotto auf 4 Teller verteilen. Totani, Totaniköpfe und je 1 Venusmuschel anlegen. Salat aus marinierten Totani, Venusmuscheln und der Gemüsebrunoise getrennt servieren.

Hans Stefan Steinheuer

Wie eine Langzeitbelichtung wirkt die Küchenbrigade in Steinheuers *Post*: weiße Streifen in Neonlicht. Die Servicedamen bezirzen die Reinigungskräfte, zuerst das Besteck durch die Maschine zu jagen. Der Sous-Chef wischt seinen Posten. Dahinter: Schnippeln, Quirlen, Schäumen. Hans Stefan Steinheuer löst Hummerscheren aus und überwacht nebenbei das Fingerfood. 20 Minuten bis zum ersten Gang. Extraveranstaltung. Die Office-Wand ziert dabei ein gerahmtes Zitat von Pierre Teilhard de Chardin: „Es geht nicht darum, etwas Bemerkenswertes zu leisten, sondern gewöhnliche Dinge zu tun (oder nicht zu tun) mit der Überzeugung von ihrem gewaltigen Wert." Mal ehrlich: Was soll hier gewöhnlich sein?

„Man sollte nicht anfangen zu spinnen, sich nicht größer machen als man ist, den Ball flach halten", erklärt der Sternekoch. Und damit wäre schon eine der wichtigsten Eigenschaften des gebürtigen Rheinländers auf dem Tisch: Bodenhaftung! Obwohl er dieses Kompliment elegant umgeht, indem er einen Bezug zwischen Bodenständigkeit, Schwerkraft und seiner Leibesfülle herstellt, um zügig zu seinem Küchenstil überzuleiten: „Wenn Sie meine Figur betrachten, dann können Sie davon ausgehen, dass wir mit Kraft kochen. Wir sind keine zarten Bürschchen. Und das schmecken Sie: Aroma, Kraft, Fülle. Das ist meine Küche, ohne dass die Gerichte dabei fettig und massig sind."

Rückblick: Als 12-Jähriger unterstützt Hans Stefan Steinheuer seine Mutter in der Küche ihres gastronomischen Betriebs. Er frittiert Pommes, grillt bald die ersten Steaks. Als Jugendlicher weiß er, wie man Saucen ansetzt. Er lernt Koch, macht Stationen, heiratet und kehrt mit Frau und Kind zurück in den elterlichen Betrieb, in seine Heimat. Klingt zu pathetisch? Soll es auch! Die Region liegt dem Sternekoch am Herzen und dafür ist er auch bereit, etwas zu tun. Was nicht nur bedeutet, dass er weitestgehend regionale Produkte bezieht: Steinheuer ist Mitglied bei Slow Food und er bekleidete Ämter, um die Umgebung zu fördern. Es zeugen eben nicht nur seine strahlend blauen Augen von einem klaren Verstand.

Im Interview gautscht Hans Stefan Steinheuer mit dem Stuhl, zupft gelegentlich seine Kochjacke zurecht. Er beantwortet artig die üblichen Fragen. Routiniert. Gelassen. – Nur ein einziges Mal hat es sich plötzlich ausgegautscht, der Sternekoch schnellt bedrohlich weit nach vorne: „In unserem Gourmetrestaurant koche ich, was ich auch wirklich kochen will. Ich kaufe das jeweils beste Produkt. Wir haben tolle Mitarbeiter, fahren einen hohen körperlichen und geistigen Einsatz. Dann gibt es den Gast, wo wir uns freuen, ganz banal, wenn dieser das alles gut findet. Und dazwischen sitzt gelegentlich ein Tester. Das hat sich positiv entwickelt. Wir haben Sterne und Punkte. Das finde ich toll! Aber ich sage Ihnen eines: Wenn ich mich dafür verbiegen müsste oder ein Problem damit hätte, dann würde ich etwas anderes machen. Es gibt Kollegen, die meinen, sie müssten den ganzen Aufwand für Auszeichnungen betreiben. Und wenn das nicht so zieht, wie ihr Ehrgeiz das hergibt, dann sind sie unglücklich. Sie haben zu wenig den Gast im Visier. Was hindert uns denn daran, mit ordentlichen Produkten gut zu kochen? Das ist die eigentliche Aufgabe des Kochs. Alles andere ist ein Zerrbild." Und mit diesem ungehörig langen Zitat darf die Momentaufnahme des Sternekochs durchaus beendet werden. Oder gibt es noch etwas hinzuzufügen?

Zur Person

Hans Stefan Steinheuer, Jahrgang 1959, wurde in Bad Neuenahr im Rheinland geboren. Seine Kochausbildung absolvierte er von 1975 bis 1977 im *Gut Schwarzenbruch* in Stolberg, woran er noch ein weiteres Jahr als Commis anschloss. 1978 stand er am Herd des *Erbprinz* in Ettlingen und danach kochte er drei Jahre lang in den *Schweizer Stuben* in Wertheim-Bettingen, wo er als Sous-Chef von Dieter Müller arbeitete. Nach seiner Meisterprüfung im Jahr 1985 übernahm Hans Stefan Steinheuer zusammen mit seiner Frau Gabi den elterlichen Hotelbetrieb in Bad Neuenahr, zu dem auch das Restaurant Zur *alten Post* gehört, welches mit zwei Sternen im Guide Michelin, 5 Feinschmecker-Punkten und mit 19 Punkten im Gault Millau ausgezeichnet ist.

„Ich versuche nicht mit aller Gewalt etwas miteinander zu kombinieren, weil ich gerade der Meinung bin, über vier Hürden springen zu müssen. Das sollen andere machen. Ich versuche die nächstliegende Harmonie im Gericht zu erzeugen."

Hans Stefan Steinheuer

Kaninchen-Sauerbraten mit Mais und weißem Polenta-Balsamico-Schaum

KANINCHEN-SAUERBRATEN Die Fleischstücke salzen, leicht pfeffern und in Öl anbraten. Möhre, Sellerie und Zwiebel zugeben, alles gut Farbe nehmen lassen. Mit Tomatenmark, Rübenkraut und Apfelkraut abrösten, Schwarzbrot zugeben und nach und nach mit Weißwein und Essig ablöschen. Mit Brühe auffüllen, Gewürze und Kräuter zugeben. Das Ganze abgedeckt etwa 1 1/2 Stunden köcheln lassen. Prüfen, ob das Fleisch gar ist. Das Fleisch herausnehmen, die Sauce noch etwas einkochen lassen, mit Salz und Pfeffer abschmecken und mit etwas Stärke abbinden. Anschließend die Sauce passieren. Das Fleisch fein würfeln und wieder in die Sauce legen. Die Kaninchenkarrees mit Salz und Pfeffer würzen und braten. Die Keulen ebenfalls salzen und pfeffern und zu einer Roulade rollen. Fest in Folie packen. Im Wasserbad bei 65 °C etwa 20 Minuten garen. Vor dem Anrichten 4 Scheiben aus der Roulade schneiden.

POLENTA-BALSAMICO-SCHAUM Alle Zutaten in einen Topf geben und etwa 20 Minuten kochen, bis die Polenta gegart ist. Durchsieben und in einen iSi-Syphon füllen, mit Patrone verdichten und warm stellen.

GEBRATENE POLENTA Alle Zutaten in einen Topf geben und etwa 20 Minuten kochen, bis die Polenta gegart ist. Die Kräuter herausnehmen, die Polenta durchmixen und in eine Schale füllen. Sobald sie fest geworden ist, mit einem Metallring 4 Polentaplätzchen ausstechen und diese mit einem kleinen Metallring nochmals ausstechen, sodass Polentaringe entstehen. Vor dem Anrichten in etwas geklärter Butter anbraten.

ANRICHTEN Je 1 Polentaring auf jeden Teller setzen. Die klein geschnittenen Kaninchen-Sauerbratenstücke in der Sauce in diese Ringe füllen, je 1 Kaninchenkeulenscheibe obenauflegen. Je 3 Mini-Maiskolben auf die Teller legen und je 1 Kaninchenkarree daraufsetzen. Mit dem weißen Balsamicoschaum und etwas Kaninchen-Sauerbratenjus nappieren. Mit je 10 Maiskörnern garnieren.

KANINCHEN-SAUERBRATEN

300 g	*Kaninchenfleisch von der Schulter*
50 ml	*Tafelöl*
1	*Möhre, in Würfel geschnitten*
100 g	*Sellerie, in Würfel geschnitten*
2	*Zwiebeln, in Würfel geschnitten*
1 EL	*Tomatenmark*
2 EL	*Rübenkraut*
2 EL	*Apfelkraut*
2	*Scheiben Schwarzbrot, in Würfel geschnitten*
300 ml	*Weißwein*
100 ml	*Weißweinessig*
1 l	*Brühe*
1 EL	*schwarze Pfefferkörner*
1 EL	*Senfkörner*
1 EL	*Wacholder*
2	*Lorbeerblätter*
1	*Nelke*
2	*Knoblauchzehen*
1	*Zweig Thymian*
1 TL	*Stärke*
4	*Kaninchen-Karrees*
300 g	*Kaninchenkeule, Knochen ausgelöst*

POLENTA-BALSAMICO-SCHAUM

40 g	*Polenta (Instant)*
100 ml	*Brühe*
100 ml	*Sahne*
50 ml	*weißer Balsamessig*
50 ml	*Weißwein*
2	*Lorbeerblätter*
1	*Zweig Thymian*

GEBRATENE POLENTA

20 g	*Polenta (Instant)*
140 ml	*Brühe*
80 ml	*Milch*
180 g	*Maiskörner*
1	*Lorbeerblatt*
1	*Zweig Thymian*
	Cayennepfeffer
	geklärte Butter

ANRICHTEN

8	*Mini-Maiskolben*
40	*Maiskörner*

Thymian-Pulpo-Gelee mit Stachelmakrele, Apfelbalsamico und Thymianpuder

Thymian

Die Heil- und Gewürzpflanze existiert in einer großen Sortenvielfalt, wobei sich die Varianten in Blattfarbe, Wuchs und natürlich dem Geschmack wesentlich unterscheiden. Beerntet wird der immergrüne Halbstrauch, der aus Südeuropa stammt, vor und während der Blüte. Kultiviert wird er bevorzugt in Spanien, Südfrankreich, Italien, Bulgarien, Kroatien und Nordamerika. Der beißende Geruch und der aromatisch herbe Geschmack von Thymian fällt bei der frischen Variante wesentlich sanfter und weniger rauchig aus als bei getrockneten Blättern, welche auch eine höhere Würzkraft aufweisen. „Manche Köche tun Thymian vor der Verarbeitung in die Mikrowelle. Das intensiviert, verändert aber auch den Geschmack", sagt Hans Stefan Steinheuer.

Die vollen Geschmacksstoffe des Lippenblütlers entfalten sich erst nach längerem Erhitzen, weswegen das Aroma besonders bei Speisen mit längeren Garzeiten hervortritt. Stellt man frischen Thymian in ein Glas Wasser oder wickelt ihn in Zeitungspapier und verwahrt ihn im Kühlschrank, ist er bis zu drei Tage lang ohne Qualitätseinbußen lagerfähig.

Pulpo Pulpo zweimal blanchieren. Das Olivenöl mit den Gewürzen vermischen, Zitronen und Orangen achteln und hinzufügen, den Pulpo in das Gewürzöl einlegen. 12 Stunden bei 72 °C in dem Öl garen lassen. Pulpo in Scheiben schneiden, zu einer dünnen Matte von 14 x 20 Zentimeter Seitenlänge auslegen.

Thymian-Pulpo-Gelee Fisch- und Geflügelfond mit der pflanzlichen Gelatine aufkochen, anschließend Thymianspitzen, Maldon-Salz und den Essig dazugeben. Die Flüssigkeit auf die Pulpomatte gießen. Vor dem Anrichten in 4 Streifen von 14 x 5 Zentimeter Seitenlänge schneiden.

Makrelen Die Stachelmakrelen filieren, entgräten und die Haut abziehen, kühl stellen. Vor dem Anrichten die Filets auf ein leicht geöltes Blech setzen und bei 100 °C im Ofen etwa 15 Minuten garen.

Apfelbalsamico Die beiden Balsamessige mit Olivenöl, Salz und Pfeffer zu einer geschmeidigen Vinaigrette verrühren.

Apfelperlen Die Äpfel schälen, entkernen und mit dem Perlenausstecher Kugeln aus dem Fruchtfleisch stechen. Die Perlen kurz in heißem Apfelsaft blanchieren und auf einem Blech kalt stellen. Vor dem Anrichten die Apfelperlen mit dem Apfelbalsamico marinieren.

Thymianpuder Die Thymianspitzen im Pflanzenöl frittieren, das Öl abpassieren. Nur das Öl mit der Maltodextrose verrühren, bis ein festes Pulver entsteht. In der Pfanne kurz nachrösten und mit etwas Maldon-Salz abschmecken. Vor dem Anrichten in 4 Würfel pressen.

Getrocknetes Kartoffelblatt Kartoffeln schälen, in 100 Milliliter Wasser weich kochen, salzen und mixen. Mischung dünn auf eine Silikonmatte streichen, Thymianspitzen aufstreuen und eine Stunde bei 100 °C im Backofen trocknen. Vor dem Anrichten in 4 längliche Streifen schneiden.

Anrichten Je 1 gelierten Pulpostreifen auf jeden Teller legen. Je 1 Makrelenfilet daraufgeben. Je 1 Thymianpuderwürfel auf die Makrele setzen. Die marinierten Apfelperlen links und rechts vom Pulpostreifen anrichten, mit Apfelbalsamico nappieren. Mit Shiso Cress dekorieren und zum Schluss je 1 Kartoffelblatt anlegen.

Pulpo

1 kg	*Pulpo*
300 ml	*Olivenöl*
1	*Zweig Thymian*
1	*Zweig Rosmarin*
1	*Lorbeerblatt*
1	*Knoblauchzehe*
2	*Zitronen*
2	*Orangen*

Thymian-Pulpo-Gelee

100 ml	*Fischfond*
200 ml	*Geflügelfond*
11 g	*pflanzliche Gelatine (Sosa)*
5 g	*Thymianspitzen*
	Maldon-Salz
1	*Spritzer Sherryessig*

Makrelen

2	*Stachelmakrelen (à 350 g)*

Apfelbalsamico

20 ml	*Apfelbalsamessig*
10 ml	*Balsamessig (FM 02)*
20 ml	*Olivenöl (Revello)*

Apfelperlen

2	*Äpfel (Granny Smith)*
100 ml	*Apfelsaft*

Thymianpuder

5 g	*Thymianspitzen*
50 ml	*Pflanzenöl*
30 g	*Maltodextrose*
1	*Prise Maldon-Salz*

Getrocknetes Kartoffelblatt

150 g	*Kartoffeln, geschält*
100 ml	*Wasser*
1	*Prise Salz*
3 g	*Thymianspitzen*

Anrichten

Shiso Cress

Pfifferling

Früher war der sogenannte „Rehling" oder „Eierschwamm" noch weitaus verbreiteter – er ist heute eine echte Rarität. Der zur Familie der Leistlingsartigen gehörende Speisepilz kann nicht gezüchtet werden und wird deswegen in den Monaten Juni bis November in Laub- und Nadelwäldern gesammelt. Beheimatet ist der Pilz unter anderem in Australien, Süd- und Nordamerika und vor allem dem südöstlichen Europa wie Bulgarien, Serbien, Ukraine und Polen.

Beim Einkauf ist darauf zu achten, dass die Pfifferlinge angenehm duften und knackig sind. Die Schnittstellen sollten nicht holzig oder dunkel sein. Besonders empfehlenswert sind kleinere Exemplare, die geschmacklich wesentlich aromatischer ausfallen. Nach Möglichkeit sollten Pfifferlinge immer frisch verarbeitet werden und nicht getrocknet oder eingefroren werden, denn nur dann kommt man in den Genuss des vollen Aromas. Zudem sollten sie nur vorsichtig unter fließendem Wasser oder in Mehlwasser geputzt werden. „Man sollte Pilze nicht großartig waschen, weil sonst der Geschmack verwässert. Aber bei Pfifferlingen lässt es sich meist nicht umgehen, da sie oft voller Sand sind", erklärt Hans Stefan Steinheuer.

Tipp Brät man Pfifferlinge bei hoher Hitze an, verschließen sich die Poren und der Pilz wird nicht gummiartig.

Hirsch im Spätburgundersud gegart mit Kohlrabitrilogie, Pfifferlingen und geschäumter Hirschconsommé

Hirschrücken

- ½ l *Spätburgunder*
- 2 *Zweige Thymian*
- 2 *Zweige Rosmarin*
- 2 *Knoblauchzehen*
- 10 *Pfefferkörner*
- 10 *Wacholderbeeren*
- 5 *Lorbeerblätter*
- 1 *Hirschrücken, ausgelöst (etwa 500 g)*

Hirschconsommé

- *Hirschknochen und Flechsen*
- 200 g *Schalotten*
- 100 g *Möhren*
- 100 g *Sellerie*
- 2 *Lorbeerblätter*
- ½ TL *Pfefferkörner*
- 1 *Zweig Thymian*
- 6 *Wacholderbeeren*
- 1 *Prise Xanthan*
- 40 g *kalte Butter*

Hirschrücken Spätburgunder mit den Kräutern und Gewürzen in einem schmalen Topf aufkochen und anschließend auf 60 °C abkühlen lassen. Hirschrücken salzen und pfeffern, in den Sud einlegen, vom Herd ziehen und bei 55 °C (54 °C Kerntemperatur) etwa 20 Minuten garen. Vor dem Anrichten in 4 Scheiben schneiden.

Hirschconsommé Hirschknochen und Flechsen auf einem Blech im Ofen rösten. Zwiebeln, Möhren und Sellerie putzen und in walnussgroße Stücke schneiden. Zusammen mit den Hirschknochen und Flechsen in einen Topf geben, mit Wasser auffüllen, Gewürze, Kräuter, Salz und Pfeffer zugeben und 2 Stunden kochen. Passieren und Flüssigkeit auf 200 Milliliter einkochen. Vor dem Anrichten mit Xanthan leicht binden und mit kalter Butter aufschäumen. Abschmecken.

Kohlrabicotta Schalotten in Butter farblos anschwitzen. Kohlrabi in Würfel schneiden und dazugeben, mit Sahne und Brühe auffüllen und gar kochen. Abgießen, den Fond auffangen und die Kohlrabiwürfel im Thermomix pürieren. Fond nach und nach zugießen. Mit Salz und Cayennepfeffer abschmecken, durch ein Sieb gießen, abkühlen lassen. Eigelb, Ei und Kohlrabi-Spinatmatte dazugeben, nochmals passieren und abschmecken. Auf ein Blech geben (7 mm hoch), im Konvektomat unter Dampf bei 92 °C etwa 15 bis 20 Minuten garen. Vor dem Anrichten mit einem Ausstecher 4 Kreise von etwa 3 Zentimeter Durchmesser ausstechen.

Kohlrabicotta

20 g	Schalotten, klein geschnitten
20 g	Butter
100 g	geschälter Kohlrabi
130 ml	flüssige Sahne
50 ml	Brühe
	Cayennepfeffer
1	Eigelb
1	Ei
	Kohlrabi-Spinatmatte

Falscher Kohlrabi

20 g	Schalotte, fein geschnitten
20 g	Butter
100 g	geschälter Kohlrabi
30 ml	Brühe
70 ml	Sahne
20 g	gehackte Kartoffelmasse
	Cayennepfeffer
120 g	angerührtes Metil (4,5 g Metil auf 100 ml Wasser)

Kohlrabipüree

180 g	geschälter Kohlrabi
20 g	gekochte, gepresste Kartoffeln
20 g	Butter
	Cayennepfeffer
	Kohlrabi-Spinatmatte

Kohlrabigelee

300 g	geschälte Kohlrabi
	Cayennepfeffer
3,5 g	pflanzliche Gelatine (Sosa) pro 100 ml geklärtem Fond

Anrichten

150 g	kleine Pfifferlinge, geputzt
4	Kohlrabischeiben (3 cm Ø), blanchiert
	Kohlrabijulienne, blanchiert

Falscher Kohlrabi Die Schalotten in Butter farblos anschwitzen. Kohlrabi in Stücke schneiden und dazugeben, mit Brühe und Sahne auffüllen und gar kochen. Abgießen, den Fond auffangen und anschließend den Kohlrabi im Thermomix pürieren. Den Fond langsam dazugeben, ebenso die Kartoffelmasse. Mit Salz und Cayennepfeffer abschmecken. Durch ein Sieb geben und erkalten lassen. Das angemischte Metil einrühren. Etwa 17 Millimeter hoch auf ein Blech gießen. Im Konvektomat bei 100 °C unter Dampf etwa 15 Minuten garen. Kurz von dem Anrichten mit einem Metallring 4 Kreise mit etwa 3 Zentimeter Durchmesser ausstechen.

Kohlrabipüree Den Kohlrabi klein schneiden, kochen, ausdämpfen und in einem Tuch ausdrücken. Im Thermomix pürieren, Kartoffeln und Butter dazugeben. Mit Salz und Cayennepfeffer abschmecken und mit Kohlrabi-Spinatmatte färben. Durch ein Sieb streichen.

Kohlrabigelee Den Kohlrabi entsaften, aufkochen, durch ein Tuch passieren. Mit Salz und Cayennepfeffer abschmecken, auskühlen lassen. Die entsprechende Menge pflanzlicher Gelatine in den Saft einrühren und nochmals aufkochen. Auf ein Blech geben und kalt stellen. Vor dem Anrichten aus dem Gelee eine Rolle formen und in 4 Teile schneiden. Mit dem Kohlrabipüree füllen.

Anrichten Die Pfifferlinge anschwitzen, mit Butter, mit Salz und Pfeffer würzen. Auf jeden Teller eine Linie damit legen. Auf jeden Teller 1 Scheibe Hirschrücken legen und die Hirschconsommé angießen. Je 1 gefüllte Kohlrabigeleerolle dazulegen. Auf je 1 Kohlrabischeibe 1 Kohlrabicotta-Kreis setzen und neben die Geleerolle geben. Je 1 Stück falschen Kohlrabi dazustellen, mit Kohlrabijulienne garnieren.

Linsen

Die Hülsenfrüchte des Lippenblütlers unterscheiden sich in Farbe und Größe, wie Riesenlinsen (bis 7 mm), Große oder Tellerlinsen (6 bis 7 mm), Mittelinsen (4 bis 6 mm) und Zuckerlinsen (bis 4 mm). Zu der in Deutschland bevorzugten Sorte zählt die Tellerlinse, als besonders fein gelten die kleinen braunen Linsen aus Umbrien und die kleinen grünen Linsen aus der Gegend von Le Puy in Frankreich, was letztlich auch an dem verhältnismäßig höheren Schalenanteil liegt, in dem die typischen Aromastoffe sitzen.
Ursprünglich stammt der Lippenblüter aus dem Mittelmeerraum oder Kleinasien und wird heute in Spanien, Russland, Vorderasien, Chile, Argentinien, Kanada und in den USA kultiviert. In kleineren Mengen werden Linsen auch in Deutschland auf der Schwäbischen Alb und in Niederbayern angebaut. Die Qualität der Samen ist an einer gleichmäßigen Farbe und einheitlichen Größe erkennbar.
Linsen sind im Handel ganz oder halbiert, ungeschält und geschält erhältlich, wobei bei der geschälten Variante darauf zu achten ist, dass keine Mehlspuren auf dem Verpackungsboden zu finden sind, was auf Parasiten hinweist. Ungeschälte Linsen können vor der Verarbeitung längere Zeit in Wasser eingeweicht werden, was die Garzeit verkürzt. Durch die Zugabe von etwas Essig im Kochwasser vermindert sich die Schaumbildung während der Garung und die Linsen werden zudem leichter verdaulich.
Kühl, trocken, dunkel und in fest verschlossenen Behältnissen sind geschälte Linsen bis zu sechs Monate lang haltbar, ungeschälte Linsen mindestens ein Jahr.

Hinweis „Hülsenfrüchte sollten erst nach dem Kochen gesalzen werden, sonst werden sie nicht weich", erklärt Hans Stefan Steinheuer.

Iberische Schweineschulter mit Linsen, Air-Baguette mit Joselito-Schinken und Schinkenluft

Schweineschulter Die Schweineschulter salzen und pfeffern. Von allen Seiten gut in Öl anbraten, dann 30 Minuten bei 80 °C im Ofen garen. Vor dem Anrichten in 4 fast quadratische Scheiben schneiden.

Air-Baguette Mehl mit Milch, Hefe und Salz verkneten, 3 Stunden gehen lassen, dreimal ausrollen und wieder einschlagen. 4 dünne Mini-Baguettestangen ausstechen. Im Backofen bei 200 °C etwa 3 Minuten backen. Vor dem Anrichten die Schinkenscheiben halbieren und je 1 Hälfte um ein Mini-Baguette wickeln.

Linsen Die Belugalinsen 4 Stunden in reichlich Wasser einweichen, dann abgießen. Die Schalotte in feine Würfel schneiden, mit den Linsen in einen Topf geben und mit Brühe, Balsamessig, Lorbeerblatt und Thymianzweig knapp gar kochen. Mit Salz und Pfeffer würzen, Butter, Olivenöl und zuletzt das Tomaten-Concassée untermischen.

Schinkenluft Die Brühe in einem Topf erhitzen. Schinkenabschnitte in der Brühe 1 Stunde ziehen lassen und auf 250 Milliliter reduzieren, absieben. Vor dem Anrichten das Lezithin in die Flüssigkeit mixen, nur den Schaum verwenden.

Anrichten Die Linsen als fast quadratisches Rechteck auf den Tellern anrichten, je 1 Scheibe von der Schweineschulter darauflegen. Je 1 umwickelte Air-Baguettestange obenauf setzen und einige Tupfer von der Schinkenluft daraufgeben.

Schweineschulter

300 g	*Iberische Schweineschulter (Pluma)*

Air-Baguette

320 g	*Mehl*
190 g	*Milch*
10 g	*Hefe*
4 g	*Salz*
2	*dünne Scheiben Joselito-Schinken*

Linsen

50 g	*Belugalinsen*
1	*Schalotte*
100 ml	*Geflügelbrühe*
20 ml	*Balsamessig*
1	*Lorbeerblatt*
1	*Zweig Thymian*
20 g	*Butter*
20 ml	*Olivenöl*
50 g	*Tomaten-Concassée*

Schinkenluft

500 ml	*Rinderbrühe*
100 g	*Abschnitte vom Joselito-Schinken (Schwarte, Knochen oder Fett)*
1 g	*Lezithin*

Kirsche

Kirschbäume zählen zur Familie der Rosengewächse und werden bevorzugt in Europa, Australien und in den USA kultiviert. Die gelb-rötlichen, hell bis dunkelroten oder schwarzen Steinfrüchte reifen nach der Ernte nicht nach und sollten deswegen nur voll ausgereift bezogen werden – was allerdings den Nachteil birgt, dass sie nicht sonderlich lange haltbar sind. Zudem sollten sie stets mit Stiel eingekauft werden, damit beim Waschen das sogenannte „Ausbluten" unterbunden wird. Kirschkerne sind sehr blausäurehaltig und sollten nicht verzehrt werden.

Die klimatisch anspruchsvollen Süßkirschen stammen ursprünglich aus Vorderasien und dem südöstlichen Europa. Die zwei wichtigsten Sorten sind die weichfleischige Herz- und die festfleischige Knorpelkirsche, deren Saisons von Juni bis August reichen und die sich auch zum Rohverzehr eignen. Die Erntezeit der klimatisch anspruchslosen – ursprünglich aus Südwestasien stammenden – Sauerkirschen dauert einen Monat länger. Unterteilt werden die Früchte in Amarellen, Morellen und die weichfleischigen und saftigen Schattenmorellen, die allesamt einen doppelt so hohen Säuregehalt aufweisen wie die Süßkirschen. „Schattenmorellen sind sehr sauer, eignen sich kaum zum Rohverzehr und kriegen erst durchs Einlegen ihre Süße", sagt Hans Stefan Steinheuer.

Gâteau von Manjari-Schokolade mit Blätterkrokant, Griottines, Schokoladenzylinder mit Griottinesragout, Milchrahm und Gewürz-Kirscheis, Teil 1

Gewürz-Kirscheis Rotwein und Kirschsaft auf ein Drittel reduzieren, mit Kirschmark und Gewürzen aufkochen. Passieren und bei 60 °C die kalte Butter einmontieren. Wieder auf 80 °C erhitzen. Die Eigelbe mit dem Zucker aufschlagen, in die Kirschmischung einmixen und passieren. 4 Stunden in der Kühlung ruhen lassen und in der Eismaschine frieren.

Milchrahm Milch auf 200 Milliliter reduzieren, mit Honig, Glukose und Mark der Vanilleschote aufkochen. In den Thermomix geben. Zucker und Eigelb vermischen, ebenfalls in den Thermomix geben und alles auf 85 °C erwärmen. Zur Rose abziehen.

Schokozylinder Puderzucker mit Eiweiß aufschlagen. Flüssige Butter, Mehl und Kakao unterrühren. Kühl stellen. Gekühlt auf eine Backmatte streichen, bei 160 °C 4 Minuten backen. Sofort dünn über eine Rolle (etwa 3 Zentimeter Durchmesser) legen, dann kühlen.

Schokobiskuit Eine Biskuitmasse herstellen, auf ein Blech streichen und bei 170 °C im Ofen 10 Minuten backen. Aus dem Biskuit mit zwei unterschiedlich großen Ausstechern 4 Ringe (etwa 3 Zentimeter Durchmesser) ausstechen. Außerdem 1 Rechteck mit einer Seitenlänge von 6 x 12 Zentimeter schneiden (für die Schokoladenschnitten).

Gewürz-Kirscheis

200 ml	*Rotwein*
150 ml	*Kirschsaftreduktion*
30 g	*Kirschmark*
	Mark von 1/2 Vanilleschote
	Abrieb von 1/4 Orange
	Abrieb 1/4 Zitrone
1/2	*Zimtstange*
2	*Kardamomkapseln*
5	*weiße Pfefferkörner, zerstoßen*
60 g	*kalte Butter*
70 g	*Eigelb*
50 g	*Zucker*

Milchrahm

1 l	*Milch*
10 g	*Honig*
	Mark von 1/2 Vanilleschote
20 g	*Zucker*
4	*Eigelb*

Schokozylinder

100 g	*Puderzucker*
100 g	*Eiweiß*
100 g	*flüssige Butter*
80 g	*Mehl*
20 g	*Kakao*

Schokobiskuit

150 g	*Kuvertüre, 70 % Kakaoanteil*
100 g	*weiche Butter*
70 g	*Eigelb*
100 g	*Eiweiß*
100 g	*Zucker*
55 g	*Mehl*
20 g	*Mandelgrieß*

Gâteau von Manjari-Schokolade mit Blätterkrokant, Griottines, Schokoladenzylinder mit Griottinesragout, Milchrahm und Gewürz-Kirscheis, Teil 2

Manjari-Schokoladenschnitte Sahne mit Milch aufkochen, die Eigelbe und den Zucker zugeben und alles zur Rose abziehen. Die Schokolade in der Masse auflösen. Die Masse mit dem Spatel kalt rühren, bis sie glänzt. Den dünnen Bisquit in eine Form mit 6 x 12 Zentimeter Seitenlänge setzen und zwei Drittel der Schokoladenmasse daraufstreichen. Kurz von dem Anrichten in 4 Riegel mit 6 x 3 Zentimeter Seitenlänge schneiden. Das letzte Drittel der Masse für den Espuma beiseite stellen.

Schoko-Espuma Die Schokoladenmasse mit der Sahne verrühren und in einen iSi-Spender einfüllen, mit Kapsel verdichten.

Blätterkrokant Die Kuvertüre vorsichtig schmelzen und eine quadratische Platte von etwa 12 Zentimeter Seitenlänge ausgießen. Aus Zucker, Glukose und 60 Milliliter Wasser einen Karamell aufsetzen und gleichzeitig damit beginnen, eine Marmorplatte mit einem Bunsenbrenner aufzuheizen. Sobald diese heiß ist (sie darf ruhig rauchen) leicht einölen, die Butter in den Karamell rühren und auf die heiße Platte gießen. Die Schokoladenplatte darauflegen und etwa 1 Minute lang immer wieder einschlagen. Dann zwischen 2 großen Blättern Backpapier auf der Marmorplatte dünn ausrollen und rasch in 4 Streifen von 6 x 3 Zentimeter Seitenlänge schneiden.

Spritzganachetupfen Sahne und Glukose aufkochen, die Schokolade einrühren und emulgieren. Die Masse mit einem Spatel kalt rühren, damit sie einen schönen Glanz erhält, dann kalt stellen. Auf jeden Blätterkrokantstreifen 3 Tupfer Ganache setzen. Je 1 Minzblättchen auf jeden Tupfer stecken.

Anrichten Die Hälfte der Griottines zu einem feinen Ragout würfeln und mit einem kleinen Metallring auf die Teller verteilen. Je 1 Schokozylinder auf das Ragout setzen. Die Zylinder mit dem Schoko-Espuma füllen und etwas Peta Zeta daraufstreuen. Daneben je 1 Manjari-Schokoladenschnitte legen und mit Blätterkrokant abdecken. Je 1 Schokostick oben auf die Ganachetupfen legen. Je 1 Nocke Gewürz-Kirscheis daneben auf einem Nest von Zuckerfäden anrichten. Mit 1 Zuckerspirale dekorieren. Auf der einen Seite der Teller eine Linie aus den Griottines legen, auf der anderen Seite den Milchrahm angießen.

MANJARI-SCHOKOLADENSCHNITTE

100 ml	Sahne
100 ml	Milch
2	Eigelb
20 g	Zucker
200 g	Manjari-Schokolade (Valrhona)

SCHOKO-ESPUMA

1/3	von der Manjari-Schokoladenmasse
100 ml	Sahne

BLÄTTERKROKANT

20 g	dunkle Kuvertüre
80 g	Zucker
8 g	Glukose
15 g	Butter

SPRITZGANACHETUPFEN

30 ml	Sahne
15 g	Glukose
25 g	Manjari-Schokolade (Valrhona)
12	Minzblättchen

ANRICHTEN

200 g	Griottines
	Peta Zeta
4	feine Sticks aus dunkler Kuvertüre
4	Nester aus Zuckerfäden
4	Zuckerspiralen

Harald Wohlfahrt

Pinzetten findet man für gewöhnlich in Uhrenwerkstätten oder in medizinischen Laboratorien. Vielleicht auch in computertechnologischen Instituten. Summa summarum bei jenen Professionen, von denen man sowieso und grundsätzlich überhaupt nichts versteht. In der Küche der *Schwarzwaldstube* zieht dieses Instrument deswegen so einige Aufmerksamkeit auf sich, vor allem wenn der Küchenchef damit die Komponenten seiner Gerichte akkurat arrangiert und sein Team die Zange nutzt, um Kaviarkörner auf den Vorspeisen zu platzieren …

Bei dieser ständigen Verpflichtung zu viktualischer Feinmechanik, verspürt man da nicht auch mal die Lust, ein grobschlächtiges Gulasch in die Pfanne zu hauen? – „Das machen wir ständig", antwortet Harald Wohlfahrt, ohne sich beim Anrichten ablenken zu lassen, „wir sind nicht nur auf die edlen Stücke fixiert! Von einem Täubchen verwerten wir die Karkasse, die Innereien, die Keule und nicht nur die Brust. In der Küche gibt es keinen Abfall! Wenn man mit Produkten sorgfältig umgeht, kann man aus allem etwas Schmackhaftes zubereiten!"

Nein, nein, Missverständnis! Wir meinten vielmehr, ob Sie nicht ab und an den Drang verspüren, bewusst unexakt zu arbeiten, allein der Unexaktheit wegen, sozusagen als Ausgleich zum Alltag! – Der Sternekoch richtet sich auf. Überlegt. Rümpft die Nase. Der Gedanke behagt ihm gar nicht. Plötzlich treten neben seinen Augen feine Lachfältchen. „Was manche Köche den Gästen antun, weil sie respektlos und achtlos mit Produkten und ihrem Handwerk umgehen – da frage ich mich oft, ob das, was wir hier machen, nicht doch eher eine Kunstform ist", sagt er, ohne dabei irgendwelche kulinarischen Auszeichnungen wie Tapferkeitsmedaillen auf der Brust zu tragen.

Harald Wohlfahrts Großeltern waren Selbstversorger. Sie hatten drei Stück Großvieh. Hühner, Stallhasen und Ziegen. Obst- und Nussbäume. Er half Kartoffeln zu setzen, Heu zu machen. Zweimal im Jahr wird ein Schwein geschlachtet, Würste werden hergestellt, Schinken in Salz gebadet: „Ich habe Meerrettichwurzeln aus der Erde gezogen. Das sind lebendige Erlebnisse und ein Bezug zur Natur, der bleibt", erzählt Harald Wohlfahrt, der schon in jungen Jahren seinen Lebensunterhalt mit Naturprodukten verdienen möchte – allerdings in der Landwirtschaft. Ende der Sechziger Jahre werden viele Betriebe jedoch unrentabel.

Es entsteht das Berufsbild „Koch". Er absolviert die Grundausbildung, besucht die Meisterschule, macht Station in renommierten Küchen: ein Lebenslauf, der mittlerweile auf verhältnismäßig viel Papier gedruckt wurde. Was Harald Wohlfahrt auch unheimlich freut, weil die Medien die *Schwarzwaldstube* so positiv begleiten! Wenngleich er das Kochhandwerk zu einer Zeit erlernte, als die Profession noch keine öffentliche Anerkennung erfuhr und darin also auch keine ursprüngliche Motivation lag, den Beruf zu erlernen.

Außerdem existieren neben den Medien noch andere Möglichkeiten, um sich selbst zu hinterfragen oder zu bestätigen: die Gäste, die kritisch und sensibilisiert sind, oder die Bilanzen, denn ein Restaurant ist kein Selbstläufer. Und dann ist da natürlich auch der eigene Maßstab und Anspruch, stets kreativ, innovativ und niveauvoll zu arbeiten, ohne seinem Küchenstil untreu zu werden. Und letztlich ist und bleibt für Harald Wohlfahrt die größte Reputation, dass viele seiner ehemaligen Köche jetzt ebenso erfolgreich sind. – „Verdammt erfolgreich!", fügen wir hinzu. – „Oder zum Erfolg verdammt", kontert der Koch herzlich lachend, während er mit der Pinzette Gurkenspaghetti in einen Anrichtering einfädelt.

Zur Person

Harald Wohlfahrt wurde im Jahr 1955 in Loffenau geboren. Seine Ausbildung zum Koch absolvierte er von 1970 bis 1974 im *Mönch's Waldhotel* in Dobel im Nordschwarzwald. Zwei Jahre im Restaurant *Stahlbad* in Baden-Baden schließen sich an. Ab 1977 verbringt er ein Jahr am Herd von Eckart Witzigmann im Münchener *Tantris*. Danach wechselt er als Sous-Chef von Wolfgang Staudenmaier in die *Schwarzwaldstube*. Im Jahr 1980 beendet er die Meisterschule in Baden-Baden. Ein Praktikum bei Alain Chapel im französischen Mionnay folgt. Danach übernimmt er schließlich die Küchenleitung der *Schwarzwaldstube* im Hotel *Traube Tonbach*. Das Gourmetrestaurant wird seit 1992 mit drei Sternen im Guide Michelin, 5 Feinschmecker-Punkten und mit 19,5 Punkten im Gault Millau ausgezeichnet.

„Gastronomie ist wie ein Automobil: Vor hundert Jahren hatte es ein Lenkrad, Motor, Karosserie und vier Räder. Hat es heute noch, aber mit wie viel mehr Innenleben, mit wie viel mehr Detail, mit wie viel mehr Technik. Als der Katalysator erfunden wurde, sind alle nachgezogen, weil es Sinn machte. Warum sollte man sich solchen Innovationen verschließen?"

Harald Wohlfahrt

Mosaik von Gambas und Périgord-Trüffeln mit Topinamburpüree

Topinamburpüree

400 g	*Topinambur, geschält und gewürfelt*
	Fleur de Sel
200 ml	*Sahne*
200 ml	*Milch*
50 g	*Butter*
	Muskatnuss

Mosaik

8	*Carabinero-Gambas aus dem Atlantik (20–25 cm; ersatzweise Riesengarnelen)*
160 g	*Périgord-Trüffel*
20 g	*Butter*
20 g	*Trüffeljus (aus dem Glas)*

Gemüse-Trüffel-Vinaigrette

2 EL	*alter Balsamessig*
	Fleur de Sel
2 EL	*Walnussöl*
2 EL	*Traubenkernöl*
2 EL	*Olivenöl*
2 EL	*Trüffeljus (aus dem Glas)*
1 EL	*Staudensellerie, blanchiert und fein gewürfelt*
1 EL	*Frühlingszwiebeln, blanchiert und fein gewürfelt*
1 EL	*Möhren, blanchiert und fein gewürfelt*
	fein gehackte Trüffelschalen

Anrichten

16	*karamellisierte Haselnüsse, fein gehackt*
1 TL	*gekochter Hummercorail, zerdrückt*

Topinamburpüree Topinamburwürfel mit etwas Fleur de Sel würzen. In der Sahne-Milch-Mischung weich kochen (15 bis 20 Minuten). Auf einem Sieb abtropfen lassen. Flüssigkeit auffangen, auf ein Drittel einkochen. Topinambur im Mixer pürieren. Sahne-Milch-Reduktion und Butter in das Püree einrühren. Mit Fleur de Sel, Pfeffer und Muskatnuss abschmecken. Zugedeckt im Kühlschrank erkalten lassen.

Mosaik Gambas ausbrechen, Darm entfernen. Alle in Klarsichtfolie einrollen. Rollen im Tiefkühlfach etwa 2 Stunden anfrieren lassen. Mit einer Aufschnittmaschine in dünne Scheiben aufschneiden. Trüffel gründlich bürsten, waschen, schälen. Mit einem Trüffelhobel in dünne Scheiben hobeln. Trüffelschalen für die Vinaigrette sehr fein hacken. Beiseite stellen. Butter und Trüffeljus zusammen erhitzen.

Gemüse-Trüffel-Vinaigrette Balsamessig mit etwas Fleur de Sel verrühren, bis das Salz gelöst ist. Walnussöl, Traubenkernöl, Olivenöl und Trüffeljus hinzufügen. Gemüsewürfel mit gehackten Trüffelschalen unter die Vinaigrette heben. Mit Pfeffer abschmecken.

Anrichten 4 quadratische Teller mit Butter-Trüffel-Jus bestreichen. Je Teller abwechselnd 4 Reihen Trüffel-und Gambascheiben diagonal zu einem Quadrat legen. Mit etwas Fleur de Sel und Pfeffer bestreuen. 10 Sekunden unter den heißen Grill stellen. Mit Vinaigrette umgießen. Mithilfe eines Spritzbeutels mit Sterntülle kaltes Topinamburpüree um den Rand spritzen. Mit Haselnüssen und nach Belieben mit Hummercorail garnieren.

Gurke

Mit 97 Prozent Wasseranteil gehören Gurken zu den wasserreichsten und kalorienärmsten Fruchtgemüsen. Die Gurkenschale ist meist grün, in seltenen Fällen auch gelb oder weiß gefärbt. Das Fruchtfleisch ist meistens weißlich, bei einigen wenigen Sorten auch orangefarben. Die Gurken gehören zur Familie der Kürbisgewächse – sind also mit Melonen und Kürbissen verwandt – und stammen ursprünglich aus Indien, werden heutzutage allerdings weltweit kultiviert.

In der Küche werden zwei verschiedene Sorten unterschieden: die Einlege- oder Schälgurke, die meist im Freiland angebaut wird, etwas kleiner im Wuchs ist und mehr Bitterstoffe enthält als die Salat- oder Schlangengurke, die meist im Gewächshaus kultiviert wird. „Ich bevorzuge Gurken aus biologischem Anbau, aber man kann für das Gericht natürlich auch eine gewöhnliche Salatgurke verwenden", so Harald Wohlfahrt.

Beim Einkauf sollten Gurken fest, schlank geformt und kräftig grün sein. Größere Exemplare schmecken häufig bitter, etwas fade und haben einen hohen Kernanteil. Da das Fruchtgemüse sehr kälteempfindlich ist, sollte es nicht zu kalt gelagert werden und möglichst innerhalb von zwei bis vier Tagen verbraucht werden.

Hinweis Gurken sollten nicht mit den Etyhlen absondernden Tomaten oder Obst gelagert werden, da das den Reife- und Fäulnisprozess beschleunigt.

Warm geräucherter Bachsaibling auf Gurkenspaghetti, Gribichesauce und Avruga-Kaviarcreme

Geräuchterter Saibling Saiblingsfilet mit Salz, einer Prise Zucker und Bergpfeffer gut würzen. Mit Klarsichtfolie bedeckt 1 Tag im Kühlschrank marinieren. Räuchermehl, zerdrückte Wacholderbeeren und Thymianzweig in die Räucherschale des Räuchergerätes geben. Das Fischfilet trocken tupfen, in 8 Scheiben schneiden und auf den Räucherrost legen. Räuchergerät erhitzen und Saiblingsfilet im Rauch 4 bis 6 Minuten warm räuchern. Räucherofen öffnen. Saiblingsfilets bis zum Anrichten im warmen Ofen lassen.

Gurkenspaghetti Die Gurke schälen, halbieren und die Kerne mit einem kleinen Löffel herausschaben. Die Gurkenhälften in lange Spaghetti hobeln und etwa 5 Minuten mit Salz marinieren. Dann die restlichen Zutaten zugeben und abschmecken.

Gribichesauce Champagnervinaigrette mit Tomatenwürfeln, fein gehacktem, hartgekochtem Ei, Kapern und Schnittlauch verrühren, mit Salz und Pfeffer abschmecken.

Kaviarcreme Sauerrahm mit dem Xanthan verrühren, Avruga- und Forellenkaviar unterheben und mit ein paar Tropfen Zitronensaft abschmecken.

Anrichten Die Gurkenspaghetti auf 4 Tellern verteilen, je 2 Scheiben warm geräucherten Saibling darauflegen. Je 1 kleine Nocke Kaviarcreme auf die Saiblingsscheiben setzen. Mit der Gribichesauce umgießen und mit verschiedenen Kressen garnieren.

Geräucherter Saibling

300 g	*Saiblingsfilet*
	japanischer Bergpfeffer
50 g	*Räuchermehl vom Buchenholz*
2	*Wacholderbeeren, zerdrückt*
1	*Zweig Thymian*

Gurkenspaghetti

1	*Salatgurke*
1 TL	*Ingwer, frisch gerieben*
1/2 TL	*weißer Balsamessig*
2 EL	*Distelöl*
6	*Kerbelblätter, fein geschnitten*

Gribichesauce

4 EL	*Champagnervinaigrette*
1 EL	*Würfel von abgezogenen Tomaten*
1	*hartgekochtes Hühnerei*
20	*Kapern*
1 EL	*Schnittlauchröllchen*

Kaviarcreme

50 g	*Sauerrahm*
1 Msp.	*Xanthan*
20 g	*Avrugakaviar*
20 g	*Forellenkaviar*
	Saft von 1/2 Zitrone

Anrichten

verschiedene Kressen

Chicorée

Die Sprossen der Zichorienwurzel werden unter Lichtausschluss gezogen, was die Chlorophyllproduktion unterdrückt. Als Folge entsteht nicht nur die typische blassgelbe Farbe des Blattgemüses, sondern die Bildung von Bitterstoffen wird maßgeblich reduziert. „Es gibt mittlerweile auch Zuchtsorten, die nicht so bitter schmecken, aber im Grunde muss man die Produkte lieben, wie sie die Natur geschaffen hat. Umso öfter man sie probiert, umso mehr lernt man auch die Bitterkeit des Chicorée zu schätzen", sagt Harald Wohlfahrt.
Das einst traditionelle Wintergemüse verfügt über zahlreiche Mineralstoffe, stammt ursprünglich aus Belgien und hat von Oktober bis April Saison. Beim Einkauf sollte Chicorée fest und gleichmäßig geformt sein. Die Blätter sollten fest verschlossen sein, die Farbe weiß und an den Spitzen hellgelb. Grüner Chicorée ist stark bitter. Bei der Lagerung ist zu beachten, dass die Sprossen dunkel aufbewahrt werden, da das Blattgemüse sonst Qualitätseinbußen erleidet wie lockere Blätter, grüne Spitzen und/oder rote Flecken. Die äußeren Blätter und der Strunk enthalten mehr Bitterstoffe und sollten vor der Verarbeitung entfernt werden. Einige Spritzer Zitronensaft im Kochwasser erhält die weiße Blattfarbe.

Hinweis Chicorée sollte nie in eisernen Töpfen oder Schüsseln zubereitet werden, da das Gemüse sich sonst schwarz verfärbt!

Chicorée mit Birnen und Spekulatiusbröseln

SPEKULATIUSBRÖSEL Butter in einem kleinen Topf schmelzen, den zerbröselten Spekulatius unterrühren.

SPEKULATIUSKROKANT Alle Zutaten außer Puderzucker und Spekulatiusbrösel auf 160 °C kochen lassen. Masse auf eine Silikonmatte gießen und abkühlen lassen. Im Mixer zu einem feinen Pulver mixen, Puderzucker und Spekulatiusbrösel nach und nach hinzufügen. Das Pulver auf eine Silikonbackmatte streuen, im heißen Backofen bei 250 °C 1 Minute schmelzen und danach abkühlen. In Stücke brechen.

CHICORÉE Äußere Blätter entfernen. Die Enden abschneiden und in kaltem Wasser waschen. Chicorée mit Salz und einer Prise Zucker würzen und mit zerlassener Butter in einem Beutel vakuumieren. Im Dampfgarer bei 95 °C 1 Stunde garen. Vor dem Anrichten den Chicorée aus dem Vakuumbeutel nehmen, der Länge nach halbieren und den Garsaft auffangen. In einer Pfanne Butter schmelzen, Chicoréehälften mit einer Prise Zucker karamellisieren, mit dem Garsaft ablöschen und alles gleichmäßig glasieren.

BIRNEN Birnen längs halbieren, entkernen und jede Hälfte nochmals in drei Spalten schneiden. Birnenspalten in einer Pfanne mit zerlassener Butter garen, bis sie eine goldgelbe Farbe annehmen.

ANRICHTEN Je 4 Chicoréehälften pro Teller abwechseln mit je 3 Birnenspalten anrichten. Den Chicorée mit den warmen Spekulatiusbröseln überziehen und in die Birnenspalten je 1 Stück Spekulatiuskrokant stecken.

SPEKULATIUSBRÖSEL

60 g *Butter*
50 g *zerbröselter Spekulatius*

SPEKULATIUSKROKANT

100 g *Zucker*
50 g *Glukosesirup*
20 g *Honig*
10 g *Puderzucker*
10 g *Spekulatiusbrösel, sehr fein gemahlen*

CHICORÉE

8 *Chicoréestauden*
Fleur de Sel
80 g *zerlassene Butter*

BIRNEN

2 *Birnen (Williams Christ)*

Petersilienrisotto mit Muscheln und Calamaretti

Muscheln Bart der Bouchot-Muscheln entfernen. Beide Muschelsorten getrennt in kaltem Wasser waschen, abtropfen lassen. Offene Muscheln aussortieren. In zwei flachen Töpfen je 1 Esslöffel Olivenöl erhitzen. Jeweils die Hälfte der Schalotten- und Gemüsewürfel darin anschwitzen. Jede der Muschelsorten in einen der Töpfe geben. Knoblauch, Pfefferkörner und Thymian dazugeben, 1 Minute andünsten. Mit jeweils der Hälfte des Weißweins ablöschen. Nur so lange köcheln lassen, bis die Muscheln sich öffnen, dann die Muscheln abgießen und den Muschelfond auffangen. Beide Fonds zusammengießen, 100 Milliliter der Mischung für das Risotto beiseite stellen. Je 4 Muscheln in der Schale für die Garnitur beiseite legen. Die restlichen Muscheln aus der Schale lösen. Geschlossene Muscheln nicht verwenden. Kurz vor dem Anrichten 150 Milliliter Muschelfond erhitzen und mit der Butter montieren. Mit dem Stabmixer aufschäumen.

Risotto Knoblauch und Schalotte in heißem Olivenöl andünsten. Reis hinzufügen, salzen und mit dem Weißwein ablöschen. Einkochen lassen, bis der Weißwein aufgesogen ist. Heißen Muschelfond aufgießen. Unter ständigem Rühren sanft köcheln. Wenn der Reis die Flüssigkeit aufgesogen hat, mehrmals etwas heißen Fischfond nachgießen und von Reis absorbieren lassen. Nach knapp 20 Minuten ist der Reis gar, hat aber noch Biss. Parmesan, Butter und Petersilienpesto unterrühren. Mit Salz und Pfeffer würzen.

Reis

Weltweit existieren über 8.000 verschiedene Reissorten wie Roter Reis, Grüner Reis, Süßreis oder Duftreis, die sich nicht nur in Farbe, Geschmack oder Inhaltsstoffen differenzieren, sondern auch in der Kornform wie Langkorn-, Mittelkorn- oder Rundkornreis. Die zwei unterschiedlichen Anbaumethoden sind Nassreisanbau und Trockenreisanbau (Bergreis). Nach der Ernte wird der sogenannte Roh- oder Paddyreis von den Spelzen getrennt und als Braun- oder Cargoreis, also mit Samenschale und Silberhäutchen, auf dem Weltmarkt vertrieben. Dort wird der Reis weiteren Bearbeitungsverfahren unterzogen, die entscheidend das Endprodukt beeinflussen: Weißreis wird geschliffen und poliert. Parboiled-Reis wird vor dem Schälen einer Wasserdampfbehandlung unterzogen, wodurch wichtige Vitamine und Mineralstoffe ins Innere wandern. Schnellkochreis ist vorgekochter und danach getrockneter oder gefriergetrockneter Reis. Nur der Braunreis (auch Natur- oder Vollkornreis) bleibt unbehandelt.

Das einjährige Rispengras gehört zur Familie der Süßgräser und stammt ursprünglich aus Südostasien, wo es heute auch noch zu den wichtigsten Hauptnahrungsmitteln zählt. Zu den Hauptanbaugebieten – die Deutschland versorgen – gehören die USA und Norditalien, wo in der Po-Ebene der spezielle und sehr stärkehaltige Rundkornreis Risotto kultiviert wird. Die drei geläufigsten Sorten sind Arborio, Vialone und Carnaroli. „Risotto ist nicht gleich Risotto. Ich nutze immer die Sorte Arborio, die ist schön festkochend und eignet sich gut, um den perfekten Garpunkt abzufangen", sagt Harald Wohlfahrt. Zu weiteren europäischen Erzeugerländer gehören Portugal, Spanien, Frankreich und die Schweiz. Reis sollte immer trocken, dunkel und luftig gelagert werden, da er in verschlossenen Gefäßen mit der Zeit ranzig wird.

Muscheln

500 g	Bouchot-Muscheln
500 g	Venusmuscheln
2 EL	Olivenöl
1	Schalotte, grob gewürfelt
30 g	Staudensellerie, gewürfelt
30 g	Fenchel, gewürfelt
1	Knoblauchzehe, fein gehackt
1 TL	weiße Pfefferkörner
2	Zweige Thymian
100 ml	trockener Weißwein
40 g	Butter

Risotto

1	Knoblauchzehe, fein gehackt
1	Schalotte, fein gewürfelt
3 EL	Olivenöl
200 g	Risottoreis (Carnaroli)
100 ml	trockener Weißwein
100 ml	Muschelfond
350 ml	heißer Fischfond
20 g	Parmesan, gerieben
40 g	Butter
2 EL	Petersilienpesto

Calamaretti

8	Calamaretti
	Olivenöl

Anrichten

8	gebackene Tintenfischringe
	gebratene Sepiastücke
10 g	Chilifäden
	Petersilienblättchen

Calamaretti Die Körperbeutel säubern und rautenförmig einritzen. Mit Olivenöl beträufeln und auf dem heißen Grill kurz anbraten.

Anrichten Das Risotto auf die vorgewärmten Teller verteilen. Je 1 Bouchot- und 1 Venusmuschel sowie 2 Calamaretti und die ausgelösten Muscheln anlegen. Je 2 gebackene Tintenfischringe und Sepiastücke auf das Risotto legen. Mit dem aufgeschäumten Muschelfond umgießen, mit Chilifäden und Blattpetersilie garnieren.

Kakao

Der botanische Name des Kakaos lautet *„Theobroma cacao"*, was so viel wie „Speise der Götter" bedeutet. Ursprünglich stammt der Kakaobaum aus dem Amazonasgebiet Südamerikas. Kultiviert wurde er wohl das erste Mal 1.100 v. Chr. in Mittelamerika, wo jedoch lediglich das Fruchtmus der Kakaoschote vergoren und als alkoholhaltiges Getränk konsumiert wurde. Erst die Azteken schätzten ab dem 14. Jahrhundert Kakaobohnen als Lebens- und Zahlungsmittel. Mit der Entdeckung Amerikas verbreitete sich die Gewürzpflanze über den Globus. 70 Prozent der heutigen Weltproduktion stammen aus vier afrikanischen Ländern.

Die Früchte des immergrünen Kakaobaums tragen lange gurkenförmige Schoten, die jeweils 20 bis 60 Samen bzw. Kakaobohnen enthalten, die zu 54 Prozent aus Fett bestehen und einen hohen Gehalt an Bitterstoffen aufweisen. Als Qualitätsmerkmale gelten die Sorte, Größe und Verunreinigungen der Bohne sowie das Anbaugebiet. Dort werden die Samen vor dem Export fermentiert, wodurch ein Teil der Bitterstoffe verloren geht und sich die typischen Geschmacksstoffe bilden. Vor der Ausfuhr werden die Kakaobohnen getrocknet und am Bestimmungsort gewaschen, geröstet (maßgebliche Aromabildung und Entstehung der braunen Farbe), gebrochen (Entfernung der Schale) und schließlich zu einem dickflüssigen Brei gemahlen.

Durch die Abpressung dieser Masse wird wertvolles Öl (Kakaobutter) gewonnen. Der zurückbleibende harte Presskuchen wird zu Kakaopulver gemahlen und dient zur Weiterverarbeitung der zahlreichen Schokoladenprodukte. Die Süße, welche dem Kakao gerne zugeschrieben wird, kommt ausschließlich von den bei der Herstellung zugesetzten Süßstoffen, die im Endprodukt enthalten sind. Kakaobohnen sind naturgemäß bitter.

Déclination von Valrhona-Schokoladen mit Physaliskompott und Puder von der kandierten Orangenschale, Teil 1

Krokantröllchen

250 g	*Zucker*
100 g	*Glukosesirup*
30 g	*Butter*

Rotwein-Birnen-Kompott

1 l	*Rotwein (Côte du Rhône)*
80 g	*Tannenhonig*
250 ml	*Grenadinesirup*
120 g	*Zucker*
1	*Vanilleschoten*
2	*Zimtstangen*
2	*Sternanis*
3	*Nelken, in Orangenschale gesteckt*
5	*Birnen (Williams Christ)*
20 g	*Pektin (AS 502)*
	Saft von 1 Zitrone

Englische Basiscreme

500 ml	*Sahne*
200 ml	*Milch*
200 g	*Eigelb*
100 g	*Zucker*

Tonkabohnencreme

650 g	*Basiscreme*
6 g	*Gelatine*
	Abrieb von 1 Tonkabohne

Krokantröllchen Zucker, Glukose und 100 Milliliter Wasser zu hellem Karamell kochen. Die Butter unterrühren, glatt streichen. Den Krokant auf 80 °C bringen, damit sich Fäden ziehen lassen. Plastikrohre oder ähnliches von 3 Zentimeter Durchmesser nehmen und die Zuckerfäden herumwickeln. Es werden 4 Röllchen von etwa 5 Zentimeter Höhe benötigt. Fertige Röllchen abnehmen und trocken aufbewahren.

Rotwein-Birnen-Kompott Rotwein, Honig, Grenadinesirup, 50 Gramm Zucker und Gewürze zum Kochen bringen. Flüssigkeit auf 750 Milliliter reduzieren. Die Birnen schälen, die Stiele nicht entfernen. In den noch leicht kochenden Rotweinsud legen, vom Herd nehmen. Birnen über Nacht im Sud ruhen lassen. Birnen aus dem Sud nehmen, abtropfen und in kleine Würfel von 5 Millimeter Seitenlänge schneiden. 1/2 Liter vom Rotweinsud abmessen, mit dem Pektin und 70 Gramm Zucker vermengen. Den Zitronensaft zufügen und alles aufkochen lassen, einige Minuten unter Rühren kochen. Kühl stellen. Die Birnenwürfel mit dem angedickten Sud mischen. Ungefähr zwei Drittel des Kompotts in 4 tiefe, kleine Glasteller verteilen. Kalt stellen.

Englische Basiscreme Alle Zutaten auf 82 °C erhitzen und zur Rose abziehen.

Tonkabohnencreme Die Gelatine in etwas Wasser einweichen und dann in der noch warmen Basiscreme auflösen. Den Tonkabohnenabrieb unterrühren. Die Creme etwa 8 Millimeter dick auf das Birnenkompott in den Tellern verteilen. Kalt stellen.

Déclination von Valrhona-Schokoladen mit Physaliskompott und Puder von der kandierten Orangenschale, Teil 2

Schokoladencreme

320 g *Kuvertüre (Pure Caraïbe)*

650 g *Basiscreme*

Kakaolikörgelee

300 g *Eisella Gel*

300 g *dunkler Kakaolikör*

Schokoladenbiskuit

200 g *Marzipanrohmasse (MO)*

200 g *Zucker*

100 g *Ei*

160 g *Eigelb*

100 g *Schokolade (Guanaja), 70 % Kakaoanteil*

200 g *Butter*

200 g *Eiweiß*

75 g *Mehl*

50 g *Kakao*

Schokoladencreme Die Kuvertüre vorsichtig erwärmen und unter die Basiscreme mengen. Die Schokoladencreme 8 Millimeter dick auf die feste Tonkabohnencreme in den Glastellern streichen. Kalt stellen.

Kakaolikörgelee Alle Zutaten mit 100 Milliliter Wasser in einen Topf geben, zum Kochen bringen. Auf 50 °C abkühlen lassen und die Schokoladenschicht in den Glastellern damit glasieren.

Schokoladenbiskuit Marzipan und 100 Gramm vom Zucker gut vermengen. Ei und Eigelb nach und nach dazu geben, schaumig schlagen. Schokolade und Butter bei 50 °C zerlassen. Eiweiß und 100 Gramm Zucker zu steifem Schnee schlagen. Ein Drittel vom Eischnee unter die Kakaobuttermasse rühren. Kakaobuttermasse mit der Marzipanmasse mischen, Mehl und Kakaopulver dazu geben, restlichen Eischnee unterheben. Biskuitmasse auf Backpapier (etwa 40 x 60 cm Seitenlänge) 1 Zentimeter dick aufstreichen und im Ofen etwa 8 Minuten bei 230 °C backen. Aus dem Biskuit 4 Ringe mit etwa 3 Zentimetern Durchmesser ausstechen und in der Mitte der Glasteller platzieren.

Physaliskompott

50 g	*Eisella Gel*
50 ml	*Orangensaft*
250 g	*Physalismark (fein gemixt, mit Kernen)*

Kandierter Orangenschalenpuder

200 g	*Orangenzesten*
100 g	*Puderzucker*

Anrichten

4	*Schokotäfelchen (etwa 5 cm Seitenlänge)*

Physaliskompott Eisella Gel und Orangensaft zum Kochen bringen. Physalismark hinzufügen, 1 Minuten erhitzen. Kalt stellen.

Kandierter Orangenschalenpuder Orangenzesten dreimal in kochendem Wasser blanchieren. Abtropfen lassen. Zesten mit dem Puderzucker mischen, auf eine Silikonmatte geben und im Umluftofen bei etwa 80 °C trocknen lassen (etwa 1 Stunde). Zesten auskühlen lassen und im Thermomix kalt feinmixen.

Anrichten Je 1 Schokotäfelchen auf die Schokoladenbiskuitkreise legen. Je 1 Krokantröllchen auf die Schokoladentäfelchen setzen. Die Krokantröllchen jeweils zur Hälfte mit Birnenkompott und Physaliskompott füllen. Die Türmchen nach Belieben garnieren. Ein wenig vom Orangenpuder auf die Tellerränder streuen.

Hannes Finkbeiner

Hannes Finkbeiner wurde 1977 in Freudenstadt geboren und wuchs in einem mittelständischen Hotelbetrieb in Baiersbronn-Schönmünzach auf. Von 1999 bis 2001 absolvierte er eine Ausbildung zum Restaurantfachmann im Hotel Bareiss in Baiersbronn-Mitteltal. Er arbeitete danach bei der Deutschen Messe Hannover als Bankett-Leiter, wo die Organisation und Veranstaltungsleitung von Großevents bis 7000 Personen zu seinen Aufgaben gehörte, etwa der CDU-Parteitag 2007, oder die Restaurant- und Reservierungsleitung der Münchner Halle mit 3200 Sitzplätzen. Von 2003 bis 2006 studierte er Print- und Fernsehjournalistik in Hannover. Seit 2008 arbeitet er als freier Autor und Journalist.

Sara Wolff

Sara Wolff wurde 1976 in Wolfenbüttel geboren und wuchs auf dem landwirtschaftlichen Betrieb ihrer Eltern in Groß Biewende auf. Zwischen 1996 bis 1998 absolvierte sie eine Berufsausbildung zur Landwirtin und anschließend ein Studium der Agrarwissenschaften in Berlin. Sie arbeitete als wissenschaftliche Angestellte an der Biologischen Bundesanstalt für Land- und Forstwirtschaft und am Bundesforschungsinstitut für Kulturpflanzen. Zu internationalen Stationen zählen die „Ökologische Station der CITMA-Guantanamo" in Kuba oder die „Willing Workers on Organic Farms" in Neuseeland. Ihre Fachpublikationen beschäftigten sich schwerpunktmäßig mit der Bekämpfung von Schädlingen an Kulturpflanzen. Sara Wolff lebt und arbeitet in Berlin.

Jasper Ehrich

Jasper Ehrich wurde 1982 in Hannover geboren. Nach seinem Abitur im Jahr 2002 nutzte er ein Vollstipendium der Briar Cliff University in Sioux City (Iowa, USA) und studierte „Multimediale Massenkommunikation". Anschließend absolvierte er den Masterstudiengang „Multimediale Kommunikation" am Institut für Journalismus und Kommunikationsforschung in Hannover. Praktische Erfahrungen als Fotograf sammelte er unter anderem in Chicago (John Reilly Photography), Hamburg (Network Movie Film- und Fernsehproduktion) und in Hannover (Marc Theis Fotografie). Jasper Ehrich lebt und arbeitet seit 2008 als Profi-Fotograf in der niedersächsischen Landeshauptstadt.

Für Beratung, Unterstützung und maßgebliche Kleinigkeiten besten Dank an:

Karl-Heinz Bandow, Kai Bewersdorff, Saskia Braun, Hans Peter O. Breuer, Dörte Claasen, Familie Cuadros-Locher, Mathias Determann, Ina ten Doornkaat Koolman, Meike Duensing, Jörg Finkbeiner, Rainer Faisst, Oliver Friedrich, Marina Karrer, Wilfried Köpke, Claus-Peter Lumpp, Peter Müller, Andreas Roller, Ariane Schmutz, Joachim Schweikert, Michael Sutor, Mathias Walter und natürlich Toni Finkbeiner (alle behaupten, ihre Mutter mache den besten Kartoffelsalat. Der Unterschied ist nur, dass ich Recht habe).

Impressum

ISBN 978-3-87515-040-7

Alle Rechte vorbehalten.

Nachdruck, auch auszugsweise, sowie Verbreitung durch Fernsehen, Film und Funk, durch Fotokopie, Tonträger oder Datenverarbeitungsanlagen jeder Art nur mit schriftlicher Genehmigung des Verlags gestattet.

Idee, Texte, Projektleitung: Hannes Finkbeiner
Fotos: Jasper Ehrich
Produkttexte: Sara Wolff
Gestaltung: Frieder Krohmer
Bildbearbeitung: Ralf Müller und Thorsten kleine Holthaus

© 2010 Matthaes Verlag GmbH, Stuttgart